21世纪高等学校**市场营销**系列教材

工业和信息化普通高等教育
“十三五”规划教材立项项目

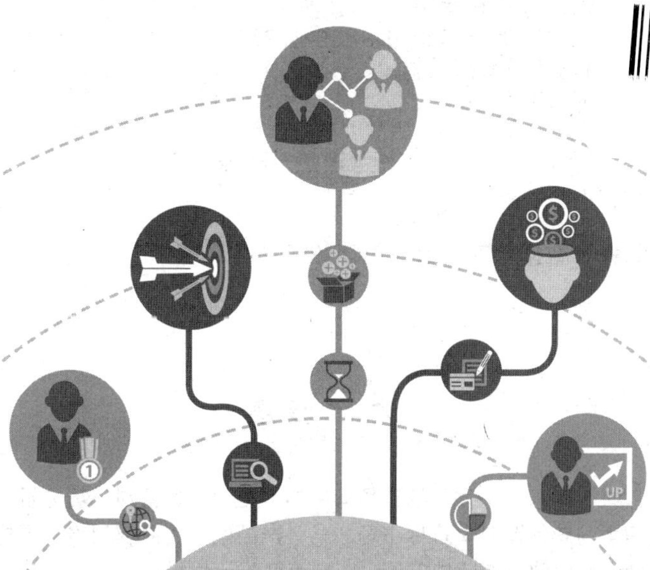

MARKETING

市场营销学

理论、方法与案例

（第2版）

周建波 主编

人民邮电出版社
北京

图书在版编目（CIP）数据

市场营销学 : 理论、方法与案例 / 周建波主编. -- 2版. -- 北京 : 人民邮电出版社, 2019.8（2021.3重印）
21世纪高等学校市场营销系列教材
ISBN 978-7-115-50013-7

Ⅰ. ①市… Ⅱ. ①周… Ⅲ. ①市场营销学－高等学校－教材 Ⅳ. ①F713.50

中国版本图书馆CIP数据核字(2018)第254980号

内 容 提 要

本书分为五篇，共十四章，主要包括市场营销的理论架构、营销环境分析、营销竞争分析、购买行为分析、市场需求与营销调研、目标市场战略、产品策略、品牌策略、定价策略、促销策略、渠道策略、关系营销、互联网与新营销理论、营销管理与计划执行。

本书可作为高等院校工商管理、金融、市场营销等专业相关课程的教材，也可作为从事营销、金融、证券等工作的人员制订营销计划，进行营销决策的参考书。

◆ 主　　编　周建波
责任编辑　许金霞
责任印制　焦志炜

◆ 人民邮电出版社出版发行　　北京市丰台区成寿寺路 11 号
邮编　100164　　电子邮件　315@ptpress.com.cn
网址　http://www.ptpress.com.cn
北京鑫正大印刷有限公司印刷

◆ 开本：787×1092　1/16
印张：19　　　　2019 年 8 月第 2 版
字数：529 千字　　　2021 年 3 月北京第 4 次印刷

定价：49.80 元

读者服务热线：(010)81055256　印装质量热线：(010)81055316
反盗版热线：(010)81055315
广告经营许可证：京东市监广登字 20170147 号

前　言 Preface

市场营销学是管理学科的一个重要研究领域，是企业组织市场实践的理论概括和案例再现。市场营销学，直面市场环境和企业实战，既保持了理念与方式创新的持续演进，又保持了营销方法和案例的不断更新。相对于卖方市场时期的销售和推销，产生于买方市场的组合销售与营造优势的市场营销管理，其理论体系一般称为市场营销学。

买方市场时期的市场营销学一般表述为：以市场为中心，以顾客需求为导向，通过满足顾客需求来实现企业营销目标。随着互联网时代的到来，互联网渠道营销即线上营销的迅猛发展，网络营销、新媒体营销、大数据精准营销、线上线下整合营销等都获得了空前的发展。互联网思维、互联网组织和互联网营销，考虑的是用户思维和行为方式、用户体验和原创内容、搜索和快速认知、流量和流量变现、数据和大数据精准挖掘、碎片化和迭代更新、直入和简约的力量等，颠覆了顾客需求的理念、范式和边际。为此，从互联网到“互联网+”，从物联网到智联网，市场营销成为21世纪商业创新的根本驱动力。

由卖方市场转向买方市场的企业竞争和市场营销，其本质是产品供给过剩、企业竞争常态化、顾客和用户的选择权力由被动变为主动，由此导致企业在追求利润和实现市场买卖交换的过程中，都面临着市场结构影响和市场环境约束。而市场营销则是在履行社会责任的前提下，研究消费者和用户需求、竞争者和细分市场，创造和引领市场需求，并为顾客和用户提供服务体验和需求管理，以实现顾客的购买红利和用户的流量红利。市场营销的本质和理念是服务制胜，企业之所以进行市场营销，是源于产品的过剩和竞争，必然形成市场权力自下而上的环境生态，触及人类的社会价值观和行为方式。从这个意义上说，营销理念和方法不仅适用于企业组织，还适用于个人、一般组织和社会管理。

本书正是在这种时代背景和环境生态下开始编著的。在本书的编著过程中，作者依据市场营销的基本理论以及新理念、新实践，结合买方市场和互联网环境下的中国情境，通过对国内外中文版本的市场营销学教材比较系统的研究，由广东金融学院市场营销教研室所有教师参编，集结大家的智慧和辛勤劳动而成。本书按照营销管理的动态过程及其文本结构为体例进行编写，亦即目录和正文所对应的，除前言、市场营销概述、互联网与新营销理论及参考文献外，按照市场机会确定、目标市场选择、营销策略组合、营销计划执行这四大要素依次展开。本书注重写作的规范性与简明性、文本的体例性与结构性、研究的系统性与前沿性、实战的层次性与动态性。本书既可作为专业教材、培训教材，也可作为实践的参考书。

本书由周建波教授负责总体架构设计与书稿统筹，赵勍升副教授负责书稿的撰写执行，李细枚博士、曹艳爱博士负责书稿的校对。本书作者分工如下：周建波撰写前言、第一章（市场营销的理论架构）；陶秋琼撰写第二章（营销环境分析）；吴喜雁撰写第三章（营销竞争分析）；陈静撰写第四章（购买行为分析）；周刺天撰写第五章（市场需求与营销调研）；李细枚撰写第六章（目标市场战略）；李尘撰写第七章（产品策略）；龙成志撰写第八章（品牌策略）；魏守道撰写第九章（定价策略）；赵勍升撰写第十章（促销策略）；曹艳爱撰写第十一章（渠道策略）；江文华撰写第十二章（关系营销）；刘晟楠撰写第十三章（互联网与新营销理论）；周建波、魏守道、詹夏薇撰写第十四章（营销管理与计划执行）。

感谢为此书提供智慧支持和付出辛勤努力的人们。

作者

2018 年 10 月

目录 Contents

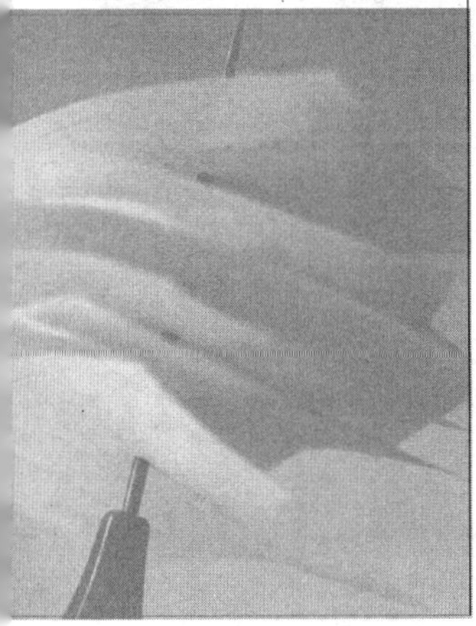

第一篇

市场营销概述

第一章 市场营销的理论架构

学习目标

1. 理解市场及市场营销的内涵
2. 掌握市场营销理念
3. 熟悉营销管理过程的核心要素

第一节 市场营销的产生与演化

一、市场营销在美国的产生与发展

随着欧洲和美国的工业革命与市场经济的迅猛发展，企业管理实践和管理理论也得到了长足的发展。系统的管理理论即管理学的诞生，是以美国管理学家泰罗（F. W. Taylor）1911年出版的《科学管理原理》和法国管理学家法约尔（H. Fayol）1916年出版的《工业管理与一般管理》为标志的。按照通常的说法，市场营销学诞生于20世纪初的美国，1905年美国克罗伊西（W. E. Kreusi）在宾夕法尼亚大学开设了一门名为“产品市场营销（The Marketing of Products）”的课程，标志着专属的市场营销“Marketing”概念的诞生。美国广告协会于1915年成立，并于1926年改组为“全美市场营销学和广告教师协会”，到1937年美国市场营销协会（AMA）成立，标志着广告、调查、推销和分销等市场营销活动进入了成熟的发展时期。

系统的营销学理论架构是在20世纪50年代至60年代美国营销管理活动的实践总结和理论研究中形成的，例如，宝洁（P&G）公司的品牌管理模型；通用（GE）公司的营销观念哲学；A.C.尼尔森（A. C. Nielsen）公司的调查模型；奥美（Ogilvy）广告公司的品牌形象模型；波士顿（BCG）咨询公司的市场研究模型。再如，博登（N. Borden）1953年首次提出了市场营销组合（Marketing Mix）这一具有理论架构性的概念；麦克金特立克（J. B. Mckitterick）1957年提出了市场营销观念的哲学；史密斯（W. Smith）1958年提出了市场细分（Segmentation）理论；麦卡锡（J. McCarthy）1960年出版了《基础营销》一书，并首次提出了4P（Product，Price，Place，Promotion）营销组合理论；里斯（A.Reis）和特劳特（J.Trout）1969年首次提出了定位理论；科特勒（P.Kotler）1967年出版了《营销管理：分析、规划与控制》一书，系统地整合了营销理论体系。由此，经过20世纪50、60年代的营销实践和理论演化，到了70年代的管理丛林时代，市场营销学被更为清晰地从经济学中分离出来，正式成为管理学的一个分支。

20世纪70年代以后的营销学理论主要包括：社会营销理念、战略营销理念、花旗银行服务营销模型；80至90年代开始的关系营销、整合营销传播、品牌资产等战略营销理论；21世纪的网络营销理论、新媒体营销理论，以及行业和区域的集群品牌营销、信息技术、大数据和智能化的精准营销等。

二、我国从20世纪90年代开始的市场营销在我国的产生与发展

我国最早引进的“市场营销学”是由丁馨伯编译，复旦大学出版社于1933年出版的《市场学》。

自20世纪80年代改革开放后，一些大学陆续在经济学科门类下的商业经济专业、企业管理专业开设“市场学”课程。1984年，广西商业高等专科首次开设大专层次的“市场营销专业（方向）”；1988年，山东大学首次试办本科层次的“市场营销专业（方向）”；1990年前后，一些大学把“市场学”课程更名为“市场营销学”；1992年，教育部正式设立市场营销专业。

1983年12月，国内第一个市场营销学会——广东市场营销学会成立。1984年1月，全国高等院校市场学研究会成立。经民政部批准，中国市场学会（国家一级学会）于1993年3月正式成立；经原国家教委批准，中国人民大学中国市场营销研究中心于1995年10月正式成立。

1984年，广东营销学会主办的《营销管理》创刊，自1988年第2期（总16期）起拥有国内统一刊号。1990年，邝鸿主编的《现代市场营销大全》出版。1994年，吴健安主编的《市场营销学》出版发行。

需要说明的，是在1996年之前，从实务状态上，国内市场营销实践、教育和理论研究，都还依赖于原国家商业部（1993年撤销商业部，改组为国内贸易部；1998年撤销国内贸易部，部分职能合至商务部），属于传统的商业流通经济和现代的商品销售竞争的市场过渡阶段；从学科、专业和课程设置上，市场营销教育都还属于经济学科门类的范畴；从理论研究上，市场营销或营销管理都还处于经济学和管理学学科之间的交叉、挣脱和分化时期。

1996年3月，在全国人民代表大会和中国人民政治协商会议召开期间，文件起草部门采纳了中国人民大学教授郭国庆委员的建议，在文件中以“市场营销”取代了以往常用的“经营”“销售”等用语。与此同时，中国市场经济的实际形态和理论研究都揭示出，1997年是我国经济和市场的分水岭，即我国经济第一次进入了过剩经济和买方市场的时代。

与此同时，国务院学位委员会、原国家教委于1997年颁布了《授予博士、硕士学位和培养研究生的学科、专业目录》。该目录与原目录相比，增加了管理学学科门类；国家教育部（原国家教委）于1998年颁布了《普通高等学校本科专业目录》，与国家学位办学科目录一致，也增加了管理学学科及其专业门类。

而在1999年世纪之交，世界公认的信息化、信息全球化和新经济（知识经济）时代到来了。进入21世纪，管理学在我国开始从经济学分化出来正式成为一个独立的学科门类，市场营销学（营销管理）也从真正意义上成为管理学的二级学科。我们相信，市场营销学必将在未来获得更为长足的发展。

第二节 市场与市场营销的内涵

营销链接 1-1

菲利普·科特勒，美国经济学教授，被誉为“现代营销学之父”，任全球众多知名公司诸如IBM、通用电气（General Electric）、AT&T、米其林（Michelin）、环球市场集团（GMC）等的营销战略和计划、营销组织、整合营销方面的顾问。同时，科特勒还曾担任美国管理学院主

席、美国营销协会董事长和项目主席以及彼得·德鲁克基金会顾问。此外，科特勒还撰写了许多畅销著作，其中《营销管理》是世界范围内使用最广泛的营销学教科书。该书成为现代营销学的奠基之作，被选为全球最佳的50本商业书籍之一，并被许多海外学者誉为市场营销学的“圣经”。科特勒对市场营销学的贡献主要体现在：第一，让营销成为一门系统的学科；第二，将企业定义为首先是一个营销组织；第三，使营销4P理念得以发展；第四，关注互联网对市场营销的影响。

资料来源：互动百科

一、市场营销的定义

美国市场营销协会（American Marketing Association）在1960年把市场营销（Marketing）定义为：引导货物和劳务从生产者流向消费者或用户的企业商务活动过程。它通过对构想、商品和服务进行定义、定价、促销和流通等活动，从而实现个人和组织目标的交换。

有人指出，营销是一种创造消费者并使之满意以取得利润的艺术。还有人指出，营销就是在适当的地点、适当的时期，以适当的价格，适当的信息沟通和促销手段，将适当的产品和服务出售给适当的消费者。关于市场营销的定义还有很多，它们从不同角度描述了市场营销的含义，但核心都是强调通过市场交换满足消费者的需要，从而实现组织的目标。

美国营销学大师菲利普·科特勒认为，营销是一种社会和管理的过程。在这个过程中，个人和集体通过创造、提供及与他人交换产品和价值，获得其所需和能满足其欲望的东西。

本书作者把市场营销简明地定义为：市场营销是指在法律框架下，营销者与购买者之间有效交换的过程，市场营销是企业在市场上的经营行为，它主要是通过产品交换和服务让渡来创造顾客价值和实现企业效益。

广义上讲，人类自进行产品交换就产生了营销；从狭义上讲，在人类社会漫长的短缺经济和卖方市场时期，市场营销是指市场销售和推销。只有人类社会在20世纪中后期进入买方市场后，现代意义上的市场营销才产生，也就是说（现代）市场营销是基于买方市场的有效交换的理论知识和实践方法。

二、需要、欲望和需求

满足人的需要和欲望是市场营销活动的出发点，因此需要是市场营销最核心的概念之一。从消费角度看，人的需要有3个基本层次：生存需要、享乐需要和发展需要。生存需要指对衣、食、住、行等物质资料的需要。享乐需要指创造舒适环境，使身心能得到某种享受的需要。发展需要指那些能使自身知识、能力得到提高，进而满足精神生活的需要。人类的生存需要不是由社会或市场买卖所创造的，而是由人类的心理特征和生存条件所决定的。享乐需要和发展需要因国家和社会的不同而异，并受社会力量或机构的影响而不断发生变化，其数量和种类远远超过了最基本的生存需要。

（一）需要

需要是指某些没有得到基本满足的感受状态。例如，人们需要衣食、安全、归属等。这些需要不是由社会或营销者所创造的，而是存在于人们的心理特征和生存条件之中。

（二）欲望

欲望是指对需要的某种具体满足物的愿望。例如，人们有了饥饿感，就产生了对食物的需要，需要并不区分品质和品牌，但是欲望的表现却是多姿多彩，多层次，多品味的，并区分品牌。在不同的国家和地区、不同的文化背景下、不同的生活方式中，人们对相同的需要，表现出的欲望可能迥然不同。

（三）需求

需求是指对有能力购买并且愿意购买某个具体产品的欲望。例如，当人们有能力并愿意购买舒适的住宅时，对某个具体品质、品牌的欲望就成为需求了。

需要、欲望和需求都是心理学的概念，若放到管理学中就是从对人的心理和行为研究中寻求有效的管理方法。因此，市场营销管理认为，从支付能力的角度来说，人的需要可以分为有支付能力的需要和没有支付能力的需要。前者通常称为有效需求。企业市场营销不仅要了解有多少人想要他们的产品，更要了解有多少人是实际需要且有能力购买这些产品的。企业只有通过生产有吸引力的合适的产品，才能影响有效需求，才能满足人的欲望，进而满足人的需要。

三、产品

产品是指能够用来满足人类某种需要和欲望的任何东西。作为产品至少应该包括三个要素，即实体产品、服务和创意。例如，佳能公司的分销商向客户提供的实体产品是打印机；与此同时，他还要提供送货上门、安装、培训、维修等服务，并向客户展示打印机产品的智能化、打印清晰度等特性。

人们购买产品不是为了占有，而是为了满足自己的需要和欲望，对有形的产品实体来说也是如此。例如，人们购买汽车，是因为汽车可以充当交通工具；人们购买电磁炉，是因为电磁炉是一种炊事用具。因此，有形的产品实体实际上是向人们提供服务和创意的工具。有些生产制造商常常重视其产品实体本身，而忽视这些产品可能提供的服务和创意，这是因为他们忘记了消费者购买产品的目的是满足自己的需要和欲望。因此，企业营销不能片面强调实体产品本身的特性，而应注意强调有形的实体产品能为顾客提供的服务。

四、交换和交易

（一）交换

当人们决定通过交换来获得产品，以满足自己的需要时，交易就会发生，营销也随之发生。交换是一切生物之双方或多方按其所需进行的互换行为。双方用来交换的东西，我们称之为标的物、产品、商品。交换能满足需要，产生剩余，形成流动，是人类社会的基本结构、动力和本质。市场营销中的交换，是指买卖双方按其所需换取产品的行为。一般来说，买卖双方有着不同的要求。例如，对机器设备的购买方来说，要求生产制造者提供高质、耐用的设备，价格公平，按时交货，提供零部件和服务；而对生产制造方来说，则要求卖一个好的价格，及时支付等。这些要求需通过双方谈判，达成交换协议，才能予以满足。市场交换必须满足5个条件，具体如下。

（1）有两个或两个以上的买卖者。

（2）交换双方都拥有对方认为有价值的东西，如货币和所需产品。

（3）交换双方都拥有沟通信息和向另一方传送货物或提供服务的能力。

（4）交换双方都可以自由接受或拒绝对方的产品。

（5）交换双方都认为值得与对方进行交换。

只有同时满足这 5 个条件，交换才可能发生。但是，交换最终是否真正发生，还取决于交换双方是否找到了交换的条件，或者说交换双方是否能认同交换的价值。因为交换是一个过程，而不是一个事件。

（二）交易

交易是交换活动的基本单元，是由双方之间的价值交换所构成的行为。一次交易包括 3 点可以量度的实质性内容：第一，至少有两个有价值的事物；第二，买卖双方所同意的条件；第三，协议的时间和地点。

五、市场

（一）一般的市场概念

市场不仅指交易的场所，还是指所有卖者和买者实现商品让渡，即各种错综复杂的交换关系的总和。市场是由供给、需求和中介构成的多层次、多因素、多侧面的虚实复合体。

（二）市场营销学的市场

市场营销学的市场专指买方市场，也就是需求企业产品的购买者和潜在购买者的总和。通常来说，卖方构成行业，买方构成市场。市场包含 3 个主要因素：有某种需要的人；为满足这种需要的购买力；购买意愿。用公式表示为：

市场=有需要的人+购买能力+购买意愿

构成市场的这 3 个要素是相互制约、缺一不可的，只有将三者结合起来才能构成现实的市场，也才能决定市场的规模和容量。

六、价值和顾客让渡价值

（一）价值

价值是指消费者对产品满足自身各种需要的能力的评价，是在获取、拥有和使用的最低成本之下所要求的顾客满意。能满足消费者某种需要的产品有很多，且各种产品满足需要的程度不一定相同，这就构成了可供选择的产品系列，以供消费者从中选择某种产品来满足自己的特定需要。例如，自行车、摩托车、汽车、出租车、公共汽车等都是交通工具，但这些交通工具在速度、安全、舒适、经济等方面满足人们需要的程度不同。因此，消费者在购买之前必须先估计每种产品的效用。所谓产品的效用是指产品满足人们需要的能力。消费者往往会将产品按效用大小依次排列，进而选择效用最大即自己最满意的产品。一般来说，购买了某种产品就意味着必须放弃购买其他产品（即机会成本）。但由于每种产品都涉及价格，因而消费者必须事先做出两个基本判断：首先，自己有没有购买能力，如汽车虽好，但可能价格太贵，这时就应量力而行，选择其他交通工具。其次，在有购买能力的前提下，自己是否理性。消费者要选择单位价格效用最大的产品，使自己得到最大的满意。

（二）顾客让渡价值

顾客让渡价值是指顾客总价值与顾客总成本之间的差额。顾客总价值是指顾客购买某一产品与服务所期望获得的一组价值，包括产品价值、服务价值、人员价值和形象价值等。顾客总成本是指顾客为购买某一产品所耗费的一组成本，包括货币成本、时间成本、精神成本和体力成本等。由此，使顾客获得更大顾客让渡价值的途径：一是增加顾客购买的总价值；二是降低顾客购买的总成本。

七、关系和网络

（一）关系营销

交换不仅是一种交易，还是一个建立关系的过程。关系是指两个以上的个体发生的关联和联系。关系营销是指企业与其顾客、批发商、零售商以及供应商建立、保持并加强长期互利、相互信任的关系，通过互利交换及共同履行诺言，使有关各方实现各自的目的。企业与顾客之间的长期关系是关系营销的核心概念。交换双方不一定每次交易都要经过谈判，许多交易按常规进行即可。交换双方只有建立了良好的关系，有利的交易才会随之而至，也才能大大减少交易成本和时间。因此，现代市场营销不仅是一种交易营销，还是一种关系营销。

（二）营销网络

营销网络是指企业与其他利益相关者所构成的关系网络，主要包括企业的营销关系网络和社会关系网络。企业的营销关系网络，如与顾客、员工、供应商和分销商之间所形成的关系网络；企业的社会关系网络，如与政府、公众、非政府组织和媒体之间所形成的关系网络。现代市场竞争不仅在公司与公司之间进行，而且在关系网络之间进行，因此企业拥有完善的关系网络是市场营销获得竞争优势的基础性资源因素。

八、营销者和购买者

市场营销的主体是企业和顾客，营销者即企业和代表企业的人，购买者即顾客、消费者和用户。科特勒指出，营销者是指寻找一个或者更多潜在顾客的人。而潜在顾客是指能与营销者产生交换价值的人。在 21 世纪互联网营销时代，交换双方都有可能成为营销者，即形成所谓的双边或相互市场营销。

九、市场营销环境

企业营销是在一定的市场环境中实现的，而市场环境是由诸多复杂的自然因素、社会因素及市场因素有序或无序构成的。市场营销环境是指影响买卖双方发生交换的市场总体因素，它主要包括：自然资源环境、物质技术环境、社会文化环境、政治法律环境、人口环境和经济环境，以及生动的、具体的微观环境。物质决定意识、环境决定行为，市场环境中始终存在着趋势和机会、威胁和风险、竞争与合作、能动与努力、成本与收益。由此，市场环境是企业营销不可分割的母体，也是营销学的基础性概念。

十、市场营销管理

市场营销管理是指企业为实现市场营销目标，创造、建立和保持与目标市场之间有效交换和引导需求的管理过程。营销管理是从市场需求出发的对交换关系进行需求管理的过程。市场营销属于管理学的范畴，是管理学的一个分支学科。市场营销管理既是一门实践导向的科学，又是一门理性导向的艺术。

第三节 市场营销理念的演变

营销链接 1-2

新技术时代，哪些营销规则变了?

当互联网技术改变了企业原有的营销职能，当大数据颠覆了已有的营销方式，越来越多的人开始质疑营销的实效，由此关于“营销已死”的讨论也屡屡被提及。然而现代管理学之父彼得·德鲁克认为，对于一家公司来说，尽管财务、生产抑或创造都极为重要，但营销能力却是核心。只有传统的行业，没有传统的企业，每一个置身于互联网时代的企业都要考虑如何才能让企业更好地与互联网对接。当营销从传统时代转向数字时代，营销任务也就变成了通过新的渠道创建价值、沟通价值、交付价值。互联网营销不仅仅是一种技术、一种策略，更是一种理念。企业首先需要在理性层面打动消费者的思想，然后才能升华到对消费者情感和精神的感染，最后也最为关键的是企业需要与消费者建立同感和共鸣，这其中包含企业的品牌，也包含企业的信念和价值观。

市场营销是企业为在目标市场取得预期交换成果的一种自觉的行为和努力，这种行为和努力需要正确的思想或观念予以指导。市场营销实践及理论于20世纪初诞生在美国。当时正是美国资本主义迅速发展的时期，美国国内市场急剧扩大，工业生产急剧发展，市场营销渠道、分销系统发生结构性的变化，传统理论面临着挑战。因此，卖方市场（生产企业）的产品日渐丰富，竞争也日趋激烈；买方市场（消费者）的收入大幅增加，蕴藏着大量未满足的需求。

第一次世界大战和第二次世界大战之后，美国和欧洲的经济得到了迅猛的发展，市场结构整合健全，市场经济稳定发展，卖方市场逐步转变成买方市场，短缺经济逐步过渡到过剩经济。尤其是20世纪70年代以后，随着全球经济一体化的步伐加快，以计算机智能化信息技术为主导的高新科技迅猛发展，使买方市场在全球范围内逐渐形成，竞争的激烈和需求的变化促使市场营销理念得以发展与完善。

一、生产理念和产品理念

20 世纪初至 30 年代，美国企业和市场处于生产理念和产品理念时期，这一时期的市场特征是卖方市场，营销以企业为中心，以生产和产品为导向。

（一）生产理念

生产理念认为消费者喜欢那些低成本、低价格的产品。持有生产理念的企业强调提高生产效率，扩大销售范围。生产理念有两个基本假定：其一，市场上对某种产品的需求超过了供给，因此消费者更关心的是如何获得产品，而不是产品的性能是否良好。这就促使生产者去寻找和发现增加产量的新方法和新途径。其二，企业产品的生产成本甚高，必须通过提高生产率、增加生产规模、扩大销售来进行控制。这种扩大生产、降低价格的理念，最早是由亨利·福特在20世纪初开发汽车市场时提出的。

在卖方市场条件下，企业生产多少，销售多少，以产定销，供不应求，无须考虑消费者的需求。因此，以生产为中心的理念在卖方市场还是适用的。新中国成立后，我国长期处于卖方市场，致使企业以生产为中心，并不关心市场的需要。但自1996年以后，我国经济开始进入过剩经济时期，绝大多数产品处于买方市场，以生产为中心的理念赖以成立的假定不复存在，即由卖方市场转变为买方市场。因此，我国企业现在如果仍以这种生产理念来指导产品销售，就会因难以适应市场经济的需要而被市场淘汰。

（二）产品理念

产品理念认为消费者喜欢那些能提供最好质量、性能和特征的产品。持有产品理念的企业尽其所能地生产自认为是最好的产品，并在一定时间内加以改进。产品理念的产生与发展主要是因为市场虽然整体处于卖方市场，但个别行业、个别产品已处于不同生产企业竞争激烈的状态，即个别市场开始由卖方市场转向买方市场。这种理念假定购买者赞赏企业精心制作的产品，能对产品质量和性能给予较高评价，并愿意对产品“附加”支付较高价格，这种理念对企业和市场的成熟发展起到了不可或缺的作用。许多企业虽对自己的产品精益求精，但容易忽略市场需求尚未转向这类产品，甚至根本考虑不到市场已向不同的产品需求方向运动。

不得不说，产品理念有时也会将企业的产品设计引入歧途。按照这种理念，首先会有产品的设计和制造，然后就会有消费者的需求。其程序是：企业的设计师和工程师创造某种产品，生产部门制造产品，财务部门规定价格，市场销售部门则进行推销。企业由于不了解消费者的需要，在发明和生产某种产品之前对于公众所需的产品也一无所知，因而盲目设计和生产的新产品在销售时往往会遇到很大困难。

产品理念以产品为中心，容易导致“营销近视症”。例如，铁路管理部门只看到火车，看不到旅客的运输需求，就会忽视正在增长的飞机、公共汽车、卡车和船舶等其他交通工具所带来的挑战。“营销近视症”一叶障目，只见树木（产品），不见森林（需求），必定会影响企业的市场营销活动，从而削弱企业的竞争力。

二、销售即推销理念

20世纪30至50年代初，销售理念成为美国的主导营销理念，市场营销以企业为中心、以销售为导向。销售采取以推销为主，以广告为辅等其他促销手段，因此又称为推销理念。推销理念时期的市场营销主要是因为市场处于向买方市场的过渡时期，以致很多产品出现了过剩，买方市场部分特征已开始显现。

销售理念以销售为导向，认为如不加以劝说和引导，消费者通常不会充分地购买企业产品。因此，企业必须积极努力地采取以推销为主的促销手段。这种理念假设消费者具有典型的购买惰性或障碍，必须经过诱导才能使他们愿意购买更多的产品和服务，而企业就应利用有效的促销手段和方法去刺激人们购买更多的产品和服务。

消费者一般不会自觉地购买某些产品或服务，如保险、百科全书等。在这种情况下，销售理念会使企业销售人员表现出积极的进取性。而能做出这类行为的企业推销人员往往精通各种销售技术，他们能确定有希望的顾客并向其推销产品或服务，以获取利润。这种推销产品的方法同样也出现在消费者考虑购买的产品中，如家用电器、汽车等。推销人员会千方百计地运用心理和价格等战术说服消费者“就范”，从而购买其产品和服务。

企业以销售为至上理念，其目的是销售他们所制造的产品，而不是制造他们能够销售的产品。在现代经济下，生产能力的极大发展使得大部分市场都成为买方市场，以致推销人员不得不艰难地争夺顾客。与此同时，那些被推销人员认为有希望的顾客遭到电视广告、报纸广告、直接邮寄、推销电话的“狂轰滥炸”，其结果是人们把市场营销与硬行销售、广告等同起来。

实际上，市场营销最重要的部分并不是销售。美国著名管理学家彼得·德鲁克指出：营销的目的是充分认识和理解顾客，使产品和服务适应顾客，从而推销企业本身。从理论讲，营销应诱导顾客准备购买产品和服务。这样，有效的推销就应在诸如需求评估、市场研究、产品发展、定价和分销等一些营销活动之后进行。如果企业评估好了消费者的需求，发展了恰当的产品，有效地进行了定价、分销和推销，那么产品就很容易被销售出去。

硬行销售的风险很大，经诱导而发生购买行为的顾客如果喜欢这种产品，他们就会向朋友称赞和介绍产品及其生产厂商；但如果顾客不喜欢这种产品，他们就会到处抱怨，毁损生产厂商的名誉。有人经统计研究指出：一个失望的顾客可能向多达 11 个熟人诉说其不幸，攻击其购买的产品和生产者；但一个满意的顾客可能只向 3 个朋友告知其幸运，赞誉其购买的产品和生产者。对顾客的买后行为，企业实际上没有任何防卫能力。因此，以销售为至上理念的做法，在市场营销中往往会导致硬行销售，最终导致恶性营销的发生，使企业和产品在市场上遭遇巨大风险。

三、营销理念

从 20 世纪 50 年代中期开始，美国明显进入了新的或者说是现代的营销理念时期。营销理念认为达到企业目标的关键在于确定目标市场的各种需要，并在提供令顾客满意的产品和服务方面比竞争对手更有效果、更有效率。也就是说，销售不是取决于主动的销售力量，而是取决于顾客购买产品的决定。顾客对他们所购买的东西，即观念中的价值的评价，决定了企业的任务、产品及其发展潜力。营销理念认为企业存在的理由（包括社会的、经营的等）是：在满足顾客需求的同时实现企业的目标。

营销理念有 4 个基本特征，即市场中心、顾客导向、营销组合和盈利能力。表 1-1 中将传统营销理念和营销理念进行了对比。传统营销理念以企业自身到市场的方式来观察企业经营问题，它从企业自身出发，强调企业现有的产品，要求以促销来获取利润。而营销理念以目标市场到企业自身的方式来观察企业经营问题，它从市场出发，强调顾客的需要，通过使顾客满意来获取利润。因此，从本质上看，营销理念是以市场为中心、以顾客为导向、以使实施营销组合策略顾客满意为实现企业目标的关键，来协调各种营销努力的思想观念。

表 1-1　营销理念和传统营销理念的对照

理念	出发点	重点	途径	目的
传统营销理念	企业	产品	促销	通过销售获利
营销理念	目标市场	顾客需要	营销组合	通过使顾客满意获利

（一）市场中心

以市场为中心，并非意味着企业将注意力集中到所有的市场。事实上，没有一家企业可以在每一个市场上经营，以满足每一种需要；甚至也没有一家企业可以在某个范围很广的市场内经营，以面向每一个顾客做好销售工作。企业只有细致地区分市场，并为每个目标市场精心准备合适的营销计划，才能更好地开展营销工作。因此，以市场为中心指的是经过市场细分，选择目标市场，并为其服务。可以说，不同的目标市场会对产品和服务产生根本性的影响。

（二）顾客导向

选择目标市场并不能保证以顾客为导向去考虑问题。以顾客为导向，要求企业以顾客的观点而不是以企业的观点来明确和解释顾客的需要。企业管理者如果不与顾客交谈，不研究他们的需要，就不知道应该设计和生产什么样的产品。顾客导向的目的是在满足顾客需要的基础上，将产品销售出去。企业的销售对象包括新、老两类顾客。一般来说，吸引新顾客所需的成本大大高于保留现有顾客所需的成本，所以保持现有顾客的数量不变十分重要。营销的终极目标是使顾客满意，从而获利。顾客感到满意，就会对企业及其产品的口碑进行传播，这样不仅使老顾客保留了下来，也会使新顾客慕名而来。

要使顾客满意，企业必须做好管理工作，让顾客有说话的机会，尽可能多地倾听顾客的意见和建议，并做出积极的、建设性的回答或反应。一旦原先对产品不甚满意以致抱怨的顾客受到公司的重视，其问题迅速得以解决，就会将不满意转化为满意，他们当中的绝大多数则会继续作企业的顾客。总之，以顾客为导向的企业在每一特定时期都要追踪顾客满意的程度和水平，并制造改进的目标和措施。顾客对企业的满意程度，是企业获得利润的最主要因素。

（三）营销组合

营销组合是指企业为实现与目标市场进行令彼此满意的交换而设计的产品、分销、促销和价格策略的特定组合。营销组合策略的有效制定与实施，建立在企业内部整体协调、共同努力的基础上，同时也建立在充分分析企业外部环境因素、把握市场机会的基础上。营销组合各个部分的策略必须有效融合到一起，才能实现最优结果。对任何一种组合来说，最弱的部分都决定着整体组合的强弱。营销组合策略是企业为获得竞争优势和竞争成功而制定的基本营销策略。

（四）盈利能力

营销有助于企业实现自己的目标，提高自己的盈利能力。企业营销的重点是发现某种可满足人们需要的盈利性机会和方法，强调经常分析和评价各种不同的营销机会可能会产生的利润。对于如何盈利，营销和销售迥然不同。销售一般强调能销售一定数量产品所用的手段，而营销则强调能识别可盈利的机会。在营销理念的指导下，企业并非局限于销售现有的产品以获取利润，而是寻求更多的盈利机会。盈利机会一旦增加，盈利能力就会增强。

四、社会营销理念

社会营销理念着重于社会，尽管强调了满足顾客的需要，但是并没有强调消费者的这种需要是短期的还是长期的，也没有说明当消费者利益与社会利益发生矛盾时市场营销应该怎么办。事实上，一方面是越来越多的企业改变了传统的销售观，接受了营销观，市场营销顺利发展，顾客满意，企业受益。另一方面却是社会环境恶化，资源短缺，人口爆炸，社会服务被严重忽视。这种现象不但存在于一些发达国家，而且普遍存在于包括我国在内的发展中国家。因此，20 世纪 70 年代产生于美国的社会营销理念综合考虑了企业目标、顾客需要和社会利益三方面的内容。社会营销理念是指企业营销不仅要满足顾客的需要以实现企业的目标，而且要保持和增加个体与社会的长远利益。社会营销理念，要求营销者在营销活动中要充分考虑社会与道德因素。事实上，社会营销理念与市场营销理念并不矛盾，社会营销理念甚至是对市场营销理念的进一步完善。这里的关键是，一个企业要把自己的短期行为与长期利益结合起来。一个以市场营销理念为指导思想的企业，在满足自己目标市场需求的同时，还要考虑自己的长期利益和竞争战略，并把顾客利益和社会利益同时纳入自己的决策系统，也就是说要有正确的社会观。

五、战略营销理念

战略营销始于 20 世纪 70 年代的美国，在 80 年代到 90 年代得到了市场和企业的普遍认同。战略营销理念就是用战略管理的思想和方法对市场营销活动进行管理。它强调，企业要在选定的市场环境中，通过战略管理创造竞争优势，为包括顾客在内的所有参与者提供最大利益。

战略营销理念以营销环境为中心，以获取竞争优势为导向，以战略管理为途径，达到使企业、顾客、竞争者和社会都获得利益，即所有参与者共赢的目标。同样，21 世纪的互联网营销理念是线下与线上相结合的二元战略营销理念，也是战略营销理念的技术延伸范式。

战略营销理念包括以下几个核心要素。

（一）方向性

战略营销理念强调方向性，即效能，因而首先关心的是以向什么为方向进行市场营销。

（二）长远性

战略是目前对未来的决策。战略营销不仅要发现顾客当前的需求，还要发现并挖掘顾客潜在的需求，从而为顾客提供满意的服务。

（三）竞争性

竞争是战略的本质，也是市场的现实，更是企业成败的核心。战略营销的目标就是要使企业获得持续的竞争优势。

（四）创造性

战略是高瞻远瞩、聪慧睿智的创造，而不是照搬照抄的模仿。只有将创造性始终贯穿于战略营销的分析、规划、执行、激励和控制的整个过程，才能为企业创造出与众不同的、具有差异化的竞争优势。

（五）协同性

战略营销是一个体系、一个系统。它要求营销所涉及的各项职能、目标、决策、活动能达到高度的内在协同性，从而使系统效益实现最大化。

（六）合作性

战略营销不仅要竞争，还要合作，即在竞争中合作，在合作中竞争。战略营销不是一味地竞争，你死我活，鱼死网破，胜者王侯，没有合作；也不是一味地合作，一团和气，不讲原则，不讲效益，没有竞争。战略营销就是要通过竞争与合作，达到让所有参与者都获利的目的。

第四节 市场营销管理过程

市场营销的主要任务是需求管理，即通过营销活动来影响市场需求的水平、时机和构成，从而达到企业的目标。营销管理的策略涉及产品、价格、促销、渠道等多个方面，视为营销策略组合。

从动态实践的角度来说，市场营销管理过程就是确定市场机会、选择目标市场、组合营销策略、执行营销计划的过程。从知识逻辑的角度来说，市场营销管理过程主要包括市场机会确定（习惯性叫法为市场机会分析）、目标市场选择、营销策略组合、营销计划执行。可见无论是从动态实践的角度还是从知识逻辑的角度来说，上述 4 个要素都是营销管理过程的核心要素、必备步骤和程序。

一、市场机会分析

在动态实践环境中，企业通常在市场上寻找、发现和确定市场机会。在知识逻辑框架下，通过市场直接调研和间接资料信息，分析市场机会，即分析、识别和选择的过程来确定市场机会。由此，市场机会分析主要包括以下几个方面。

（1）市场营销环境分析。

（2）行业需求与产业优势分析。

（3）顾客需求与行为分析。

（4）市场竞争与竞争者分析。

（5）企业战略、产品结构以及供应链分析。

（6）企业自身优势与劣势分析。

（7）市场环境机会与威胁分析。

市场机会分析一般采用 SWOT 分析法，即企业的优势、劣势分析和环境的机会、威胁分析，来寻找、识别、评价和确定企业的市场机会。

二、目标市场选择

在市场细分的基础上，选择一个或几个细分的市场作为企业的营销对象，这些被选中的细节市场即子市场称为目标市场。目标市场的选择包括以下 4 个步骤。

（1）测量和预测市场需求的容量。

（2）按照现有市场不同的需求特征，把其分成若干个细分市场。

（3）在市场细分的基础上选择目标市场。

（4）对企业和企业的产品进行市场定位。

三、市场营销组合

市场营销组合是指在营销管理过程中，为了实现与目标市场进行令彼此满意的交换而设计的产品、分销、促销和价格策略的特定组合。市场营销组合是营销的核心，其任务是以企业最佳的组合来满足目标市场的需求，实现预期的经营目标。

市场营销组合的理论最先由美国哈佛商学院纳尔·博顿（Neil Borden）教授提出。这种理论在1981年被美国的另一位教授麦克凯撒（E. Jerome Mc Carthy）总结为4P理论，即产品（Product）、价格（Price）、销售渠道（Place）、促销（Promotion）的最佳组合。随着营销实践活动的发展，营销组合理论有了很多应用和发展，如基于客户需求的“4C”理论，基于服务营销的“6P”理论，基于传播的“5R”理论等。

市场营销的构成因素虽然很多，但由产品、价格、销售渠道、促销构成的4P仍然是最基本的营销组合。营销组合通常也被称为可控变量，其中的每一个组合都包含了许多相关的策略因素，它们各自又形成一个组合，如产品组合、价格组合、销售渠道组合、销售促进组合等。

（一）产品策略

产品指的是一切用于满足顾客需求的有形产品、无形服务和创意。与产品相关的决策因素包括：产品的开发与生产、产品的生产线和组合、产品的包装、产品的商标和产品的质量保证等。在制定产品策略时，要树立产品不仅仅是实体产品或核心产品的正确产品观，同时还要根据产品所处的不同生命周期来确定相应的营销策略。产品在市场营销中之所以重要，是因为它直接影响顾客需求和欲望的满足。为了实现长期的战略目标，企业必须根据市场变化不断地开发新产品，更新现存产品，淘汰过时产品，以满足市场的需求。

（二）定价策略

价格也是市场营销组合中的重要因素。顾客关心产品的价格，因为它是产品价值的反映。许多内部和外部因素共同影响着企业的定价策略。内部因素包括企业的实力、企业的整个经营政策、产品成本的水平和产品本身的特点；外部因素包括市场因素、需求因素、竞争对手因素和政府政策因素。企业的定价目的是保持或提高市场占有率，增加利润，以及应对市场竞争、构建品牌、塑造企业形象。

定价策略涉及以下方面：①价格政策，如高价投放或低价渗透等；②具体定价，如基本价格、折扣、折让支付期限等。消费者往往用价格来衡量产品的价值，而产品的价值是否与消费者的期望价值相符又影响着消费者的购买决定。因此，定价策略在市场营销策略组合中的地位非常特殊。

（三）渠道策略

营销渠道也称通路或者分销渠道，是产品在所有权转移过程中从生产领域进入消费领域的途径。营销渠道策略涉及企业怎样以最低的成本，通过最合适的途径，将产品及时送达至消费者的一个过程。营销渠道策略包括以下方面：①选择销售产品的地点；②保持适当的库存；③选择合适的中间商和零售商；④维持有效的物流中心等。

（四）促销策略

促销即促进销售，是指通过一定的方式将产品和服务的信息传递给消费者，以影响其决策和消费行为，进而促使其做出购买行为的活动。促销活动的实质就是信息的传播与沟通过程。促销对消费者有4个方面的影响，即引起注意、产生兴趣、激起欲望、促成行动。促销策略的手段主要有人员推销、广告营销、业务推广、公共关系等。

四、营销计划执行

市场营销管理过程的核心要素和必备步骤及程序除了确定营销机会、选择目标市场、组合营销策略外，还有执行营销计划。营销计划的制订与执行主要包括营销活动设计、营销计划安排、营销计划编制和执行流程表编制。营销活动设计，一般来说要依据营销创意，针对具体市场，运用所拥有的资源，设计主题活动以及系列活动，并实施一个或系列的主题活动。营销计划安排与编制，就是指定由哪些人，在什么时间、什么地点，花多少钱、用多少资源，进入哪些市场、哪些渠道，铺什么货、铺多少货，做什么活动、怎么管控。由此，依据营销活动和计划编制可操作、可执行的流程表。编制营销执行流程表是将营销计划变为行动安排，并确保这些行动安排能够实现营销计划的目标。

思考题

1. 你怎样理解市场营销学中的市场？
2. 试通过事例分析构成市场的三要素。
3. 什么是市场营销？
4. 分析市场营销组合的策略要素。
5. 战略营销理念的核心要素有哪些？

案例分析

美国福特汽车公司和通用汽车公司的早期竞争

美国福特汽车公司于1903年由亨利·福特与詹姆斯·卡曾斯、道奇兄弟等创办，由福特任总经理。1912年，福特公司聘用詹姆斯·库兹恩任总经理。库兹恩上任后，即实施了以下3项决策。

- 做出将产品“T型车”降价的决定，即将1910年定的售价由950美元降到850美元以下。
- 本着每辆“T型车”售价850美元的目标，着手改革公司内部的生产线，在新厂首先采用现代化的大规模装配作业线，做到12.5小时出一辆“T型车”，大幅降低成本。
- 在全世界设置7 000多家代销商，广设销售网点。

正是这3项决策，使“T型车”冲向全世界，市场占有率位居美国汽车行业之首。

1919年，亨利·福特独占福特公司，将库兹恩解雇，自任总经理。福特一方面采用低价策略，1924年每辆“T型车”售价已降到240美元，1926年福特车产量已占美国汽车产量的1/2；另一方面又实行以产定销的策略，提出“不管顾客需要什么，我的车都是黑的”，以“黑色车”作为福特汽车公司的象征。结果，“T型车”在竞争中日益失利，最终于1927年5月停产。1928年，福特汽车公司的市场占有率被通用汽车公司超越，退居第二位。

美国通用汽车公司于1908年成立，由杜邦财团控制。1928年以前，它还只是市场占有率远远低于福特汽车公司的一个弱者。1921年，斯隆就职于通用汽车公司，针对当时通用汽车公司权力分散的状况写出《组织研究》一文，提出“集中决策控制下的分散作业”，使集权和分权得到很好的平衡。1923年，斯隆任通用汽车公司总经理，首先便改革了经营组织，使公司高层领导人抓经营、参与战略性决策，将日常的管理工作安排给事业部去完成。同时，他还提出“汽车形式多样化”的经营方针，以满足各阶层消费者的需要。通用汽车公司1923年市场占有率仅为12%，远远低于福特汽车公司；1928年市场占有率达30%以上，超过福特汽车公司；1956年市场占有率达53%，成为美国最大的汽车公司。

案例思考：

针对案例中“T型车”从最初的成功到后来在市场上失利，以及通用公司后来者居上，推行“汽车形式多样化”方针获得成功，最终在市场上远远超过福特公司，从营销学的角度谈谈企业经营思想如何适应市场形势的变化，进而指导并引导企业走向成功。

第二篇

市场机会分析

第二章 营销环境分析

学习目标

1. 熟悉运用宏观营销环境分析方法
2. 熟悉运用微观营销环境分析方法
3. 熟练掌握营销机会的SWOT分析法

市场环境具有不可控制的因素，因而是不断变化着的。企业的市场营销活动往往受到市场环境的影响，其成败与是否能够适应不断变化着的市场环境有着直接的关系。分析市场环境的目的，在于寻求营销机会和避免环境威胁。

第一节 营销环境的内涵

一、市场营销环境的含义与构成

市场营销环境是一个内涵广泛，处于不断发展和完善的概念。一般认为，市场营销环境是指存在于企业营销系统外部而难以控制的因素和力量，这些因素和力量是影响企业营销活动进行及其目标实现的外部条件。美国著名的市场营销学专家菲利普·科特勒将市场营销环境定义为："市场营销环境由企业营销职能外部的因素和力量所组成，这些因素和力量影响着营销管理者成功地保持和发展自身同其目标市场客户交换的能力。"市场营销环境可分为宏观营销环境和微观营销环境，如图2-1所示。

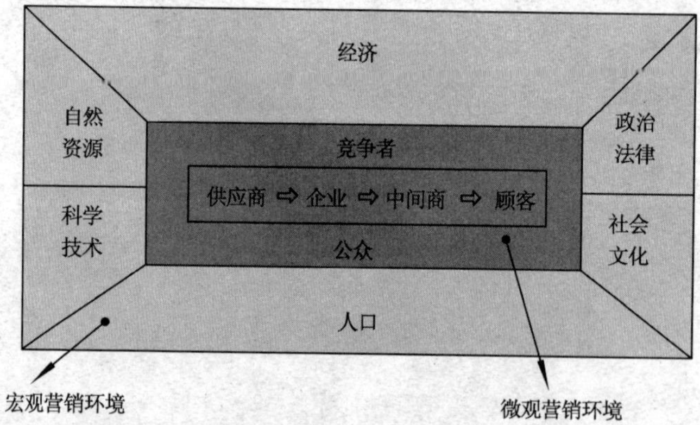

图2-1 市场营销环境的构成

微观营销环境又称直接营销环境，指与企业联系紧密、直接影响企业营销活动的各个参与者，主要包括企业本身、供应商、中间商（营销中介）、顾客（用户）、竞争者和公众。

宏观营销环境又称间接营销环境，指影响企业营销活动的一系列巨大的社会力量和因素，主要包括人口环境、经济环境、政治法律环境、科学技术环境、社会文化环境及自然资源环境等因素。

此外，按照企业的内外部环境，营销环境可分为企业内部营销环境和企业外部营销环境。按照对企业营销活动的影响，营销环境可分为不利环境和有利环境，即形成威胁的环境和带来机会的环境。按照对企业营销活动影响时间的长短，营销环境可分为长期环境和短期环境。

二、市场营销环境的特点

一般情况下，宏观环境因素决定微观环境因素，宏观环境常常通过微观环境作用于企业的市场营销活动，而企业的市场营销活动就是在宏观环境和微观环境二者既相互影响又相互制约的共同作用下展开的。由宏观环境和微观环境构成的市场营销环境具有以下特点。

（一）客观性

市场营销环境作为一种客观存在，有着自己的运行规律和发展趋势，往往不以企业的意志为转移，因而对营销环境变化的主观臆断必然会导致营销决策的盲目与失误。由此，营销管理者的任务就在于适当安排营销组合，使之与客观存在的外部环境相适应。

（二）关联性

构成市场营销环境的各种因素和力量是相互联系、相互依赖的。例如，经济因素不能脱离政治因素而单独存在；同样，政治因素也要通过经济因素来体现。

（三）差异性

市场营销环境具有差异性主要是因为企业所处地理环境、生产经营性质、政府管理制度等方面存在差异，其不仅表现在不同企业受不同环境的影响，而且表现在同一种环境对不同企业的影响也不尽相同。

（四）动态性

外界环境随着时间的推移经常处于动态变化之中，如外界环境利益主体的行为变化和人均收入的提高均会引起购买行为发生变化，从而影响企业营销活动的内容；外部环境各种因素组合方式的不同，也会影响和制约企业营销活动的内容和形式。

（五）不可控性

影响市场营销环境的因素是多方面的，也是复杂多变的，并表现出不可控性。例如，一个国家的政治法律制度、人口增长及一些社会文化民俗习惯等，企业不可能掌控。

三、企业营销活动与环境的关系

环境是企业营销活动中不可控制、不可改变的因素，企业营销活动只有适应环境、依赖环境，才能够得以正常运行。许多企业之所以能够发展壮大，就是因为善于作出改变以适应市场；而部分企业往往对市场环境变化的预测不及时，或者预测到了却没有找到对策，使企业陷于极大的被动，重者破产倒闭，轻者经济受损。

但是，企业营销活动绝非只能被动地接受环境的影响，营销管理者应积极、主动地采取行动去适应营销环境。就宏观营销环境而言，企业可以采用不同的方式增强自身适应环境的能力，避免来自环境的威胁，从而有效把握市场机会。在一定条件下，企业也可运用自身资源，积极影响和改变各种因素，创造出更有利于企业营销活动的环境。

第二节 宏观营销环境分析

宏观营销环境主要包括人口环境、经济环境、自然资源环境、科学技术环境、政治法律环境和社会文化环境 6 类因素。这些因素大多是企业不能控制的，但企业可以通过调整和控制自身的营销活动来适应宏观营销环境的变化，同时也可在一定程度上改善宏观营销环境。以上宏观营销环境因素可能给企业带来机会，同时也可能造成威胁。

一、人口环境

市场营销的人口环境是指人口状况，包括人口数量、人口结构、人口分布密度等，还包括人口居住地点、年龄、性别、种族、民族和职业等情况及其变动趋势。

（一）人口数量

人口数量与企业的市场销售规模有直接联系，并影响着企业的销售成本。人口是市场的主体，是市场营销活动的直接对象。市场是由具备有购买欲望和购买能力的人构成的，人口越多，潜在的购买者就越多，市场规模就越大，单位产品的销售成本也就越低。世界各国的跨国公司热衷于来华投资看中的就是我国拥有世界上最多的人口，也就意味着我国是最大的潜在市场。如果说人口数量体现的是现时的市场规模，那么人口增长率则是预测未来市场规模的依据。人口增长率越高，就意味着将来人口的绝对数量即潜在购买者的数量越多。人口增长率的高低不仅与人口的绝对数量有关，还与人口的年龄结构以及人均收入有关。

（二）人口结构

人口结构特别是人口的年龄结构对企业营销活动会有很大的影响。不同年龄层次的人，其需求结构也会有很大的差异。例如，在一个老龄化社会中，生产药品、老年人健身监护用品等所谓“银发产品”的企业以及一些适合老龄者的服务性企业都可以寻求到很好的市场机会。

（三）人口密度

人口密度即人口的分布状况，也会对企业的营销活动产生影响。在人口密度较高的市场，企业可以减少销售网点的设置，扩大销售网点的规模，从而节约商品的运输、仓储等费用，以便获得规模经济。

无论是人口数量、人口结构还是人口分布密度都在不断地发生着变化，因此具有战略眼光的经营者在分析人口情况时，不仅要考虑当前的状况，还要研究其变化趋势。

二、经济环境

市场营销的经济环境主要是指居民的实际收入水平以及受收入水平制约的实际购买水平。市场销售规模不仅取决于人口数量，还受实际收入水平的制约。由于所谓的市场需求是指“有效需求”，即具有购买能力的需求，人们的收入水平在很大程度上决定着对商品的需求量、商品的价格水平、居民的储蓄水平以及消费者的支出模式，因此收入水平分析是市场宏观营销环境分析的重要内容。

（一）消费者收入的变化

消费者收入是影响购买力和消费水平最重要的因素，其主要表现为工资、奖金、退休金、红利、利息、租金、赠与性收入等各种货币收入水平。受失业、通货膨胀、税收等因素的影响，实际收入水平往往与上述货币收入不相一致。因此，企业的市场营销人员在分析居民的收入水平时，必须充分考虑到各种可能影响其实际收入水平的因素，如此才能较准确地把握人们的实际收入水平。

（二）消费者储蓄与信贷的状况

在消费者的实际收入为既定的前提下，其购买力的大小会直接受储蓄与信贷的影响。从动态的观点来看，消费者储蓄是将当前的消费推迟到未来，是将当前的购买力转变为潜在的、未来的购买力，而储蓄率的增高也就意味着当前购买力的降低。但是，消费者的储蓄倾向并不是一成不变的。在一定条件下（如在高通货膨胀率或在储蓄收益减少的情况下），人们可能会减少储蓄，如我国开始加征利息税后，就在一定程度上刺激了人们消费的扩大。

消费者信贷是指消费者以个人信用为保证先取得商品的使用权，然后分期归还贷款的商品购买行为。例如，住房贷款、大件耐用消费品的分期付款、信用卡透支、小额抵押贷款等都是消费者的信贷形式。消费者信贷对市场营销的影响与消费者储蓄对市场营销的影响相反，它实际上是通过预支未来收入，将未来的消费提前到当前进行的行为。因此，消费者信贷有利于促进当前产品的销售，但对未来的销售则可能产生不利影响。消费者信贷对当前产品销售的影响大小与人们对未来收入的预期有关，同时也与人们的消费观念和消费模式有关。比如在一些西方国家，消费者信贷就是一种很普遍的现象；但在我国，“量入为出”的传统消费方式仍占主导地位，而这种形式对销售的促进作用十分有限，换言之，消费者信贷在我国有很大的发展潜力。

（三）消费者支出模式的变化

所谓消费者支出模式，是指消费者个人收入中用于不同消费品支出的比例关系。根据恩格尔定律，家庭收入中有一部分收入必须用于购买食物以维持生存，剩余部分才用于服装、交通、娱乐、保健、教育等消费以及储蓄。在不同的收入水平下，人们的支出模式是不同的。随着家庭收入的增加，用于食物方面的支出比例会相应下降，而用于服装、交通、娱乐、保健、教育等消费以及储蓄等方面的支出比例会大大提高。因此，企业还必须根据人们收入水平的变化来及时调整自己的产品结构，这样才能适应人们的支出模式。

三、自然资源环境

市场营销的自然资源环境是指企业在生产经营活动中所面对的地理、气候、资源和生态等方面的状况。例如，“暖冬”就会给销售御寒用品的企业带来很不利的影响。企业要想最大限度地利用自然环境因素可能带来的市场机会，从而避免自然环境因素带来的不利影响，就必须分析和把握自然环境变化的趋势。

（一）资源短缺

地球上的资源分为可无限供给的、有限但可再生的和有限不可再生的。即使一直就认为属于可无限供给的资源如空气、水等，近几十年来随着工业化和城市化的发展，在许多国家，已出现严重的污染和缺乏问题。对主要依赖于短缺资源的企业来说，资源短缺既是不利因素，如企业间对资源的争夺必将更加激烈，结果则必将是资源成本的提高，但同时也是有利因素，如给企业带来了开发替代品的机会。

（二）环境污染

当前环境污染、生态平衡破坏日益严重，因而对环境、生态平衡的保护要求更高。随着工业化和城市化的发展，土壤、空气、水等自然资源的污染日益严重，整个地球的生态环境遭到破坏，这阻碍着人类生活质量的改善。由此，保护自然日益受到人们的关注，许多公众结成了各种各样的民间性“压力”团体，要求政府制定相关法律以保护环境。同时，许多国家政府也从社会利益和长远利益出发，加强了对自然资源和环境方面的政策干预。这对采用传统生产方式的企业来说，一方面可能会增加消除公害、保护环境的成本，另一方面则为企业的发展提供了市场营销机会，因为生态环境产业具有极大的发展潜力。

四、科学技术环境

市场营销的科学技术环境是指科学技术进步给企业与市场所带来的影响和改变。科学技术的进步创造了新产品，对传统的消费模式造成了冲击，使企业的传统产品面临被新产品取代的威胁。科学技术的进步，对传统营销系统和营销方式也造成了很大的冲击。例如，电子计算机以及现代通信技术的迅速发展，大大拓宽了市场的领域并丰富了市场营销的手段；又如，随着互联网的普及，网络销售成为一种重要的营销方式，从而对销售人员的知识和能力提出了更高的要求。

企业如果不能及时开发新的技术、新的产品或者不能有效利用各种现代营销手段，就很难在竞争中取胜。现代社会中政府对技术革新的支持正在逐步加强。科学技术的发展既能给人类带来美好的福音，也能给人类带来毁灭性灾难。例如，生物技术的发展既发明了许多有利于人类的新药品、新食品，也破坏了大自然的和谐状态，损害了人类的伦理道德。因此，人们对新技术、新产品的安全性提出了更高的要求，政府对技术开发和使用的支持进一步加强，有关法律法规和政策也在逐步完善。企业在市场营销活动中如果不了解或不遵守有关法律法规和政策，或不了解消费者的态度，就可能带来损失。

营销链接 2-1

亚马逊无人商店开业，无须现金自动结账

经过一年的测试，亚马逊的无人商店Amazon Go于2018年1月22日正式向公众开放。

该商店要求消费者在进入时用他们的手机进行扫描，随后使用摄像头和其他传感器追踪他们在店内购物时的路径。当消费者从货架上取下商品时，商店会更新虚拟购物车；而当消费者选好物品并离开商店时，商店会自动从他们的账户中收取相应的费用。

亚马逊无人商店采取了完全不同的技术，即不设任何支付渠道。正如其广告宣传语所说：不用排队，不用结账，拿东西直接走人。这种被亚马逊称为“Just Walk Out”的购物概念引发了很多猜测，即亚马逊可以利用它的高科技概念作为基础，将自己的业务扩展到便利店或其他类别的实体零售当中。

五、政治法律环境

市场营销的政治法律环境主要是指外部政治形势和状况以及法律法规给企业营销活动带来的或

可能带来的影响。现代市场经济是法制经济，是在政府依法进行宏观控制下运行的经济系统。因此，政治法律环境正越来越多地影响着企业市场营销活动。企业的营销人员如果不了解或不熟悉政治法律环境，将会招致不可逆转的损失。企业对政治法律环境的分析，主要就是了解政府制定的各项方针政策及其变化趋势对企业市场营销活动的影响。

这些方针政策对企业市场营销活动的影响有时是直接的，有时是间接的。例如，国家通过政策扶持某一产业的发展，对该产业来说其影响可能是直接的，而对另一些产业来说其影响可能是间接的。因此，企业对政治环境的分析不能仅重视那些具有直接影响的政策，必须关注各种政策可能造成的各种影响。如果企业开展国际化经营，政治环境分析的内容则更广泛，既要通过对目标市场国的基本政治制度的分析来判断该国政局的稳定程度、政府对外国产品的态度倾向、该国政策及其稳定性，同时又要具体分析与企业市场营销活动直接相关的种种政策，如产品进口政策、外汇政策、劳工政策等。对政治环境分析的失误招致政治风险进而带来的损失，有时是不可估量的。

企业对法律环境的分析，主要是了解国家制定的与市场营销活动有关的各项法律法规。市场经济的本质是法制经济，国家对企业的宏观管理主要是靠经济手段和法律手段。因此，企业需要了解的法律很多。在现代社会中，与企业市场营销关系较为直接和密切的法律法规主要有：《中华人民共和国产品质量法》《中华人民共和国广告法》《中华人民共和国价格法》《中华人民共和国消费者权益保护法》等，保护消费者的立法，旨在维护消费者的合法权益；《中华人民共和国反倾销法》《中华人民共和国反不正当交易与知识产权保护法》《中华人民共和国专利法》《中华人民共和国商标法》等，保护生产者的立法，旨在维护公平竞争的市场秩序，有关环境保护的立法，有关资源保护的立法等，保护社会公众利益的立法。随着对外开放的扩大，我国加入的国际组织和国际公约越来越多。因此，我国企业除了要了解国内的有关立法外，还要了解有关的国际法和国际惯例。总之，全面了解法律环境，不仅可以使企业依法守法，而且可以使企业运用法律手段保障自己的合法权益不受侵犯。

营销链接 2-2

湖北孝感汽车充电站（桩）2018 年破百 新能源汽车共上牌 357 辆

孝感供电公司2018年将新建充电站5座，充电桩32台，充电站（桩）将达125台。

目前，孝感已建成并投运新能源电动汽车充电站13座，充电桩76台，主要分布在孝南、汉川、安陆等地，分别包括5座城市快充站（44个充电桩）和8座高速公路服务区站（32个充电桩），每个充电桩以TCU方式接入，最大输出功率为120千瓦，工作电压为500伏。

据孝感市公安交管部门的信息，截至3月底，孝感新能源汽车总共上牌357辆，其中大型汽车205辆，悬挂新能源号牌的20辆，小型汽车152辆，悬挂新能源号牌的27辆。

资料来源：中国电动车网

六、社会文化环境

市场营销的社会文化环境是指那些影响人们的消费方式、购买行为的传统风俗习惯、行为规范、思维方式和价值观念。简单地说，社会文化实际上就是一种生活方式。生活在同一文化圈内的社会成员都要受某种特定文化的制约，即表现为某种特定的生活方式。也正因如此，不同文化圈的人们才能区别开来。即表现为不同的生活方式。当企业的市场营销活动与营销圈内的生活方式相冲突时，就难以取得预期的效果。因此，企业必须针对不同的社会文化环境制定不同的市场营销策略。

社会文化环境所包含的内容非常广泛，如一国或一地区的教育状况、宗教信仰、价值观念、消费习惯、审美观念等，这些对企业的产品开发、商标设计、广告宣传、服务内容等各个方面都起着制约作用。如消费者的教育水准不同，在产品功能的设计、商品的包装、产品使用说明书的撰写、广告的宣传方式等方面都应当有所区别。

总之，市场营销环境包含着一切可能影响企业市场营销活动的参与者及外部因素，它们以不同的方式影响着企业营销目标的实现，市场营销管理者必须对此进行全面的把握。

第三节 微观营销环境分析

微观营销环境主要包括企业本身、供应者、营销中介与中间商、顾客与用户、竞争者和公众等因素。企业的营销目标一般都是在盈利的前提下为目标顾客服务，进而满足目标市场的特定需求。企业要完成这个任务，必须把自己与供应者和营销中介联系起来，同时必须考虑竞争者和公众对自身的影响，以接近目标顾客并诱导其做出购买行为。

一、企业本身

企业自身环境是指企业内部与营销活动具有密切联系的相关因素，包括组织内部与营销部门相关联的各子系统、各相关部门和各级组织成员。企业内部一般设立营销、研发、采购、生产、财务、后勤等部门。企业营销部门不是孤立的，它要受到企业的其他职能部门的制约，营销计划的制订与执行，既要向其他相关的职能部门征询意见，又要同其他的相关部门协调一致，因此，这些部门共同构成了企业内部的具体环境。

二、供应者

供应者是指向企业及其竞争者提供生产经营所需的各种资源的组织和个人。供应者向企业提供的资源，一般包括原材料、设备、能源、劳务、信息、资金以及其他生产要素。这些资源供应的及时性和稳定性、供应的货物价格变化、供货的质量保证直接影响到企业产品的产量、质量以及利润，从而影响企业营销计划和营销目标的完成。

三、营销中介与中间商

营销中介在营销学历史上有两种含义。其一，营销中介是指只为营销企业提供中介服务的组织，包括市场咨询如调研公司，媒体代理如广告公司等，法律服务如律师事务所等，金融服务如上市咨询与代理、财务咨询与代理等，以及其他诸多中介服务。这样，代理销售产品的中间商、分销商就不包括在其中。其二，认为营销中介是指企业进行销售活动、促销活动，以及把产品送达最终购买者手中所需要的一系列中介组织，包括中间商、实体分销组织营销服务机构（市场调研公司、广告公司、咨询公司等）、金融机构（银行、信托公司、保险公司等）。这些都是市场营销中不可缺少的中间环节，大多数企业的营销活动都需要有它们的协助才能顺利开展。

营销链接 2-3

茅台2018年首罚10家违约经销商

2月5日，国酒茅台（贵州仁怀）营销有限公司（以下简称“茅台销售公司”）发布《关于对有违约行为经销商追究违约责任的通报》指出，2018年1月，茅台销售公司在对北京、上海、贵州、湖南、江苏、广东等12个市场进行深入调研和考核后，对存在哄抬茅台酒价格、管理基础不达标等违约情况的10家经销商做出惩罚。

该通报显示，针对2018年以后存在哄抬茅台酒价格、搭售、转移销售等违约情形的经销商，将不再续签2018年度合同，受罚经销商包括遵义、上海、湖南长沙各一家经销商和广州两家经销商；针对在2017年期间存在哄抬茅台酒价格等违约情形的经销商，2018年合同各减量15%后进行续签，同时根据2017年合同条款，各扣减20%履约保证金，受罚经销商包括河南、南京各一家经销商及上海两家经销商；针对存在管理基础差、茅台酒进销存数据不符、售出茅台酒物流码登记不完整等违约情形的经销商，各扣减2018年合同量5%的计划后续签，同时扣减2017年合同10%的履约保证金，北京一家经销商受罚。

此外，茅台销售公司还指出，对于合同减量续签的5家经销商，自通报之日起，暂停茅台酒合同业务办理，在规定时间内将整改报告交省区考核，且经茅台复核确认后，再行恢复合同业务办理。

资料来源：北京商报

四、顾客与用户

顾客是指企业在营销过程中所直接面对的市场类型。根据顾客主体及其购买目的的不同，企业面对的市场类型也不同。在市场营销中，一般把“顾客”和“客户”两个名词等同使用。进入互联网时代，企业往往会提供免费的信息资源和产品，但使用者并没有发生购买行为，因此互联网营销理念下的概念使用“用户”一词。

顾客与用户市场一般可以分为以下几类。

（一）消费者市场

消费者市场是指由购买商品或服务用于消费的家庭和个人构成的市场。

（二）用户市场

用户市场是指在互联网市场环境下，企业提供免费的信息资源、产品和服务，用户免费使用的信息资源、产品和服务所构成的市场。

（三）生产者市场

生产者市场是指由购买商品或服务用于进行再生产活动的其他生产者构成的市场。

（四）中间商市场

中间商市场是指由基于营利目标而购买商品或服务用于转售的经济组织构成的市场。

（五）政府市场

政府市场是指由为提供公共服务而购买商品或服务的政府及其他非营利机构构成的市场。

（六）国际市场

国际市场是指商品或服务的外国购买者，包括外国的消费者、生产者、中间商及政府。这是根据消费者所处的地理位置进行的划分。

由此可见，不同的市场类型具有不同的购买行为。因此，企业必须根据不同市场类型的行为特点并结合自身的优势进行适当的市场定位，进而采取不同的方式提供不同的产品或服务。

五、竞争者

竞争者是指可能对企业的市场营销活动构成威胁的其他企业。在以竞争为特征的市场经济下，企业会面临许多竞争者，企业市场营销成功与否不仅受企业自身营销活动的制约，在很大程度上还受竞争者的制约。可以说，竞争者是企业市场营销活动中十分重要的环境要素。企业在市场营销活动中主要面临以下 4 种类型的竞争者。

（一）愿望竞争者

愿望竞争者是指满足购买者当前拥有的各种愿望的竞争者。例如，消费者有对电视机、电冰箱、洗衣机、微波炉等商品的需要和购买愿望，但受条件限制又不能同时购买这些商品，只能选择其中某种商品时，这时电视机、电冰箱、洗衣机和微波炉的生产商之间就存在着一种竞争关系。因为消费者购买了其中某一产品就可能会放弃购买其他产品，所以这些产品的生产商就互为愿望竞争者。

（二）平行竞争者

平行竞争者是指能够满足消费者同一需求的各种产品或服务的竞争者。例如，铁路运输与航空运输之间就具有功能替代关系。因为它们满足顾客外出旅行或货物运输的需要，所以它们之间存在着一种竞争关系，即互为平行竞争者。

（三）形式竞争者

形式竞争者是指能够满足消费者的同一需要，但在规格、型号、款式等方面存在差异的同类产品或服务的竞争者。例如，彩色电视机有模拟信号图像与数字信号图像之分，而同的电视机生产厂商之间就互为形式竞争者。

（四）品牌竞争者

品牌竞争者是指能够满足消费者同一需要，但品牌不同的产品或服务的竞争者。例如，彩电和长虹彩电之间就互为品牌竞争者。

在以上 4 类型的竞争者中，前两种同行业间的竞争，而后两种则属于同行业间的竞争。同行业间的竞争表现得较为直接，竞争对手也较为明确；而不同行业间的竞争则表现得没有那么直接，竞争对手也没有那么明确。但真正具有战略眼光的营销者在辨识竞争对手时，不会将眼光局限在同行业范围内，而是会全方位的考察市场态势，以便发现新的市场机会，从而扩大市场营销。

六、公众

企业外部存在着许多社会群体，他们是企业寻求目标市场的人群基础，亦即企业市场营销的公众环境。公众是指对企业产生实际影响和存在潜在利害关系的群体与个人。

从狭义上来讲，营销企业（或更广义地称为营销）所面对的微观营销环境的公众是指社区公众、当地公众，或者对营销产生直接影响的半径内的公众。

广义的公众主要包括政府公众、金通公众、媒体公众、团体公众、当地公众、内部公众和一般公众。有必要交代清楚的是，广义上的公众与营销中介存在着交叉，亦即广义上的中介包含营销企业需要的中介服务如金融机构、媒体机构等；而这些中介又对营销企业产生影响，故又把这些组织看成和公众一样如金融机构、媒体机构等。

（一）政府公众

政府公众是指政府政策的制定机构和执行机构。企业的市场营销活动受到政府政策的极大影响，因此任何营销计划的制订都必须了解政府的相关政策状况以及政策变化趋势，从而保证计划实际可行。

（二）金融公众

金融公众是指有可能影响企业获得资金能力的团体，如银行、投资公司、证券交易所和保险公司等。公司的股东既可视为企业的要素之一，也可视为融资公众的组成部分。

（三）媒体公众

媒体公众主要是指报纸、杂志、广播、电视和互联网等社会大众传播媒介。这些传播媒介对企业的形象、声誉以及品牌的塑造产生了着举足轻重的影响。

（四）团体公众

团体公众是指有可能影响企业的市场营销活动的各类消费者组织、环境保护组织及其他群众团体等。

（五）当地公众

当地公众是指企业所在地附近的居民和社区组织。这类公众由于同企业之间有着非常直接和广泛的联系，因此相互间极易发生利益冲突。企业在营销过程中应谨慎处理与当地公众的关系，以免与周围公众的利益发生冲突，并通过对当地公益事业的支持来改善与当地公众的关系。

（六）内部公众

内部公众是指企业内部的成员，包括董事会、经理、管理人员、一般职工等。内部公众对企业的态度不仅影响着企业内部的生产和营销效率，而且还影响着企业外部的社会公众。

（七）一般公众

一般公众是指那些对企业产品的销售没有直接意义，但其态度会对企业形象产生影响的社会民众。企业与一般公众的关系，会影响到企业潜在市场的培育。

以上所述公众都与企业的营销活动有直接或间接的关系，会对企业营销目标的实现产生影响。为此，企业除了要设立专门的公共关系部门，负责处理与这些公众的关系外，在整个营销过程中也不能忽视这些公众因素。

第四节 市场机会分析的方法

随着人类科学技术与社会经济的发展，市场营销环境日益复杂多变。为此，市场研究技术也在不断进步，大数据分析与云计算也成为互联网时代的常用工具。本节将重点讲述市场营销机会的SWOT（Strength Weakness Opportunity Threat）分析法。

SWOT 分析法，又称为态势分析法或优劣势分析法，最早由 Learned 等人于 1965 年提出，在战略管理领域被广泛运用，以确定企业自身的竞争优势、竞争劣势、机会和威胁，从而将企业战略与企业的内部资源、外部环境有机地结合起来。

一、基本原理

所谓 SWOT 分析法，即基于企业内外部竞争环境和竞争条件下的态势分析，也就是将与研究对象密切相关的各种主要内部的优势、劣势和外部的机会、威胁等，通过调查列举出来，并依照矩阵形式进行排列，然后采用系统分析的思想把各种因素相互匹配起来加以分析，从中得出一系列相应的结论的方法。其结论通常带有一定的决策性。

（一）SWOT 要素

SWOT 分析法中的 4 个要素分别是：S（Strength）优势，W（Weakness）劣势，O（Opportuny）机会，T（Threat）威胁。

（1）优势（S）指企业自身的优势，即企业超越其竞争对手的能力，或者企业特有的能力。

（2）劣势（W）指企业自身的劣势，即企业相比于其他企业所缺少的能力，或者企业自身特有的劣势因素。

（3）机会（O）指在市场环境中对企业富有吸引力的机会因素，企业只要抓住这一因素就将拥有竞争优势。

（4）威胁（T）指在市场环境中对企业不利因素的发展趋势所带来的威胁、所形成的挑战，如果不采取果断的战略行为，其将导致企业的竞争地位受到削弱。总的来说，优势、劣势是组织机构的内部因素，是企业在其发展中自身存在的积极因素和消极因素；机会、威胁是组织机构的外部因素，是外部环境对企业的发展直接产生影响的有利因素和不利因素。

（二）SWOT 分析

通过 SWOT 分析，可以识别企业自身（或称为内部）的优势与劣势，也可以识别市场环境（或称为外部）的机会和威胁，并将 4 个因素综合起来考虑，以确定企业的市场机会。

（1）企业自身优势分析。体现企业内部优势的因素有：有利的竞争态势，充足的财政来源，良好的企业形象，强大的技术力量，超大规模的经济，较高的产品质量，很大的市场份额，成本优势，强烈的广告攻势等。

（2）企业自身劣势分析。导致企业内部弱势的因素有：设备老化，管理混乱，缺少关键技术，研究开发落后，资金短缺，经营不善，产品积压，竞争力差等。

（3）市场环境中的机会。企业存在的外部机会因素有：新产品，新市场，新需求，外国市场壁垒解除，竞争对手失误等。

（4）市场环境中的威胁。企业存在的外部威胁的因素有：新的竞争对手，替代产品增多，市场紧缩，行业政策发生变化，经济衰退，客户偏好改变，遭遇突发事件等。SWOT 分析如图 2-2 所示。

企业自身优势（S）	企业自身劣势（W）
1.______ 2.______ …… n.______	1.______ 2.______ …… n.______
外部环境机会（O）	**外部环境威胁（T）**
1.______ 2.______ …… n.______	1.______ 2.______ …… n.______

图 2-2　SWOT 分析

二、SWOT分析方法的应用

SWOT 方法既可以作为一种战略分析工具，被用于分析企业的市场机会，即识别企业自身的优势与劣势、市场环境的机会与威胁；也可以在机会分析的基础上，利用工具本身来制定战略。建构 SWOT 矩阵，可形成 4 种不同类型的组合：优势——机会（SO）组合、劣势——机会（WO）组合、优势——威胁（ST）组合和劣势——威胁（WT）组合。对 SO、ST、WO、WT 这 4 种组合进行分析，得出一系列企业未来发展的可选择对策。

本篇各章节属于“确定市场机会的市场机会分析篇”。为此，对 SO、ST、WO、WT 进行组合，不是制订战略，而是进行战略组合分析，即 SO 组合分析、ST 组合分析、WO 组合分析和 WT 组合分析，如表 2-1 所示。

表 2-1　SWOT 矩阵分析

	内部优势（S）	内部劣势（W）
外部机会（O）	SO 战略组合分析 依靠内部优势 利用外部机会	WO 战略组合分析 利用外部机会 克服内部劣势
外部威胁（T）	ST 战略组合分析 依靠内部优势 回避外部威胁	WT 战略组合分析 减少内部劣势 回避外部威胁

（1）优势——机会（SO）组合分析，是一种发展企业内部优势与利用外部机会的分析模式。即企业具有特定方面的优势，而外部环境又为发挥这种优势提供了有利机会。例如，产品市场前景良好、供应商规模扩大和竞争对手遭遇财务危机等外部条件，配以企业市场份额加大等内在优势，就可以帮助企业做出收购竞争对手、扩大生产规模等决策。

（2）劣势——机会（WO）组合分析，是利用外部机会来改变内部劣势，使企业改劣势为优势的分析模式。即企业虽然存在外部机会，但由于存在一些内部劣势而妨碍其利用机会，那么就可采取措施先改变这些劣势。例如，企业的劣势是原材料供应不足和生产能力不够，从成本角度来看，会导致开工材料不足、生产能力闲置、单位成本上升、出现附加费用。在产品市场前景看好的前提下，企业可利用供应商扩大规模、新技术设备降价、竞争对手遭遇财务危机等机会，实现纵向整合战略，重构企业价值链，以保证原材料的供应；同时，可考虑购置生产线来改变生产能力不足及设备老化等劣势。通过改变这些劣势，企业就能进一步利用各种外部机会，降低成本以取得成本优势，最终赢得竞争优势。

（3）优势——威胁（ST）组合分析，是一种利用自身优势，回避或减轻外部威胁所造成影响的分析模式。例如，竞争对手利用新技术大幅降低成本，给企业带来很大的成本压力；同时材料供应紧张，其价格可能上涨；消费者要求大幅提高产品质量；企业还要支付高额环保费用等。这些都会导致企业成本状况进一步恶化，从而在竞争中处于非常不利的地位；但若企业拥有充足的现金、熟练的技术工人和较强的产品开发能力，便可利用这些优势开发新工艺，简化生产工艺过程，提高原材料利用率，从而降低材料消耗和生产成本。另外，开发新技术产品也是企业的可选择对策。新技术、新材料和新工艺的开发与应用是最具潜力的成本降低措施，同时还可提高产品质量，从而回避外部威胁造成的影响。

（4）劣势——威胁（WT）组合分析，是一种旨在改变内部劣势，回避外部环境威胁的分析模式。

当企业存在内忧外患时，往往会面临生存危机，降低成本也许可作为改变劣势的主要措施。当企业成本状况正在恶化，原材料供应不足，生产能力不够，无法实现规模效益，且设备老化，以致企业在成本方面难以有大作为时，就会将迫使企业采取目标聚集战略或差异化战略，以回避成本方面的劣势及成本原因带来的威胁。

SWOT分析法自形成以来，被广泛应用于战略研究与竞争分析，成为战略管理和竞争情报的重要分析工具。分析直观、使用简单是SWOT的重要优点，以致即使没有精确的数据支持和更专业化的分析工具也可以得出有说服力的结论。但是正是这种直观和简单，才使得SWOT不可避免地有着精度不够的缺陷。例如，SWOT分析采用定性方法，通过罗列S、W、O、T的各种表现，形成一种模糊的关于企业竞争地位的描述。以此为依据作出的判断，难免会有一定程度的主观臆断。所以在使用SWOT方法时要注意其局限性，在罗列作为判断依据的事实时要尽量真实、客观、精确，并提供一定的定量数据来弥补SWOT定性分析的不足，构成高层定性分析的基础。

思考题

1．简述市场营销环境的构成以及市场营销环境的特点。
2．试述企业营销活动和市场营销环境的关系。
3．分析宏观营销环境中各因素对企业营销会产生怎样的影响。
4．分析微观营销环境中各因素对企业营销会产生怎样的影响。
5．试运用市场营销环境分析工具进行实证分析。

案例分析

案例 2-1

作为一家传统公司，良品铺子为何能做成电商?

2015年良品铺子45亿元的总销售额里，线上渠道占了12亿元，比例高达26.7%。与大多数传统企业一样，良品铺子最初只是将电商作为新的销售渠道，但很快其总裁杨银芬就意识到电商的价值在于让消费者更容易接触到自己的产品，这样一来公司知名度和影响力都能得以迅速提升。杨银芬坦言，良品铺子做电商纯粹是“被外界环境刺激到了”。移动互联网改变了消费者的生活习惯，使消费场景多元化、消费时间碎片化、消费空间漂移化。

渠道在变迁，要做这个行业的领导品牌，仅靠开店是成不了事的。“只有线上线下都做到了第一，你才是真正的第一品牌。”线上线下布局也导致良品铺子的销售渠道和产品线极为庞杂——线下门店超过2 000家，线上入驻的第三方电商平台、本地外卖平台以及自营的网络店铺达到39个，并且还在不断增加。全线有1 400多个SKU，其中包括800多个线下产品和500多个线上产品。

首先，良品铺子建立起一套产品创新的流程。具体来说，就是以消费者的需求和市场为起点，规划和研发产品。比如开发一款坚果产品，会对消费者的需求和用户场景进行分类。坚果的消费场景有4类：第一类纯粹用来解馋和打发时间；第二类用来充饥；第三类用来补充营养；

第四类用于逢年过节送礼。当消费需求或场景得到确定后，再来看用什么样的产品可以满足消费需求。由于线上线下消费者的购买路径和消费场景不同，因此商品在呈现形式上也会有不同的侧重点。此外，它还会参考多维度的市场洞察。例如，消费者洞察，由规划人员召集消费者对产品进行讨论、进行问卷调查、到门店进行考察等；或者是销售数据，通过门店和电商平台的数据进行系统的分析，寻找哪些产品有开发的机会。

其次，良品铺子对线上线下商品的包装和形态作了区分，仓库便随之各自独立起来。2013年，独立的电商物流部门成立，并陆续在全国范围内建立分仓。截至目前，良品铺子在临安、北京、广州、成都、西安和沈阳等地均设有分仓，50%的订单能实现次日达，85%的订单可实现隔日达。2015年，整个电商平台从前台到中台再到后台，系统全部换成了SAP。2016年6月，SAP二期系统上线，首先实现了线上线下同仓同库存，即一套系统既可以识别门店货品，也能识别电商货品。另外，线上与线下作业的流程基本上一致，因而设备、人员和管理流程可以共用。

最后，良品铺子构建的是立体化的全渠道销售通路，秉承着“客户在哪里，我们就在哪里”的商业原则，搭建出一个能让消费者随时、随地、随意购买的渠道。过去良品铺子旗下有多个信息“孤岛”，零售门店、第三方电商平台、社交电商分别有独立的事业部，且都是按照自己对消费者和零食业态的理解做事情，彼此间可以说是割裂开来的。如何把这些“孤岛”连接起来，就是全渠道要做的事情。自2014年起，良品铺子与IBM企业咨询服务部及ERP软件供应商SAP合作，先后投资过亿元，建成了全渠道零售平台体系，覆盖了订单中心、库存中心、促销和价格中心。

案例思考：

1. 该案例从哪些因素分析了良品铺子的营销环境？
2. 营销环境中各因素对良品铺子的营销产生了怎样的影响？

案例 2-2

我国商业银行理财业务的 SWOT 分析

在我国，商业银行理财业务是商业银行将客户关系管理、资金管理和投资组合管理等业务融合在一起，向公司、个人客户提供综合性的定制化金融产品和服务，其本质是受投资人委托而开展的债权类直接融资业务。理财业务涉及信托、基金、证券、保险等领域，需要运用境内外资金资本市场工具，是一项技术含量高的综合性金融服务。

截至2013年6月末，我国商业银行理财资金余额为9.08万亿元，比年初增长27.88%；商业银行理财业务的增速远远超过了银行业金融机构总资产及总负债的增幅比例。此外，从商业银行理财余额占总资产的比重来看，理财产品余额所占比重为8.02%，比年初增加了1.23个百分点。理财产品余额所占银行资产比重也在逐年增加，已经由最初的忽略不计发展到现在的大于8%，银行的表外资产比重大大增加。

在理财产品无限风光、理财业务无限繁荣的背后也出现了一些问题，特别是近年来随着银行理财零收益、负收益乃至严重亏损新闻的不断曝光，银行遭遇了严重的声誉风险。2003年年初至2013年9月底，中国银监会对理财业务从业务模式、理财资金投向、产品销售行为、消费者权益保护、监管工作等方面共制定了30余个规范性文件和管理制度，逐步健全了相关的管理制度体系，为银行理财业务的健康发展提供了强有力的保障。在规范监管的同时，也需要对目前我国商业银行自身开展理财业务的条件和环境以及存在的问题有一个明确的认识。

一、内部分析

◎ 商业银行理财业务的优势分析

渠道优势。商业银行理财业务具有广泛性、多样性和分散性等特点。当今商业银行的服务网络不再局限于物理网点，而是扩展到电子渠道。在物理网点方面，商业银行网点的分支机构遍布全国城乡；在电子渠道方面，商业银行已初步形成网上银行、手机银行和电话银行等一体化电子服务网络。银行服务覆盖面的扩大，为客户购买理财产品提供了极大的便利条件。

理财产品投资方向多元化。纵观银行理财业务的发展，其产品设计结构日益精细，流动性条款相对合理，合作模式多种多样。尤其值得一提的是，商业银行可以与基金公司、证券公司、信托公司、租赁公司、阳光私募等其他金融或非金融机构合作，从而保证其产品体系的多样性。

理财产品种类繁多。近年来，由于通胀预期不断加大，受存款长期“负利率”等因素的影响，理财产品的种类越来越多。按产品期次类，可分为期次类和滚动发行；按期限类型，可分为T+ 0、1个月以内、1～3个月、3～12个月、12个月以上；按收取收益方式，可分为保证收益类和非保证收益类；按交易类型，可分为开放式产品和封闭式产品；按产品币种，可分为人民币理财计划、外币理财计划、双币理财计划等。

◎ 商业银行理财业务的劣势分析

理财工作人员专业素质需提高。银行理财业务是一项对专业技术要求很高的综合性金融服务，尤其是产品设计、资金运作等环节对证券、保险、信托、法律等方面的知识要求较高。但是，各商业银行均反映在人员培养、人员配备等方面存在业务与人员不匹配的问题。在研发中，各行普遍缺乏专业的理财研发人员，没有建立起完善的市场调研开发体系及外部调研合作机制，削弱了开发研究与决策的科学性。在销售中，虽然各行理财人员通过参加各类业务培训，对所售理财产品的内容和风险都能做到基本了解，并解答客户提出的简单问题，但对金融衍生工具等更为复杂的专业知识和相关风险揭示尚不能完全满足客户的需求。

理财产品创新能力较弱。我国理财产品投资品种可以分为债券与货币市场类、存款类、信贷类、权益类、金融衍生工具、代客境外理财及其他理财产品。从2012年我国商业银行理财资金投向看，债券和货币市场工具、存款、信贷类资产、权益类资产、金融衍生工具等分别占整体余额的34%、21%、30%、11%和4%。其中，债券和货币市场工具、存款类占理财市场的一半以上，产品数量增幅将近一倍。

产品同质化现象严重，银行同业间产品模仿速度不断加快。尤其最近几年，很多银行采用的资产池——资金池操作模式，将不同期限、不同品种的理财产品混在一起，通过借新还旧、滚动发售等形式维持运营，容易造成期限错配等问题，一旦客户赎回银行就可能面临流动性风险。

风险管控意识和能力不足。银行理财业务作为一项新型的银行业务，有很多潜在风险，如信用风险、操作风险、法律风险、声誉风险等，但与之相应的风险评价机制尚不健全。例如，银行通常会将一款理财产品的最高收益率作为卖点来加大宣传炒作力度，而对产品收益甚至本金可能遭受的风险在产品说明书中却是轻描淡写。一旦客户无法获得承诺的高收益率利息，银行遭遇的声誉损失将难以估量。此外，银行与理财产品购买者、理财资金投资对象的法律关系不清晰。例如，有的银行违规发行信托类理财产品，最后演变成变相对企业进行授信；有的银行员工向不符合标准的客户发售不匹配的理财产品，损害了客户利益。

基础数据统计不全面、不统一。目前，国内缺乏对理财产品市场的数据统计，各家商业银行年报对理财业务的披露不够统一，如工商银行的年报将理财业务的手续费及佣金净收入按个人理财及私人银行与对公理财进行披露，那么这些数据可能既包含综合理财业务，也包含理财顾问业务、代销理财业务等；建设银行的年报在手续费及佣金净收入中对理财产品收入进行披露，但不含代销理财产品收入，并在投资银行业务部分对自主理财产品收入进行单独披露；中国银行仅对理财产品销售量进行披露。

二、外部分析

◎ 商业银行理财业务面临三大机会

居民财富持续增长。金融危机发生之后，全球财富持续反弹，并再次达到历史最高水平，尤其是亚太等新兴经济体。根据波士顿咨询公司的测算，2010—2015年全球财富年均增长率为5.9%，而中国的财富则以14%的速度增长，高于平均水平。我国经济持续增长了近30年，城乡居民的收入水平不断提高，2012年全国城镇居民人均可支配收入达到24 565元，为个人理财业务提供了一个可持续发展的平台。

居民倾向于选择银行。2004年以前，国内以产品为导向的财富管理市场呈现“三足鼎立”格局：基金公司的基金理财产品、信托公司的信托产品和证券公司的券商集合理财产品。自商业银行发售针对个人的理财产品后，一举打破了原来的“均衡”，形成了“四分天下”的竞争格局，并且后来者居上，凭借固有的雄厚实力和强大的网点优势，在短短8年内几乎形成吞并其他3类产品市场的景象，产品发售数量和募集资金规模屡创新高。

顺应利率市场化进程。银行理财产品规模的迅速扩张，实际上是特定形式、特定程度的利率市场化的表现形式。在通货膨胀的背景下，银行吸收存款的难度越来越大，而理财产品相对灵活且能够提供高于同期存款利率水平的投资回报率。因此，理财产品作为吸收存款的重要手段被银行广泛应用。随着我国利率市场化的推进，银行需要寻找理财等其他业务收入来实现业务结构的转型。

◎ 竞争威胁与潜在风险不可忽视

同业竞争激烈。为争取更多的客户资源，银行间竞争相当激烈。这种竞争主要表现在价格方面，各家银行争相调高同类理财产品收益率来吸引客户，甚至不惜缩小银行利润空间以扩大市场规模。长此以往，会导致发生行业“价格战”。与此同时，银行理财业务的单位净收入比明显降低，虽然这和短期产品利润降低有关，但也反映出价格战对理财市场良性发展的挫伤。

此外，外资银行的进入也对国内银行业理财市场造成很大的冲击。

其他金融机构的威胁。基金公司在理财产品市场最具竞争力，且优势明显：起步较早，目前已经形成了较大规模；已形成较为完整和成熟的产品群，能广泛地满足客户需求；运作透明度高，市场形象较好；从业人员素质高，基金公司积极筹措推出面向高端客户的基金专户理财服务，争取夺回失去的市场份额。信托公司一直强调产品的自主研发和打造强大的直销团队。证券公司积极筹建财富管理中心，推行"券商集合理财产品"，一般预期年收益率比银行类人民币理财产品高出50%～100%，并且券商采用自有资金认购管理计划，将客户的利益与自身的利益捆绑起来，提高了资金的安全性。保险公司的理财产品主要有固定收益险和分红险两种，其中分红险既具备理财功能，同时又具备一定的保险功能，因而独占优势。

投资者的风险意识不足。我国居民认为银行有国家信用支持，大部分人将银行理财产品视同为银行存款，对理财产品的风险认知不足。与此同时，由于掌握的金融专业知识较薄弱，"买者自负"还不能真正实现。

资料来源：《中国银行业》2014 年第 3 期，作者：李雪涛、杨淇

案例思考：

1．案例从哪些因素分析了我国商业银行理财业务的营销环境？

2．利用 SWOT 分析工具，针对我国商业银行理财业务提出自己的看法和建议。

营销竞争分析 第三章

学习目标

1. 了解迈克尔·波特的竞争力分析模型
2. 熟悉识别竞争者的方法
3. 熟练掌握竞争对手分析

竞争是市场的重要标志与发展基础，是企业营销无法回避的现实。企业要想在市场上占有一席之地，必须面对各种各样的竞争；而要想赢得竞争，首先要分析市场上的竞争对手，并在此基础上设计相关的竞争战略和策略。

第一节 行业竞争强度分析

行业的竞争态势是决定市场竞争强度的根本因素，分析行业竞争强度的一个非常有效的工具是哈佛大学教授迈克尔·波特的 5 种力量分析模型（Five Forces Framework）。迈克尔·波特认为影响行业竞争的因素主要包括 5 个方面，即行业内现有的竞争者、客户的议价能力、供应者的议价的能力、潜在进入者威胁和替代威胁，如图 3-1 所示。

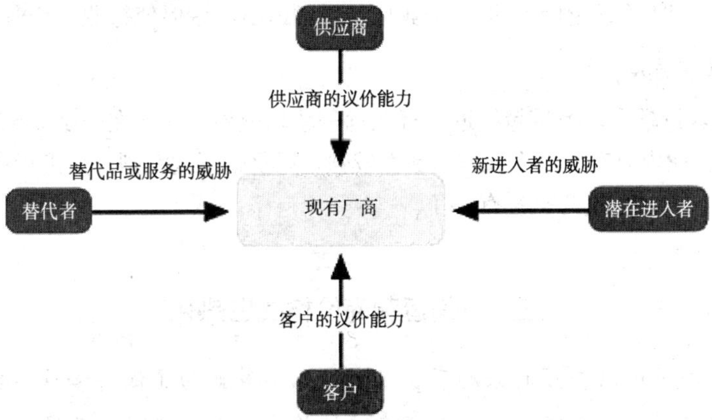

图 3-1　波特“竞争力分析模型”

一、行业内现有的竞争者

同行业内现有企业之间的竞争是最直接的，行业内现有企业为改善自身的市场地位难免会进行竞争。但是不同的行业其竞争的激烈程度不同，因而企业的竞争策略也应有所不同。行业内现有企业之间竞争的激烈程度主要取决于以下几个因素。

（一）产品的生命周期

当产品处于生命周期的初期时，由于在该市场上只有为数不多的生产厂商，有时甚至只有少数几家企业，因此这一时期竞争一般较缓和；当产品进入高速成长期时，生产厂商数量增加，产品供给增加，但由于有着不断扩大的市场需求能够消化增长的产品供给，因而这一时期虽然竞争加剧但还不至于过度激烈；当产品进入成熟期或市场衰退期时，市场需求的减缓甚至需求的绝对量也会减少，由于经验曲线效应，企业的生产能力可能进一步提高，企业为了给扩大的供给能力寻找出路或为了延长产品的生命周期，必然要寻求进一步扩大市场份额的机会，而这只能从其他企业那里夺取，这一时期竞争就会变得非常激烈。

（二）经济规模

多数行业的产品成本与生产规模都有着非常密切的关系，市场对规模经济的要求非常高。如在现代技术条件下，彩电生产企业必须达到年产 500 万台左右，才有可能使成本降到最低。企业为了追求规模经济，就必须扩大规模、增加产量；而产量增加会导致供给增加，如果没有相应需求的扩大，行业内原有的供求平衡关系就会被打破，各个企业为了维持原有的市场份额，不得不进行激烈的竞争。

（三）产品差别化

同行业的企业生产的同类产品，如果差异性比较大，市场细分得较为明确，相对来说就会有自己特定的顾客群，这从某种意义上就可以大大减少竞争对手的数量，企业间的竞争也就会相对缓和；相反，如果行业内产品的差异性很小，企业面对的是共同的顾客群，而竞争手段又都集中在价格或服务少数几个方面，竞争就会非常激烈。

（四）退出壁垒

退出壁垒是企业退出某个行业时要付出的代价。退出壁垒高，也就是企业退出某个行业时要付出的代价高。因此，即使经营困难，很多企业也不愿意退出，这促使行业内企业间竞争加剧。

（五）行业的集中程度

行业内厂商的数量越多，力量越接近，行业竞争就越激烈，如果在一个完全竞争的行业，竞争强度就大；反之，行业内只有几家企业，垄断性较强，竞争就不太激烈。如果行业中只有一家企业，则属于完全垄断的行业，也就几乎没有竞争。

营销链接 3-1

三大电信运营商价格战白热化

国内电信市场行业的集中度越来越高，三大电信运营商为了保持和抢占更大的市场份额，自然是从微观到具体用户切入市场，近些年来陆续推出了各种不限量套餐，掀起了一场“旷日持久”的“流量大战”。从2017年下半年开始，运营商之间的竞争聚集到了无限流量手机卡上，从199元全国不限流量，到99元省内不限流量，再到针对一些集团客户的49元甚至29元不限流量套餐，价格一路走低。2018年，有运营商甚至开始在省内推出了10元不限流量套餐。资料显示，中国电信推出了10元包300分钟全国通话+3GB全国流量+省内不限流量；而中国移动不甘示弱，也推出了10元包1 000分钟通话+不限流量。

不过，最先引发流量战火的是中国联通。2017年2月，中国联通创新推出了无长途、无漫游、无合约、流量不限量的冰激凌套餐。以198元套餐为例，用户最多可用100GB数据流量。2017年5月，中国移动推出无限流量套餐“任我用”。新客户可花188元和288元享受不同档次的套餐，分别包含12GB和20GB流量，老客户则要花238元才能获得包含15GB流量的“任我用”套餐。至于中国电信，则是三大运营商中推广“不限量”最卖力、门槛最低的一家。

2017年，中国电信在全国范围内推出“十全十美”不限量套餐。根据套餐档次的不同，用户不仅可以享受本地流量或全国流量不限量，而且还可以享受高速的光纤宽带上网和4K IPTV服务，将全家人的通信需求“一网打尽”。

资料来源：新浪网

二、购买者讨价还价的能力

购买者所追求的就是以最小的支出获得最大的满足，因而必然会存在对产品的选择和讨价还价的问题。购买者讨价还价的能力主要取决于以下几个方面的因素。

（一）购买量的大小

购买量的大小在一定程度上决定了企业对购买者的依存度。购买者的购买量占企业销售的比重越大，企业对其依存度就越大，购买者讨价还价的能力就越强；反之则越弱。

（二）产品的差异性

如果企业产品与其他企业产品的差异很小或者是标准化产品，购买者的选择余地就很大，即可从其他企业那里购买到同样的产品，购买者讨价还价的能力就大；反之，如果企业产品与其他企业产品差异的较大，为购买者提供的满足是其他企业所不能提供的，也就是说居于垄断地位，则购买者讨价还价的能力就较小。

（三）购买方的集中程度

如果购买方相对集中，由几家大公司控制，则购买方处于强势地位，讨价还价能力强；如果卖方行业的集中程度越低，越是属于完全竞争的行业，购买者讨价还价的能力就越强。

（四）信息的完全程度

购买者对有关市场价格、市场需求以及供应者的实际成本等方面的信息了解得越全面、越充分，讨价还价的能力就越强；反之，讨价还价的能力就越弱。

（五）后向的整合能力

当购买方有后向的一体化倾向，并有后向的一体化能力时，购买方讨价还价的能力就强。

（六）价格敏感性

如果购买方的利润很低，对价格敏感，就会千方百计地要求降低购买价格；如果购买方的盈利高，通常对价格不太敏感，也就不太容易讨价还价。

（七）商品的供求情况

当商品供过于求时，即处于买方市场的情况下，购买者讨价还价的能力就较强；反之，当商品供不应求时，即处于卖方市场的情况下，购买者讨价还价的能力就弱。

（八）其他因素

购买者的收入水平，零售商、批发商对最终购买者购买行为的支配程度等，也对购买者讨价还价的能力有着影响。

三、供应者讨价还价的能力

现代企业很少有不依赖供应商的，即很少有生产与营销所需资源完全由一个企业独自拥有和配置的。因此，大多数企业都要依赖于某些特定的原材料、设备、能源等投入要素的供应，如果这些要素的供应没有保障，企业的营销活动就无法正常进行。因此，这些要素的供应者就成了对企业营销活动产生威胁的竞争力量。供应者讨价还价的能力主要取决于以下几个方面的因素。

（一）供应者行业的集中程度

如果供应者所处行业的集中程度较高，被少数几家供应者垄断和控制的话，则供应者在供货的价格、质量、交货期以及服务等方面讨价还价的能力就较强；如果供应者所处行业的集中程度低，即该行业有着众多分散的供应者，那么企业选择供应者的余地就较大，则供应者讨价还价的能力就较弱。

（二）供应者的产品对本行业的影响程度

如果供应者的产品是某行业企业的重要投入要素，对企业产品的制造和质量具有重大影响，则供应者讨价还价的能力就强；特别是对那些不宜长期储存的投入要素来说，供应者讨价还价的能力明显增强。如果供应者的产品对某行业企业的生产影响不大，则供应者讨价还价的能力就弱。

（三）产品的差异性

如果供应者提供的是标准化产品，那么供应者讨价还价的能力就弱；如果供应者提供的是某种特殊产品，能满足特定需求，那么供应者讨价还价的能力就强。

（四）供货量及客户的重要程度

如果购买者的购买量占供货者供应量的比重大，是供应者的重要客户，即供应者对其依存度较高时，供应者讨价还价的能力就较弱；反之，如果供应者的产品提供给许多行业，而客户的购买量又比较小时，供应者讨价还价的能力就较强。例如，沃尔玛、华润万家等大型零售商对相关商品的需求量都比较大，因此总能以较低的成本价格进行购买。

（五）供求情况

如果供应者提供的商品供过于求，即处于买方市场的情况下，供应者讨价还价的能力就较弱；如果供应者提供的商品供不应求，即处于卖方市场的情况下，供应者讨价还价的能力就强。

（六）其他因素

政府的有关政策、供应者产品的多样化等，也会对供应者讨价还价的能力产生影响。

四、潜在加入者

市场经济决定了每个行业随时都可能有新的进入者加入竞争。当潜在加入者进入该行业时，就会形成新的竞争力量。

一方面，新竞争者的加入会导致该行业生产能力的增强以及供给的增加，如果市场需求没有相应增加的话，这部分新加入者的市场份额只能从原有的企业手中夺得；即使假定市场需求有相应增加的话，原有的市场格局也将被打破，而需要建立新的平衡；另一方面，如果该行业中某些重要的生产要素属于稀缺性资源，新竞争者的加入会加剧对这些稀缺性资源的争夺。潜在加入者越多，对本行业现有企业的威胁就越大。潜在加入者威胁的大小，取决于行业的进入壁垒和该行业现有企业的反击能力。所谓进入壁垒是指阻碍新加入者进入该行业的各种障碍因素。进入壁垒越高，现有企业的反击能力越强，其威胁就越小；反之，新竞争者加入的威胁就越大。行业进入壁垒的高低主要取决于以下几个方面的因素。

（一）法律政策因素

现代经济社会中的营业执照制度，某些商品的经营许可证制度，就是由法律政策构成的进入壁垒。政府为制止某些行业的过度竞争，对一些行业的新加入者实行严格的审批制度或严格控制发放经营许可证，这就形成了行业的进入壁垒，使新加入者难以进入这些行业。

（二）技术因素

一般来说，进入者必须拥有能让自己进入的技术。所谓技术因素，是指进入企业要掌握相关行业的从业技术。例如，有些行业要求进入者必须拥有某种特殊的高科技能力，那么高科技就成为行业的进入壁垒。这种由高科技形成的进入壁垒，具体又可分为两种情况。

一种情况是现代经济社会中的知识产权保护制度（如专利权制度）形成的进入壁垒。企业要进入某个行业，必须运用某种专利技术，或者在不侵犯专利权的前提下开发出更新的技术，否则就进不了该行业。这样一来，新加入者无论是通过购买专利方式进入还是通过开发技术方式进入，都将大大提高其进入成本；或者即使能够进入，也难以形成较强的竞争力。

另一种情况是高科技本身就成为一种进入壁垒。在某些高科技密集型行业里，即使没有专利法的障碍，如果缺少相当的技术积累，一般的企业也难以进入这些行业。例如，彩色感光材料市场，世界感光材料市场历来都是被柯达、富士、阿科发、科尼卡这 4 家公司垄断着，尽管这个领域的利润率相当高，对许多企业来说都很有吸引力，但企业要进入这个领域，除非拥有比现有技术更高级的技术。

（三）规模经济因素

由于某些行业本身所具备的特点，进入这些行业必须有大规模的设备投资或巨额的技术开发投资。例如冶金行业，要建设一座高炉就需要巨额的投资。正是这种巨额的资金需求，把许多潜在加入者挡在了行业之外。并且要收回巨额投资就必须达到一定的销售数量，有些潜在加入者尽管有足够的资金实力，足以承担初期的巨额设备投资，但企业销售能力和市场份额的上升却是一个缓慢的渐进过程，在短期内很难拥有所必需的市场份额。

另外有些行业虽然对初期设备投资资金的要求可能并不高，但其中产品商标、企业信誉是获得竞争优势的关键要素。企业进入这些行业也许并不困难，但进入以后为了扩大销售、提高产品知名度，就需要在销售网络的建设或广告宣传、促销方面投入巨资，这样才能在竞争的市场中生存、发展并获得效益。

营销链接 3-2

我国石墨行业的强势规模

当前，我国已经成为全球最大的石墨电极产销国。据中国炭素行业协会不完全统计，石墨电极国内产能约100万吨，2017年产能约60万吨。但产能利用率的比例很低，主要是受行业特性的影响。流动资金投入较大、生产周期长、环保成本投入较大、上游原材料价格上涨、优质原料紧缺、技术壁垒高、产品保供能力弱、产品稳定性差、售后服务差等多方面因素，制约了小炭素企业产能的释放。综合实力较强、具备高端产品生产能力的大型炭素企业竞争优势越加明显。

资料来源：中国炭素

（四）经验曲线效应

经验曲线效应本来的含义是在给定的技术和设备的规模条件下，随着产品产量的增加，经验积累所带来的直接劳动成本下降的效果。事实上，经验曲线效应不仅体现在直接劳动成本方面，还体现在原材料供应渠道、销售网络等各个方面。例如，该行业的现有企业已经与该行业的最佳原材料供应商、最佳经销商建立起固定的供应和经销关系，而新加入者必须重新寻找供应商或经销商。当然，“经验”可以摸索、可以积累，但这需要时间，即新加入者必须支付额外的学习成本。因此，新加入者在竞争中明显处于不利地位。这种经验曲线效应表现得越明显的行业，其进入壁垒也就越高。

五、替代品的威胁

替代品是指那些与本行业产品具有同样功能或效用的其他产品。顾客购买商品，从根本上说是购买商品的“效用”。尽管分属不同行业的产品或服务在形式、内容等方面可能并不相同，但只要它们能够为顾客提供相同的效用，就能够相互替代，进而成为竞争对手。例如，香烟和名酒，从它们的基本功能以及生产工艺来看，分属不同行业，但它们都经常被人们用来作为礼品赠送亲友。如果从礼品经销商的角度来看，它们具有同样的效用，也就具有相互替代性。因此，它们之间就处于一种竞争关系。如果替代品在满足顾客的效用方面比本行业的产品更具优势的话，顾客就会购买替代品，从而对本行业的产品构成威胁。

替代品的品种越多，价格越有吸引力，对本行业构成的竞争威胁就越大。由于这种威胁不是针对某一家企业，而是针对行业中的所有企业，因此在现实中，本行业的产品与其他行业的替代品之间的竞争往往成为行业间的集体行为。

第二节 市场竞争者分析

企业在开展市场营销的过程中，仅仅了解自己的顾客是不够的，还必须了解自己的竞争对手，正所谓“知己知彼，百战不殆”。市场竞争者分析主要包括：①识别和分析竞争者；②选择作为进攻对象的主要竞争者和予以回避的竞争者。具体如图 3-2 所示。

图 3-2　竞争者分析

一、识别竞争者

竞争者一般是指那些与本企业提供的产品或服务相似，并且面向的目标顾客也相似的其他企业。企业最明显的竞争者是那些为顾客提供相同产品或服务，试图满足相同需求的同行企业。例如，宝洁可能把联合利华视为主要竞争对手；国美可能把苏宁视为主要竞争对手；王老吉可能把加多宝视为主要竞争对手。但如果仅仅是从这个角度来识别竞争者，就患了"竞争者近视症"。实际上，企业面对的竞争对手更广泛、更复杂。因此，企业也应关注其他的竞争者，它们可能会以其他的方式来满足顾客的需求。例如，诺基亚这个让无数消费者都已记住的品牌，在手机市场的地位曾数一数二，然而在短短的两三年里却轰然倒下。这个手机帝国在崩塌之前，既不是败给同行业的三星，也不是摩托罗拉，而是苹果。

企业一定要避免患上"竞争者近视症"，相比于现有的竞争者，潜在的竞争者更是致命的。也就是说，一个企业往往可能被潜在的竞争者而不是当前的主要竞争者吃掉。

（一）从行业和市场两个方面来识别竞争者

营销者可以从行业的角度来识别竞争者。行业是生产类似产品或产品种类的企业群，如汽车行业、饮料行业、家具行业。由于竞争者首先存在于本行业之中，企业首先就要从本行业出发来发现竞争者；加之同行业企业产品的相似性和可替代性比较强，彼此间的竞争关系就比较强。如果企业想成为所在行业一个有效的"表演者"，就必须明白该行业的竞争模式。

营销者也可以从市场的角度来识别竞争者。从这个角度来说，竞争者就是满足相同顾客相同需求的所有企业。例如，消费者希望周末进行休闲娱乐，这是消费者的需求，看电影、泡吧、唱 K、运动都是休闲活动，都能满足消费者休闲娱乐的需求，那么消费者就可以在这些活动中进行选择，但每次又只能选择一种，因此提供这些服务的企业就存在一定的竞争关系。

如果企业能将行业和市场两个角度结合在一起分析识别竞争者将是最客观的：既要考虑在相同行业中与本企业所提供的产品（或服务）具有相似性和替代性的企业，还要考虑能满足相同顾客相同需求的其他行业企业。

1. 品牌竞争者

营销者经常把采用相似的价格向相同的顾客提供类似产品与服务的企业视为品牌竞争者。例如，家用空调市场中，格力空调、海尔空调、科龙空调就是品牌竞争者。品牌竞争者之间产品的相互替代性较高，因而竞争非常激烈，各企业均以培养顾客的品牌忠诚度为争夺顾客的重要手段。

2. 行业竞争者

企业把提供同样或同类产品，但规格、型号、款式不同的企业视为行业竞争者。

3. 需要竞争者

企业可能把提供不同产品但满足同类需求或生产具有替代作用的产品的企业视为需要竞争者。例如，飞机、火车、汽车公司都可以满足消费者外出旅行的需要，当火车票涨价时，旅客就可能坐飞机或长途汽车，它们之间就存在着争夺满足相同消费者同一需求的竞争。

4. 一般竞争者

一般竞争者指争夺顾客钱袋子的所有企业。例如，消费者有钱了，可以选择买房子，也可以选择买车，还可以选择收藏艺术品，这是愿望层次上的竞争。愿望竞争是行业与行业之间的竞争，依赖于全行业的努力。

（二）从所处的竞争地位来识别竞争者

营销者还可以从所处的竞争地位来识别竞争者。从竞争地位来看，竞争者有4类。

1. 行业领导者

行业领导者是指在一个行业中，实力雄厚、市场占有率最高的企业。一般来说，行业领导者在行业规则制定、商品定价、产品开发等方面都起着带头或支配作用。

2. 挑战者

挑战者是指在一个行业中，迅速成长、实力强、市场占有率仅次于行业领导者的企业。每个行业都有各自的市场领导者，但周围还存在着一群实力很强的挑战者，这些挑战者努力奋斗，虎视眈眈，随时准备发动进攻，挑战领导者，以期提高市场占有率，扭转市场格局。例如，家乐福是零售市场的挑战者；小米、三星是手机行业的挑战者；华为是通信设备领域的挑战者。

3. 追随者

追随者与挑战者不同的是，它不向领导者发动进攻并企图取而代之，而是紧随其后自觉地维持共存局面，以免发生意外风险。

4. 补缺者

补缺者又称利基者，是指专门为规模较小或较大企业不感兴趣的细分市场提供产品和服务的企业。市场补缺者拾遗补缺、见缝插针，虽然在整体市场上占有很小的份额，但是比其他企业更了解和满足某一细分市场，同样能通过提供高附加值得到高利润和快速成长。

二、竞争者分析

市场竞争者分析主要是指对行业内可能发生关联的其他竞争对手的分析。企业只有正确把握竞争对手的情况，才可能明确自己所处的竞争地位，从而制定出有效的竞争战略和策略。如果企业不了解竞争对手或对竞争对手了解不充分，制定的所谓竞争战略和策略只会是浅显的。

为了全面了解竞争者的状况，企业应关注以下问题。

（1）竞争者的优势是什么？“撒手锏”是什么？

（2）竞争者的主要弱点是什么？

（3）竞争者经营企业的价值观是什么？

（4）竞争者的目标和战略是什么？

（5）竞争者在产业中竞争地位的决定性因素是什么？

（6）竞争者的核心能力和拥有的特殊资源有哪些？

（7）竞争者用于产品或服务的原材料构成及其优势如何？

（8）竞争者的定位是国内还是国外？是高端产品还是普适产品？

（9）竞争者的核心产品和产品开发体系怎样？

（10）竞争者新产品的开发方向是什么？

（11）竞争者技术研发的方式和途径如何？

（12）竞争者产品设计的技巧和创新怎样？

（13）竞争者新材料的开发和使用情况如何？

（14）竞争者市场营销的主要策略是什么？

（15）竞争者产品价格定位的策略是什么？

（16）竞争者人力资源的管理方式和开发方式如何？

（17）竞争者企业管理制度的建设怎样？

（18）竞争者投资的方向和规模如何？

（19）主要竞争者对本企业各种战略的承受能力如何？

（20）主要竞争者对本企业各种战略的成功反击的承受能力如何？

（21）近年来，主要竞争者在本行业销售额和盈利排序中的位置发生了何种变化？为什么会发生这种变化？

（22）构成竞争对手持续竞争优势的支持因素有哪些？

（23）主要竞争对手与供应商和分销商的关系如何？

（24）新公司进入本行业和老公司退出本行业的状况如何？

（25）替代品或服务会在多大程度上对本行业中的竞争者构成威胁？

（26）竞争者对竞争的反应模式是什么？是迟钝型、选择型、强烈报复型，还是随机型？

营销链接 3-3

保时捷强势来“复仇”，特斯拉如何接招？

保时捷北美公司CEO克劳斯·泽尔默曾公开表示，特斯拉Model S、Model X等车型夺走了保时捷的部分潜在客户，但是保时捷不会善罢甘休。在2018年日内瓦国际车展期间，保时捷发布了一款名为Mission E Cross Turismo的概念车，该车由纯电力驱动，预计将于2019年9月量产，售价在8.5万美元左右。业内认为，保时捷借此打响了反攻特斯拉的第一枪。

目前，特斯拉旗下共有3款车型，分别是Model X、Model S以及Model 3。据业内预测，Model Y最早将于2019年量产，这就意味着特斯拉与保时捷将在新产品上展开正面竞争。

保时捷方面的资料显示，Mission E的输出功率达440kW（600hp），100千米/时加速不到3.5秒，同时可实现连续动力输出。Model Y还未面世，特斯拉也没有对外透露性能细节，当前与Mission E实力相当的车型是特斯拉Model S，其功率为386kW/568kW，100千米/时加速最快仅需2.7秒，售价区间为7.45万～13.5万美元。相比于特斯拉Model S，保时捷Mission E在续航方面的最大续航里程超过500千米，和特斯拉的Model S旗鼓相当。但是在充电效率上，保时捷却有着巨大的优势。数据显示，在使用保时捷快充系统（800V直流充电桩）的情况下，Mission E仅需15分钟就能充上80%的电量，可行驶400km。而按照特斯拉目前的充电速度，充满相同的电量需要花费长达90分钟的时间。由此保时捷计划为全美经销商安装这个800V的快充系统，在此期间车主仍旧可以通过普通充电站为Mission E充电。

竞争对手分析主要是指营销者对竞争对手的关注，其关注的重点主要包括：竞争对手的营销目标、竞争战略、优势和劣势以及市场反应等。

（一）竞争对手的营销目标

企业确定了谁是自己的竞争对手以后，下一步需要弄清的是竞争对手的目标、竞争对手在市场上追求的是什么、其行为推动力是什么。每一个竞争对手都有一个目标组合，包括利润、市场份额、市场增长率、销售增长率、现金流、产品成本、技术领先地位、服务领先地位、品牌声誉等。例如，所有竞争者都在追求利润，但目标不一样，有些企业追求的是“满意”的利润而不是“最大”的利润，只要企业达到既定的利润目标即可，即使可以通过其他途径赢得更多的利润，它们也会置之不理；而有的企业却是追求利润最大化。竞争对手的目标会受到很多因素的影响，包括公司的历史、规模、技术、财务状况、当前的管理状况等。

竞争者追求的目标不一样，竞争模式也不一样，了解竞争者的目标组合，就能预测竞争者对目前状态的满意度以及可能采取的行动。例如，日本企业和美国企业不一样，日本企业追求的是最大的市场占有率目标，对短期利润要求不高，采用的就是市场占有率最大化经营模式，资金成本常常低于美国企业。美国企业由于股东要对当期业绩进行评价，一般都采用追求短期利润最大化的经营模式。因此，日本企业可以把价格定得低点，在市场占有率方面却显示出更大的耐心；而美国企业却更加注重短期利润。

营销者也必须监测竞争对手在不同细分市场的目标，如果发现竞争对手开发了一个新的细分市场，则对企业可能是一个机会；如果发现竞争对手要抢占自己的细分市场，就要提前做好战斗的准备。

对竞争对手营销目标的分析，一般可以通过对竞争对手营销活动的分析和从市场搜集的情报、信息的分析来把握。对市场竞争对手营销目标的分析主要内容有：①竞争对手的经营理念分析。例如，竞争对手是否重视产品开发和产品质量？对市场的地域范围是否有特殊的安排？经营理念是否已成为全体员工的行为准则等。②竞争对手的组织结构分析。组织结构是实现企业战略的手段，它总是随着战略的变化而变化，不同的组织结构往往会采用不同的经营战略。因此，对市场竞争者组织结构的分析，可以大致判断出竞争对手的经营目标。③竞争对手的市场信息分析。例如，有关竞争对手长期和短期营销业绩的信息；有关竞争对手市场份额和销售利润率的信息等。④竞争对手的营销策略分析。

（二）竞争对手的战略

竞争对手的战略首先包括总体层次战略：一体化战略、多元化战略、防御式战略。其次是经营层次战略：差别化战略、总成本领先战略、集中战略。此外，还包括营销层次战略：竞争对手的目标市场、定位和营销组合等。

一家企业的战略与另一家企业的战略越相像，这两家企业的竞争就越激烈。根据竞争者所采用主要战略的不同，可以把竞争者划分成不同的战略集团。所谓战略集团，就是在特定的目标市场推行相同战略的企业组合。例如在快餐行业，麦当劳和肯德基属于相同的战略集团，它们销售相似价位、相似产品的西式快餐。在同一行业中，进入不同战略集团的难易程度不一样。如果一家公司进入一个战略集团，那么该集团其他成员就被视为主要竞争者。同一战略集团的成员竞争很激烈，但不同战略集团之间也存在着竞争。如此一来，营销者必须不断地观察竞争对手的战略而修改自己的战略。

只有充分把握竞争对手的战略，才能有针对性地制定自己的竞争战略。对竞争对手战略的分析包括：①竞争对手内部对已确定的竞争战略的认可程度。企业通过对竞争对手竞争战略本身的评价及其企业的评价，分析其战略的可行性和可接受性，确定竞争对手企业内部对已确定的战略的认可程度和实行程度。②竞争对手的营销目标以及组织结构对市场环境变化的适应能力。③竞争对手的特定产品、具体营销策略的业绩。④竞争对手在长期的市场竞争中采取的竞争战略的效果，包括成功或失败的原因等。

营销链接 3-4

滴滴终于亲自做共享单车生意了

滴滴计划在2018年投放约600万台单车，第一批车子主要来自小蓝单车。

小蓝单车的优势在于长久以来在一线城市积累的口碑，以及一线城市的运营牌照。小蓝单车此前已获得北京、广州、深圳和南京等城市的投放牌照，而目前已经不再新批共享单车的运营牌照。

滴滴要布局共享单车市场，特别是一线市场，必须得到运营牌照，因此滴滴最终采取收购的方式获得运营牌照。

对于滴滴而言，共享单车不仅是补足其出行产业链的重要环节，还将在未来给其支付入口带来巨大流量。可以说，共享单车已经成为频次最高的移动支付应用之一。数据显示，目前ofo和摩拜的日均使用频次均超过了2 000万次。

滴滴正式入局后，共享单车彻底变为巨头的游戏。腾讯方面，支持摩拜并为其导流；阿里巴巴方面，通过投资ofo和哈罗单车在一线和二三线城市圈地；滴滴方面，在支持ofo和小蓝单车的同时，借助自身在出行行业的优势推出共享单车业务。

可以预见的是，共享单车行业合并窗口期已经关闭，未来将进入持续稳定的巨头争夺时期。

资料来源：新浪网

（三）竞争对手的优势和劣势

竞争对手能否实施其战略并实现其目标，取决于其资源和能力。在市场竞争中，企业需要识别每个竞争对手的优势和劣势，做到知己知彼。任何企业都会有一定的优势和劣势，而这种客观存在的强项和弱项，就是企业利用它来应付变化的营销环境并实现营销目标。企业通常可以通过二手资料、个人经验和口碑宣传了解竞争对手的优势和劣势，也可以通过对消费者、供应商和经销商的一手数据进行分析而获得竞争对手的优势和劣势信息。

竞争对手优势、劣势分析的主要内容有以下方面。

1. 产品

产品主要包括竞争企业产品在市场上的地位、产品的适销性，以及产品系列的宽度与深度等。

2. 销售渠道

销售渠道主要包括竞争企业销售渠道的广度与深度、销售渠道的效率与实力、销售渠道的服务能力等。

3. 市场营销

市场营销主要包括竞争企业市场营销组合的水平、市场调研与新产品开发的能力、销售队伍的培训与技能等。

4. 生产与经营

生产与经营主要包括竞争企业的生产规模与生产成本水平、设施与设备的技术先进性与灵活性、专利与专有技术、生产能力的扩展、质量控制与成本控制、区位优势、员工状况、原材料的来源与成本、纵向的整合程度，竞争企业内部在产品、工艺、基础研究、仿制等方面所具有的研究与开发能力，研究与开发人员的创造性、可靠性、简化能力等方面的素质与技能等。

5. 资金实力

资金实力主要包括竞争企业的资金结构、筹资能力、现金流量、资信度、财务比率、财务管理能力等。

6. 组织

组织主要包括竞争企业组织成员价值观的一致性与目标的明确性、组织结构与企业策略的一致性、组织结构与信息传递的有效性、组织对环境因素变化的适应性与反应程度、组织成员的素质等。

7. 管理能力

管理能力主要包括竞争企业管理者的领导素质与激励能力、协调能力，管理者的专业知识，管理决策的灵活性、适应性、前瞻性等。

企业在分析竞争企业的优势和劣势的时候，还要监测以下3个变量。

（1）市场占有率，指竞争企业的销售额（量）占目标市场销售额（量）的百分比。

（2）心理份额，指当被要求“举出在这个行业中首先想到的公司”时，提名竞争对手的客户所占的百分比。

（3）情感份额，指当被要求“举出你愿意购买其产品的公司”时，提名竞争对手的客户所占的百分比。

（四）竞争对手的市场反应

竞争对手的市场反应主要是指竞争对手可能采取的进攻行为，或者对来自其他企业的进攻采取的防卫行为。因此，对竞争对手市场反应的分析也就是分析竞争对手的进攻行为和防卫行为，这两者又常常复杂地交织在一起。有时候防卫本身就是一种进攻，有时候进攻本身就是最好的防卫。什么时候进攻，什么时候防卫，要视市场竞争的具体情况而定，但攻守平衡的态势却是竞争型企业必须修炼的“内功”。了解了竞争对手目标、战略、假设、优势和劣势等，就能在很大程度上估计竞争对手可能采取的行动，或对企业采取某些竞争行为的反击行为。例如，对企业的降价活动，竞争对手可能会采取什么样的反应呢？不同的竞争对手反应是不同的，主要有以下4种类型。

（1）从容不迫型竞争对手。这类竞争对手对竞争反应不强烈，行动迟缓，可能认为自己的客户非常忠诚；或者是在关注竞争对手行为方面比较迟缓；或者是采取针对性的反应措施时缺乏应有的资源。

（2）选择型竞争者。这类竞争者只对某类行为反应，而对另类攻击行为却不在意。例如，他们对市场降价促销反应激烈，而对竞争对手加大广告投入力度却不在意。

（3）强劲型竞争者。这类竞争者对所有的竞争行为都有激烈反应。例如，宝洁公司就是强劲型竞争者，不会让其他厂商某一洗涤剂轻易进入市场，对所有的进攻都采取强烈的反击行动。

（4）随机型竞争者。这类竞争者反应行为难以捉摸，对某类进攻行为有时反应激烈，有时没反应。

三、选择主要竞争者

营销者必须确定哪些竞争者是主要竞争对手。

（一）强竞争者或弱竞争者

很多营销者都把目标瞄向弱竞争者，如果对弱竞争者采取进攻，成功的把握大，所需的资源少、时间少，但是相对应的收获也少。而有些营销者却选择强竞争者，因为这样在竞争中可以提高竞争能力，强竞争者也有弱点，一旦竞争成功，将收获很大。

营销链接 3-5

A公司与B公司之争

近日，A公司与B公司之间因检测水的酸碱度再度交锋，双方你来我往引发了新一轮“水战”。

A公司向广州市工商局投诉：B公司在最近一系列卖场促销活动中对比两个品牌水的pH值。工商局以“捏造事实、贬低竞争对手、损害竞争对手的商业信誉和商品声誉的不正当竞争行为”为由对B公司处以10万元的行政处罚。B公司认为工商局偏袒，将其告上了法院。一审被驳回后，B公司发出声明称，判决改变不了事实，A公司水呈酸性是事实，B公司从未捏造。A公司立刻回击B公司“多年来一直采取恶性竞争的手段，误导消费者饮水认知”。B公司不甘示弱，公布了A公司自来水水源工厂名录，质疑A公司水质呈酸性。而目前，B公司针对此案仍在上诉。在跟娃哈哈、康师傅相继发生口水战之后，在包装水领域，B公司不仅市场份额占据第一，并且在舆论攻势上也使得其他品牌非常忌惮，纷纷躲避，以免惹“祸”上身。

资料来源：腾讯网

（二）近竞争者或远竞争者

大多数公司会选择与自己最相似的竞争对手展开竞争。例如，国美就选择苏宁为最主要的竞争对手、加多宝视王老吉为主要竞争对手。企业也可能会因为打垮了一个近的弱竞争者，却造就了一个更强大的竞争者。20 世纪 80 年代末，博士伦向软镜头商进攻，被打垮的软镜头商被迫把企业卖给了强生公司，这样博士伦面对的竞争对手就非常强大了。但识别出相似程度很小的主要竞争对手也很重要，如可口可乐宣称其最大的竞争对手不是百事可乐而是自来水。麦当劳认为在中国市场它最大的竞争对手不是肯德基而是中式快餐。

营销链接 3-6

滴滴与美团的大战一触即发

滴滴拟融资100亿元备战外卖，美团备好63亿元杀入打车业务。

这一次，不管是跨界做外卖的滴滴，还是插足打车业务的美团，双方都清楚地认识到一场补贴大战即将开打。对于在北京等城市即将上线的打车业务，美团准备了10亿美元（约63亿人民币），而且上不封顶。在市场的另一端，滴滴已经开启了新的一轮融资。滴滴外卖将会在2018年4月1日愚人节那天正式在无锡上线。

对于即将在无锡上线的外卖业务，滴滴此前发布的“滴滴骑手招募令”显示，滴滴外卖分为“忠诚骑手”和“自由骑手”，前者只需每周在线大于48小时，就可拿到月保底1万元的收入，目前不少报名的骑手已经开始参加培训。而此前滴滴也已在各地招聘外卖骑手，待遇优厚。而在北京这样的一线城市，现在美团招聘骑手的广告上给出的薪资待遇也不过6 000元保底。美团打车此前开出的优惠：前一万名注册司机，前三个月免抽成；同时只要单日上线满10小时，保证司机每天500元收入，如超过500元，按不同车型再给予补贴。对于用户，美团打车也将推出打车送外卖券等活动，即将上线的北京站还主打1分钱体验。

资料来源：腾讯网

（三）“好”竞争者或“坏”竞争者

“好”竞争者按行业规则经营，合理定价，激励竞争对手降低成本、提供有差异化的产品等，促进行业稳定而健康地发展。而“坏”竞争者经常不按行业规则经营，采用不正当手段提高市场占有率，扰乱市场秩序。例如，家具行业中大部分公司都有自己的品牌，都销售自己品牌的产品；而有些公司常常仿冒某些品牌的产品，低价为一些经销商提供仿冒家具，扰乱市场，降低了消费者的消费信心。因此，一个企业应该支持“好”竞争者而打击“坏”竞争者。

（四）寻找无竞争的市场

对于很多企业来说，与其和竞争对手进行激烈的竞争，还不如在没有直接竞争者的市场上提供产品或服务。也就是说，与其在红海上残酷地厮杀，还不如寻找一片蓝海。

第三节 竞争态势矩阵

在竞争者分析中，竞争态势矩阵（Competitive Profile Matrix，CPM）是被广泛使用的工具之一，它主要用于确认企业的主要竞争对手相对于本企业的战略地位以及主要竞争对手的特定优势与弱势。在竞争态势矩阵中，可以把竞争对手的各项指标分数和总加权分数与本企业相对应的各项指标分数相比较，从而获得很多重要的战略信息。竞争态势矩阵中的因素包括外部和内部两个方面的问题，评分则表示优势和弱势。

一、竞争态势矩阵的分析步骤

（一）确定行业的关键战略因素

确定行业的关键战略因素，如市场份额、研发能力、生产规模、财务水平、管理水平、成本优势等。关键战略因素可能因为行业的不同或者行业的不同发展阶段而不同。一般情况下，关键战略因素的确定指标都是由内部高层管理人员和专家组等通过讨论来决定的。因此，高层管理人员和专家组必须对行业有深入的了解。

（二）确定关键战略因素的权数

一种确定权数的方法是根据每个因素在经营战略中的重要程度，确定其权数，权数和为 1。另外一种确定权数的方法是权数的大小分布在 1～10，“1”代表极不重要，“10”代表极重要。该方法确定的权数是主观性比较强的，主要是基于管理者和专家组等对行业的了解和经验。

（三）评估竞争者与企业在各关键战略因素上的表现

筛选出关键竞争对手，按每个关键因素为企业和主要竞争对手评分。管理者需要通过评分的方式来评估企业与主要竞争对手在各关键战略因素方面的表现。通常在 1～10 中选择，“1”代表极弱，“10”代表极强；也可以在 1～5 中选择，“1”表示弱，“5”表示强；还可以在 1～4 中选择，“1”表示弱，“4”表示强。

（四）计算出每一关键因素的加权分数

将各评分与相应的权重相乘，得出各竞争者各因素的加权平均分，即可判断出各竞争者在各关键因素上的强弱程度。

（五）计算加权后的总分

加权后得到企业和主要竞争对手的总分，总分反映出企业和竞争者的总体竞争力。

二、事例

某手机制造商D公司用竞争态势矩阵（CPM）来分析省级区域市场的分公司外部竞争态势，了解分公司在区域市场上所面临的竞争状况。

本案例CPM中的权重总和为1，CPM中的关键战略因素包括内部和外部两方面的问题，评分在1～4中选择：1=弱；2=次弱；3=次强；4=强。

通过高层管理者和专家组等的多次讨论，最后确定各品牌在区域市场上竞争的关键因素有：广告、产品质量、价格竞争力、分公司对市场的管理控制能力、分公司在渠道规划设计上的合理性、渠道成员的忠诚度、顾客的忠诚度、顾客的满意度、渠道库存的合理性、库存机型构成的合理性、市场占有率、零售商的上柜率、零售商的主推率、硬终端的建设情况、软终端的建设情况、促销活动的情况。具体内容如表3-1所示。

表3-1　D公司分公司在该区域市场的竞争态势矩阵

		A公司		B公司		C公司		D公司	
关键因素	权重	评分	加权分数	评分	加权分数	评分	加权分数	评分	加权分数
广告	0.08	2	0.16	1	0.08	3	0.24	3	0.24
产品质量	0.09	4	0.36	3	0.27	3	0.27	2	0.18
价格竞争力	0.08	2	0.16	2	0.16	3	0.24	4	0.32
分公司对市场的管理控制能力	0.04	2	0.08	2	0.08	3	0.12	2	0.08
分公司在渠道规划设计上的合理性	0.05	3	0.15	3	0.15	3	0.15	3	0.15
渠道成员的忠诚度	0.08	3	0.24	3	0.24	4	0.32	2	0.16
顾客的忠诚度	0.08	4	0.32	3	0.24	2	0.16	2	0.16
顾客的满意度	0.05	4	0.2	3	0.15	3	0.15	2	0.1
渠道库存的合理性	0.05	2	0.1	2	0.1	3	0.15	1	0.05
库存机型构成的合理性	0.03	2	0.06	2	0.06	3	0.09	2	0.06
市场占有率	0.06	1	0.06	1	0.06	4	0.24	3	0.18
零售商的上柜率	0.08	2	0.16	2	0.16	3	0.24	2	0.16
零售商的主推率	0.08	2	0.16	2	0.16	2	0.16	2	0.16
硬终端的建设情况	0.05	3	0.15	3	0.15	3	0.15	4	0.20
软终端的建设情况	0.05	1	0.05	1	0.05	3	0.15	4	0.20
促销活动的情况	0.05	3	0.15	3	0.15	3	0.15	3	0.15
总计	1		2.56		2.26		2.98		2.55

从竞争态势矩阵中得出：在该区域市场上，D公司的竞争态势矩阵加权分数为2.55；其主要竞争对手A公司、B公司、C公司的加权分数为2.56、2.26、2.98。这反映出D公司在该区域市场上并不是很强势，市场占有率并不高。D公司的最大竞争对手是C公司。在各项市场营销指标的竞争中，D公司与C公司相比基本上处于劣势状态。所以最终表现为在该区域市场上，D公司每月的销

量为 5 000 台，而 C 公司每月的销量为 8 000 台。而从全国市场的销售情况看，D 公司的市场占有率还略高于 C 公司。这种状况，是由 D 公司在该区域市场操作不当造成的。因此，该分公司在市场营销的效率、效果上值得进行进一步审查。

从竞争态势矩阵中可知，在广州市场上竞争态势的强弱顺序由强到弱依次是：C 公司、A 公司、D 公司、B 公司。

思考题

1．简述波特五力模型的内容。
2．怎样识别竞争者？
3．竞争者分析的内容有哪些？
4．结合实际情况，用竞争态势矩阵分析一家企业与其竞争对手的相对实力。

案例分析

案例 3-1

恶性价格战之殇

深圳福田CBD中央商务区办公楼林立，是金领、白领们聚集的地方。这里会聚了上百家各类快餐店，竞争十分激烈。我们经常发现有些店开始时轰轰烈烈，不久后就偃旗息鼓，无奈退出。过不了十天半个月，同一个店面换个老板又会以全新的面目出现，以便在竞争中获得一席之地。创业者们前赴后继，不断推高着竞争的层次。

在竞争中，慢慢成长出一批优胜者，它们开始显现出独特的竞争优势，并成为竞争对手模仿的对象。一家叫AA园的台湾餐馆就是其中的佼佼者，这里等待就餐的队伍总是最长的。但很快在不远处，有家“山寨”的BB园开业了，几乎所有的硬件都模仿AA园，连菜谱和定价都一样，并且许多员工也是从AA园挖过来的。

一开始，BB园为了招揽生意，采取了菜品打折政策，合计下来每人20元的中餐大致可以省3元左右。这种做法一时间确实吸引了不少客户，但队伍的长度和AA园相比还有差距。

不到两个月的时候，打折政策被取消，原因是经营上有压力（降价15%）。在这么一个竞争激烈的行业里，亏损应该是确定的事情。自从折扣政策被取消之后，客人也日益减少。但经营者不能坐视亏损，为了做出利润，开始采取一些降低成本的策略措施，其中之一就是把那些从AA园挖过来的高成本员工置换成低价新员工。

再后来，这家店的菜品原材料不如以前好了，顾客也感觉菜品不如以前新鲜了。BB园还在降低成本……终于有一天，门口贴出“店铺转让”的告示。

资料来源：腾讯网

案例思考：

一番激烈竞争后，BB 园为什么最后在门口贴出“店铺转让”的告示？

案例 3-2

摩拜和 ofo 的肉搏之战

截至2018年2月底，摩拜在中国22座城市提供服务，其中9座城市的业务开通于2016年，另外13座城市的业务开通于2017年。而摩拜的竞争对手ofo，则称其在近40座城市开展运营。

在设计端，更新车辆设计，提高舒适度，降低损耗率：摩拜笨重难骑的初代产品逐步升级，座椅高度可调，增加了车筐，此外还推出了车身更轻的轻骑版。而此前更接近普通家用自行车的ofo则推出了免打气的实心胎，以降低运营成本。

在生产端，锁定供应链，以免单车供给不足影响扩张。央视在一档财经节目中展示了上游厂家为应对突然增加的订单而加班加点的情景，而这些订单多来自单车租赁企业。在这样的情况下，锁定稳定产能将成为企业快速扩张的基础。

为绑定单车制造商，除了自建生产线外，摩拜还在春节前宣布引入代工业巨头富士康的战略投资，将帮助其供应链“提升产能和降低成本”。

在运营端，向热点区域投放更多单车，用营销活动吸引更多用户。市场分析机构易观在一份报告中称，截至2017年1月10日，ofo共投放单车80万辆；而在当年春节，ofo发布营销广告，暗示投放车辆接近或达到“百万”级别。摩拜首席执行官王晓峰在2016年年底接受媒体采访时曾透露，摩拜投放量超过50万辆，加之2017年摩拜拓展的城市已多于2016年，投放数量大量增加。

在单车租赁行业中，摩拜和ofo代表了两种典型模式：前者强调以“初始的高投入将长期运营成本降到极低”，后者则愿意承受更高的运营成本，而减少运营初期在硬件上的投入。

最直接的体现是，摩拜主要使用制造成本更高，但维护成本较低的单车硬件。

摩拜单车配有电子锁和全球定位系统，因而必须在运营初期投入大量资金自行研发单车及相关配件，并自建生产线；但其使用期限长，易于维护，可避免因车辆维修影响运营，减少收入，即人员和物料等维护成本更低。

而ofo单车造价更低，但损耗率高，折旧年限短，维护成本较高。

ofo主要使用通用规格的普通自行车，与竞争对手的高成本单车相比，在投入同样数量单车的情况下，公司整体硬件投入相对较低，但损耗和维护成本更高。此外，由于缺乏定位装置和随机更改密码的电子锁，ofo单车更容易被窃或被用户记下密码而免费使用。

在目前的竞争格局下，当ofo利用低价单车且“更好骑”的优势迅速铺开市场时，摩拜或许还得面对高成本的初代车无法达到设想的使用年限即被淘汰的尴尬局面。

由于摩拜的初代车过于笨重，体验不佳，若不换车，面对同等资金条件下投放量更大、骑行体验更好，且押金低得多的竞争对手，用户很难不想要试一试。

考虑到资本支持的持久性或许并不稳定，这一初期硬件投入成本的高低将成为影响竞争格局的重要因素：若资本不再愿意烧钱，两家处在快速扩张期的企业在覆盖城市和投放单车的数量上将迅速拉开距离，或许还不到重点比拼维护成本的时候，胜负就已见分晓。

在这样的情况下，速战速决将对ofo有利。而对初期硬件成本高得多的摩拜而言，要想取胜，就得做好长期抗战的准备。毕竟，其优势在于随后比拼维护成本的阶段。

在目前的竞争状况下，摩拜凭借先发优势依旧领先，但差距在不断缩小。第三方市场机构Talking Data的数据显示，自2017年1月起，在出行领域的应用中，摩拜的周排名在第9位左右，ofo则在第16位左右。

案例思考：

1．摩拜和 ofo 各自的竞争战略是什么？

2．在竞争中，摩拜和 ofo 各自的优势、劣势是什么？

3．在竞争中，摩拜和 ofo 未来谁将更有竞争优势？

资料来源：新浪网

案例 3-3

价格战硝烟四起 互联网巨头云业务仍未盈利

近两年，云计算一直备受关注。“云”的种类繁多，包括公有云、私有云和混合云等。公有云是为大众所建，所有用户都可以使用，同时可以提供给很多用户的云环境，若一个用户离开，其资源可以马上释放给下一个；私有云是为某个特定用户或机构所建，可以自己管理与运维，系完全私有的数据中心；混合云则是将私密数据与业务放在私有云，其他业务放在公有云的结合，也是未来云计算领域发展的方向。

目前，公有云市场几乎被互联网起家、背靠巨头的企业抢占。其中，阿里云、腾讯云、金山云3家企业占有的市场份额超过60%。

近年来，BAT等大型互联网企业持续不断地打价格战，让没有场景业务支撑的其他云厂商发展步履维艰。对此不满的，不仅包括这些云厂商，还包括一些传统的金融机构。虽然BAT等大型互联网企业可以为银行引流，但银行也会担心互联网巨头太过强势而把客户和资源带走，所以宁愿选择与金融机构开发的云平台合作。

这并不代表公有云市场被某家企业彻底垄断，因为毕竟云计算玩家众多，特点不同，也很重视自身云业务的发展。从国外云计算业务的发展情况来看，短期内不会造成业务的绝对垄断。

互联网巨头如此努力地争夺云市场，那么云业务到底盈利了吗？记者观察到，即便阿里云营收突破百亿，也未能像亚马逊AWS云服务一样为公司盈利。阿里巴巴称，其2017年第四季度净利润为233.32亿元，不过云业务仍处于亏损状态，其四季度利息、税项、折旧及摊销前的亏损共计为1.81亿元，2016年同期亏损9 200万元。

为何阿里云从2009年成立至今，仍处于亏损状态？其他云厂商的近况又如何？为何即便亏损，仍要大力发展云计算？

事实上，云计算是重资产业务，需要强大的计算与储备能力，可为客户节省巨大的成本与时间，是未来发展的趋势。因此，能否盈利并不是互联网巨头们首要考虑的问题，就连亚马逊AWS云业务实现盈利也花费了10年。

目前云业务处于普及和推广阶段，无论是数据中心的建设、硬件资源，还是研发人员，前期投入都很大，即便是大型的互联网巨头背后有强大的现金流业务支持，其短期内实现盈利的概率也是微乎其微。但作为战略上的必争之地，这些企业必须先砸钱争夺市场占有率。

值得一提的是，云业务的收费模式是明码标价的，即按用量付费模式，这种模式清晰。从长远角度来看，云计算领域盈利将非常可观。

此外，国内云计算正处于快速成长阶段，只要云计算商共同推动行业的发展，云市场的发展空间巨大，将给云厂商、互联网企业带来丰厚利润。

入局云计算最早的阿里巴巴，云业务的营收已经连续第11个季度保持规模翻倍。其2017年第四季度的营收同比增长104%，达到35.99亿元。而2017年前三季度，阿里巴巴云业务季度营收分别为21.63亿元、24.31亿元和29.75亿元。以此计算，2017年阿里巴巴云业务累计营收突破百亿大关，累计收入约112亿元。阿里巴巴称，其2017年第四季度营收达830.28亿元，但其营收主要来自支付宝、新零售等核心业务，来自云业务的营收仅占总营收的4.3%。

资料来源：新浪网

案例思考：

1. 上述互联网企业在云业务领域的竞争战略是什么？
2. 为什么说从长远角度来看，云计算领域盈利将非常可观？

第四章 购买行为分析

学习目标

1. 熟练掌握消费者的购买决策过程
2. 熟悉影响消费者行为的个体与社会因素及其营销应用
3. 了解组织市场购买行为

企业在市场营销过程中，要具体研究市场及其购买行为。各类企业特别是消费品的生产经营企业要提高市场营销效益、实现企业发展的愿景，就必须深入研究市场，尤其是买方市场及其购买行为的规律性，据此有的放矢地制定市场营销策略。

第一节 消费者市场与购买决策

一、消费者市场的特点

市场营销就是站在卖方的角度研究买方。企业最重要的任务之一，就是研究消费者希望购买什么以及购买行为的特征。消费者市场的特征一般来说具有以下特点。

（1）需求的无限扩展性。

（2）需求的多层次性。

（3）需求的复杂多变性。

（4）需求的可诱导性。

消费者是指消费者市场中购买和使用商品的人。根据购买行为主体的不同，可把消费者区分为个人消费者和群体消费者。

二、消费者的决策过程

消费者对产品和服务的偏好是经常变化的。为了把握这种经常变化的状态并为所定义的市场制定正确的营销组合，需要对消费者的购买决策过程进行研究分析，以便正确引导消费，促进企业的营销。购买决策过程一般经历确认需求、收集信息、评价选择方案、购买和购买后的行为 5 个步骤。

（一）确认问题

确认问题是指消费者确认自己的需要是什么，需要是购买的开始，升高到一定的阈限时就变成一种驱动力，驱使人们采取行动去予以满足。需要是消费者决策过程的开始，这种需要可能是由内在的生理活动引起的，也可能是受外界的某种刺激引起的。例如，饥饿会驱使人们购买食物，而鲜美的食物也会刺激人们的食欲，从而促使人们发生购买行为。可见，市场营销活动不仅应当进行缜密的市场调查，了解人们的需要并根据人们的需要提供合适的商品，还应通过产品创新来唤起人们的需要。

日本索尼公司的一位高级工程师曾说："我们的产品开发不涉及市场调查，公司开发的产品只迎合设计者自己的要求。"索尼公司的创始人盛田昭夫说："市场调查都装在我的大脑里，你瞧，市场由我们来创造。"其实，他们都没有否定企业的产品必须适应市场需要，只是他们强调了引发人们需要的另一个方面，即外界的刺激引发人们的需要。当一种产品能为人们提供某种新的效用时，就能激发人们新的需要，从而可以创造新的市场。

（二）收集信息

有些需要可以随时随地得到满足；有些需要则属于有限制的或非常广泛的，不能随时得到满足。这时，消费者一旦确认了自己最先希望得到满足的需要以后，便会促使消费者积极收集有关的信息。信息来源主要有以下 4 个方面。

（1）个人来源——朋友、邻居、同事等。

（2）商业来源——广告、推销员、经销商、产品说明书、展销会等。

（3）公共来源——大众传播媒介、消费者组织等。

（4）经验来源——产品的实验、比较和使用等。

从信息收集的内容看，以下 3 个方面是消费者较为关心的。第一，评价标准。即能够满足自己需要的商品或服务应当具备哪些基本特征，这些基本特征便是评价标准。例如，消费者打算购买一台微波炉，那么，一台好的微波炉应当具备哪些基本特征，这些特征便是评价标准。第二，已经存在的各种能够满足需要的商品或服务，如目前市场上有哪些型号、功能、款式的微波炉在出售。第三，各种商品或服务的特点，如市场上正在出售的各种不同型号的微波炉在功能、款式、价格等方面分别具有哪些特点等。

（三）评价选择方案

在获得信息和形成可选择的产品群之后，消费者拟订出各种购买方案，并对这些方案按照一定的评价标准进行评价，最终做出选择。

消费者在对不同的购买方案进行评价时，对同一种商品往往有不同的评价方法。一般有以下几种情况。

（1）单因素评价。即消费者根据自己需要的具体情况，只按照自己认为最重要的某一个标准做出评价。通常人们在购买一些廉价易耗品时往往采用这种评价方法。

（2）多因素综合评价。即消费者不是根据某一个标准，而是同时根据多个标准对购买方案做出综合性的评价。通常，人们在购买一些高价商品时，总是要采用多个评价标准对购买方案做出评价。

（3）排除式评价。即消费者在选择商品时，首先确定一个自己认为最起码的标准，根据这一标准排除那些不符合要求的商品，缩小评价范围；然后再对入选的商品确定一个最低标准，再把那些不符合最低标准的商品排除在外，依此类推，直到满意为止。

（4）互补式评价。即消费者不是根据某几个因素决定取舍，也不是按照最低标准决定取舍，而是综合考虑商品的各个特性，取长补短，选择一个最满意的商品。例如，在选购彩电时，虽然事先也确定了一些标准，如价格、大小、外观造型等，但在具体评价时，不是固执地坚持这些标准，而是综合评价各种因素，如价格虽然比原来标准高了一些，但外观造型比原来设想得更美观，美观的造型弥补了价格上的缺憾，因而也能被消费者接受。

（四）购买

经过上述评价、选择过程后，即进入了实施购买阶段。但并非所有的消费者在经过了上述各个阶段以后都必然做出购买的决策。从购买决定到购买之间，还受到两个因素的影响，这两个主要因素是：①他人的反对态度；②意外情况。在这些情况下，有些消费者有可能修改购买方案、推迟购买甚至取消购买。因此，作为市场营销人员，在消费者的购买决策阶段，一方面要向消费者提供更多有关产品的信息，使消费者更全面地了解商品；另一方面，则应通过各种服务，创造便于消费者购买的条件，强化消费者的购买欲望，促使其发生实际购买行为。

（五）购后行为

消费者购买商品后，往往会通过使用、与他人交流等，对自己的购买选择进行检验，评价自己的购买行为。消费者对所购买的商品是否满意，以及会采取怎样的行为对于企业目前和以后的营销活动都会产生很大的影响：如果消费者通过购买商品使自己的需要得到满足，并感到满意，消费者就会对企业及其产品产生信赖，而且还会积极地向他人宣传和推荐该企业的产品，无形中促进了企业的产品营销。

如果购买的商品不能让消费者得到预期的满足，使其产生失望或在使用中遇到困难，消费者就会改变他对商品的态度，不仅今后自己不会再次购买，而且还会向他人传播所购买商品或服务的消极信息，影响他人购买。如果不满程度很高的话，可能还会要求退换、向有关消费者保护机构或传播媒介投诉，甚至诉诸法律，这些对企业的信誉都会造成很大的不利影响。因此，企业必须重视消费者购买后的感觉和行为，注重信誉，注重口碑传播，以诚信的原则和战略的眼光进行营销，善待消费者。

第二节 影响消费者购买的主要因素

消费者是否购买的决策过程取决于需要，而消费者的需要以及消费习惯和行为，是受个人因素和社会因素的影响而形成的。

一、影响消费者购买行为的个人因素

个人因素主要指影响个人消费者购买决策的个人行为、习惯和心理因素。个人因素主要包括个人的经济状况、年龄和性别、受教育程度、职业和生活方式以及动机、感知、学习和态度、价值观等。

（一）经济状况

人们的消费行为必然受到经济状况的制约。消费者经济状况的变化会在消费商品或服务的数量、质量、结构以及消费方式等各个方面体现出来。对消费者的消费行为产生影响的经济状况变化大致包括以下 3 种情况。

1. 绝对收入的变化

绝对收入的变化指消费者工资收入的变化、财产价值的变化（如意外的赠予、遗产，彩票中奖或意外地蒙受灾害等）会引起绝对收入的增多或减少。此外，政府税收政策的变化等因素也会导致消费者绝对收入的变化。通常情况下，消费者绝对收入发生变化后，会在商品或服务的消费数量、质量、结构和消费方式等方面体现出来。

2. 相对收入的变化

相对收入的变化即消费者自己的绝对收入并没有发生任何变化，但由于他人绝对收入变化而导

致的消费行为的变化。

3. 预期收入的变化

预期收入的变化指消费者对未来收入情况的变化做出一定的预期。如果预期未来收入可以有稳定的增长，就可能增加现期的消费支出，甚至敢于举债消费；如果预期未来的收入不稳定或可能要减少，就可能减少现期消费而增加储蓄。

（二）年龄和性别

年龄和性别是消费者最为基本的个人因素。不同年龄的人有不同的需要和偏好。如青年人和老年人，由于各自的生活经历不同，接受的价值观、审美观教育不同，因而思维方式也存在较大的差异。例如，生活在较富裕年代里的年青一代可能对花半个月的工资购买一件世界著名品牌的服装觉得很有价值，而大半辈子生活在贫困中的老年人，即使目前有足够的经济实力，多数人也不会觉得花如此代价购买一件和普通服装并没有太大差别的世界名牌是很有价值的事。男女之间在购买内容和购买行为上也会表现出较为明显的差异。例如，女性往往偏好于时装、化妆品等商品，而男性则偏好于智能设备、数码产品等。又如在挑选商品时，女性往往表现得比较挑剔，而男性则相对较为随意。

（三）受教育程度

受教育程度不同的人往往在价值观、审美观方面会存在较大的差异，而这种差异必然会在消费行为上表现出来。例如，文化层次较高的人群用于精神生活消费的支出往往要高于文化层次较低的人群。又如，新产品往往容易被文化层次较高的人群首先接受。因为人们接受新事物的倾向与其知识成正比，受教育水平越高，对产品的相关知识了解越多，对产品性能的认识就越全面，早期尝试的可能性也越大。

（四）职业

职业实际上体现了一个人所扮演的社会角色，由于人的社会性，决定了不同社会角色的人会形成不同的消费特征。例如，公司经理阶层和蓝领阶层在消费行为上就会有明显的不同，这是因为社会对不同职业所扮演的社会角色的要求不同。

（五）感知觉

感知觉分为感觉和知觉。感觉是人脑对当前直接作用于感觉器官的客观事物个别属性的反映，知觉是指人脑对直接作用于感觉器官的客观事物各个部分和属性的整体反映。知觉过程是一个有选择性的心理过程，包括选择性注意、选择性理解和选择性记忆 3 种。

1. 选择性注意

消费者时刻面临着很多刺激物，不可能都引起注意，绝大多数留不下印象。有 3 种情况更会引起人们的注意，即与目前需要有关的，预期将出现的，变化幅度大于一般的、较为特殊的刺激物。

2. 选择性曲解

消费者往往按照自己的成见或先入之见来曲解客观事物。选择性曲解是指人们有一种把外界输入的信息与头脑中原有信息相结合，按个人信念曲解信息的倾向。

3. 选择性记忆

消费者不可能记住所了解的全部信息。选择性记忆是指人们主要记住那些符合自己信念的信息的心理机制。

人的感觉特征对消费者的最直接影响是客观存在的，这就决定了企业市场营销只有反复使用有吸引力的强刺激，才能加深消费者的直观印象，突破其心理感觉壁垒。同时，还要考虑其营销的策略和方法。

（六）动机

动机也是影响消费者是否购买以及如何购买、购买谁的、购买多少的重要心理因素。这是因为动机支配人的行为，而动机是由要满足的需要引起的。

动机引起行为，保持行为，并引导行为去满足某种需要。但是人的心理受外界刺激物的影响会产生诸多的动机，这些动机既有强弱之分，彼此之间又有矛盾和冲突，因此只有最强烈的动机即优势动机才能导致购买行为。

为了使消费者的购买行为与企业市场营销的目标相一致，营销策略和方法就必须建立在消费者真正需要的基础上，通过营销刺激，激发足以引起消费者行为的优势动机，使消费者实实在在发生购买行为，从而实现企业的营销目标。

（七）学习

消费者的行为除少数是本能的，绝大多数都源于学习。学习是通过经验或实践改变行为的过程。要直接观察学习是不可能的，但是我们可以从一个人的行为推断出它是何时发生的。心理学的“刺激—反应（S—R）”理论认为，学习是驱动力、诱因、反应和强化等一系列因素相互作用的过程。因此，学习对消费者的购买行为有重要的影响。企业市场营销恰恰是利用了心理学关于学习的这一理论，通过市场宣传和教育来培养消费者对产品和服务不断学习的兴趣，以使消费者发生购买行为，实现企业的营销目标。

（八）价值观

学习帮助人们形成价值观，反过来，价值观又有助于决定自我观念、个性甚至生活方式。价值观是认为某种行为方式比其他行为方式更能让本人或社会接受的持久信念。价值观对消费者行为有十分重要的影响。具有类似价值观的消费者容易对价格或其他与销售相关的刺激做出相似的反应。价值观也与消费模式相一致。例如，具有保护环境意识的人只会购买那些不会或较少破坏环境的产品。

（九）信念和态度

信念是指适用于自己的认识模式，是建立在知识、信任或传闻的基础之上的。态度是学习到的对某一给定事物的持续的反应倾向，包括各种相关的信念以及区分好坏、正误等标准的个人价值体系。态度比信念更复杂而持久。例如，世界各地的消费者对凭信用购买习惯的态度有很大的不同。美国人一直以来都愿意为商品和服务的延期付款支付很高的利息；德国人则不愿意利用信用进行购买。而中国人不习惯通过支付利息进行购买，不愿意进行信用消费和投资，他们宁可把钱存到低息的银行或放在家里保存。

但是信念和态度还是可以转变的，企业市场营销要想改变消费者的态度可以通过 3 种方式来实现，即改变人们对产品属性的信念；改变这些信念相关因素的重要性；增加新的信念。

（十）个性、自我观念与生活方式

个性是指形成个人对环境的一贯反应的方式，它结合了心理特征和环境力量。个性包括人们的内在性格倾向，尤其是性格特征。因此，消费者的个性大大影响着他们的购买行为。

自我观念是指消费者如何看待自己，包括态度、感觉和自我评价等。尽管自我观念可能会发生变化，但是这种变化通常是很缓慢的。人们通过自我观念形成了他们的身份，反过来他们的身份又产生了一贯性质的行为。消费者的行为很大程度上取决于自我观念，因为消费者想保护个人的身份，所以他们购买的产品、光顾的商店等都符合其自我观念。

生活方式是指个人行为、兴趣、思想方面所表现出的生活模式。个性和自我观念是通过生活方式表现出来的。生活方式的特点在市场细分和选择目标消费者方面是很有价值的。

个性、自我观念和生活方式对消费有根本性的影响，因此，企业市场营销就要研究其规律，寻找、发现并利用目标消费者的个性和生活方式，用正确的营销方法来引导消费者的购买行为，实现营销目标。

二、影响购买行为的社会因素

影响消费者购买行为的社会因素主要包括政治、人口、自然、科技、经济、社会文化等。下面主要对影响比较直接的政治、经济和社会文化因素进行简述。

（一）政治因素

影响消费者购买行为的政治因素主要包括一国的政治制度和政府政策等因素。政治制度对消费者的消费方式、内容、行为具有很大的影响。例如，我国是社会主义制度的国家，我们的商品生产和商品交换必须有利于社会主义制度的巩固，必须符合社会主义精神文明建设的需要。因此，一些在其他国家被视为合法的商品或服务在我国则可能被禁止交易。所以，政治制度对市场购买活动的影响是客观存在的，对消费者的购买行为有不可忽视的影响。

政府政策也是影响人们消费行为的重要政治因素。政府的消费政策一方面反映了政府的偏好；另一方面也是调节宏观经济发展的需要，无论是在调节消费总量还是在引导消费方向、调节消费结构方面都起着非常重要的作用。例如，政府为了刺激消费，可以通过降低利率甚至对利息收入征收利息税的方法，鼓励人们减少储蓄，扩大消费。又如，政府为了促进住房商品化改革，对购买住宅采取低息贷款等一系列优惠政策，这对于调节人们的消费水平、消费结构都能起到非常重要的作用。

（二）经济因素

影响消费者购买行为的经济因素主要表现在社会生产力的发展水平、社会生产关系和商品的价格水平等方面。

1. 社会生产力的发展水平

由于市场购买活动的对象是由生产者提供的各种商品或服务，因此人们的消费水平和消费结构归根结底要受到生产力发展水平的制约。社会生产力的发展水平客观上制约了人们能够消费什么、消费多少。例如，在 20 多年前，手表、自行车、缝纫机、电视机等被称为高档耐用消费品，只有少数人能够购买；而今天，随着生产力的发展，所谓高档耐用消费品的含义发生了很大的变化，更多的人在追求住宅、小汽车等。

2. 社会生产关系

不同的社会生产关系下有不同的收入分配政策，而不同的收入分配政策则决定了国民收入差距的大小。在国民收入既定的情况下，收入分配差距的大小必然会在消费水平和消费结构上体现出来。例如，在一个贫富差距较大的社会与在一个收入分配较为平均的社会里，即使人均国民收入相近，人们的消费结构也会表现出很大的差异。

3. 商品价格

商品价格包括价格总水平和价格结构即比价关系，商品价格与收入水平共同作用于人们的消费行为。在名义收入既定的情况下，商品价格水平决定了人们的实际收入水平。因为此时理性的消费者为实现实际收入的效用最大化必然会对自己的消费行为做出合理选择。例如，人们预期不久的将来可能会出现通货膨胀或通货紧缩时就可能会出现抢购或持币待购，即提前或推迟购买。又如，人们就先购汽车还是先购住宅的决策时，如果预期未来住宅价格将大幅上扬，而汽车价格可能进一步下降，就可能会暂时放弃购买汽车而首先购买住宅；反之，则可能推迟购买住宅首先购买汽车。

（三）社会文化因素

文化是影响消费行为的重要宏观因素。深层次的文化因素主要是为一个社会绝大多数人所接受并受其制约的价值观念和思维方式，而这种深层次的文化因素体现在社会生活的各个方面，当然人们的消费行为也必然要受到特定文化的制约。

例如，新产品普及速度的快慢往往就和文化背景有关。社会学者霍尔把世界上的文化环境分为“高背景文化”和“低背景文化”。所谓“高背景文化”是指在一个较大的社会群体中很少存在“亚文化”（即一些较小的社会群体所具有的特色文化）；所谓“低背景文化”即在一个大的社会群体中存在较多的亚文化。在“高背景文化”中，由于社会内部较少存在“亚文化”，同文同种，因此相互沟通容易，信息传播快，有时信息的传播甚至无需通过语言，共同文化背景的约定俗成就能使交流双方心领神会。由于这种文化的中介作用，“传染性”较强，因此，一种新产品一旦首先被少数人接受，很快就能普及。相反，在“低背景文化”中，由于诸多亚文化的存在，各亚文化群组之间相互独立，信息既不易传播，也不易被接受，因此，新产品的普及就表现为模仿者少，因而普及速度就慢。

又如，作为社会文化重要表现形式之一的社会习俗对人们的消费行为也会产生较大的影响。社会习俗是指在长期的社会生活过程中形成的风尚、礼节、习惯等的总称。由于人们所处时代的政治经济发展水平不同，人们的文明程度、宗教信仰以及民族与地理位置等不同，社会习俗也千差万别。如不同民族的人们表达各种美好感情和愿望的方式有很大的差异，这些差异会影响消费需求。在我国，传统节日往往要通过张灯结彩、燃放鞭炮等来表达喜庆的情感，这就构成了对这些商品需求的特定的时间特征。

营销链接 4-1

儒家文化对奢侈品消费行为的影响

由于受到儒家文化的影响，中国人在自我概念上注重人与人之间的相互依赖关系，偏向于依赖性的自我概念。对依赖性自我概念而言，其行为是基于和他人之间的基本联系。这些联系包括家庭、文化、职业和社会关系等。在这种自我概念的影响下，中国人特别关注与自己相关的人对自己购买行为的反应。个人总是处于为了他人的期望而生活以争得“面子”的压力之下，“面子”在中国人的消费行为中起了很大的作用。通过奢侈品消费，人们维护自己的“面子”，强化他人对自己的看法，并维护自身的社会地位。

中国人追求个人和团体利益需求的平衡。在儒家文化影响的社会里，人们更强调个人对组织的趋同一致，个人行为以满足团体利益为中心，当个人欲望和团体目标发生冲突时，更倾向于牺牲个人利益来实现组织利益，用儒家传统观念来说即“先承担责任，再享受权利”。个人和团体利益需求的平衡体现为个人的利益要服从于家庭、文化、职业和社会关系等基本的人际联系需要。中国的集体意识决定了个人的成功重要的是能为家族争光，所以中国的奢侈品购买很多时候并不是个人行为，而是为了家庭、职业等团体关系的需要。

资料来源：百度空间

三、消费者购买行为的类型

消费者的购买行为有很多种划分方法，也有很多种类型，但就消费者在购买决策过程中起支配作用的心理特征来看，大体上可以把购买行为分为以下几种类型。

（一）理智型购买行为

理智型购买行为是指以理智为主做出商品购买决策的购买行为。这类消费者在购买商品前一般都广泛地搜集信息，对所要购买商品的有关知识了解较为全面，因而在做出购买决策时，较少受周围气氛和他人意见的影响。在购买过程中，往往慎重挑选，反复权衡比较，购买后也很少后悔。

（二）情感冲动型购买行为

情感冲动型购买行为是指容易受外界因素影响而迅速做出购买决策的购买行为。这类消费者较易冲动，随意性较强。一般没有明确的购物目标，往往是在无意中发现商品，引起了兴趣，决意购买。在进行购买决策时，往往会被商品的外观、式样、包装的新奇所吸引、所刺激，缺乏必要的考虑和比较。由于他们事先没有充分地搜集信息，对所购买商品的知识缺乏必要的了解，因此，在购买过程中极易受周围气氛和他人意见的影响。这类由冲动性购买动机支配下发生的购买活动，常会出现事后的反悔，因此，最易产生退货现象。

（三）疑虑型购买行为

疑虑型购买行为是指缺乏主见，购买决策迟缓的购买行为。这是与冲动型截然不同的一种购买行为。这类消费者在购买决策前往往会大量搜集所要购买商品的有关信息，且善于观察细微之处，行动谨慎，缺乏主见，因此，购买决策迟缓，在购买过程中小心谨慎，反复比较，疑虑重重，易受他人意见的干扰，甚至中断购买行为。

（四）习惯型购买行为

习惯型购买行为是指消费者个人根据自己对商品的认识做出购买决策的购买行为。例如，由于长期使用某种特定品牌的商品，对该品牌有执拗的信任和偏爱，购买时会不假思索地选中目标。这类消费者做出购买决策的主要依据是以往的经验和习惯，较少受广告宣传和流行趋势的影响，在购买过程中也很少受周围气氛、他人意见的影响。在一些日常生活必需品或烟、酒、化妆品、时装之类的嗜好品市场上，习惯型消费者最为多见。

（五）模仿型购买行为

模仿型购买行为是指模仿他人的消费行为做出购买决策的购买行为。这类消费者有很强的从众心理，他们喜欢新事物，经常被别人的生活方式所吸引，他们的购买决策强烈地受到流行趋势和他人意见的影响。对要购买的商品缺乏必要的了解，而且也不愿做烦琐的信息搜集和有关知识的学习，因此在购买过程中很难在比较的基础上做出自己的判断。

（六）经济型购买行为

经济型购买行为是指消费者多从经济角度考虑做出购买决策的购买行为。这类消费者对商品价格的变化较为敏感，往往以价格作为决定购买决策的首要标准。经济型购买行为又有两种截然相反的表现形式，一种是注重商品质量，但对商品缺乏了解，只根据商品的价格高低判断质量的好坏，偏好购买高价商品；另一种是只注重商品价格，根据价格的高低选择商品，偏好选购廉价商品。

（七）情感认同型购买行为

情感认同型购买行为是指容易受感情支配做出购买决策的行为。持有这类购买态度的消费者，其情感体验较为深刻，想象力特别丰富，审美感灵敏。在情感型消费者的购买过程中，较易受促销宣传和情感的诱导，对商品的造型、色彩及知名度都极为敏感，他们多以商品是否符合个人的情感需要来作为确定购买决策的标准。

第三节 组织市场的特点

购买者不仅包括个人和家庭等最直接、最终端的消费者，还包括人类社会的一切有购买行为和可能发生购买行为的群体组织。我们所定义的组织市场，是指购买产品和服务用于组织内部消费、市场经营性消费以及非生活性消费的组织。

一、组织购买者的分类

根据购买主体及购买目的的不同，组织购买者可以划分为很多种类型，本书在此为了简便，沿用了较传统的组织购买者市场的划分方法。一般可以将组织购买者分为制造企业、中间商、非营利性组织、政府等。

（一）制造企业

制造企业指购买商品或劳务以用于制造性消费的企业。这是组织购买者的主要构成部分。由这部分组织购买者构成的市场通常也称为“产业市场”。

（二）中间商

中间商也称转卖者，是指所有以营利为目的而从事转卖或租赁业务的个体和组织，包括批发商和零售商两大部分。在较发达的市场经济条件下，大多数的企业产品都是通过中间商到达消费者手中的，只有少数商品由生产者直接销售给消费者，因此，中间商在组织购买者中也占有较大的比重。

（三）非营利性组织

非营利性组织也称机构，包括学校、慈善机构、疗养院和其他为社会公众提供服务的组织和社会团体。由于这些机构通常不以盈利为主要目的，因此这些机构的购买活动与一般的市场行为特点不同。

（四）政府

在大多数国家里，政府也是产品和劳务的主要购买者。政府采购的主要目的除了用于政府机构执行政府职能的日常事务需要外，在很大程度上还要执行调节宏观经济的职能。因此，政府采购在购买决策、购买方式等方面与一般的民间采购具有不同的特点，如政府的采购决策要受到公众的监督。政府采购通常以竞价投标为主，且竞标者一般为国内供应商为主。

营销链接 4-2

政府采购功能

政府采购功能包括制度功能、经济功能及政策功能3个层面。政策功能的实现以制度功能和经济功能的实现为条件，以政府的政策取向和政府规则为前提。制度功能是基础性功能，主要包括有效配置资源、分配财政预算、监督制约政府行为及对市场规则与市场秩序的引导等。经济功能是指通过充分竞争最大限度地降低采购成本，提高产品和服务的质量；推动相关产业的整合和发展，对产业链产生支撑和带动作用；发挥政府采购购买性支出的乘数效应，扩大市场规模、增加政府税收、带动GDP增长。政策功能是指利用政府采购的规模效应，发挥调节市场和贯彻国家经济政策的作用。具体包括：通过绿色采购落实节能减排、环境保护政策；对少数民族及经济不发达等地区实施政策倾斜，为其提供更多的发展机会；规定中小企业在政府采购中的市场份额和价格优惠，扶持促进中小企业的发展；优先购买本国产品以保护本国企业，增加国内就业，促进民族企业发展；优先采购自主创新产品，激励企业的自主研发能力，推动社会科技进步，提升企业的核心竞争力等。

二、组织市场的特点

组织购买者中有些是以盈利为目的的，有些是不以盈利为目的，或不以盈利为主要目的。采购目的不一样，其采购行为也必然具有不同的市场特征，尽管如此，在各自的市场特征背后，还是有很多共性特征的。由于生产企业在组织购买者中占主要部分，下面我们主要以生产企业的购买行为为分析对象，但也兼顾其他的组织购买者。

（一）购买者数量少，但购买规模大

从市场结构和需求特征来看，组织购买者的数量比个人消费市场上的购买者要少得多。例如，美国固特异轮胎公司的订单主要来自通用、福特、克莱斯勒三大汽车制造商，而在零售市场出售更新用的轮胎却要面对全美 1.71 亿汽车用户。集团消费者市场上不仅购买者的数量少，而且其购买次数较之个人消费品市场也要少得多。一家制造企业的主要设备往往要几年才购买一次，原材料与零配件的购买通常也都是签订长期合同。购买次数较少决定了其每次的购买量较大。

（二）购买者在地理区域上较为集中

由于竞争以及企业追求规模经济的结果，越来越多的市场趋向于寡头垄断，在这些寡头垄断的行业里，生产往往高度集中在少数几个地区。例如，美国制造业大约一半以上的厂商都集中在纽约、加利福尼亚、宾夕法尼亚等几个州；日本制造业大部分都集中在东京、北九州、阪神、京滨等少数几个工业地带。这种地理区域的集中性有助于降低产品的销售成本。

（三）注重人员销售和直接销售

从促销方式来看，在组织购买者市场上往往更注重人员销售和直接销售。一方面，由于组织购买者的数量少，购买规模大，企业营销人员只需要面对少数的购买者，因此通过人员推销并不会因

此而增加太多的销售成本；另一方面，人员推销可以详细地说明、介绍产品，甚至可以现场演示，能够使购买者更全面地了解商品，促使购买者做出购买决策。同时在推销过程中，销售人员不仅可以介绍商品，还可以介绍企业。这些效果都是其他销售方式难以获得的，而在面对众多的分散的个人消费者时这样做则难度较大。

由于组织购买者的数量少，购买规模大，绕过中间商直接向生产厂商购买，无论对商品的提供者还是商品的购买者来说都可降低成本；此外，组织购买活动往往需要生产者提供售前售后服务，因此，组织购买采用直接销售方式的较多。

（四）专业人员购买

组织购买者的购买往往是由具有专门知识的专业人员负责的，或委托专业的购买代理商负责，他们掌握了较完备的专业技术知识以及较全面的商品信息。

（五）决策过程较为严谨

与个人消费市场上由个人决策不同，组织购买作为一种组织行为，购买决策往往要遵循一定的程序，办理一定的审批手续，一些金额较高的或非常规性的购买甚至还要经过有关专家的反复论证，因此，组织购买的决策程序更为规范，决策更趋理智。

（六）市场需求波动较大

组织购买者购买的商品中有很大一部分是用于生产性消费的，即作为投入要素的“中间产品”，中间产品的需求最终依存于对最终消费品的需求。例如，计算机制造企业集成电路芯片的需求，取决于计算机市场上消费者对集成电路芯片的需求。计算机市场的需求减少，计算机制造商对集成电路芯片的需求也会减少。在“加速原理”的作用下，最终消费品市场需求的小幅波动，都可能导致组织购买者市场需求的激烈震荡。因此，集团购买者市场需求的波动往往较大。

（七）需求弹性较小

组织购买者的需求在短期内一般不会因商品价格变化的影响而出现较大的变化。因为企业的生产要受市场需求和生产能力的制约，只要市场需求或生产能力没有出现太大的变化，即使中间产品的价格下降或上涨，通常企业也不会因此增加或减少原材料的购买。除非因中间产品成本的变化而使产品的价格发生变化，导致产品的市场需求也发生了变化。

（八）互购交易

互购交易，是指购买者和供应者互相购买对方的产品，并互相给对方以优惠。例如，A 企业向 B 企业供应原材料，而又需要购买 B 企业的产品，则双方在进行交易时相互都给予对方以某种优惠。这样双方既可建立稳定的供销关系，又都能够降低成本。这是个人消费者市场不具有的一个特点。但其前提是必须在法律允许的范围内，即在不违背公平竞争的原则下进行。

（九）租赁交易

在组织购买中还有一种较特殊的交易方式，即不是通过购买取得商品的所有权，而是通过租赁形式取得某些商品的使用权。这一般适用于一些价值较高的大型机器设备、交通工具等。租赁对于承租方和出租方均有好处。对于出租方，通过出租为其产品找到了出路，实现了其产品的价值；对于承租方，通过租借既可获得所需的机器设备，又可解决资金不足的困难。随着设备和技术更新的加快，为了节约设备更新的资金，同时又能始终保持设备和技术的先进性，这种方式有日益扩大的趋势。虽然在个人消费品市场上，作为一种营销方式，也存在租赁现象，但远不及组织购买市场上租赁现象广泛。

（十）谈判和投标

在购买方式上，组织购买与个人购买也具有不同的特点，即很多的组织购买是通过谈判方式或招投标方式来进行的。例如，企业在购买大型成套设备或设施时，可以首先由购买方提出自己的要求，然后买卖双方再就一些关键因素（如价格、质量标准、交货期等）进行谈判。也可由购买方公开招标，供方自愿以投标的方式来进行购买。利用招投标方式来进行购买，既能够购买到满意的商品，又有利于降低购买成本。很多政府购买以及一些国际组织贷款项目的购买都是通过招投标的方式来进行的。在美国，40%的政府购买是通过投标方式来进行的，我国政府的购买也正在逐步实行招投标方式。

以上是从总体上描述了组织购买者购买行为的一般特征。但在实践中，不同的组织购买者在特定时点上的购买行为会有不同的特点。由于相对数量众多的个人消费者而言，数量较少的组织购买者的行为特征的个性化更为明显，因此，在具体的营销活动中还应当注意结合实际进行研究和分析。

第四节 组织购买行为

组织购买决策与个人消费者的购买决策，存在两个明显的不同：其一，参与者不一样，参与个人消费购买决策的人员较少，通常就是购买者个人或其家庭，但组织购买决策通常要涉及多方面的参与者；其一，购买决策的过程不一样。

一、组织购买活动的参与者

在组织购买过程中，参与购买决策过程的所有成员都有共同的购买目标，并分担决策风险。这些参与者大致包括以下 5 类人员。

（一）使用者

使用者是指所要购买商品的实际使用者。他们是购买需要的提出者，对规格型号的决定具有较大的影响。

（二）影响者

影响者是指直接或间接影响购买决策的人员，其中技术人员往往是重要的影响者。

（三）购买者

购买者是指具体执行购买任务的采购人员。他们参与供应商的选择并负责谈判签约，但在一些比较重要的购买活动中，高层管理人员往往参与谈判过程。

（四）决策者

决策者是指有权决定购买项目和供应商的人员。在日常小额购买中，购买者往往就是决策者，但在重要购买中，决策者通常是高层管理者。

（五）信息控制者

信息控制者是指可控制有关信息的人员。他们可控制与购买有关的外部信息流入企业，如购买代理人、接待员等，他们都可以阻止供应商的推销人员与使用者或决策者接触。

二、组织购买决策的过程

组织购买者的购买决策过程大致可分为以下 8 个前后相连的购买阶段。

（一）提出需要

与个人购买决策过程相同，组织购买决策过程起始于提出需要阶段。这种需要通常是由企业内部的相关人员在工作过程中为解决某个问题或满足某种需要提出的。需要的提出可以由两种刺激引起：①组织内部的刺激因素，如企业决定开发一种新产品，于是需要购置新设备或原材料来生产这种新产品等。②组织外部的刺激因素，如购买人员在某个商品展销会上发现了一种质量更好、价格更廉的新材料，或者接受了某一供应商的推销人员的建议，由于这些因素的刺激，于是产生了新的购买需要。

（二）确定需求内容

提出了某种购买需要之后，就要确定购买的具体内容，如购买的品种、类型、数量等。如果是简单的购买任务，可以由购买人员直接决定；如果是复杂的购买任务，就需要会同其他部门的人员，如技术人员、使用者一起，在全面了解产品特征的基础上来确定购买商品的具体内容，最后按照购买商品的可靠性、耐用性、价格及其他属性，对这些属性的重要性进行先后次序的排列。通常在这一阶段，购买者对所需商品各种特性的了解并不全面，这实际上为供货方提供了营销机会，供货方的营销人员可协助购买者确定具体的需求内容。

（三）拟订规格要求

需求内容的确定仅仅指明了商品购买的大致方向，在实际购买时，还需要对所购买商品的规格型号等技术指标做出详细的说明。决定商品规格型号的一个有效方法是进行价值分析。所谓价值分析就是对商品的功能和成本进行比较分析。价值分析的目的在于降低成本，即在不降低功能的前提下尽可能降低成本费用，或在成本费用不变的前提下尽可能获得更好的功能。

（四）寻找供应商

在经过以上 3 个阶段，确定了需购买的商品以及具体的规格型号以后，便进入寻找供应商阶段。在此阶段，企业可以通过各种途径广泛搜集有关供应商的信息，如可以向有关机构咨询、浏览各种广告、请求交易伙伴推荐介绍、参加各种展览会、订货会等。特别是随着网络销售的日益发展，通过互联网查询不仅时间短、信息量大，而且成本低，在一些发达国家，其运用已相当普及。在此阶段，不仅要了解有哪些供应商以及他们的供应能力，还要了解他们的产品和服务的质量。

（五）征求报价

征求报价即在众多的供应商中，购买者按照一定的标准选择若干家合格的供应商，邀请他们提供报价单，以便从中筛选。征求报价是购买活动的一个很重要的阶段，它关系到企业的生产成本，从而影响未来企业的市场竞争力。特别是当购买的项目较为复杂或价格较为昂贵时，购买者会要求供应商提交内容尽可能详细的报价书，如除了价格以外，还要求供应商对商品的技术指标、交货期限等加以详细说明，以便做出正确的选择。

（六）选择供应商

在收到了各供应商提交的报价单以后，购买者就要对这些报价单逐一进行评估，从中筛选出最理想的供应商。在对供应商进行评估时，应尽可能全面地考虑各种因素。有些因素虽然看似与购买的商品无直接关系，但有时会对供应商品造成很大影响。

一般来说，购买者要考虑以下因素：供货能力；产品质量；价格水平；售前售后服务；技术能力；履约情况；企业信誉；财务状况；对买方的态度；技术培训；工作进度通报；组织与管理；包装情况；道德与法律问题；地理位置；劳资关系记录。此外，供应商的选择还包括供应商数量的选择，即是集中向某一家供应商购买还是同时向多家供应商购买的选择。如果购买的数量较多，而且需要多次重复购买时，购买者往往会选择多家供应商。这一方面可以避免过分依赖某一个供应商；另一方面能够增强供应商之间的竞争意识，有利于降低购买成本。但集中向一家供应商购买有利于改善与供应商的关系以及建立长期合作关系。

（七）发出正式订单

在对供应商各方面审查完成以后，购买者将给选定的供应商发出正式订单，也就是签订正式的购货合同。通常订单上要详细写明所需产品的规格、数目、交货期限、退货政策、保修条件等项目。订单的类型或订购方式有两种："定期购买订单"与"单向综合订单"。

"定期购买订单"是每隔一定的时间间隔，购买者和供应商重新订立一份购买合同。这种方式的好处在于购买者有较灵活的选择余地，当购买者对供应商品不满意时可以及时选择其他供应商。其不利之处在于如果供货合同的时间间隔过短会增加购买成本，而且难以保证稳定的供应；而如果时间间隔过长则会增加库存。

"单向综合订单"是双方约定在一个较长的时期内，供应商按协议价格及其他条件向购买者重复供货，在此期间内，当购买方需要商品时只需通知供应商便能及时获得所需商品。这种方式的好处在于购买者可以减少库存，而且可以保证有稳定的供给源，有利于改善与供应商的关系。其不利之处在于对供应商的依赖性会增大。因此，购买者必须根据具体情况就订单的类型做出合理选择。

（八）评价履约情况

发出订单、购进商品并不意味着购买活动的结束。在商品购进以后，还必须对购进商品的使用情况、使用者的满意程度以及供应商的履约情况等进行跟踪监督、评价，以便为下一次购买活动提供借鉴。

三、影响组织购买决策的主要因素

了解影响组织购买决策的主要因素，有利于营销人员把握组织购买活动的规律性，从而制订合理的营销计划和采取有效的促销手段。

组织购买的目的多样、购买决策过程中涉及的人员多、程序复杂等都会影响组织购买的决策这些多方面的因素可以归结为 4 类：环境因素、组织因素、人际因素和个人因素，具体如图 4-1 所示。

（一）环境因素

环境因素是指影响组织购买活动的各种外部因素，主要包括政府政策、经济前景、供求关系、货币成本的高低、技术发展、市场竞争状况，以及有关法律的规定等因素。例如，在经济繁荣时期，企业可能会增加产量、扩大销售，从而增加对原材料或零部件的购买；反之，则可能会减少购买。又如，当企业生产所需的某种投入要素属稀缺性资源，能否保证这种资源的供应成为决定企业竞争力的关键因素时，企业会不遗余力地保证资源的供应，就会与供应商建立长期的供销关系，或扩大购买，增加库存。

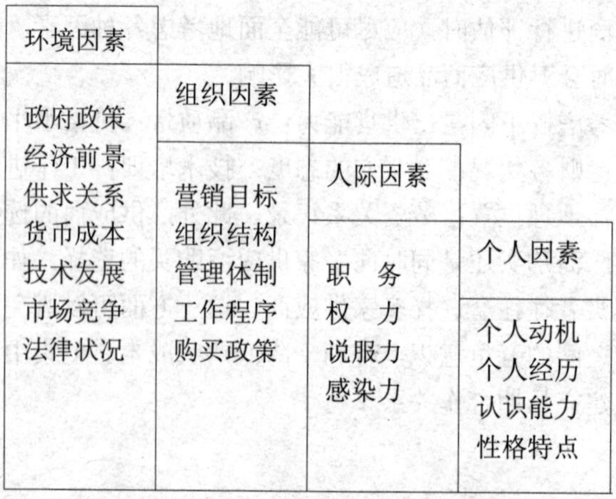

图 4-1　影响组织购买行为的主要因素

（二）组织因素

组织因素是指组织内部影响组织购买活动的各种因素，主要包括企业的营销目标、组织结构、管理体制、工作程序、购买政策等因素。例如，有些组织的集权程度较高，超过一定金额的购买必须经过高级管理层的批准；而有些组织的分权程度较高，下级管理人员有较大的购买自主权。又如，有的组织倾向于用长期合同的方式来稳定供应源，而有的组织则倾向用临时招标的方式进行购买。这些都会对组织的购买行为产生影响。

（三）人际因素

人际因素是指组织内部各类购买活动参与者之间的相互关系，主要包括不同地位、不同职权、不同说服力、不同感染力的各类参与者之间的关系。例如，有的参与者由于在组织中的地位较高，拥有较大的职权，对购买决策过程可能具有较大的影响力；而有些参与者虽然地位不高，但有较强的说服力，也可能对购买决策产生较大的影响力。

（四）个人因素

个人因素是指组织购买活动中的各个参与者的个人特征，主要包括个人动机、个人经历、认识能力、性格特点等。了解了这些个人因素，营销人员便可以对不同的参与者采取不同的促销和公关措施。

思考题

1. 联系实际谈谈研究消费者行为的价值。
2. 消费者市场有哪些特点？
3. 个人和社会影响因素对消费者购买决策有何影响？
4. 消费者购买决策包括哪些阶段？在每一个阶段，企业的任务是什么？
5. 组织市场有哪些特点？
6. 组织购买者有哪些类型？
7. 论述组织用户的购买决策过程。
8. 试分析影响组织购买行为的主要因素。

案例分析

案例 4-1

聚焦："90 后"消费新势力

目前市场潮流的引领者，无疑已开始从"70后"的族群向"80后""90后"这两个年轻族群转变。与"80后"相比，"90后"是比较没特色的一代，他们就在"70后"和"80后"的特征之间模糊不清。面对这个充满活力、不乏个性与叛逆且具有不同价值观的年轻群体，如何与之进行营销沟通，进而辅助品牌在此群体中树立形象呢？

（1）利用移动新媒体来整合碎片化时间和信息

"90后"充分利用时间间隙，使用各种渠道访问互联网。例如，利用看电视时、早晨醒来时、上卫生间时、床上休息时、吃饭时、上班休息时、上下班途中等。其中占比最大的时间是在床上休息和上下班途中。这对促使"90后"消费新的互联网产品其实难度非常大，因为他们来不及消化电视广告，也没机会消化传统纸媒的广告，而新媒体移动端的广告又未覆盖到，所以如何整合"90后"的碎片化时间，去针对这些碎片化时间推送整合优化后的信息，是新媒体制胜的关键。

（2）娱乐至上的消费价值观

"90后"生活在物质相对富足、社会相对稳定的年代，他们是伴随互联网一起成长起来的一代。"90后"身上被深深烙下"网络时代"的痕迹——娱乐精神，即在任何情况和环境下，都要制造轻松，寻找开心，娱乐至上成了描述"90后"的重要关键词。

（3）"松圈主义"的社会交往准则

"90后"在社会关系的处理上遵循这样的原则：对社交圈子既不亲近，也不疏离。他们懂得与圈子保持关系的重要性，也很会组建圈子，以获得更多资源，同时又绝不接受圈子的束缚。这种状态与"90后"的成长环境密切相关，一方面由于诞生在市场经济年代，他们更懂得市场规则，讲究实际；另一方面父母的知识信息比较开放，和孩子的沟通能力大大提高。"90后"虽然缺少小伙伴，但和父母沟通多，从小就变得比较成人化。

"90后"不像多生子女那么有团体意识，也不像"80后"那么自作主张，他们喜欢圈子，但不代表他们乐于听从组织的要求。他们永远要当圈子里年龄最小的那一个、想成为圈子中的亮点，但不是异类，自身利益是圈子内交际的核心标准，在圈子里直接表达情绪，绝不瞻前顾后。

（4）更偏向于利益互动主导型的社交网络

"90后"对利益互动型的社交网站更加追捧，他们需要能够通过提供优惠鼓励和实用信息来增强黏性；通过身份社交和地域社交带来信息互通和被关注的实际利益；参与执行某个任务或者能进行评价、有参与感的关系圈（如微博）；有被认同、能有相同属性圈子的集合网络（如豆瓣网）。"90后"需要的社交网站，不仅仅是出自自身被关注、被认可的需要，更多的还是在于利益互动的原始驱使。

案例思考：

1．请你对上述材料中某个具体观点进行评价，并详细说明理由。

2．“90后”消费势力给哪些行业孕育了机遇，又会给哪些行业带来挑战？

3．企业如何与“90后”消费者进行沟通？谈谈你的观点。

案例 4-2

企业年货采购一站式服务 2017网库年货节来袭

随着2017的脚步声越来越近，年货采购成了产业市场的热词。从企业采购者的角度看，此时正是企业年货采购的高峰期，无论是为员工发放年底福利，还是着手准备年会用品，或者是客户回馈等等，都需要进行大量采购。去哪买？谁的产品较便宜？这是企业采购人员最为关注也最为头疼的问题。为了解决这个难题，为期一个月的“2017网库年货节”应运而生。网库“年货线上商城”上有产自新疆的大枣，烟台的野生海参，黄土高原的特色杂粮……可谓是囊括四海，遍布九州。而且这些产品均是厂家直销，全场包邮，并提供发票，让企业采购者进货无忧。

电商的发展，一方面为企业采购者提供了线上交易的便利，同时也给采购者带来新的困扰。例如，商品质量参差不齐，售后服务无保障，同款产品价格差异大等。再加上企业员工需求日益变化，既要求产品质量，又关心产品价值和新意，导致采购员的采购成本日益上升。而网库举行的2017年货节，依托全国近200个县域分支机构，致力于帮助解决中小企业的采购难题。此次年货节精选全国各区域的特产优品，全部由当地厂家提供一手货源，保质保价，包邮包发票。具体来说，此次年货节精选了100款商品，涉及粮油米面、水果食品、茶酒饮料、农副水产和家居礼品5个品类。同时，按照价位设置筛选导航，100款礼品从1～99元、100～199元和200～299元3个价格区间，方便采购员根据预算和采购意向在最短时间内找到适合的礼品，减少了采购员的采购时间成本。同时，网库为回馈老会员的支持，特推出四重大礼，让采购人员在采购到超值商品的同时，享受更多的平台补贴和福利。

相对于往年的年货节，2017年网库年货节定位非常清晰，就是帮助中小企业解决年货采购问题，而不仅仅是为企业提供一个产品页和报价。本次活动从前期调研采购员痛点问题，到全国200个区域选品，到逐家生产企业谈底价，发票的问题，运费的问题，再到设计和调试页面，玩法设计等等，不忽略任何一个细节。比如，仅仅就一个选品的过程就历时一个多月，从11月启动选品开始，先后收到近1 000家企业的申报，网库逐个梳理产品，审核企业资质，谈厂家能给的最低价，落实发货售后服务等问题，以此给客户提供最便捷的采购通道。

在年货节的销售方式方面，此次活动也进行了创新，那就是将B类平台和C类平台的优点相结合。

众所周知，由于B2B平台的交易特点和经营模式，很难做到C类平台的灵活多样，但越来越多的B类企业希望在B2B平台上有C类平台的体验。所以，本次年货节首次引入优惠券、返利、福袋等销售方式，并支持多种交易渠道，借以提升用户在使用过程中的体验。比如，购物券面值有5元、10元、100元、500元，在满足一定的消费额度后就可使用。

案例思考：

1. 企业年货采购者购买行为具有哪些特征？哪些人可能会参与年货的采购决策中来？

2. 根据企业年货采购者购买行为特征，网库年货商城采取了哪些具体的营销对策？

3. 优惠券、返利、福袋等销售方式，并支持多种交易渠道这些营销策略对于企业年货采购行为会产生积极的影响吗？

案例 4-3

美利金融：演员黄觉朴实独白演绎“我是个失败者吗”

不论是在传统营销时代，还是在数字营销时代，成功的营销都是“走心”的。走心的营销在于了解用户，通过直击用户内心的内容，引发用户情感共鸣，从而潜移默化地注入品牌信息，让受众接受品牌的传播诉求。金融的本质就是经营信用和信任，获取消费者的信任是金融行业市场人员的必修课。近两年来，金融行业市场竞争加剧，为强化品牌，大中型金融品牌纷纷发力情感营销，以实现品牌与消费者情感上的互动。

2015年年底，美利金融发布品牌宣传片，演员黄觉朴实独白演绎，“我是个失败者吗？我有时候会问自己……”。黄觉在广告片中本色演出，将自己的日常生活和工作状态如实呈现：在忙碌的片场中被大声唤醒，拖着疲惫的身躯不停地接戏，支撑他的是为人丈夫、为人父亲的责任。在片尾，黄觉给出答案：“一个平凡的演员，撑着一个还算合格的男人和一个挺安全的家庭，我觉得我还行”，并点出主题：“用更多金融可能，支持更美丽的人生，美利金融”。广告片引出网友对赚钱与生活、理财与人生的热烈讨论，引起网友强烈共鸣。

案例思考：

1. 消费者购买金融产品的主要动机有哪些？

2. 影响消费者购买金融产品的最关键因素是什么？

3. 你认为美利金融的情感营销广告片是一次成功的广告宣传吗？为什么？

第五章 市场需求与营销调研

学习目标

1. 理解市场、市场需求的含义
2. 了解市场营销信息和市场营销信息系统的含义与构成
3. 掌握市场营销调研过程
4. 掌握市场营销调研的基本方法，为企业市场营销决策服务

第一节 市场与市场需求

市场营销要在市场需求调研的基础上对总体市场需求规模、地区市场需求规模、目标市场需求规模、企业实际销售和市场占有率等进行测量，并对未来市场需求和企业未来销售潜在市场进行预测。本节只介绍市场和市场需求的相关概念。

一、不同含义的市场

市场营销学中的市场，是指买方市场，即某种商品的所有现实的和潜在的市场购买者。市场规模或市场容量，取决于市场上该商品的可能购买者的数量。

（一）总体市场

总体市场是指某市场区域所有人口的结构和数量。如中国，由 14 亿人口构成了中国的总体消费者市场。

（二）潜在市场

潜在市场是指那些对某种商品（产品和服务）有某种欲望的顾客构成的市场。如经初步估算，目前中国情感消费（情感婚姻与家庭心理服务消费）潜在用户规模达 9 亿人。但需指出的是，即使消费者对某种商品有兴趣，却不一定购买或有购买力。只有在极特殊且有购买支付能力的需求条件下，潜在市场才可能等于总体市场。例如，在特殊战争期间，极其缺乏粮食的购买者可能等于总体市场。

（三）有效市场

有效市场是指那些有可能的购买者，即有某种购买欲望、有购买力和能够接近这些商品（不存在接触障碍或足够小）的顾客构成的市场。例如，在中国目前 9 亿情感消费潜在用户中，只有一部分拥有足够的支付能力，且有条件获得这方面的服务，这部分顾客构成了情感消费的有效市场。有效市场也就是我们通常所说的市场营销学中的“市场”。

（四）有资格的有效市场

有资格的有效市场是指那些有购买欲望、购买力、能够接近商品，同时还有资格购买的顾客

构成的市场。例如，未成年人有可能属于有效市场的构成部分，但因为按照法律规定不能向未成年人出售香烟，因此当他们去购买香烟时会受到限制，即他们不属于香烟商品的有资格的有效市场。

（五）目标市场

目标市场是指在有资格的有效市场中，企业决定进入的、具有共同或相似需求或特征的购买者集合。例如，台湾“520”香烟选择有资格的有效市场中的女士吸烟者作为其目标市场。

（六）已渗透市场

已渗透是指已购买了企业营销商品的顾客构成的市场。已渗透市场通常都是企业产品在某区域市场已经获得的市场份额，如 2017 年 10 月，百度占据国内搜索引擎市场 82.99%的市场份额。

不同含义的市场定义和划分如图 5-1 所示（图中数据为某企业产品在某区域市场的假定态势）。

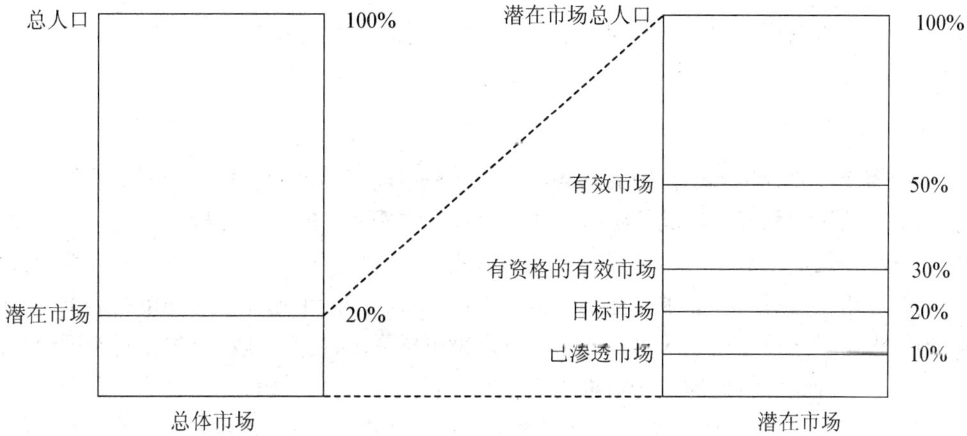

图 5-1　各种含义的市场及其关系图

二、不同含义的市场需求

市场需求是千差万别、各式各样的，不同的顾客有不同的需求，不同的区域市场有不同的需求。所谓市场需求是指一定的顾客在一定的时空区域、一定的市场营销环境和一定的市场营销态势下购买的总量。考察市场需求一般涉及以下因素。

（一）产品

考察市场需求，要确定产品的种类、产品形式和产品线。

（二）顾客

考察市场需求，要确定顾客构成，即顾客群体的区域分布和数量构成。例如，考察保鲜奶的北京消费者市场，初步调研的结果是 2 000 多万人口中的绝大多数人都是保鲜奶的目标群体，需要进一步考察顾客的日饮保鲜奶量和饮奶年增长量。

（三）购买

考察市场需求，要确定购买的规模和类型，即这种购买是指直接购买规模、订购规模、送达规模、付款规模，还是消费规模。如对北京的保鲜奶市场购买方式及规模的调研。

（四）市场地理区域

考察市场需求，要限定地理区域范围。区域的限定范围不同，产品销量和销售额的预测结果也不同。如对北京保鲜奶市场的调研。

（五）时间

考察市场需求，要确定时间。不同时间范围，市场需求规模也不同。如确定北京保鲜奶市场的考察时间为 2019 年 1～3 月。

（六）总量

市场需求大小有多种表述方法。一般多用产品实体数量或销售金额的方法表述。考察市场需求，要对需求总量进行界定。如北京保鲜奶的市场消费总量调研。

（七）市场营销环境

市场需求深受市场环境的影响，因此，考察市场需求，还要分析市场营销环境。如对北京市场环境的消费影响分析。

（八）市场营销态势

考察市场需求，要分析市场营销的态势，即企业在市场营销过程中采取的策略手段，以及营销投入对顾客购买的影响程度所形成的状态。如对北京保鲜奶品牌的策略分析。

由以上影响市场需求的诸因素可以看出，在这些因素的相互作用下，可以形成数百种甚至上万种不同含义的需求。且每一种需求又可划分为强市场需求、一般市场需求和弱市场需求。因此，企业考察市场需求，对当前市场需求进行测量，对未来市场需求进行预测，首先要对不同含义的市场需求进行细分，选择企业特定的市场需求进行考察、测量和预测。换言之，企业应选择明确的目标市场，对其需求进行测量。例如，娃哈哈集团在非常可乐 1998 年进入市场之前，就对非酒精类碳酸类可乐饮料的全国市场以及不同区域不同顾客群的不同含义的需求进行了考察、测量和预测，作为是否生产和进入市场的决策依据。在充分分析不同含义的市场和市场需求的前提下，娃哈哈的决策和营销取得了成功。

企业市场营销要对当前的市场总需求、地区市场需求、目标市场需求、企业的实际销售和市场占有率进行测量。同时，还要对未来市场进行环境预测、行业市场预测和企业销售预测。

第二节 市场营销信息与营销信息系统

一、市场信息

市场信息（也称市场环境信息）是指在一定的时间和市场条件下，市场环境中各种事物发展变化与特征的真实反映，是反映其实际状况、特性、相互关系的各种消息、资料、数据和情报的总称。

市场信息是市场经济的产物，是市场环境的动态体现。市场信息是一种资源，是有价值的。市场信息最为突出的特征是其时效性，时效性是市场信息的价值体现，不失时机地掌握市场信息，已成为企业市场营销成败的关键性因素之一。

“要管理好一家企业就是要管理好它的未来，而管理未来就是管理信息。”

——马里恩·哈伯

“营销胜利的基础越来越取决于信息，而非销售力量。”

——菲利普·科特勒

二、市场营销信息系统

市场营销信息系统是指由人、智能机器和程序所构成的相互作用的系统，通过及时准确地对所需要的信息进行采集、分类、分析、评估和传递，提供给营销决策者使用，以便使营销决策具有科学性和效率性。营销信息系统既是决策的支持系统，也是数据库的营销系统。

市场营销信息系统是企业采集、处理并利用相关环境信息的工具。市场环境包括宏观环境与微观环境的诸多因素。市场环境处于变动的复杂状态，采集、处理并利用有效的市场环境信息，对企业市场营销的成败起着关键作用。

三、市场营销信息系统的构成

市场营销信息系统由内部报告系统、营销情报系统、营销调研系统和营销分析系统 4 部分构成，如图 5-2 所示。

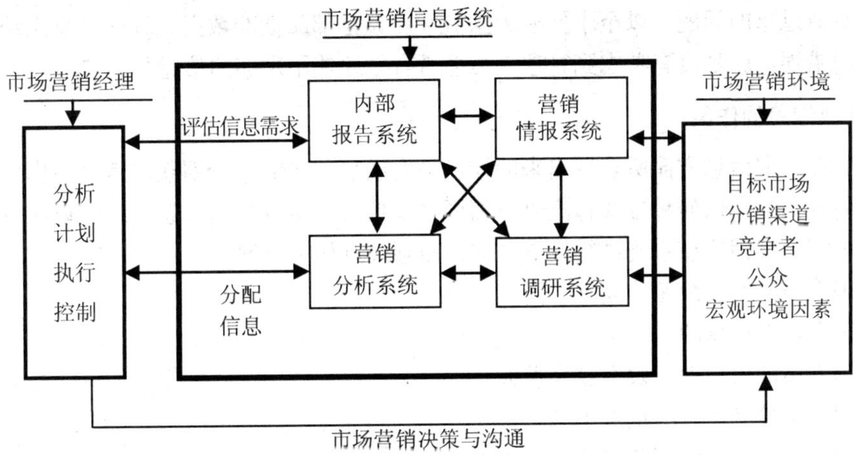

图 5-2　市场营销信息系统

（一）内部报告系统

内部报告系统是指企业内部各管理部门的各种信息报告。管理者往往利用内部报告系统来定期获取各种数据。来自企业内部的信息通常比从企业外部获取信息更为及时，但这些信息通常不是以营销为中心而采集的，对营销决策往往不尽适用。因此，营销信息系统必须对其进行分类和分析处理，以便决策和管理时使用。

（二）营销情报系统

营销情报是指每时每刻发生的有关营销环境变化情况的信息。企业必须掌握这些信息，以便营销管理人员制订和调整营销计划。营销人员可以从多种渠道获得情报，如可以从互联网上下载情报信息，可以从电视传播、报刊、政府情报中获取情报信息，可以从与顾客、供应商、中间商等的沟通、交谈中获得情报信息，还可以向专门的信息机构购买情报信息。

（三）营销调研系统

企业市场营销管理过程中，要获取真实、具体的情报信息，还须经常通过专门的调研研究来采集有关信息。营销调研系统是指企业为了实现营销管理和做出营销决策而对有关信息进行系统的采集、分析和报告，并存入计算机数据库进行处理和储存的过程。营销调研系统可以通过信息把营销者同顾客和公众联结起来，营销者借助这些信息可发现和寻找营销机会，控制和调整营销活动，甚至通过这种信息交流和沟通，促进营销。企业可设立自己的营销调研部门，也可委托专业调研机构进行调研，还可二者兼之。

（四）营销分析系统

信息分析系统是由统计数据和模型库构成的。其中统计库包括系统统计程序，模型库包括一系列数理模型。通过这些智能分析系统对采集到的信息做进一步分析，得出分析数据，供营销决策使用。

四、市场营销管理人员

市场营销管理人员已成为上述 4 个子系统的受益者，他们面临从众多的信息中，用省时、有效的方式获取决策所需的那部分信息，从而能留出足够的时间去从事计划与决策活动。许多管理人员都面临信息负荷过重的问题，以至于他们无法阅读应该全部阅读的数据。许多信息系统在设计方面最容易出现的错误，就是没有考虑到管理人员能否有效地使用足够的信息。

（一）获取信息的作风

管理人员在获取信息方面所表现出来的作风是有明显差异的。所谓获取信息的作风是指管理人员决定搜集何种数据，以何种方式搜集以及需要多少信息。市场营销信息系统的设计者、购买者和使用者，在为市场营销信息系统进行投资之前，必须注意如下问题。

（1）管理人员对信息来源的偏好不同。

（2）管理人员对信息的需求不同。

（3）管理人员的信息搜集效率差异很大。

（4）管理人员接受信息的重点不同。

（5）管理人员在不同时期获取信息的兴趣不同。

注意到这些才能提高该系统的利用率，做到物尽其用。

（二）理想的市场营销信息系统

理想的市场营销信息系统应具备如下特点。

（1）能向各级管理人员提供从事工作所需的一切信息。

（2）能对信息进行选择，以便使各级管理人员获得与他能够且必须采取的行为有关的信息。

（3）提供信息的时间限于管理人员能够且应当采取行动的时间。

（4）能提供所要求的任何形式的分析、数据与信息。

（5）所提供的信息一定是最新的，且所提供的信息的形式都是有关管理人员易了解和消化的。

第三节 市场营销调研

营销链接 5-1

企业究竟需不需要做市场调研

苹果公司的乔布斯曾经说过，他从来不做市场调研；腾讯公司高级副总裁张小龙也曾说过，他不看数据。他们的话使不少企业界人士从此否定了市场调研和数据的作用。究竟企业需不需要做市场调研？市场调研和数据对于企业和营销者来说，真的毫无用处吗？答案是否定的。

其实，像乔布斯、张小龙这样的人，站在科技行业的山尖上，每天无时无刻不在接触和处理各种信息。作为顶级营销者，他们对人性的洞察已远超常人，对用户面临的问题已熟稔于心。因此，对他们上述说法的正确理解应该是：他们所需要的信息，已经远远超过了一般意义上的市场调研和数据；市场调研和数据的搜集、分析对于他们来说，早已经成了无时无刻不在进行的活动。他们的做法透露出来的真正含义是：市场调研和数据对于企业来说，非但不是毫无用处，反而是必不可少的，市场调研和数据的搜集分析，是企业营销者们必须时刻进行的日常活动。

资料来源：慧聪网

市场营销调研在企业的市场营销过程起着关键作用，它向决策者提供了现有营销组合的有效性及所需变动的信息。营销调研通过对营销调研问题的设计和直接亲临实地的调研分析，得出直观、具体、真实的信息，提供有力的决策依据，成为营销信息系统的信息来源。

一、营销调研的基本方法与作用

市场营销调研是指系统地设计、采集、分析并报告与营销决策有关的信息资料和研究结果的过程。依据实战问题导向原则，市场营销调研的基本方法及其作用主要包括描述性调研、诊断性调研和预测性调研，其调研的范围和内容十分广泛，涵盖与市场营销活动有关的所有问题和方面。

（一）描述性调研

市场营销调研的最主要目的之一，就是对市场营销活动中的各种问题及市场状况，通过调研来搜集信息，并把这些资料和信息反映出的实际情况描述出来，提供给营销决策者，以便决策者分析研究，从而正确决策。营销调研的描述作用就是指通过营销调研，能真实而全面地描述市场的实际状况，避免因信息的遗漏、偏差和主观，而导致决策者得不到真实和全面的信息，从而影响决策的质量。对于营销调研的描述作用，我们可以形象地来形容，当企业运用营销调研来描述市场的整体轮廓时，营销调研相当于“素描”；而当企业运用营销调研来描述广告、促销等各类营销活动的实际效果时，营销调研就相当于“成绩单”。

（二）诊断性调研

市场营销调研的另一个目的和能起到的作用是诊断。诊断主要是对市场的实际信息进行分析、评价和解释，从而找出营销决策和营销活动的关键症结，保证营销决策的有效和营销活动能够顺利实现营销目标。营销调研诊断是在大量调研信息的基础上，及时分析和发现问题，准确判断问题，并评价和解释问题，从而给营销决策和营销活动过程计划的调整提供及时和准确的依据。对于营销调研的诊断作用，我们也可形象地将其形容为“B 超”和“体温计”，“B 超”帮助企业诊断营销中存在的各种问题，“体温计”则是向企业提供预警。

（三）预测性调研

营销调研的预测作用是指在描述和诊断的基础上，对营销决策和营销活动存在的问题，提出如果选择按某种方案执行，会出现什么样的结果的评估。预测是营销调研的重要组成部分，尤其是在竞争日益激烈的现代市场环境条件下，竞争者和市场环境对企业营销的影响和渗透，营销决策面临复杂的选择，营销决策不仅是最高管理者或最高管理层的任务，同时也是贯穿于营销活动始终的决策流。因此，要求营销决策是一个决策体系，每个管理层次，不同的管理部门都要参与决策，构成决策体系或是决策过程流。从这个意义上说，营销调研的预测作用越来越重要，它是决策体系中不可分割的部分。当营销调研起预测作用时，可形象地将其形容为“罗盘”，为企业提供未来的行动方向。

二、市场营销调研过程

营销链接 5-2

业内人士点评调研过程

营销调研既吸引人，又非常复杂。华南国际市场研究有限公司（RI-CHINA）的母公司RI（Research International）作为全球最大的专项（定制）市场调研公司，其客户遍布各行各业，客户的目标市场及其竞争对手都必须不断适应环境的快速变化，应对各种各样的营销挑战。因此，华南国际市场研究有限公司需要帮助中国企业客户处理不同类型的问题。尽管每次帮助客户处理的复杂情况不尽相同，但调研人员通常会有一个相对稳定的研究框架，并可以借助此框架为客户量身定制调研计划。即使在调研实践中，不同项目使用的框架也不尽相同，但每个调研项目都是基于一系列步骤组成的过程。不同项目、不同调研人员实施的调研步骤或许会有所不同，但是拥有一个能够帮助我们规划如何获得正确信息以解决客户营销问题的操作框架是极为必要和很有价值的。例如，根据该框架，我们就可以知道，需要花费几小时去拜访客户，以了解调研的背景，明确客户面临的营销问题，了解其对调研的具体要求，以及项目的调研内容等。如果我们已知调研项目需要搜集原始数据，就可以确定研究步骤。对于研究框架的了解，将为我们进行营销调研的规划和设计奠定基础。没有这样一个一般性框架，处理起每个客户的情况时就会更加困难。

资料来源：由编者结合自身在华南国际市场研究有限公司的从业经历撰写

以上业内人士的评论说明，理解市场营销调研的步骤对于具体执行市场营销调研项目是很重要的，无论项目是委托给市场调研专业机构执行还是由企业自行完成，都是如此。

市场营销调研的过程是为营销决策获取尽可能多的精确资料信息和有价值结果的一种科学方

法。其过程由一些重要的步骤相关联而成，虽然不同的调研人员和营销理论研究者会有不同的划分或表述，但其内在的构成是一致的。本书采用的营销调研过程的步骤如图 5-3 所示。

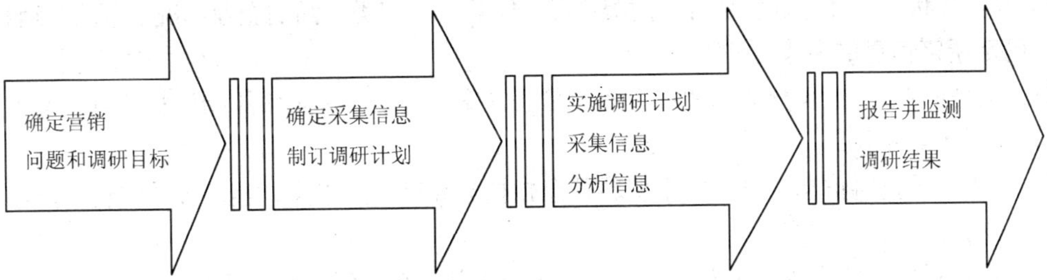

图 5-3　营销调研程序图

（一）确定营销问题和调研目标

市场营销调研的起因就是企业在市场营销过程中存在需要解决的问题，这些问题是什么，是如何产生的，应该怎样解决，即营销调研的第一个步骤，确定营销问题和调研目标。

1. 确定问题

无论企业在市场营销过程中处于好的或不好的状态，都会存在一些好的或不好的、明显的或隐匿的问题。准确、及时地发现这些问题，并找出问题发生的真正原因，是很困难的。确定问题往往需要对企业、产品、市场、环境和竞争情况等影响因素进行深入了解，在充分分析的基础上，判断出营销要解决的关键问题，并明确这些问题，以进一步确定营销调研的目标。

2. 确定调研目标

确定营销调研目标时，要使营销调研目标具有明确性、准确性、可操作性和战略性。营销调研目标一般可分为以下 3 种。

（1）描述性目标。描述性目标是指通过调研如实记录和描述客观实际情况的营销调研目标。如对顾客态度和行为的调研描述，对营销广告投放效果的市场监测等。

（2）探索性目标。探索性目标是指为了了解企业需要调研的问题是什么，或者在知道问题的情况下要了解问题是如何产生的，问题的症结何在等的营销调研目标。如企业产品的市场销量下降，但不知道是由什么原因引起的，或者知道可能的一组原因，但无法确定究竟是其中的哪一种或哪几种，以及是怎样产生的。

（3）因果分析目标。因果分析目标是指为了测试假设因果关系的正确性的营销目标。如增加广告成本 10%，能否使销售量增加 10%。

（二）确定采集信息、制订调研计划

制订营销调研计划，首先要明确营销决策需要哪些资料信息，然后确定如何有效地采集这些信息，最后制订书面调研计划（俗称调研方案）。

1. 确定需要的信息

营销决策需要哪些资料信息，是制订调研计划的前提。例如，某计算机与网络制造企业计划向我国国内家庭市场推出一种方便上网的家用计算机。这种计算机能否进入和占领家庭计算机市场，至少需要获取下列信息。

（1）我国家庭的收入水平状况及各类收入水平家庭的分布情况。

（2）目前家庭市场的比例。主要指会使用计算机，对网上信息感兴趣，有购买力和愿望的家庭比例。

（3）信息技术状况。通过何种方式上网，宽带还是电话，电话上网的速度等。

（4）销售量和利润预测。主要针对目标潜在市场，预计销量和利润。

（5）竞争者状况。目前市场是否有同类产品，能够生产同类产品的企业状况，市场营销状况等。

2. 确定所需信息的采集方法

采集信息的方法一般可分为采集二手资料信息（案头调研）和采集原始资料信息（实地调研）两大类，如图 5-4 所示。

（1）采集二手资料信息。采集二手资料信息指搜集经过别人采集、整理过的资料信息，一般都是向公众公布的。

① 二手资料信息的来源，主要包括：企业组织内部；企业组织外部环境。

② 二手资料信息依据其具体来源，主要包括：以纸为信息载体的资料信息；以计算机和互联网为信息载体的数据库信息。尤其是计算机和互联网智能信息化的数据库减少了搜集二手资料的繁重负担。智能化数据库是任何人都可以通过适当的计算机设备进入的公共信息集合，几乎任何调研者感兴趣的问题都会被包含在某个数据库中。

虽然计算机和互联网数据库给二手资料信息的采集提供了广阔的空间和便利，但二手资料信息往往并不能满足决策的需要。这是因为：第一，很多信息并不能通过案头调研得到；第二，即使能够得到，由于信息的时效性差，无法作为当前决策的依据；第三，二手资料信息的质量和准确性无法有效鉴别，导致其也不能完全作为决策的依据。

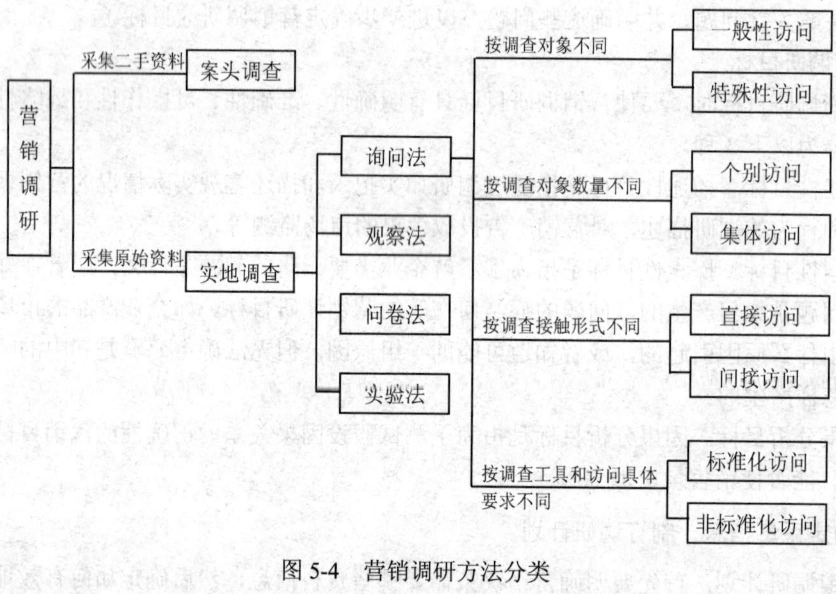

图 5-4　营销调研方法分类

（2）采集原始资料信息。采集原始资料信息是指调研人员通过发放问卷、进行访谈、开展观察或进行市场实验等方式采集第一手资料信息。由于二手资料信息时常存在可获性、时效性和准确性等方面的问题，为有效解决这些问题，使决策者能够及时、准确地获取足够的信息，调研人员必须尽可能多地通过实地调研，采集原始资料信息。实地调研一般要对调研技术和抽样设计进行选择。

① 调研方法与调研技术。

- 询问法。营销调研时最常用的采集原始资料的技术是询问调研，即调研者通过与被调研对象接触来了解事实、观念以及态度。询问调研技术（或方式）最适宜于采集描述性信息。按照调研对象不同，它可分为一般性访问（如访问对象为普通消费者）和特殊性访问（如访问对象为专业人士）；按照调研对象数量不同，可分为个别访问（每次访问一个被访者）和集体访问（焦点小组座谈会）；按照调研接触形式不同，可分为直接访问（如入户访问、商城拦截访问等）和间接访问（电话访问）；按照调研工具和访问具体要求不同，可分为标准化访问（访问工具为标准化问卷）和非标准化访问（访问工具为非标准化的访问提纲）。

- 观察法。观察法指通过观察有关人员的行为及现场情况来采集原始资料信息。采用观察调研技术主要是为了获得那些被观察者不愿或不能提供的信息。如调研人员在超市中观察本企业产品的陈列位置，消费者购买同类产品的品牌选择，本企业产品的购买情况等。

- 问卷法。问卷法指在无访问员进行提问和记录答案的情况下，由被访者自行填答问卷来完成调研的方法。一般来说，问卷通过邮递（包括印刷在报刊、杂志等媒体上投递）、E-mail、人员送发留置或被访问者自取（包括点击有网络调研问卷的网页）等各种方式，达到被访者并由其完成自我管理式调研。完成的问卷通过邮递、网络提交或人员送/取回等方式收回。

- 实验法。实验法指调研者选择一个或多个变量（如价格、广告主题、广告费用、包装设计等），观察这些变量对其他变量（通常是销量）的影响。实验调研最适于采集因果关系方面的信息。如调研广告对销售的影响，在其他因素不变的情况下，通过对比广告投放前后销售量的变化，就可以测量出广告的效果。

② 抽样设计。营销调研往往需要从局部的调研中得出有关整体的调研结论，这就需要进行抽样调研。抽样调研的设计包括：调研哪些人，即抽样对象；调研多少人，即样本大小；如何抽样，即抽样程序。

- 概率样本（随机样本）。样本是指一个比较大的人口范围的一个子集。调研时要确定样本数量，即样本组。概率样本是指从每个元素都具有已知的被选择统计可能性的集合中取出的样本。它最有价值的特点是可以用科学规律确保样本能代表总体。概率样本的类型之一是随机样本。随机样本是指以群体中的每个个体都有均等机会被选为样本的方式进行抽样。概率样本的类型有以下4种。

简单随机样本：指群体中每个成员都有已知的均等的被选择机会。

分层样本：指对群体按某种特征（如性别、年龄）分成相互独立的组，然后从每个组中随机抽取一定数量的样本。

分群样本：指对群体按某种特征（如地理区域）分成相互独立的组，并随机抽取其中的一些组作为样本。

系统样本：获取总体名单，如所有在建设银行开设经常账户的人，先确定抽样跨度（抽样跨度是用总体规模除以样本规模得出的）。如果样本规模为100，银行有1 000个顾客，那么抽样跨度就是10。起始号码是在跨度范围内随机确定的。如果起始号码是8，那么跨度模式就是8，18，28，…，998，这些跨度模式中的号码个体就作为样本。

- 非概率样本（非随机样本）。非概率样本是指所获得的样本不是通过客观的随机抽样得到，而是通过调研人员主观行为得到的。非概率样本不是群体中的每个人都能随机会被选作样本的，它具有非代表性特点，但它的成本低，容易得到样本。只要掌握这些特点，注意群体的样本成员在接受调研、回答问题时的真实性，可以使用非概率样本调研。应该强调的一点是，在营销调研中，非概率抽样的各种具体形式如便利抽样、判断抽样、配额抽样以及滚雪球抽样等，使用的频率和概率抽样的各种具体形式一样多。营销调研中所谓的抽样调研，是广义的抽样调研，既包含概率抽样形式，也包含非概率抽样形式。

- 调研误差。只要在营销调研中采用样本，就会产生误差，误差主要是测量误差和抽样误差。测量误差产生于调研想要得到的信息与测量过程提供的信息有差异的时候。抽样误差产生于样本不能代表目标群体的时候。

市场调研应该把误差率控制在一定的允许范围，以确保调研的准确性。

3. 制订调研计划书

调研计划书要写成书面材料，报请审批。计划书中应明确以下各项内容。

（1）企业面临的营销问题（或称营销课题）。

（2）调研目标。

（3）需要采集的信息（即调研内容）。

（4）信息采集的方式方法。

（5）调研范围、对象及数量。

（6）调研时间进度安排。

（7）调研预算。

（8）调研结果对营销决策的帮助等。

（三）实施调研计划，采集信息和分析信息

按调研计划实施调研主要包括采集信息和分析信息。

1. 采集信息

调研过程中采集信息阶段是最耗费精力和成本的，同时也最容易失误。因此，调研人员在采集信息时，要尽可能准确地按照计划和要求进行，以使得到的数据尽可能真实，把误差控制在允许范围内。

2. 分析信息

信息采集完成后，营销调研便进入下一步，即分析信息。分析的目的是对采集到的大量信息进行整理、解释，并得出结论。

（四）报告并监测调研结果

对调研得出的结论，不仅要进行口头报告，还必须撰写出书面报告。报告首先要有一个对调研目标清晰简明的叙述，然后要简要完整地说明调研设计或采用的方法，最重要的部分是对调研的分析和得出结论的表述，报告的结论还应包括向管理层提供的决策建议。

调研报告的监测主要是指了解管理层为什么实施或不实施报告中的建议。

三、营销调研的应用

（一）改善决策质量

营销管理人员可以借助市场营销调研来研究各种营销策略，从而提高营销决策水平，改善营销决策质量。娃娃哈集团决定生产并销售系列“非常饮品”，通过市场营销调研发现，中国的可乐和果味饮品市场潜力巨大，可口可乐、百事可乐品牌虽然占据了很大的市场份额，但仍存在一定的市场空隙。娃哈哈集团基于这一调研结果，推出“非常饮品”系列产品，在产品质量、饮品口味、营销组合上都进行了精心设计，很快打入目标市场，并获得巨大成功。

（二）追踪问题

营销管理人员运用市场营销调研的另一个目的是找出营销决策和营销计划在执行过程中的问题，通过对问题的调研分析，找出问题的症结，协助营销管理人员重新调整营销决策。

（三）培育顾客的价值观和质量观

21 世纪，企业营销的市场环境的竞争性、灵活性和复杂性更为突出，对企业的影响程度日深。顾客对产品和服务的优质化要求越来越高，容许企业市场营销失误的机会越来越少，保持顾客满足和忠诚越来越难。因此，采取关系营销战略，建立并保持与顾客的长期关系，培育市场、培育顾客的价值观和质量观，显得格外重要，只有这样，才能给企业带来长期的利益。例如，在可口可乐于 20 世纪 70 年代进入印度市场失败后，百事可乐于 80 年代进入印度市场，在经过事先大量的市场调研分析，找出可口可乐失败的原因之后，百事可乐制订了正确的营销战略，主要包括与政府合作，与印度当地企业组织和公共组织建立公共合作关系，加强与印度公众的亲善沟通，并将这些策略转化为一种战略，前期投入巨额资金，并把 3 年的营销利润用于印度的慈善福利事业来培育市场，培育顾客的价值观和质量观，通过这些努力，百事可乐终于在印度市场获得了成功。

四、企业开展营销调研的两种方式

营销调研是企业制订营销计划和进行营销决策的基础，其重要性已被越来越多的企业所认识和肯定。一般来说，企业开展营销调研可采用两种方式：一是委托专业市场调研公司来做；二是企业自己来做，企业可以设立市场研究部门，负责此项工作。在具体操作过程中，企业应根据自身情况和项目特点与要求，综合考虑之后加以选择。

由于营销调研是一门科学，营销调研项目的开展要求有极强的专业性，因此，没有系统学过市场调研的人是不可能做好这项工作的。不科学的、非专业的营销调研工作不但不能对企业的营销起到促进作用，相反，往往会误导企业。因此，尽管在一些简单的市场调研项目上完全可以由企业自己组织实施，但一家企业没有必要也不可能完全拥有市场调研公司的所有职能。因此，对于一些涉及重要营销决策、规模较大、范围较广，时效性和成本方面有较高要求，以及操作专业化程度要求高的项目，企业最好委托专业的市场调研公司进行。具体原因如下。

（1）专业的调研公司能有效降低误差，提高调研的准确性。专业的调研公司拥有完整的抽样框和全面的抽样技术；而企业一般不具备抽样框和抽样技术，容易导致抽样不科学，调研方法不专业，样本整体代表性差，这样会人为地提高抽样误差。

（2）专业的调研公司拥有专业的调研网络和调研人员，同时拥有一整套科学的操作规程和质量监测体系，可大大降低调研误差；而一般企业不具备这样的条件。

（3）专业的调研公司拥有丰富的研究经验、卓有成效的研究方法和专业的研究队伍，既能保证项目方案设计的科学性，又能保证研究结果的真实性和实用性。如果方案设计不科学，再严格的操作，再真实的数据，再优秀的研究员也写不出真正实用的研究报告。而调研方案虽设计科学，但不能按科学的操作规程操作，无法获取真实的数据资料，那么再优秀的研究员也写不出优秀的研究报告。这其中的环节是相辅相成的，企业很难做到。

（4）专业的调研公司站在第三者的角度客观地研究和分析问题，有利于发现新问题和找出新对策。而当事企业、当事人往往摆脱不了情感因素，难以做到客观、公正地分析。同时，受企业以往管理思路和接触群体的影响，分析出来的结果往往存在较大的局限性，难有突破。

因此，对于具有一定实力和条件的企业来说，尽管委托市场调研专业机构开展营销调研项目，需要一笔不菲的费用，但相比不经过市场调研或只由企业自行进行简单和非专业的营销调研然后就盲目决策付出的代价，为获得真实的市场信息和专业的市场分析及策略建议进行的必要投入是完全值得的。企业委托专业市场调研机构开展营销调研的流程和工作参与内容，如图 5-5 所示。

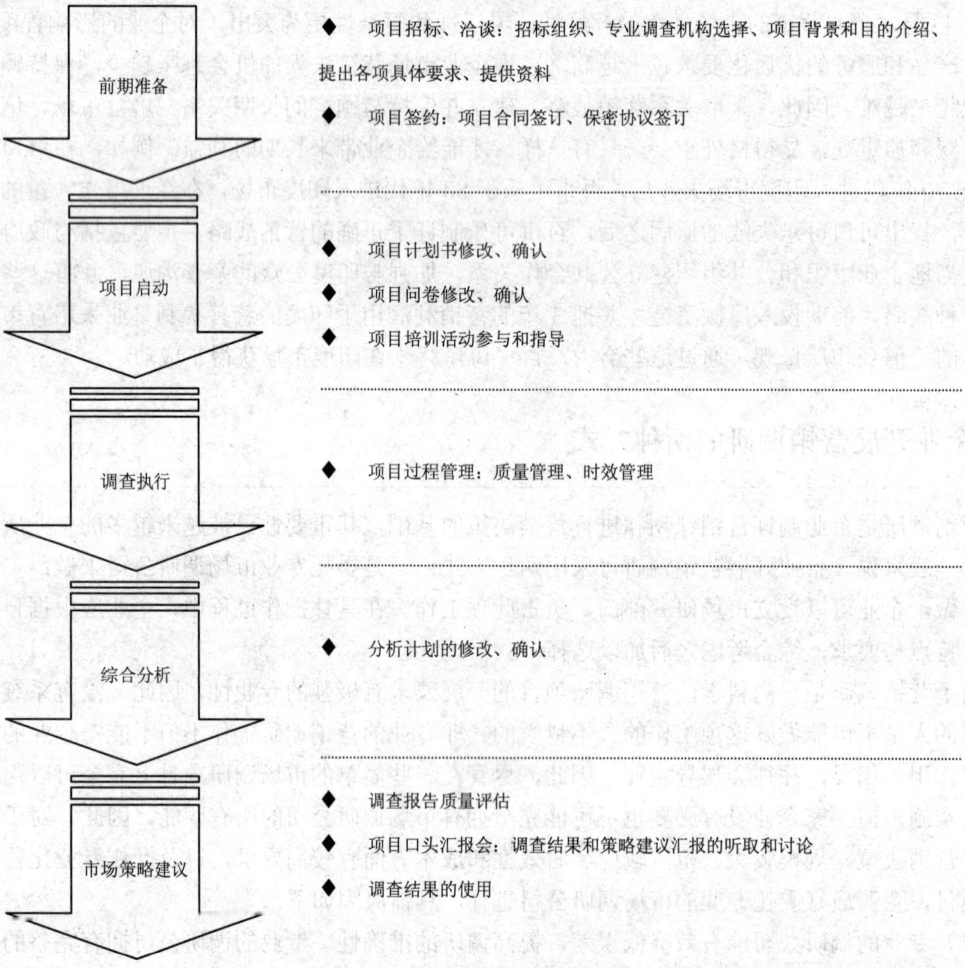

图 5-5 委托专业市场调研机构开展营销调研的流程和工作参与内容

营销链接 5-3

企业应如何选择营销调研专业机构

企业在评估和选择营销调研专业机构时，一般要综合考虑以下因素。

（1）公司声誉。公司声誉好坏的判断标准：能否按时完成调研项目；能否高质量地完成调研项目；能否坚持职业道德标准；是否发生过声誉受损事件。

（2）公司规模。公司规模能部分反映出它能做什么，以及做得如何。可从公司从业人员数量（尤其是专职人员数量、研究人员数量）、办公场所面积和档次、专业设施（专门的焦点小组座谈会室、电话访问设备等）、分支机构（或在各地的合作伙伴）多少等方面进行了解。

（3）研究经验。可从3个方面加以了解和分析：调研公司成立时间的长短；公司主要人员尤其是研究人员的从业经验；公司成立至今服务过的企业、开展过的调研项目以及所涉及的行业等方面的情况。

（4）公司配合度。例如，调研公司配合度低，其对调研开展的资源配置（尤其是优势资源的配置，如公司最好的研究队伍、专业设施等）必然较少，项目的完成质量会不可避免地随之下降。因此，选择调研机构须把配合度纳入重点考虑范畴。

（5）人员素质。主要包括一些基本素质，如受教育程度、工作责任心等。

（6）报价。报价是重要考虑因素之一。每家公司都有自己的报价体系和方法，报价在一定程度上也体现了该公司的专业度，好的调研服务价格不会太便宜，对于那种价格显著低于同行报价的要特别注意。

除以上6个方面外，还有一些因素也须加以考虑，如网站建设水平、文本制作水平、项目完成所需时间等。

营销链接 5-4

中小企业应怎样进行卓有成效的营销调研

目前，中小企业在进行营销调研时，往往会基于成本的考量，而过多依赖二手资料，从网上搜集，或者公司自行组织销售人员到市场上进行些简单的调研，由于缺乏专业性，往往效果不佳。那么，中小企业究竟应该怎样进行卓有成效的市场调研呢？

第一，必须正确意识到，营销调研对于不同类型、不同规模和实力的企业来说，有同样的重要性和必要性，中小企业也是如此。

第二，要清晰认知自己的需求，有重点有选择地进行调研。在调研公司的选择上，应重点选择那些规模虽小，但在某领域有较强研究能力的公司，给这样的调研公司以信任和市场机会，将得到高配合度和贴心的服务，而且往往调研质量也能满足要求。在调研问题的选择上，应将资源集中到需要重点解决的问题上。对于单个项目来说，不能要求解决多方面的问题，否则导致需要搜集的信息过多、过全、过杂，结果反而一无所获。

第三，尽量选择简单而实用的调研方式方法。例如，当需要洞察用户需求和反馈时，可以到陈列企业产品的终端售点去观察，实地了解用户在选择品牌时的情景，并适时与他们进行必要的沟通，听取其真实的心声，了解其选择某品牌的理由和不选本企业品牌的理由。

第四，注重把握行业发展趋势。可从各种行业资讯中加以分析和判断。多关注各种媒体中的行业新闻，特别是关于新技术的动态、国家政策中与行业相关的信息等。中小企业的决策者应养成搜集行业信息的习惯。

最后，中小企业在进行资料整理和数据分析时，一定不要陷入数字陷阱而不能自拔。由于受资金、人力成本等多方面的制约，中小企业对于数据统计精度的要求，要从自身实际需要出发，切不可过分追求数据的准确性。

资料来源：中国行业研究网

思考题

1．经过调研获得的信息一定是可靠的吗？如何从调研信息中去伪存真？

2．某股份制商业企业想了解目前“80 后”消费者的理财行为，请你针对这个调研题目拟订一份调研计划。

案例分析

案例 5-1

市场调研，金融保险业提高竞争力的重要“武器”

相对于国内金融保险行业在市场调研方面的刚刚起步，国外金融保险行业早已经轻车熟路。因此，国外金融保险行业在市场调研方面的成功经验能为中国金融保险行业带来不少有益的启示和借鉴。

一、国外金融保险行业市场调研的主要内容

国外金融保险领域的市场调研已经很成熟。一家大银行，仅集团总行每年在市场研究方面的花销往往就高达3 000万～4 500万美元。在调研项目中，投资最大的包括品牌健康及广告效果追踪、忠诚度跟踪、市场占有率调研、新产品的开发研究、合作对象的挑选研究等几项。其中，对消费者满意度的调研非常有特点，他们非常重视消费者购买金融服务的周期。因为，从某一个产品开始，如从储蓄账户开始，消费者对储蓄账户的满意度，就会影响下一步他与银行交易的进行。因此，银行需通过调研了解消费者是否对银行消费满意，接下来他们会选择什么产品或服务。在此过程中，调研公司就可以帮助银行了解消费者下一步会做什么，是想购买保险还是基金，从而使银行能更好地留住客户。在美国，一家银行会有100多种产品，向某个消费者推荐产品要依据客户忠诚度调研的结果进行。此外，新产品的开发也是国外金融保险行业市场调研的一个重要方面，准确把握客户需求，才能开发出更具竞争力的产品。

二、利用市场调研来帮助银行进行准确定位

如何定位是很多跨国大银行都曾面临过或将来还会面临的问题。他们都会通过调研来研究该如何定位。在这方面，专业研究公司做得最多的是研究该银行在当前消费者心目中的形象，以及消费者对银行定位的认可度；另外，还需要调研自己与其他银行的差别，如自己是服务于白领，还是服务于老年人。这是银行了解自身当前状况的必要工作。据此，银行结合自身的能力制定目标。在国内，随着国内金融保险行业企业数量的增多和对市场的细分，企业的定位已成为各家银行和保险公司急需解决的问题。

三、利用市场调研来提升广告效果

国外发达国家金融保险领域的品牌建设做得非常好。这首先必须有一个很强、很有吸引力的产品，在此基础上，还需要卓有成效的广告投放来建设品牌。为了确保广告的效果，对于很多跨国金融机构来说，与消费品行业一样，必须经常进行广告概念和广告效果的测试。专业调研公司有一些产品能够帮助客户了解他们的广告成功与否，调研公司拥有一个数据库，如果达到了里面的指标就是成功的广告创意；如果没有达到，广告代理公司就需要重新进行广告策划。其操作方法与消费品广告完全一样。广告投放前的测试能够避免大量广告媒体投入的浪费。

资料来源：调研文库

案例思考：

1．为什么说市场调研是金融保险业提高竞争力的重要“武器”？

2．有专家认为，目前国内金融保险业亟需进行消费者满意度和忠诚度方面的调研，请谈谈你的看法。

案例 5-2

“90 后”年轻人意识行为变化调研

本次市场调研主要针对北、上、广三地的“90后”群体展开，样本总数为5 400人。

一、“90后”哪儿不一样

“淘”“秀”“晒”是“90后”的显著特征。他们拉近与自己价值观相近的人的关系，并产生互动，从而提高自己的存在价值。他们不再只专注具体化的目标（如更理想的生活蓝图），而是更专注于达成这个目标的原动力——可用“创旋”（创造旋涡）来表示：看重“提升自我存在价值”和“感染和凝聚他人”这两方面的需求，是一个螺旋式上升，并向外扩散的状态。

二、从“求”到“淘”

“90后”年轻人“无论何时，都在悠闲地获取各种广泛的信息”。他们平均每天的手机上网时间为104分钟；他们沉迷于网购，半数以上会经常网购；62%的“90后”，即使在没有明确的购物目的时，也会广泛寻找与自己相关的信息。

上一代人会寻找“有名的”和“广受好评的”大多数人认同的东西，多采取直接询问专业人士的高效做法；而“90后”则更倾向于随时随地广泛寻找自己感兴趣的东西，正在从“求”（追求寻觅）转向“淘”（寻宝）的状态。

三、从“享”到“秀”

中国已有近一成的年轻人有文身，认为这是彰显个性、表现自己时尚主张的工具。“我是世界上独一无二的”不再只是西方人的思维模式，中国的“90后”也在不断彰显自己的唯一性。

热爱自拍是90后的共性，超过半数的90后“平时会使用照片编辑软件”，将自己的照片编辑美化后上传到网络上与朋友们分享。这种DIY精神进一步发扬的体现是：有近五成“90后”都会按自己喜欢的风格把买来的东西加工后再使用，像把手机贴满水钻、改装汽车等。

上一代人的自我表现行为以购买“名牌”为代表，用购买的东西本身来表现自我，如品位、地位等。而“90后”是在利用事物本身，将它个性化地加工成自己想要的样子来表现自我。相对于上一代人的直接拿来“享”用，年轻人更注重“秀”出自我个性。

四、“晒”出风格

半数“90后”每天都在频繁使用微博和微信。他们倾向于随性地把自己的想法、心情和一些日常生活中平凡与不平凡的事情一起作为自身的一种风格“晒”出来。近年出现的微小说、微电影，也已被越来越多的“90后”年轻人追捧。有四成“90后”曾上传过微小说、微电影，希望将自己的想法转化成作品，传播给他人。

资料来源：博报堂生活综研，中国行业研究网

案例思考：

1. 请分析年轻人意识行为的变化会给企业的营销带来何种影响。

2. 请以某个行业为例，具体分析企业应如何针对“90后”“淘”“秀”“晒”的行为特征，提供产品和服务。

案例 5-3

手机银行市场调研报告

一、调研背景

移动银行业务（手机银行）是一种结合了货币电子化与移动通信的崭新服务，不但可使人在任何时间与地点处理各种金融业务，而且极大地丰富了银行服务的内涵，使银行能以便利、高效而又较为安全的方式为客户提供传统和创新的服务。加上移动终端所独具的贴身特性，使之成为继ATM、互联网、POS机之后银行开展业务的强有力工具，越来越受到国际银行业者的关注。目前，我国移动银行业务在经过先期预热后，已逐渐进入了成长期。在这一时期，如何突破业务现有发展瓶颈，增加客户的认知度和使用率成了移动银行业务产业链各方关注的焦点。

二、调研目的

了解消费者对手机银行的认识和兴趣度；预测手机银行市场的发展前景。

三、调研方法

采取网络调研方式，通过网络问卷搜集信息，采取整群抽样在全国31个省市抽取50 000个样本单位。

四、调研结果分析

1. 手机网民对手机银行业务的使用情况

调研结果显示，手机银行业务在手机网民中的使用率已显著提高。2010年7月的调研结果为36.8%（经常使用+偶尔使用），到2011年2月已上升至52.2%（经常使用+偶尔使用，见案例图1）。

案例图 1　手机网民对手机银行业务的使用情况

2. 不同手机银行用户的个人月总收入分布

调研结果显示，经常使用手机银行业务的用户的个人月总收入偏高，其中，个人月总收入5 000元以上的用户占比为15.4%，2 500元以上的用户占比为52.2%，均高于偶尔使用手机银行业务的用户（见案例图2）。分析可知，经常使用手机银行业务的用户由于收入偏高且手机银行使用频率高，必然成为手机银行业务的核心客户和目标群体，他们将在很大程度上促进手机银行业务的繁荣。

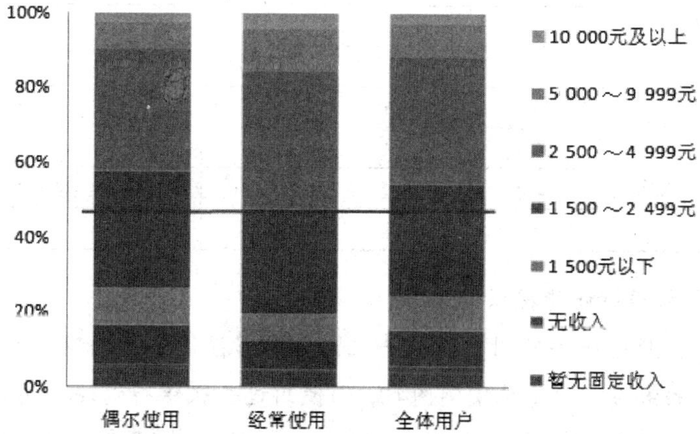

案例图 2　不同手机银行用户的个人月收入分布

3. 手机银行使用情况

调研结果显示，工商银行手机银行的使用率最高，达35.1%；建设银行紧随其后，为35.0%（见案例图3）。农业银行与中国银行手机银行的使用率在这半年中都有显著提升，与行业领跑者的差距在不断缩小。

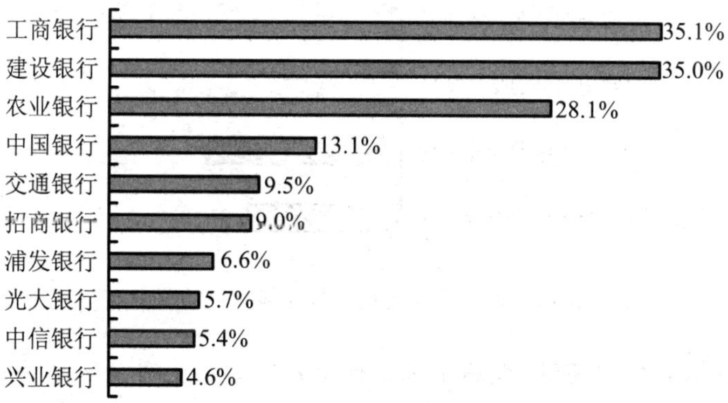

案例图 3　手机银行使用情况

4. 不同人群最常使用的手机银行功能的指数分析

本次调研对不同人群最常使用的手机银行功能的指数分析结果表明，在校学生更倾向于经常使用支付功能，较少使用理财功能；行政/事业单位、国企干部更倾向于使用转账汇款功能、缴费功能、信用卡功能和理财功能，尤其是理财功能；行政/事业单位、国企职工经常使用信用卡功能和理财功能的倾向性也非常明显；外企/民企中高级主管则更倾向于经常使用信用卡功能；私营企业主经常使用信用卡功能的倾向性显著（见案例表5-1）。

案例表 5-1　不同人群最常使用的手机银行功能的指数分析

	账户管理	转账汇款	缴费功能	支付功能	信用卡功能	理财
在校学生	101.1	89.4	93.4	121.3	71.4	68.5
行政/事业单位、国企干部	94.9	114.9	115.8	86.6	119.7	146.1
行政/事业单位、国企职工	110.6	99.6	107.0	104.1	126.5	126.0
外企/民企中高级主管	99.1	102.2	91.4	86.2	123.1	93.6
外企/民企职工	106.3	99.8	91.0	92.7	101.4	97.1
专业技术人员	93.5	95.6	110.4	99.5	103.2	101.0
私营企业主	87.0	99.2	99.7	97.2	126.1	110.9
个体经营者、进城务工人员	101.6	111.5	98.8	93.1	94.1	103.4
农民	78.1	80.8	83.1	85.2	114.4	117.9

5. 用户希望手机银行还能提供的服务

本次调研发现，超过一半的用户希望手机银行能够提供完善的商城购物服务，显示用户对商城购物有较大的潜在需求（见案例图4）。而使用过手机银行商城的用户占到了64.3%（经常使用10.8%+偶尔使用31.4%+很少使用22.1%）。这其中行政/事业单位、国企干部、外企/民企中高级主管和私营企业主经常使用手机银行商城服务的倾向性显著，外企/民企职员的使用意向较为明显，而在校学生和农民群体很少使用，且农民群体不打算使用手机商城的倾向非常明显。

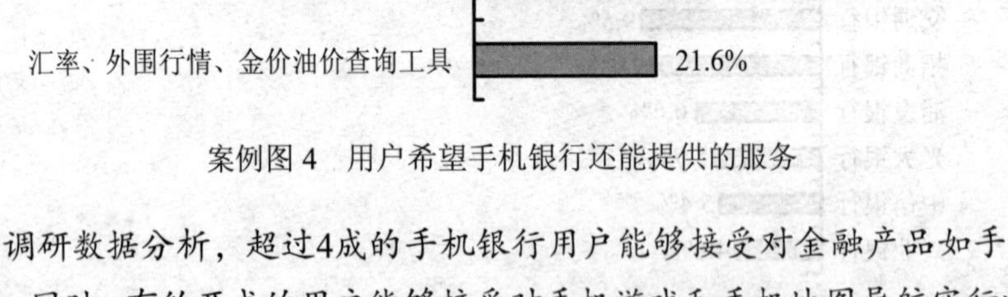

案例图 4　用户希望手机银行还能提供的服务

根据用户调研数据分析，超过4成的手机银行用户能够接受对金融产品如手机炒股和手机支付实行收费；同时，有约两成的用户能够接受对手机游戏和手机地图导航实行收费。这表明，对特定的手机应用服务收费能够得到部分用户的接受和认可。

6. 手机银行用户使用手机支付时愿意采用的形式

调研显示，手机银行用户使用手机支付时，首选“WAP页面”形式，56.1%的用户更愿意采用这种形式。其次为“手机客户端”（44.4%）。近场支付（手机刷卡）形式由于较为新颖，愿意使用的用户比例仅占17.3%。此外，有15.9%的人以上3种方式都能接受（见案例图5）。

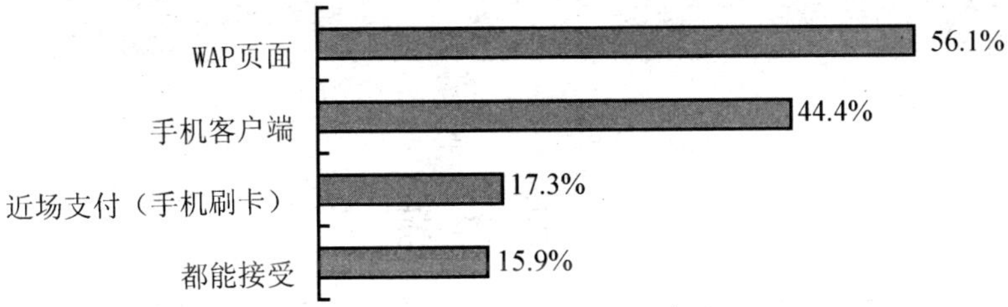

案例图 5　手机银行用户使用手机支付时愿意采用的形式

五、调研结论

与2010年相比，手机银行业务在手机网民中的使用率已显著提高。一方面，手机上网大环境逐渐形成，移动互联网产业链上的各类企业都在提供更好的服务，中国消费者逐渐接受和喜爱用手机来服务生活的方式；另一方面，各大银行积极推广手机银行业务，不断提高手机银行用户的体验，同时给予消费者各种优惠，这些都促使手机银行业务发展驶入了快车道。这预示着手机银行业务拥有良好的市场前景。

资料来源：道客巴巴网

案例思考：

请对《手机银行市场调研报告》进行分析诊断与评价。

第三篇

目标市场选择

目标市场战略 第六章

学习目标

1. 熟练进行市场细分
2. 熟悉选择目标市场的方法
3. 掌握企业进行市场定位的方法

战略是指为实现某种目标而制订的大规模、全方位、长期性的行动计划。在企业经营中，战略应该解决企业的目标是什么、企业目前在市场上处于什么位置以及企业如何实现目标这 3 个基本问题。从层次的角度，战略可以分为公司战略、业务战略和职能战略。在企业战略管理体系中，市场营销战略通常被界定为一种职能战略，市场和竞争的全球化、第三产业的崛起以及新技术的飞速发展都迫切要求企业制定和执行有效的营销战略。企业所处的宏观和微观环境，都会影响和制约其营销战略的制定与实施效果。为了制定行之有效的营销战略，营销者必须针对企业内部资源、环境、顾客、竞争对手等，结合企业战略和业务战略认真进行市场机会分析。

营销链接 6-1

中国工商银行差异化营销战略

2016年工商银行与公安部合作正式推出了国内首款防电信诈骗的公益软件——“工银融安e信”，这是中国工商银行运用先进的大数据和信息化技术，根据金融同业及企业客户风险防控需求自主研发的银行业首个风险信息服务平台。该平台以风险管理为核心，整合了来自中国工商银行内部、社会公信体系、国内外金融同业、境内外反欺诈服务组织等多方权威信息，通过运用工商银行大数据的技术优势，对企业和个人信息进行全面挖掘汇总，分析并制成评估报告。具体内容如下。

五大服务功能：

- 风险类：提供风险预警类查询服务。
- 情报类：提供信用情报服务。
- 关联类：提供优质高效的关联洞察服务。
- 评估类：提供定制化全面综合评估服务。
- 国际类：提供全球资源共享服务。

三种服务模式：

- 互联网认证模式：用户在中国工商银行官网“工银融安e信”入口，通过银行提供的用户名和密码登录，即可进行风险查询。该模式适用于各类企业。
- API接口模式：“工银融安e信”与客户业务系统通过API接口实现直接对接，在业务的办理过程中自动实现对风险数据的实时查询及反馈。该模式适用于数据量级大、实效性要求高的金融企业。
- 批量查询模式：“工银融安e信”可以根据客户提供的风险查询名单，通过系统后台进行批量及关联风险的查询并出具风险评估报告，满足客户对风险信息排查的专属化需求。该模式适用于各类具有批量查询需求的企业。

国内已有50余家银行同业采购使用“工银融安e信”，并与中国工商银行共享互换黑名单信息；近6 000家企业采购使用“工银融安e信”，覆盖了互联网金融、生产制造、贸易销售、生物制药等多个行业。

资料来源：工商银行

第一节 市场营销战略

市场营销战略是指企业在现代市场营销观念下，为实现其经营目标，对一定时期内市场营销发展进行的总体设想和规划。它涉及市场营销活动过程的职能战略，指导企业的市场营销活动。

市场营销战略的主要焦点是在特定的产品—市场中有效地分配和协同营销资源及活动，以达到企业的目标。因此，营销战略的关键是为特定的产品或产品线识别目标市场。一般来说，企业通过为目标市场上的潜在顾客的需求定制合理的整合营销方案（主要是产品、价值、渠道、促销）来寻求竞争优势和协同作用。

作为一种职能战略，市场营销战略的总目标受企业总体目标和业务目标的限制。营销的具体目标是特定的产品—市场进入目标，包括销售额、市场份额、边际贡献、顾客满意度等。

一般来说，市场营销战略主要包括：市场差异化营销战略、市场细分战略、市场选择战略、目标市场战略、市场定位战略，以及市场领先、提升、创新、超越、满意、保持、收割等营销战略。

企业战略统领企业的营销战略，因而对其营销战略的制定具有十分重要的影响。企业战略中的经营范围、企业目标、企业获得竞争优势的来源等，都极大地影响和限制企业的市场营销战略。例如，宝洁公司的经营宗旨是“亲近和美化大众的生活”，这就决定了其在市场营销活动中应当以合理的价格和便利的渠道提供优质、可靠的产品。

企业战略主要体现为成长战略、资源战略和竞争战略，这 3 方面同样影响企业的营销战略。

一、企业成长战略对营销战略的影响

企业的成长战略是企业级战略的重要部分，是指企业为了谋求长期增长而采取的方法或谋划。一般情况下，研究成长战略要从产品—市场两个维度出发，考虑企业的现有产品、新产品、现有市场及新市场 4 个因素。表 6-1 所示的企业成长战略模型。

表 6-1 企业成长战略模型

	现有产品	新产品
现有市场	市场渗透战略 • 扩大市场份额 • 增加产品使用量 • 增加产品	产品开发战略或横向多元化战略 • 产品改进 • 产品线延伸 • 新产品推出

续表

	现有产品	新产品
新市场	市场开发战略 • 为现有产品开拓市场 • 为现有产品扩张地域 • 增加新的目标细分市场	垂直一体化战略或多元化战略 • 垂直一体化 （前向一体化、后向一体化） • 相关业务多元化 （集中多元化） • 非相关业务多元化 （混合多元化）

由表 6-1 可知，为了实现做大做强的目标，企业可以采用市场渗透战略在现有市场中增加现有产品使用量，扩大市场份额；也可以采用产品开发战略或横向多元化战略，在现有市场中改进现有产品，推出新产品；可以利用公司的现有产品开拓新市场，获得增长；还可以采取垂直一体化战略或多元化战略，延伸或扩大产业链，从而增加企业的经营收益，实现企业的成长。

一旦企业决定采取某种成长战略，企业的经营活动就需要按照这种成长战略的要求开展，而且包括营销在内的一些职能活动也必须与这种成长战略相统一，支持和协助其实施。

二、企业资源战略对营销战略的影响

企业战略如何分配企业有限的资源对企业的营销战略也会产生显著的影响。在研究企业战略性资源分配和投资组合的过程中，最广为使用的模型是“波士顿增长—份额矩阵”和“行业吸引力—业务份额矩阵”。

（一）波士顿矩阵法

波士顿矩阵法（BCG Approach）即“波士顿增长—份额矩阵”，就是用“市场增长率—相对市场占有率矩阵”来对其战略业务单位加以分类和评价，是由著名的波士顿咨询公司提出的投资组合分析方法，如图 6-1 所示。

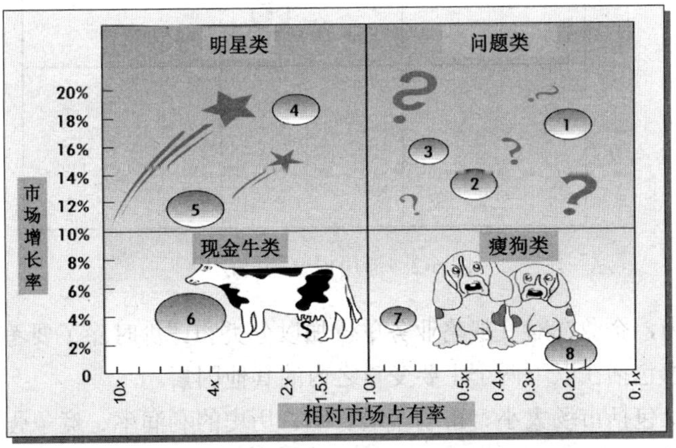

图 6-1　波士顿矩阵法

图 6-1 中的纵坐标代表企业各战略业务单位的年市场增长率。假设以 10%为分界线，10%以上为高增长率，10%以下为低增长率。图 6-1 中的横坐标代表相对市场占有率，即企业各战略业务单

位的市场占有率与同行业最大的竞争者（即市场上的领导者或“大头”）的市场占有率之比。如果企业的战略业务单位的相对市场占有率为 0.4，其市场占有率就为同行业最大竞争者的市场占有率的40%；如果企业的战略业务单位的相对市场占有率为 2.0，企业的战略业务单位就是市场上的“大头”，其市场占有率为市场上“二头”的市场占有率的 2 倍。假设以 1.0x 为分界线，1.0x 以上为高相对占有率，1.0x 以下为低相对占有率。图 6-1 中的 8 个圆圈代表企业的 8 个战略业务单位。这些圆圈的位置表示各战略业务单位的市场增长率和相对市场占有率的高低，其面积大小表示各战略业务单位销售额的多少。

矩阵图把企业所有的战略业务单位分为明星类业务、现金牛类业务、瘦狗类业务和问题类业务。波士顿矩阵认为，对于明星类业务，企业应当维持增长率或进行投资以增加增长率；对于现金牛类业务，企业应当努力维持或增加产品的市场份额；对于瘦狗类业务，企业应当采取收获或放弃战略，即榨取该业务以获得最大限度的现金收入或清理该业务以将资源转移到更有利的业务上；对于问题类业务，企业应当认真分析，或者采取扩大投入以增加市场份额的战略，或者采取收获或放弃的战略。

（二）通用电气矩阵法

通用电气矩阵法（GE Approach）即“行业吸引力—业务份额矩阵”，又称 GE 矩阵，是美国通用电气公司针对波士顿矩阵的不足开发的一种新的投资组合分析方法，如图 6-2 所示。

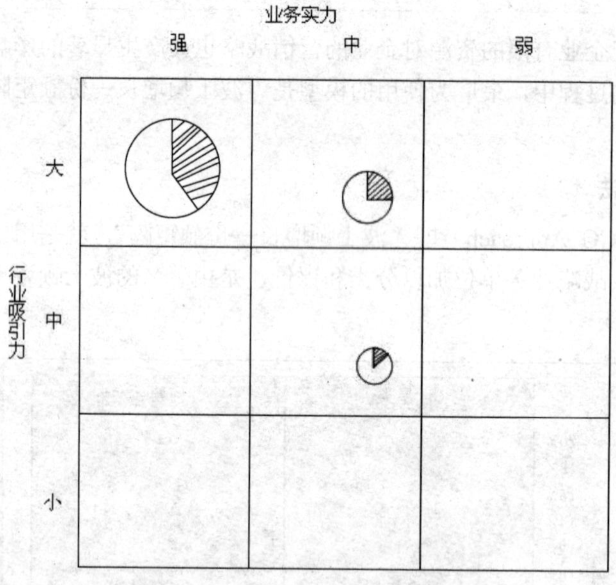

图 6-2　通用电气矩阵法

通用电气公司认为，企业在对其战略业务单位加以分类和评价时除了要考虑市场增长率和市场占有率之外，还要考虑包括在以下两个主要变量之内的其他因素。

一是行业吸引力，包括市场大小、市场年增长率、历史的利润率、竞争强度、技术要求、由通货膨胀所引起的脆弱性、能源要求、环境影响以及社会、政治、法律因素等。矩阵图中的纵坐标代表行业吸引力，以大、中、小概括地表示。

二是业务实力，即战略业务单位在本行业中的竞争能力，包括市场占有率、市场占有率增长、产品质量、品牌信誉、商业网络、促销能力、生产能力与效率、单位成本、原料供应、研究与开发成绩以及管理人员等。矩阵图中的横坐标代表战略业务单位的业务力量或竞争能力，以强、中、弱概括地表示。如果行业吸引力大，企业战略业务单位的业务力量又强，显然这种业务是最好的业务。

图 6-2 即多因素投资者矩阵图分为 3 个地带。

左上角地带（又叫作“绿色地带”，这个地带的 3 个小格分别是“高强”“中强”“高中”）。这个地带的行业吸引力较大，战略业务单位的业务力量较强。因此，企业对这个地带的战略业务单位要“开绿灯”，采取加大投资和发展的战略。

从左下角到右上角的对角线地带（又叫作“黄色地带”，这个地带的 3 个小格分别是“低强”“中中”“高弱”）。这个地带的行业吸引力和战略业务单位的业务力量总的来说是“中中”。因此，企业对这个地带的战略业务单位要“开黄灯”，采取维持现有投资水平和市场占有率的战略。

右下角地带（又叫作“红色地带”，这个地带的 3 个小格分别是“低弱”“低中”“中弱”）。这个地带的行业吸引力偏小，战略业务单位的业务力量偏弱。因此，企业对这个地带的战略业务单位要“开红灯”，采取“缩小”或“放弃”的战略。

三、企业竞争战略对营销战略的影响

罗伯特•迈尔斯（Robert Miles）和查尔斯•斯诺（Charles Snow）在 1978 年《组织战略、结构和方法》（*Organization Strategy，Structure，and Process*）一书中指出，企业战略并不是取决于组织的类型或风格，而是取决于那些需要采用战略解决的基本性问题。具体包括：

事业问题（Entrepreneurial Problem），即企业如何管理市场份额；

工程问题（Engineering Problem），即企业如何执行解决事业问题的方案；

行政问题（Administrative Problem），即企业应该如何架构以适应解决前两个问题的需要。

基于这 3 种类型的问题，他们将企业分为 4 种战略类型。

1. 防御者战略

这是成熟行业中的成熟企业，它采用高效生产、严格控制、连续可靠的手段，努力寻求保护自己市场地位的方法。其营销战略为保持市场地位和份额战略。

事业问题：如何保持稳定的市场份额？由于它在稳定的市场环境下运作良好高效，所以具有谋求成本领先的优势，能够在某一特定的领域内进行差异化经营，或者利用既有的标准化技术流程获得低成本。

行政问题：如何保证效率？集中化、垂直整合（Vertical Integration），规范化程序、功能划分。

环境：由于环境变化缓慢，防御者企业能够以长期规划为执行依据。

2. 探索者战略

这是一种致力于发现和发掘新产品和新市场机会的企业。它的核心技能是市场能力和研发能力，因而可以拥有较多的技术类型和较长的产品线。其营销战略为提升市场占有率和扩大市场份额。

事业问题：如何探索和定位新产品、新市场机会？探索者企业拥有较长的产品线，这一点往往使它的创新能力胜于效力。它对新产品和服务的创新发展择优而行，以满足变化的顾客需求乃至创造需求。

行政问题：如何协调经营活动与创新活动？去中心化，任用通才（而不是专才），扁平管理，鼓励部门间的合作。

环境：探索者企业能够于不断变化的市场环境中谋生存、求发展，获取新的机会，最终获得成功。

3. 分析者战略

这是一类能够规避风险，同时又能够提供创新产品和服务的企业。它致力于有限的产品和技术，以质量提高为手段，力争超越竞争对手。其营销战略为差异化创新和超越。

事业问题：如何保持现有市场份额，如何发现新的市场和产品机会？必须保持现有产品和服务的质量、水准及效能，与此同时还要采取足够的灵活性并时刻捕获新的商业机会。当市场稳定时，通过改进技术来保持低成本；当市场发生变化时，通过发展新产品和服务来保持竞争力。

行政问题：如何同时管理这两个方面？增强不同部门间的合作。分析者企业的显著特征就是平衡——平衡于防御者企业和探索者企业之间。

4. 反应者战略

这是一类对企业外部环境缺乏控制的企业，主要包括中小企业、利基和小微企业。这些企业面对复杂的不确定环境，往往采取灵活多变的狭窄市场战略、缝隙市场战略和捕食者战略。

没有任何一种战略是最好的，企业只要采取与自身所处的环境、技术、结构吻合的战略就能够取得成功。

第二节 市场细分

市场分析是市场细分的基础，实行市场细分和目标市场选择是制定市场定位战略的前提。市场细分、目标市场选择与市场定位即“STP”战略营销，它是企业营销战略的核心，也是决定营销成败的关键。

一、市场细分的含义

市场细分是指企业按照一定的基准，把一个市场划分为两个或两个以上的子市场的活动。子市场又可称为“细分市场”。一个细分市场内的消费者具有类同的需求特征。换言之，不同的细分市场之间会表现出明显的需求特征的差异。20世纪50年代，美国市场学家温德尔·斯密（Wendell R.Smith）发现不少企业成功的秘诀是根据市场需求的差异提供不同的商品，于是在总结这些成功经验的基础上提出了著名的市场细分的观点。

随着经济的发展以及由此带来的收入水平的提高，人们的消费观念发生了前所未有的变化，从而对商品和服务的需求也日益多样化。消费的多样化不仅表现为商品和服务的种类不断增多，还表现为对某一种特定商品的需求会因人们所处的地理位置、社会环境、个人职业、收入水平、消费习惯的差异而更趋多样化。例如化妆品，消费者因个人的职业、年龄、收入、审美观、使用场合的不同，对其价格、规格、包装、色彩乃至购买地点都会有不同的要求。在卖方市场条件下，商品短缺迫使人们首先追求数量上的满足，从而掩盖了需求的多样化；而随着商品供给的增加，买方市场的出现，人们的需求则日益明显地表现出多样化、个性化的特征。

需求的异质化是市场细分的客观基础。换言之，“市场的异质化”特征已越来越明显地表现出来。面对异质化的市场，如果企业仍然只能提供“同质化”的商品，显然难以很好地满足市场的需求。因此，以满足市场需求为宗旨的企业市场营销活动就必须根据客观存在着的不同消费群的需求差异而提供不同的商品。“市场细分”就是企业根据市场需求出现的异质化倾向而对市场营销战略进行的调整。

二、市场细分的原则

进行市场细分时必须考虑到其可能会导致生产成本和营销成本增加，甚至可能会牺牲规模效益。比如某个细分市场的规模较小，把这样的细分市场作为目标市场就难以适应规模经济的要求。可见，市场虽然可以进行无限细分，但并非所有的市场细分都是有效的。一般来说，有效的市场细分应遵循以下战略原则。

（一）可区分性原则

可区分性原则是指选择的某个细分市场应具有区别于其他细分市场的明显特征，而且这种特征是可以观察和衡量的。细分市场内的顾客有着共同的需求特征及类似的购买行为，与其他的细分市场存在一定的区别。市场细分是企业为自身创造经营特色的一种手段，细分市场的特征越明显，越有利于形成企业的特色。

（二）可进入性原则

可进入性原则是指企业所选择的目标市场比较可行，有足够的进入能力和竞争能力。进行市场细分虽然可以减少竞争对手，但企业必须根据自己人力、物力、财力等各种经营资源的积累情况选择合适的细分市场，以便充分发挥自己的优势，从而保证自己在目标市场上具有较强的竞争力。

（三）盈利性原则

盈利性原则是指企业所选择的目标市场能够给企业带来战略性的利益，能够维持一定的利润水平。企业作为以盈利为目的的经济组织，战略能否盈利是判断其活动是否合理的重要标准。如果市场细分导致营销成本过高，或细分市场的规模过小，导致生产成本过高，不能维持一定的利润水平，这样的市场就是无效的细分。

（四）可持续性发展原则

可持续性发展原则是指企业所选择的细分市场应具有一定的发展潜力，通过企业的开发有可能发展成为一个大市场，能够给企业带来长远的利益。如果企业选择的是一个已经衰退的或即将衰退的成熟市场，虽然短期内可能会给企业带来一些利益，但将来的发展可能会受到制约。可见，细分市场的选择实际上是企业经营领域的选择，具有战略意义。因此，细分市场的战略必须符合企业长期发展的战略。

三、个人消费市场细分的依据

个人消费市场上的需求千差万别，影响因素错综复杂。因此，市场细分没有一个绝对标准的方法或固定不变的模式，各行业、各企业可采取不同的划分标准。通常来说，主要按照以下 4 类因素对个人消费市场进行细分。

（一）地理因素

地理因素是指根据不同地域消费者行为的特征来细分市场，如细分为国家、地区、省市、南方、北方、城市、农村市场等。由于各个地域的地理条件、自然气候、人口密度、文化传统、经济发展水平等因素不同，不同地域的消费者的消费习惯和偏好也不同。例如，我国有些出口产品在东南亚市场上很受欢迎，而在欧美市场上却难以打开销路，这是由于东南亚一带华人较多，消费习惯受到中国文化的影响。又如，中国北方城市和南方城市的居民，由于地域文化传统的差异，审美观也存在不同的偏好。北方城市居民一般偏好较鲜艳的色彩，而南方城市居民则偏好更接近自然的色彩。美国柯达公司在进入中国市场时，根据自己产品色彩较为素雅的特点，在兼顾整体市场的同时，选择了中国南方城市作为自己的重点目标市场；而日本富士公司则根据自己产品色彩较鲜艳的特点，选择了中国北方城市作为自己的重点目标市场。

目前，很多跨国企业和国内企业都采用“营销方案本地化”策略，对它们的产品、广告、销售等营销策略实行本地化，以适应不同地区的需要。还有些企业注重对尚未开发的销售区域的培育，它们从竞争比较激烈的城市或地区撤退，而将经营点设在竞争尚未开展的城市或地区，以抢先占领这一地区的市场。

（二）人口因素

人口因素是指根据消费者的年龄、性别、家庭情况、职业、文化程度、收入、宗教信仰、民族、国籍、社会阶层等因素来细分市场。以服装市场为例，根据顾客年龄的不同，可以细分为童装市场、青年服装市场和中老年服装市场；根据顾客性别的不同，可以细分为男装市场和女装市场；根据顾客收入的不同，可以细分为中低档服装市场和高档服装市场等。

在根据人口因素进行市场细分时，可以综合运用多个标准对市场作进一步的细分。例如，在青年人服装市场的基础上，可以按照收入的高低和性别的不同把它进一步细分为中低档女装市场和高档女装市场。

人口因素是影响消费者行为的一个很直接的因素，而且在消费行为上的差异表现得很明显。一般情况下，高收入者与低收入者在消费结构、购买决策、购买行为上都会表现出明显的不同。例如在对待新产品的态度上，由于新产品的功能、性能、质量等的不确定性较大，而且通常价格较高，因此购买新产品具有一定的风险性。高收入者由于风险承受能力较强，对新产品就比较容易接受，购买决策较为果断；而低收入者由于风险承受能力较弱，因此往往要等到新产品的功能、性能、质量等经别人使用被证实、价格下降以后才会购买，购买决策较为犹豫，表现出明显的差异。

（三）心理因素

心理因素是指根据消费者的心理特征或性格特征来细分市场。在市场营销活动中常常可以发现，在地理因素和人口因素相同的情况下，人们的消费行为和消费偏好仍然可能会表现出较大的差异。比如在收入较高的年轻“白领”中，有些人在穿着上喜欢追求名牌，把收入的大部分用于购买名牌服装。

生活方式是影响消费者行为的一个重要的心理因素。人口因素中的一些变量（如职业、文化程度、宗教信仰、收入等因素）与个人的心理特征结合在一起，就形成了个人特定的生活方式。人们追求的生活方式不同，消费倾向及消费特征也不一样。越来越多的企业开始重视生活方式对市场营销的影响。例如，服务于大公司或外资企业的年轻“白领”，特别是一些服务于外资企业的年轻“白领”，他们受自身职业特点以及外籍同事生活方式的影响，在饮食、工作、休闲等各个方面已逐步形成一种特有的生活方式。他们一般文化层次较高，工作节奏较快，收入较高，支付能力较强，休闲消费往往追求格调，如周末与朋友一起去高档的咖啡馆聊天，或去网球场、健身房做一些健身运动，以放松身心。因此，在一些大公司和外资企业较为集中的地区，就出现了一大批根据这一消费群体的生活方式而设计的各种休闲设施、餐馆、咖啡馆等。

个性也是影响消费行为的一个较重要的心理因素。消费者的个性必然会体现在消费行为上，因而消费过程就是消费者自觉或不自觉地展示个性的过程。目前，越来越多的消费者开始追求与众不同的“个性消费”。如在美国，过去通常把“奔驰”轿车视为财富和地位的象征，大公司的高级主管们都把“奔驰”作为自己的座车。而近年来，大公司的高级管理人员趋向年轻化，他们认为“奔驰”虽然看上去很稳重、高贵，但没有太多的变化，于是一些特别重视个人形象的年轻高级主管开始根据自己的喜好选择其他座车，以展现自己的个性。

营销链接 6-2

奔驰微博卖车

奔驰smart新年特别版在新浪微博限量发售666辆，仅用了490分钟就被抢购一空。从参加淘宝团购到登录京东商城再到如今微博卖车，奔驰smart几乎每年都会以一种特别的方式走进大众的视野。

尚扬媒介互动营销总经理何嘉琳告诉《广告主》杂志：“市场上十几万元的小车很多，我们不希望大家仅仅将smart看作这样一辆小车，也不要求他们用枯燥专业的术语来衡量之，而是要让新鲜、活力、创意成为该品牌给消费者的第一印象和独特标签。”该公司罗天兰说：“虽然奔驰品牌有着120多年的历史，但是公司希望smart的品牌形象年轻化、富有生命力和活力、喜欢社交。”

资料来源：《广告主》

（四）行为因素

行为因素是指根据与消费者购买行为相关的因素来细分市场。行为因素包括消费者购买商品的时机和频度、追求的利益、使用状况、购买的数量和对品牌的忠诚度等。

1. 按消费者购买和使用商品的时机来细分市场

有些商品的销售具有很明显的季节性，如学生平时和开学前购买文具的行为有很大的差异；有些服务性行业的经营具有时机性，如一些被认为是吉利的日子、平常的日子以及被认为是不吉利的日子里的消费行为都有很大的差异。这些都是不同的细分市场，企业应当根据其差异来制定不同的营销方案。

2. 按消费者购买商品所追求的利益不同来细分市场

有的消费者购买手表是为了将其作为计时工具，而有的消费者购买手表是为了将其作为身份象征，或者是为了将其作为礼品赠送亲友。不同的用途对手表有不同的要求：将手表作为计时工具的顾客可能注重手表的使用寿命和价格，将手表作为身份象征的顾客可能注重手表的品牌和声望，而将手表作为礼品的顾客可能更注重手表的外观和包装。因此，企业可以根据顾客购买手表所追求的利益不同把手表市场划分为不同的细分市场，制造不同的产品并运用不同的营销方法。

3. 按消费者对商品的使用状况来细分市场

按对商品的使用状况，可以将消费者分为“初次使用者”“经常使用者”“准备使用者”等不同的类型。不同类型的使用者对商品的认识不一样，购买行为也不一样。因而针对不同的使用者，企业应当有不同的营销方法。例如，对未使用过的消费者，重点应放在如何通过广告、宣传等手段使他们认识商品并愿意购买，从而成为“初次使用者”，进而成为“经常使用者”；而对“经常使用者”，重点则应放在如何降低购买成本、改善服务，使他们继续经常购买或加大购买力度。

4. 按消费者购买的数量来细分市场

在使用同一种商品的消费者中，有的是大量使用，有的是少量使用，有的是难得使用，据此可以将消费者细分为“大量用户”“中量用户”“少量用户”等几个不同的消费群体。以啤酒为例，有的顾客每天饮用且量多，有的顾客只是休息日在家饮用，有的顾客只是亲朋好友聚会时饮用。不同的顾客，购买行为也不一样：大量饮用者可能有自己偏好的品牌，不注重包装而对价格较敏感；少量饮用者可能较重视口感；而难得饮用者可能更注重品牌或包装。因此，企业在商品价格、销售渠道、销售形式、广告宣传等方面也要区别对待，体现出针对性。

5. 按消费者对品牌的忠诚度来细分市场

不同的消费者对品牌的忠诚度不一样，据此可以将消费者细分为以下几类。

（1）单一品牌忠诚者。他们固执地只信任某一个品牌的商品，而不愿意尝试其他品牌。如有的顾客终身只饮用某一个品牌的咖啡，如果所到商店缺货，他们宁愿去其他商店购买甚至不喝。

（2）动摇的忠诚者。他们同时忠诚于某几个品牌的商品，会轮流使用这几个品牌的商品，而不使用其他品牌的商品。如有的顾客在购买服装时，冬衣可能只购买某几个品牌的服装，而夏衣可能只购买另外几个品牌的服装。

（3）转移的忠诚者。他们经常转换品牌偏好，不固定忠诚于某一品牌，一段时间忠于某个品牌，之后可能忠于另一个品牌。

（4）非品牌者。他们或者是毫无品牌意识，购买商品只考虑其他因素而根本不考虑品牌（如一些低收入的中老年消费者）；或者是为了追求多样化，喜欢尝试各种不同品牌的商品。

每个市场上都同时存在着上述 4 类消费者，并且，每个消费者对不同商品的品牌忠诚度也不一样。例如，有的消费者在购买家用电器等高档耐用消费品时，非常注重品牌，并只购买某几个品牌的商品；而在购买服装时则不考虑品牌，只注重款式。

通常个人消费市场主要是根据以上因素细分，但在实际运用中则需要根据具体情况灵活运用，大多时候是必须同时考虑多种因素来进行市场细分。

四、集团消费市场细分的依据

集团消费市场与个人消费市场具有共性，因此个人消费市场细分的一些因素也可用于集团消费市场的细分，但集团消费者的外延要大得多，采购商品的用途也要广泛得多。这样，集团消费市场还要考虑按以下因素来进行细分。

（一）按用户对商品的不同要求来细分市场

这是一种较常用的细分方法，在集团消费市场特别是产业市场上，同一种商品可以有各种不同的用途，因此对商品的要求也不一样。例如，不同的集团购买者购买炸药的用途可能大相径庭：军工企业购买炸药可能是为了制造军火，建筑企业购买炸药可能是为了爆破。又如，同样是面粉，制作西点的食品厂和生产面条的加工厂对其要求可能就不一样。也就是说，最终用户的每一种要求都可以是企业的一个细分市场。

（二）按用户对商品的需求规模来细分市场

用户的规模决定了用户对商品的需求量，有的用户的购买量很大，它们占企业销售总量的比重不同，而有的客户的购买量可能很小，对企业的重要性也就不一样。因此，企业要在一视同仁的前提下，区分大、中、小客户，对他们采用不同的营销方法。

（三）根据用户的地理位置来细分市场

由于集团购买市场中，生产企业占有相当大的比重，而生产企业的分布往往受到特定自然资源、自然条件、社会环境、历史等各种因素的制约，因而形成各具特点的产业地带，如我国的东北地区是重工业集中的地区、东南沿海地带是高科技产业轻工产品的主要生产地区等。这些不同的产业地带对不同的商品具有相对集中的需求。选择用户较为集中的地区作为企业的目标市场，不仅可以享受市场营销的规模经济，降低运输成本和营销成本，而且联系方便，信息反馈快，能够更好地满足用户的需求。

集团市场的细分不能只考虑某一个因素，而要综合考虑多种因素，并把它们组合起来作为细分市场的依据。

五、细分市场的评价

评价细分市场是选择目标市场的基础，通常可以从以下 4 个方面进行。

（一）细分市场的潜在规模

细分市场的潜在规模是指顾客对产品的潜在需求量。细分市场潜在规模的大小决定了企业营销的发展空间，潜在规模过小则意味着企业在该市场上难以有大的作为。但也并不是说，细分市场的潜在规模越大越好，规模过大则说明，一方面，市场细分得不够，还可按照某种标准进一步细分；另一方面，会吸引更多的企业进入，意味着将面临更加激烈的竞争。总之，细分市场的潜在规模适当才最具吸引力。有些企业往往选择一些较小的不太有吸引力的细分市场，因为它们在这些市场可以获得较多的利润。

由于细分市场潜在规模的大小是企业选择目标市场的一个很重要的指标，因此对细分市场潜在规模判断的准确性就显得尤为重要。但细分市场的潜在规模是未来时期内消费者对产品的需求，是对未来的预测和推断，而未来总是有许多不确定因素。这就要求企业在进行市场调查时，必须充分考虑各种不确定因素的影响，并综合运用各种科学的预测方法，提高对市场预测的准确性。

（二）细分市场的竞争状况

市场细分的目的之一是减少竞争对手、缓和竞争，使本企业获得市场营销优势。如果一个细分市场内的竞争对手过多，则市场细分就没有达到其本来的目的。因此，企业在选择目标市场时，要正确估计各细分市场的竞争状况以及自身的竞争地位。企业应选择那些竞争对手较少，而自身又具有较大竞争优势的细分市场作为自己的目标市场。

竞争对手既包括各细分市场上已经存在的其他企业，还包括尚未进入但可能要进入该细分市场的其他企业。因此，企业在分析竞争状况时，不仅要考虑市场上已经存在的竞争对手，还必须考虑潜在的竞争对手。潜在竞争对手的多少，一方面取决于一个细分市场的市场容量和吸引力的大小，另一方面取决于一个细分市场进入壁垒的高低。

（三）细分市场的特征与企业积累的资源

企业营销在目标市场上能否具有较强的竞争力，取决于其积累的资源在该市场上是否具有较明显的优势，以及这种资源优势在该市场上能否得到充分的利用和发挥。如果细分市场的特征能够促使企业的资源优势得到充分的发挥，则企业就可能具有较强的竞争力。因此，企业必须分析各个细分市场的市场特征和企业自身资源的积累状况，以及它们是否能够相互匹配、互补。

（四）细分市场的可盈利机会

细分市场的可盈利机会是企业评价细分市场的一个基本标准。盈利时机往往与产品的生命周期、市场的竞争程度、产品主要顾客的特征等有关。例如，一种产品在投入市场初期，其购买者往往是收入水平较高的消费者，通常定价较高，利润也较丰厚，而随着产品逐步趋向成熟，价格也将逐步下降，利润率也随之降低。因此，如果企业选择的细分市场处在产品生命周期的早期阶段，就可能获得较高的营销利润。

第三节 选择目标市场

目标市场是指企业营销要进入的市场，是企业根据自己的资源优势、竞争优势和营销目标选择的一个或几个细分市场。因此，目标市场选择战略是企业制定营销战略的基础，对企业的生存与发展具有重要意义。通过对市场的细分，企业也许会发现具有较好营销机会的细分市场不止一个。这时，企业将面临是重点选择其中某一个细分市场作为自己的目标市场，还是把所有有机会的细分市场都作为自己的目标市场的问题。目标市场选择战略就是企业针对这个问题做出既具有现实意义，又具有长远意义的战略选择。

一、无差异性营销战略

无差异性营销战略就是将整个市场所有的细分市场作为自己目标市场的战略。换言之，无差异性营销战略就是不进行市场细分的覆盖市场战略。选择这种战略的前提是市场上所有消费者对该类产品具有相同的需求和偏好，即需求的核心相似，不存在差异性，或者差异性很小。例如，可口可乐公司的营销活动就是较典型的无差异性营销策略。

（一）无差异性营销战略的优点

无差异性营销战略最大的优点就在于成本的经济性。企业通过大批量生产无差异的标准化产品，可以降低产品的生产成本和提高设备的利用率，同时还可以节约差异产品的开发费用，有利于企业以价格优势来争取最广泛的消费者。

（二）无差异性营销战略的缺点

无差异性营销战略的缺点也很明显，即不能满足消费者的不同需求，难以适应现代市场需求的频繁变化。因此，这种战略只适用于那些顾客需求差异性较小的产品（如可口可乐、纯净水）等，或产品供不应求的市场状态。而即使是顾客需求差异性较小的产品，或在产品供不应求的市场状态下，企业也不宜长期使用这种策略。

这是因为：①如果该市场上的所有企业都采用这种策略，竞争将非常激烈，而竞争的焦点只能在价格或服务方面。降低价格无疑会减少收入，而改善服务势必要增加成本，其结果都将是利润减少。例如，我国消费品市场上经常出现的各种商品的“价格大战”，就是这种产品无差异的恶果。②消费者对产品的需求客观上总是存在着差异，尽管有时候这种差异可能很细微，无差异性营销战略必然使一些消费者的需求得不到满足，不利于产品和市场的丰富化。③消费者的需求总是在不断变化的，一种产品长期为消费者所接受的情况实为罕见，企业长期实行无差异性生产和营销，无论是在资源的积累方面还是在经营者观念的树立方面，都必然会使企业适应外部环境变化的能力降低。

二、差异性营销战略

差异性营销战略是指企业在细分整体市场的基础上，针对各个细分市场不同的需求特征设计和生产不同的产品，制定并实施不同的市场营销组合方案，以差异性产品满足差异性市场需求。无差异性营销战略和差异性营销战略的共同之处在于它们都是以所有的细分市场（即整体市场）为目标市场，不同之处在于差异性营销战略是针对不同的细分市场提供不同的产品和不同的营销方案。选择差异性营销战略的前提是不同细分市场上消费者的需求特征存在明显的差异，且细分市场的收益大于细分市场的成本。

（一）差异性营销战略的优点

差异性营销战略的优点主要有以下几个。①能够实现产品的多样化、丰富化，可以满足不同消费者的不同需求，从而繁荣市场；②有利于提高企业的竞争力。由于企业同时在多个细分市场上开展活动，如果在各个细分市场上都能取得较好的营销效果，则既能扩大销售，又能提高企业的知名度，树立良好的企业形象；③能增强企业经营的灵活性，即使在某一个细分市场上失败，在其他细分市场上也可能获得成功。

（二）差异性营销战略的缺点

差异性营销战略的缺点主要有以下几个。①由于产品品种多，销售渠道和广告宣传方式多样化，产品改进成本、生产制造成本、管理成本、存货成本、营销成本都将大大增加，可能会造成规模的不经济；②对企业资源积累的要求较高。采用差异性营销战略的企业，必须有较强的产品开发能力、技术开发能力以及市场营销能力，特别是在各个细分市场的市场特征差异较大以致产品差异较大的情况下，企业更要有足够的生产线以及差异性产品的设计、开发、生产和营销人员。

例如，根据最终用途把汽车市场细分为卡车、农用车、乘用车等细分市场，这些汽车的生产过程、销售对象以及分销渠道、促销手段都有很大的差异。如果把这些细分市场都作为目标市场，企业就必须配备不同的汽车生产线，建立不同的营销网络以及有足够的各种产品的营销人员和管理人员。因此，企业在决定采用差异性营销战略之前，要仔细考察各个细分市场的情况，充分考虑各个细分市场的规模，在多品种、小批量生产带来的利益和因此增加的成本之间进行认真的权衡。

三、集中性营销战略

集中性营销战略也称密集性营销战略，是指企业选择一个或少数几个细分市场作为目标市场，集中力量在较少的目标市场上开展营销活动的战略。集中性营销战略和差异性营销战略一样，都为市场提供差异性产品，但集中性营销战略只在一个或少数几个细分市场上提供差异性产品。集中性营销战略的出发点在于“与其伤其十指，不如断其一指”，即集中企业的资源优势于某一个或较少的几个细分市场上，以较强的市场竞争力取得较大的市场份额。例如，德国的奔驰公司就选择了高档汽车市场作为它的目标市场，而日本的铃木汽车公司、大发汽车公司等就选择了廉价的轻型汽车市场作为它们的目标市场，并都取得了成功。

（一）集中性营销战略的优点

集中性营销战略的优点主要有：①由于目标集中，可以对目标市场有较深入的了解，使产品能更好地满足该细分市场上消费者的需求；②实行集中性营销战略的企业选择的细分市场通常是企业的资源优势能够得到最充分发挥的市场，因此在该市场上往往具有较强的竞争力。例如，日本的铃木汽车公司集中生产轻型汽车，多年来积累了丰富的经验，它生产的轻型乘用车不仅在日本市场上，在国际市场上也拥有相当大的份额。

（二）集中性营销战略的缺点

集中性营销战略的缺点主要有：由于目标市场比较单一和狭小，正如“将所有的鸡蛋都放在一只篮子里”，一旦市场情况发生变化，如消费者偏好发生转换、购买力下降等，企业就必须寻找新的支撑点，因此风险较大。所以，选择集中性营销战略的企业在积累了一定的成功经验之后通常会逐步扩大自己目标市场的范围。

营销链接 6-3

棕榈航空（Palmair）集中性营销战略

“全世界最小的航空公司”是英国一家仅有一架客机的航空公司——棕榈航空，因老板的亲善服务态度和礼貌周到而感动了不少乘客，跑赢了国际上不少有地位的航空公司，与新西兰航空公司（Air New Zealand）并列第三，仅屈居冠军新加坡航空及亚军印度Jet航空之后，令人刮目相看。该航空公司在1957年成立，初期仅靠租赁飞机经营，只飞往西班牙的马霍卡岛，及至1991年买下自己的波音737客机。目前，Palmair共有机组人员及地面勤务人员各25人，每年总载客量仅为7.5万人次，航线也不多，飞往西班牙、葡萄牙、希腊及克罗地亚等14个欧洲地区。

目标顾客：

棕榈专注于细分市场上的客户——到欧洲度假的企业经理人。

定位特色：

- 把自家花园里的花儿带上飞机；
- 商务舱的双人床服务；
- 飞机上提供美容保健服务等；
- 在伦敦机场提供18个淋浴房；
- 在机场休息厅开设独特的健康和美容俱乐部，提供美容、图书馆、音乐室、酒吧等服务。

资料来源：环球旅讯

四、影响目标市场战略选择的因素

企业在选择目标市场时，必须根据自身的具体情况，谨慎权衡利弊得失。一般来说，目标市场战略的选择需考虑以下因素。

（一）企业的资源积累

不同的目标市场战略对企业资源积累的要求不一样，无差异性营销战略和差异性营销战略（特别是差异性营销战略）都要求企业有较雄厚的资源积累，如企业拥有大规模的生产能力、产品和技术开发能力，或拥有广泛的销售网络和著名商标等。因此，采用无差异性营销战略或差异性营销战略的企业通常是资源积累较雄厚的企业；而一些资源积累较少、实力较弱的企业往往较多地选择集中性营销战略，以便自己有限的资源优势能得到充分的发挥。

（二）产品特性

有些产品的差异性较小，如食盐等可被视为“同质性产品”，对这类产品宜采用无差异性营销战略，若刻意追求其差异性则可能成本过高，得不偿失。而对一些差异性较大的产品，如服装、汽车等，则宜采用差异性营销战略或集中性营销战略。

（三）市场特性

消费者对有些产品的需求比较相近，在购买习惯上没有太大的差异，对市场营销刺激的反应较为一致，如对一些廉价的一次性产品，消费者通常不会有什么特殊要求。对这类产品，采用无差异性营销战略可大大降低生产成本。而对消费者需求差异性较大的产品，如汽车、手表、化妆品等，则可采用差异性营销战略或集中性营销战略。

（四）产品的生命周期

产品处于生命周期的不同阶段，所采用的目标市场战略也不同。当产品处于生命周期的投入期或成长初期阶段时，由于竞争对手较少，品种比较单一，消费者对产品尚不太了解，因而需求的差异性表现得也不明显，通常可采用无差异性营销战略。当产品处于生命周期的成长期或进入成熟期以后，市场上生产同类产品的企业增多，竞争加剧，消费者需求的差异性也逐步变得清晰起来，这时宜采用差异性营销战略或集中性营销战略，以更好地满足不同消费者的需求，从而维持和延长产品生命周期。

（五）竞争对手的营销战略

目标市场营销是企业获得竞争优势的手段之一。为了获得竞争优势，企业在选择目标市场战略时，还必须了解竞争对手采取何种战略，据此做出不同的选择，或采取与竞争对手相同的目标市场战略展开直接竞争，或采取与竞争对手不同的目标市场战略以避免直接竞争。也就是说，要把目标市场选择战略与企业的竞争战略结合起来进行系统考虑。例如，当竞争对手采用无差异性营销战略时，企业可采用差异性营销战略，使自己的产品能更好地满足不同消费者的不同需求，以获得竞争优势。又如，当竞争对手已经采用差异性营销战略，而按企业目前的资源积累状况还难以在各个细分市场上与竞争对手展开全面竞争时，企业可选择集中性营销战略，以便在某一个细分市场上充分发挥自己的优势，获得竞争力。

总之，企业在选择目标市场营销战略时，必须综合考虑上述因素。一般而言，企业的目标市场营销战略应相对稳定，因为目标市场一旦选定，经营资源的积累就需围绕该市场来进行。从某种意义上说，一旦投入就具有不可逆转性，或者说“逆转成本”很高。因此，企业要慎重选择目标市场战略。

第四节 市场定位

企业在选定目标市场之后，还要考虑怎样占领市场。尽管细分市场可能躲避了一些竞争者，但是竞争仍然存在。同行业的多数企业为了赢得一定的市场份额，占有一定的市场地位，会展开激烈竞争。企业要想在细分市场上拥有较强的竞争力，就必须在产品营销的某个方面创造出自己的鲜明特色，以争取消费者，开拓市场，从而战胜竞争对手。可以说，市场定位就是企业必选的市场营销战略。

一、市场定位的概念

市场定位就是确定企业及产品在目标市场上的位置，也就是企业及其产品在顾客心目中的位置和形象。企业及其产品要想在消费者心目中留下深刻的印象，并且使这种印象成为消费者购买产品的动因，就要打造出不同于其他企业产品的鲜明个性和特色，而且这种个性和特色应确实能够满足消费者的某种特殊需求。因此，市场定位实际上是在市场细分基础上对被作为目标市场的细分市场进行的更深层次的剖析。

市场定位的概念是在 20 世纪 70 年代形成的，最早由美国两位资深的广告专家阿尔·赖斯和杰克·特鲁塔发表在《广告时代》杂志上的一系列文章和他们所著的《广告攻心战略——品牌定位》一书中首先提出并论证。他们的这一新概念及其战略思想很快就被世界各地的市场营销学者和企业经营者所接受，并成为营销战略的一个重要环节。

（一）市场定位是一种树立企业及其产品市场形象的战略

企业及其产品通过市场定位，在消费者心目中树立了一个与众不同的形象，使其形成一种特殊的偏爱，从而在激烈的市场竞争中处于有利的地位。例如，我国的“海尔”电器为自己确定了“家电行业第一品牌”的市场定位，在产品开发方面不断推出新品，在产品造型方面突出豪华感，在产品质量方面严格把关，在售前售后服务方面注重形成自己的特色，在产品定价方面即使竞争对手大幅度降价，自己也不随波逐流，从而在消费者心目中树立了其“高档”产品的形象。

（二）市场定位是一种促进市场营销的战略

市场定位是企业制定市场营销组合策略的基础，能使企业根据市场定位设计与之相适应的市场营销组合。例如，以生产音响设备著称的日本爱华公司给自己确定的市场定位是以“廉价”来争取最大量的中低收入消费者。在此定位的基础上，其所有的市场营销组合都是围绕着如何降低成本从而降低价格展开的。为了降低开发成本，它不做目标市场上的产品创新者；为了降低劳动力成本，它把许多工厂建在了劳动力成本较低的东南亚各国以及中国等地；为了能够在宣传方面取得效果，它重点突出其产品价廉的特征。

二、市场定位的依据

市场定位的依据，即企业及其产品在目标市场上如何定位、如何塑造形象。产品（品牌）定位的依据很多，一般可分为 4 种主要类型。

（一）以产品（品牌）质量、价格和服务定位

通过产品（品牌）的质量、价格、服务，或几种因素的组合来进行市场定位。例如，海尔品牌的产品即以高质、高价和优质服务来进行定位。

营销链接 6-4

小米手机的市场定位

用户群体定位："80后""90后"。

市场定位：网购市场。"80后""90后"有一个共同的特性：喜欢新事物，尤其是对智能手机的追求非常强烈。他们要的是便宜、实用。而想便宜、实用，就要降低成本。众所周知，在传统的生产、销售过程中最增加成本的就是销售渠道。因此，减少销售渠道是最好的办法。小米选择了网购，这无疑让用户买到的产品的价格便宜不少。

品牌定位：根据用户和市场的特点以及智能手机经常出问题的特点，小米的品牌定位优势是配置高、价格低。同时，小米还提出了"为发烧而生"的产品理念。小米将价格定为1 999元，采用尾数定价即非整数定价策略，让消费者觉得该产品未过2 000元大关。

（二）以使用者类型定位

通过不同类型的使用者来进行市场定位。例如，劳斯莱斯轿车定位于高收入的知名人士；又如，迪士尼乐园的卡通动画片以少年儿童为主定位于制造并销售快乐。

（三）以使用场合或特殊功能定位

通过特定的使用场合或产品的特殊功能来进行市场定位。例如，绿箭口香糖能使人"口气清新自然"，喜临门牌白酒从品牌名称到广告都强调它是适用于喜庆场合的宴酒，太太口服液强调它能让人"静心"。

营销链接 6-5

褚橙变身"励志橙"

自2012年褚橙创造了销售200吨的奇迹后，褚时健授权电商平台本来生活网把2013年的褚橙销往全国。2013年10月，拥有深厚媒体背景的本来生活网一方面联手新京报传媒拍摄"80后致敬80后"系列专题，邀请蒋方舟、赵蕊蕊等"80后"名人相继讲述自己的励志故事致敬褚时健；另一方面推出个性化定制版的褚橙"幽默问候箱"，赠尝给社交媒体上大的V及包括韩寒、流涟紫等在内的各领域达人，如给韩寒只送了一个褚橙，箱子上印着"复杂的世界里，一个就够了"（韩寒主办的"一个"App的口号），引起微博300多万人次阅读，近5 000次转发评论。以上两条传播线索同时在传统媒体、视频门户、社交媒体等全媒体上进行交叉传播，"褚时健"的励志故事引发了年轻受众的口碑传播，同时褚橙也被打上励志烙印，最终在消费群体中完成了"励志故事+橙子"的捆绑销售。其实褚橙的成功并非只是品牌的人格化和故事性营销，那些只是表象，而对表象的复制往往是很难取得成功的。褚橙以内功为基，故事开花。褚橙成功的根基包括：一是褚时健认真做事一心钻研的态度；二是对果园的管理流程；三是跟果农共同创富的经历。这些是保证褚橙品质的基础。种不出好果子，你再励志也没用。因此，褚橙的品牌主打励志、坎坷、传奇，以获得消费者的认可。

资料来源：《盘点：2013 年经典电商营销案例》

（四）以区别竞争者的不同属性定位

通过本企业产品的特殊属性区别于竞争者的产品来进行市场定位。例如，海南柳树牌矿泉水以不同于“江水湖水，来自于纯天然矿泉之水”进行定位，来区别于乐百氏纯净水、娃哈哈纯净水和农夫山泉矿泉水。

三、市场定位的步骤

企业的市场定位一般包括 3 个步骤：首先，通过市场调查确认潜在的竞争优势；其次，准确地选择相对竞争优势；最后，体现竞争优势。

（一）确认潜在的竞争优势

企业在进行市场定位时，首先必须充分研究竞争对手和自身的资源积累情况，明确自己的竞争优势所在，这样才能充分发挥自身的优势，形成不同于竞争对手的鲜明特色。

（1）要研究竞争对手的定位情况。也就是要了解竞争对手正在提供什么样的产品，在消费者心目中的形象如何，并估测其产品成本和经营情况。对于竞争对手，不仅要研究其现状，还要深入研究其潜在的竞争优势。

（2）要研究消费者对产品的评价标准。也就是要研究消费者需求的核心，即消费者在购买此类产品时最关注的因素是什么。是产品的价格，还是产品的质量或服务？根据消费者最关注的因素打造自己的特色，往往最容易给消费者留下深刻的印象。企业如果能够比竞争对手更了解消费者的需要，就能获得竞争优势。

（3）要研究企业自身的资源积累情况。市场定位的目标应当是企业力所能及的和可以实现的，因此在研究竞争对手的同时还要研究企业自身。企业要根据自身目前资源积累的情况作出判断，自己有可能在哪些方面创造出特色、与竞争对手相比自己哪些方面更具优势等。

（二）选择相对竞争优势

相对竞争优势是指相对于竞争对手的竞争优势。在充分研究竞争对手及自身条件的基础上，企业应进一步确定自己的竞争优势所在以进行市场定位。相对竞争优势通常来自于两个方面：一是价格优势；二是产品的差异性优势。

1. 价格优势

价格优势是指产品的价格比竞争对手的价格更能吸引消费者购买。价格优势来自于成本优势，如果企业拥有较多的融资渠道，或有稳定低廉的投入要素的供给源，或有较低的劳动力成本、高效率的生产设备、良好的管理体制和分销渠道或规模的经济等优势，总之就是在降低成本方面比竞争对手有更大优势的话，企业可以选择“廉价”作为自己的特色。

2. 产品的差异性优势

产品的差异性优势是指产品在功能、质量、造型、服务等属性的某一个方面或某几个方面区别于竞争对手的产品，能够为消费者提供更大的满足，从而吸引消费者购买。如果企业在产品创新和技术创新方面比竞争对手有更大的优势，在产品的属性方面能够创造出更有吸引力的特色，如能够针对不同消费者的需求不断开发出功能更完善的新产品，有广泛的销售网络和售后服务网络，在产品质量、外观、服务的某个方面能够使消费者感到更满意，则可在产品差异性方面形成自己的特色。在进行产品的差异性竞争时，往往会因产品开发成本高、规模不经济等因素使产品价格较高而失去价格竞争优势。但市场本身就是由不同收入水平的消费者构成的，如果差异性产品为消费者带来的满足大于差异性导致的价格提高，就会受到有足够支付能力的消费者的青睐，这时把产品的差异性作为企业特色就是可行的。

例如，世界著名家电企业日本索尼公司根据对竞争对手和对自己资源积累情况的研究，认为自己的优势在于有一大批一流的技术人员、有强大的产品开发和技术开发能力，因此它把自己定位为“技术的索尼”。凭借着技术优势，家用电器市场上的许多新产品、新技术都出自索尼。由于索尼总是领先于其他企业，即使其产品的价格要比同类产品的价格高许多，也仍然受到消费者的欢迎。需要指出的是，企业的相对竞争优势不仅仅是指已经存在的优势，这种优势未必一定符合创造企业及其产品特色的需要。因此，相对竞争优势也可能是潜在的优势，或企业通过努力可以创造的优势。此外，即使企业的优势在于产品差异性，也必须努力降低产品成本。这是因为在很多时候，价格竞争往往会成为取得竞争优势的关键因素，特别是经济不景气、人们的收入减少时更是如此。

（三）体现竞争优势

企业的相对竞争优势如果仅仅是知道还不足以形成企业特色，所谓企业特色必须是被消费者所认可、所接受的。要使企业的相对竞争优势成为企业及其产品的特色，就必须让消费者知道企业的优势所在，而让消费者知道企业优势所在的最好方法就是把竞争优势体现在产品上，使之成为产品优势。例如，成本优势必须体现在企业产品的价格比其他企业产品的价格更能为消费者所接受；差异性优势必须体现在企业的产品比其他企业的产品能够为消费者提供更大的满足。

如果说价格优势还比较容易被消费者观察到的话，那么产品差异性优势有时则需要通过使用才能体验到，而难以直观地观察到。特别是当企业的产品与其他企业的同类产品差别较大，几乎成为一种新产品时，不经使用就很难判断该产品是否能比传统产品为自己带来更大的满足。比如，当一家企业最先推出数码照相机时，大多数消费者因为不了解，不经使用就无法判断它是否比传统照相机更为优越。又如，企业产品与其他企业产品的差别若主要体现在服务方面，消费者在实际购买之前就很难体察到产品的差别。因此，企业还必须通过各种有效的方式加强同消费者的沟通，如通过广告宣传、演示、试用等各种方式凸显产品的特色，强化消费者对特色的认识和认同。

四、市场定位战略

市场定位战略实际上是企业在目标市场上与竞争对手展开竞争的一种竞争战略。市场定位战略不同，竞争态势也不一样。从理论上讲，企业可选择的市场定位战略主要有以下 3 种。

（一）寻找市场空隙战略

市场空隙是指市场上尚未得到满足的那部分市场需求，寻找市场空隙战略就是企业将自己的产品定位在目标市场上的市场空隙部分，因此也可称为“拾遗补缺”战略。企业如果能首先进入这部分市场，既能够避开与竞争对手的直接竞争，又能够占据有利的市场地位，从而成为该市场上的领先者。通常是一些资源积累优势较小，难以与大企业展开正面竞争的弱小企业采用寻找市场空隙战略，这样能为企业今后的发展奠定很好的基础。现实中，有很多小企业就是通过这种策略迅速发展为市场领先者的。

企业选择寻找市场空隙战略，必须建立在对市场充分研究的基础上，如为什么会存在此市场空隙？是因为竞争对手没有发现，还是无暇顾及或是因为该市场确实没有发展潜力？如果确实是因为竞争对手没有发现，而该市场空隙又有很好的市场前景，即有开发价值，企业还必须考虑以自己的资源积累有没有足够的能力（包括技术能力和管理能力）去开发这一市场空隙、能不能为自己带来良好的经济效益。盲目地去开发所谓的市场空隙，有时可能会得不偿失。

（二）追随市场领先者战略

追随市场领先者战略是指将企业和产品定位在市场领先者之后的战略。如果把一个市场上的企业及其产品在消费者心目中的地位想象为一个系列，那么追随市场领先者战略就是把自己定位在第二个层次上，即与领先者和平共处，只是紧紧跟随领先企业而不去刺激它。

（1）可借鉴领先企业的产品、经验，以节约大量的研究开发费用。

（2）有利于企业在模仿的基础上，利用新科技创造改进型新产品。比起开发一个全新的产品，改进产品要容易得多。追随企业只要将领先企业花了大量人力、物力开发的新产品稍加改进，生产出的产品就有可能比领先企业的产品更受市场欢迎。

（3）领先企业首先唤起了市场需求，追随企业就可以节约消费者对产品的认知时间。

（4）领先企业首先唤起了市场需求，追随企业就可以更大的规模投入生产，从而获得规模经济。例如，日本的松下公司就是采用这种策略的典型。虽然松下公司在新产品新技术的开发方面总是落后于索尼，但其生产规模、市场占有率却很高，部分原因就是其享受了作为“市场追随者”的种种优越性。

（三）市场挑战者战略

市场挑战者战略是指要向位居前列的竞争对手发起挑战，以取而代之。从企业与竞争对手的关系来看，采用上述第一种战略的企业是通过开辟新市场来避开竞争对手，采用第二种战略的企业是紧随竞争对手之后而不刺激它，而采用第三种战略的企业则要向竞争对手发起挑战，进而取代竞争对手的领先地位。这是一种竞争性最强的市场定位战略。

采用市场挑战者战略的企业通常是在目标市场上进一步发展的空间已经很小，又难以向其他细分市场或其他行业发展，只能通过在原有的目标市场上抢占竞争对手的市场份额来谋求进一步的发展；同时企业拥有较雄厚的资源积累，且有足够的信心战胜竞争对手。

市场挑战者战略是一种风险较大的策略，因它面对的是实力不相上下甚至更强的竞争对手。要战胜这样的竞争对手，企业的产品在某些方面必须明显优于竞争对手的产品，必须具有鲜明的特色，而且要采用强有力的广告宣传等手段使消费者认可这些特色。另外位居前列的大企业之间的竞争必然是非常残酷的，企业还必须拥有足够的经济实力来支持这种竞争。

思考题

1. 怎样用波士顿矩阵法对企业的战略业务单位进行评价？
2. 企业如何进行合理的市场细分？
3. 企业如何进行市场定位？
4. 具体的市场营销管理过程应该包括哪些内容？

案例分析

平安银行的目标市场战略分析

平安银行股份有限公司（以下简称“平安银行”）由原深圳发展银行股份有限公司以吸收合并原平安银行股份有限公司的方式完成两行整合并更名而来，是中国内地首家向公众发行股票并公开上市的全国性股份制商业银行，总部设于深圳。中国平安保险（集团）股份有限公司及其子公司合计持有平安银行59%的股份，为平安银行的控股股东。据悉在2014年度BRANDZ最具价值全球100强品牌中，平安保险以124亿美元品牌价值摘得保险行业全球第一的桂冠，这在很大程度上是因为其另一翼——平安银行正在飞速丰满起来，平安银行开启了独特的全面的金融综合服务战略。

平安银行以公司、零售、同业、投行“四轮”驱动业务发展，打造“专业化、集约化、综合金融、互联网金融”四大特色，努力走出了一条“不一样”的发展之路。

一、市场细分

信用卡业务成集团客户迁徙桥梁，平安银行打响获客市场细分战：针对中国日益庞大的有车一族，平安信用卡借助平安车险市场份额这一商机，打造了车主一账通卡和i车一账通卡，并与近6 000家加油站合作，构建了融车主服务、交易服务、金融服务为一体的“车主综合金融生态圈”，让平安信用卡车主可以随时获得刷卡加油、汽车投保、积分兑换及ETC便捷缴费等优惠信息。此外，平安信用卡还设定了多种联名卡。

二、平安银行独特的市场定位

平安银行有一个独特的市场定位，就是在逐步淡出强周期行业，重点为做生活资料、消费资料批发的小企业提供金融服务。即银行以后要涉足与老百姓衣食住行玩相关的民生消费领域，这就决定了银行的目标市场和目标客户。并且银行据此对业务结构进行了大幅调整，即增量贷款大多投向衣食住行、大消费、大流通、大医疗等弱周期行业，目前增量贷款资产质量较好。民生消费领域是弱周期行业，尽管当前遇到了一些能引发经济下行的因素，但从长远来看还是平稳增长的。平安银行最新推出了“橙子银行”，其基本定位为“年轻人的银行”，细分服务包括记账、理财规划以及提供4款理财产品。

三、平安银行差异性营销策略

平安集团最大的特色、最大的差异化就是独特的全面的综合金融服务，即以客户为中心，围着客户转。效仿富国银行“1+N”的服务模式，即以客户提供一个客户、一个账户、多个产品、一站式服务的全方位综合金融服务体验为目标，银行网点借助高智能科技完成综合服务的场所给客户带来很大的便利和非常优异的体验：办理个人开户或转账汇款等业务，客户用移动Pad就可预录信息，无须手工填单。另外还有“生命周期墙”，简单的5个窗口——单身贵族、二人世界、三口之家、流金年华、夕阳正红，配以各个阶段平安集团综合金融产品组合。理财规划桌“像玩游戏一样”能呈现最新的金融资讯和证券、外汇、黄金行情，还能提供专业的理财规划建议。客户可以选择感兴趣的产品加入购物车，扫描一下二维码就能随时带走。旗舰店内还有国内第一台综合柜员机（HybridTeller），一个柜员可同时服务多名客户，客户在开放的空间办理各种业务，效率很高。目前，银行已在400家左右的卖场布局并间接获客，通过万里通积分业务来增强互动以提高客户消费频次，从而增加客户黏性。

2014年平安银行橙E网面市，构建了商流、物流、资金流、信息流“四流合一”的综合服务平台，推动最适合供应链“熟客交易”的协作生态圈，支持中国企业的电商化转型和供应链协同发展。橙E网上还植入了为小企业提供信用贷款的贷贷平安商务卡等产品，通过对客户的交易流水、租金、电费等大数据进行分析的标准化模型授信。

近年来，平安银行获得了“年度最佳股份制银行”“最受投资者尊重的百强上市公司”“最佳供应链金融服务银行”“最佳中小企业银行”“最具创新意识银行”“最佳企业社会责任奖”“中国最受尊敬中资银行”等荣誉。

资料来源：第一财经网

案例思考：

1．目前在西方国家，“没有营销，就没有市场”已成为商业银行的共识，目标市场营销已经成为商业银行的主流市场战略。平安银行的目标市场战略有哪些值得借鉴的地方？

2．试述影响商业银行目标市场战略选择的因素。

第四篇

营销策略组合

第七章 产品策略

学习目标

1. 掌握产品的整体概念
2. 熟悉新产品开发程序和产品生命周期
3. 掌握产品组合策略
4. 熟悉产品包装策略

第一节 产品概述

在市场营销组合中，最重要的决定性因素是产品，因而产品策略处于中心地位，其他策略则以产品策略为基础。

一、产品的整体概念

传统观念中的产品是有形的实物，而现代营销观中产品的概念发生了根本性的变化。企业营销是通过市场交换，向消费者提供产品与服务，以满足其需求的过程。消费者的需求是多方面的，不但有生理和物质方面的需求，而且还有心理和精神方面的需求。理查德·黑斯认为："产品就是为消费者提供某种预期效益而设计的物质属性、服务和标记的组合。"该定义具有以下两个特点：①广泛性。定义中的"预期效益"既可指消费者的需求、欲望，也可指再加工者、转手贸易者所期望获取的利益。该定义既适用于消费品，也适用于工业品；②完整性。定义中的"物质属性、服务和标记的组合"指出了一个完整的产品是有形物体与无形部分——服务、设计、包装，甚至某种情趣、魅力的组合。

因此，市场营销中的产品是指有形实物、创意和服务的整体概念，即产品至少应该包括 3 个要素：实体产品、服务和创新。产品一般包括核心产品、有形产品和附加产品 3 个层次，如图 7-1 所示。

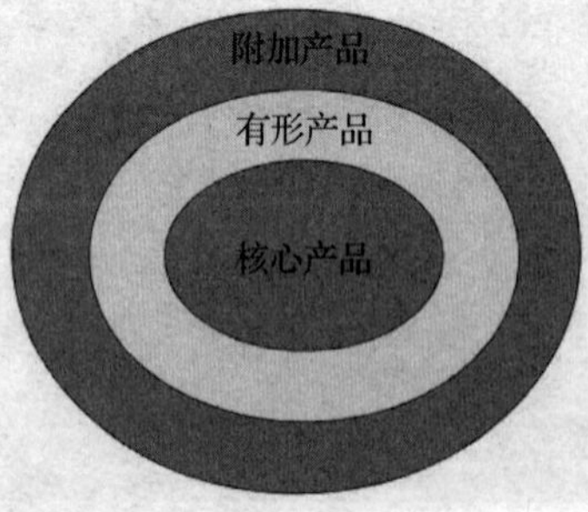

图 7-1　产品的整体概念示意图

（一）核心产品

核心产品是产品的最基本层次，是满足消费者需要的核心内容，即消费者真正要购买的实质性东西。例如，在铁路运输中，旅客真正要购买的是“到达目的地与代步过程”。核心产品是企业营销活动的基础，同时又是企业具有营销活动能力的标志。

（二）有形产品

有形产品是产品的基本形式，是消费者在购买产品时希望和认同的一系列属性和条件。例如，可供旅客“到达目的地与代步过程”的列车，既构成了供旅客到达目的地与代步过程的基本形式，同时又包括为旅客在旅行过程中提供的各种舒适用品。

（三）附加产品

附加产品是为产品增加的服务和利益，以形成产品的特色。附加产品把企业所提供的产品与竞争者的产品予以明显的区分。例如，旅行列车提供的录放机、清洁用品、鲜花、美味晚餐及完美的服务等。从本质上说，产品的竞争主要是附加产品层次的竞争。市场竞争的关键并不在于企业能生产出什么样的产品，而在于企业能为其产品增加什么，包括外在包装、广告宣传、客户咨询、售后服务等，以及消费者所重视的其他价值。

提供附加产品时，必须注意以下几点：①每一项附加利益都会提高产品的成本，营销人员必须考虑消费者是否愿意为这附加的成本增加支出；②附加利益很快会变成期望利益，如旅客最初发现列车里有闭路电视会喜出望外，但很快就会习以为常，这意味着企业必须寻找更进一步的特色和利益并加入他们的产品中；③当企业为提供附加产品而提高价格时，竞争者则可能反其道而行之，以低价为消费者提供期望产品，这样企业反而可能因此而失去部分市场。

二、产品的分类

产品有许多不同的分类方法，下面介绍其中两种。

（一）根据消费者购买习惯的不同分类

1. 便利品

便利品是指消费者经常使用，通常不用花费很多时间和精力去购买的产品。便利品可进一步划分为：①日常使用的产品，如牙膏、香皂、毛巾等；②即兴购买的产品，如书报杂志、纪念品、工艺品等；③特定情况下购买的产品，如雨伞、蚊香、药品等。便利品的营销要在时间、地点和销售方式上为顾客提供最大限度的便利。

2. 选购品

选购品是指品种功能复杂、挑选性强，在质量、价格、特色、样式等方面需要反复比较和考虑才能决定购买的产品。选购品可进一步划分为：①同质品。指顾客认为质量类似但品牌和价格不同，购买时主要是通过对价格、品牌知名度和售后服务的比较来选择的产品，如电视机、电冰箱、摩托车等。②异质品。指顾客对其特色比对价格和品牌更重视，主要是通过看能否令自己称心来选择的产品，如服装、家具等。选购品的营销要在质量和特色方面特别注意。同时，提供选购品还应配备训练有素的营销人员，为顾客提供信息和咨询服务等。

3. 特殊品

特殊品是指特定品牌或具有特色的，由特定顾客群专门购买的产品，如天津狗不理包子、北京全聚德烤鸭、瑞士劳力士手表等。特殊品的营销要在服务和产品的可靠性方面特别注意。

4. 非寻求品

非寻求品是指顾客不知道的，或虽然知道但一般情况下不想购买的产品，如人寿保险、具有传世特色的字画、功能特点不被人所了解的新产品等。非寻求品的营销要在广告促销和人员推销等方面花费很大的力气。

（二）根据产品的有形性和耐用性分类

1. 非耐用品

非耐用品是指使用周期短，容易消耗的有形产品，如食品、化妆品等。这类产品消费快，购买频率高，因此与之相应的营销策略有：让消费者能随时随地购买到；采用低盈利价格；通过广告宣传来吸引消费者使其形成偏好。

2. 耐用品

耐用品是指使用周期相对较长，不容易消耗的有形产品，如家具、汽车等。这类产品一般较多采用人员推销和服务的形式，要求销售者提供较多的担保条件。

3. 服务品

服务品有两类含义：一类是服务本身就是产品；另一类是整体产品的附加层次、附加部分。服务是指为客户或用户提供某种活动所带来的利益和满足。服务具有无形性、不可分割性、易变性和时间性等特点。因此，服务品要特别强调质量和质量管理，注重信誉，并且有针对性。

第二节 新产品开发策略

在现代市场经济环境下，产品的开发可谓日新月异。企业为了保持或提高自己的市场份额，必须不断地推陈出新，才能够适应市场需求，满足顾客需要。开发新产品和新产品开发策略是企业实现市场营销目标，保持市场竞争优势的基本前提。

一、新产品的概念

从生产角度来讲，新产品是指在结构、性能、材质等某一方面或几方面较原有产品有显著改进和提高，或独具创意的产品。营销学中新产品的概念是从顾客需求方面定义的，即指在结构、功能或形态等某些方面发生改变，并能满足顾客某些新的需求的产品。新产品一般可分为以下4类。

（一）同类新品牌新产品

同类新品牌新产品与社会群体固有的消费模式基本一致，不会令消费者对其存在陌生感。这种产品与原有产品相比较，只是在式样、质量、功能等方面略有变化。

（二）改良新产品

改良新产品与社会群体固有的消费模式差异程度不大，是对现有产品改进后的结果。这种产品能更好地满足消费者的需求。不同市场上的改良新产品与消费模式的差异程度可以不同。某些国家、地区的市场，产品变化比较迅速，消费者接受新产品的速度也较快。例如，不断翻新的家具式样等。

（三）更新换代新产品

更新换代新产品与社会群体固有的消费模式差异程度较大，但还没有要求建立新的消费模式。人们的生活环境总是在不断变化着，这种变化发展到一定程度就会要求人们改变固有的消费习惯。不同的消费者对这种变化的敏感性有较大差异，因而对这种新产品有不同的态度。例如，更新换代的电动剃须刀、冷冻食品等。

（四）非新发明的新产品

非新发明的新产品为人们提供了一种新的消费模式，其诞生往往是科学技术的突破使得人类某种可望而不可即的需求最终得以实现。例如，飞机、计算机、电视机等都属此类产品。现代市场激烈的竞争造成市场细分过度，新产品面对的市场越来越狭窄；社会和政府对新产品的要求不断提高，使得创新速度减慢，产品设计和广告决策复杂化；研究与开发费用、制造费用和营销费用的不断上升，导致资本短缺；同样的新产品往往可能有多家公司同时开发，因此不得不缩短开发周期；竞争者对新产品的模仿速度加快，新产品的生命周期缩短。因此，要想成功开发新产品，不但要求企业建立管理新产品开发过程的有效组织，还要求在新产品开发过程的每一阶段能够运用正确的概念和分析方法。

新产品的开发有两种基本方式：①购买企业外部的技术专利权或特许权，取得开发权；②企业自行研究开发新产品，或与其他企业联合开发新产品，或与专门的研究开发机构签约，委托其开发新产品。

二、新产品开发的程序

新产品开发的程序分为程序式开发和非程序式开发，其中程序式开发主要分为 7 个阶段。

（一）新产品创意

创意是新产品开发的第一阶段。创意是指为满足某种市场需求而提出的设想，它是灵感、经验、知识、技能、构想和设计等创造性思维的产物。新产品创意来源于多方面，主要包括：消费者、营销人员、新产品开发机构、竞争者、分销商和供应商以及其他方面。

从市场营销的观念出发，消费者需求是新产品创意的起点。因此，企业应当有计划、有目的地通过对消费者的调查分析来了解消费者需求。通过向消费者询问现行产品的缺陷，是企业产生新产品创意的有效方法。营销人员因经常接触消费者而比较了解消费者的需求状况和消费者对产品的不满程度，因此能提出一些有价值的建议。对竞争企业的密切关注，有利于企业新产品创意的产生；对竞争企业产品的详细分析，能帮助企业改进自己的产品。企业还要向分销商和供应商听取意见，分销商直接从事购销，熟悉市场动向，可将顾客的意见和要求反馈给企业，供应商可以向企业提供有关新技术和新材料方面的信息，他们都有助于企业产生新产品创意。企业新产品开发机构的工作人员是产生新产品创意的中坚力量，上述各种人员的新创意只有被这些工作人员所接受、理解，才有可能成为有效的新产品创意。这些工作人员一般都经过专业训练，具有相当的经验，在新产品创意方面有一定的敏感性。但是，即使是专业的工作人员也会存在盲点，他们会固执地排斥任何与其设想不符的新创意，导致许多有价值的创意夭折。如何通过一些有效的方法使专业的工作人员摆脱盲点，是企业新产品开发机构的一项基本工作。

（二）创意筛选

由于受资源、精力等的限制，企业只能对大量新产品创意中有限的一部分进行开发。进行创意筛选时要注意避免两种倾向：①误舍，即删减了有价值的新产品创意；②误取，即保留了过多无价值的创意。

要完全避免这两种错误倾向是不可能的，只能依靠一定的措施、方法，并凭借工作人员的判断力尽量减少。企业应当清楚，筛选的目的是尽可能早地发现没有价值的创意，以减少新产品的开发成本，缩短新产品的开发周期。从此目的出发，筛选时一般采取分级评分法，即首先确定对有关创意进行评价的重要因素，规定它们的权数，然后从每一因素出发对各个创意进行评分，将其得分与有关权数相乘后再相加得出每个创意的总评分。评分结果可供决策者参考。

（三）新产品概念的形成

从社会群体产品创意向新产品概念的转化是抽象概念向具体概念转化的过程。一个社会群体产品创意可以转化成几个新产品概念。新产品开发人员需要逐一研究这些新产品概念，并进行选择、改良。在明确了新产品概念之后，新产品开发人员还需对新产品概念进行定位。

新产品概念的形成还要通过消费者测试，测试的主要问题如下。

（1）该新产品概念是否清晰易懂。

（2）该产品是否具有明显的优点。

（3）与市场现有产品相比较，该产品是否更优越。

（4）该产品是否能满足消费者的真实需要。

（5）该产品是否可以进一步进行改良。

（6）与价格、目标市场等有关的问题。

（四）商业分析

在确定了新产品概念后，还要详细分析这一新产品的开发在商业上的可行性，即详细审核预计销售量、成本、利润、投资收益率和未来营销成本等。如果可行，就进一步开发。在新产品的开发过程中要多次进行商业分析，并确认新产品的商业价值和可行性。

（五）设计与试制

在进行商业分析以后，要将新产品概念转化成实体样品。实体样品的生产必须经过设计、试验、再设计、再试验的一个反复的过程，待确认有开发价值后则可交付生产部门试制出来。对试制出的样品，还要在实验室和现场进行性能、分量等的测试和鉴定。最后，决定新产品的品牌名称、包装装潢、营销方案。

（六）试销

试销是将产品投放到具有代表性的市场进行销售，以了解消费者对新产品的反应及态度，从而对市场进行估计。通过试销，企业可获取大量的信息，如新产品的目标市场情况，营销方案的合理性，新产品在设计、包装方面的缺陷，新产品的销售趋势等。利用这些信息，企业可进一步完善产品，选择更好的营销方案，以确保大规模销售的成功。事实上，有相当比例的产品是在试销过程中才发现其具有严重缺陷而被终止开发的。

（七）商业化

在试销取得成功之后，企业还须慎重地考虑产品的商业化问题，即确定产品的生产规模，决定产品的投放时间、投放区域、投放的目标市场、投放方式（营销组合方案）。这是新产品开发的最后一个阶段。如果新产品在这一阶段遭到失败，不仅前 6 个阶段的努力将付诸东流，而且会使企业蒙受重大损失。新产品被投放到市场的时刻，常常也是企业在市场上进行殊死决战的关键时刻。

新产品的程序式开发需要有一套科学的程序，并有计划有步骤地进行。很多新产品，尤其是生产制造型企业的产品和工艺精密复杂的高科技产品的开发，都属于程序式开发。但也有些新产品，尤其是市场化要求高的新产品的开发，则往往属于非程序式开发。非程序式开发往往是产品构思和市场创意比较奇妙，但都不能得到大多数人同意，这时就需要有高层管理者对市场深刻洞察、直觉准确的决策，才能使独到的新产品问世。当然，非程序式开发的风险也相当大。

第三节 产品的生命周期

产品具有生命周期，企业营销策略不仅要能够适应产品生命周期的不同阶段，还要能够延长产品的生命周期，扩大销售利润，以应对市场经济环境的变化和竞争者的攻击。

一、产品的生命周期的概念

产品的生命周期是指产品的市场寿命，即从产品的开发成功到投入市场，在市场上由弱到强又从盛到衰，直至被市场淘汰的全过程。产品生命周期的长短受消费者需求变化、产品更新换代速度等多种市场因素的影响。

产品的生命周期与产品的自然使用寿命是不同的。产品的自然使用寿命是指产品投入使用到损坏报废所经历的时间，受产品的自然属性和使用频率等因素的影响，切不可将使用寿命与生命周期混为一谈。比如，火柴、蜡烛、鞭炮等的使用寿命很短，但生命周期很长；某些一度流行的时装生命周期很短，而使用寿命却可以很长。

产品的生命周期可以划分为 4 个阶段，即产品的市场导入期、产品的成长期、产品的成熟期、产品的衰退期。生命周期处于不同阶段的产品，其市场表现以及企业所采取的营销策略也都不一样。

不同的产品，其生命周期往往是各不相同的，如医药产品、服装产品的生命周期可能较短，而石油产品、电力产品的生命周期可以很长。鉴于产品的生命周期，企业必须不断地开发新产品以取代那些正在衰退和即将衰退的产品；从产品所处的不同阶段出发制定不同的营销策略；在规划产品组合时考虑产品的生命周期这一重要因素。

二、产品的生命周期曲线

产品生命周期的标准曲线呈波浪形，通常可分成 4 个阶段：产品的市场导入期、产品的成长期、产品的成熟期、产品的衰退期，如图 7-2 所示。

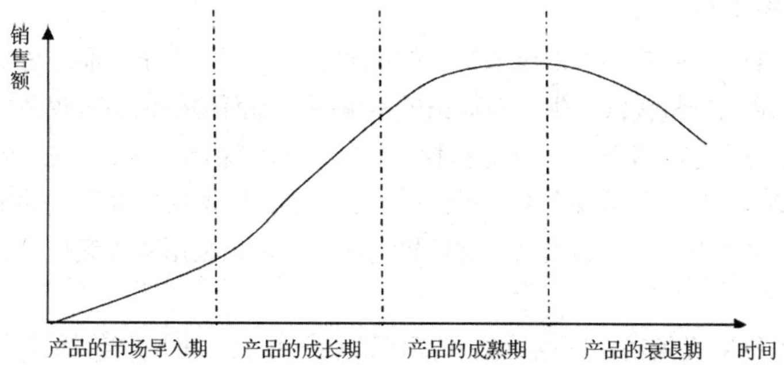

图 7-2　产品的标准生命周期曲线

产品的生命周期曲线一般都不是标准均匀的，西方管理学家确定了 6～17 种不同的产品生命周期形态。

图 7-3 展示了 3 种常见的形态。图 7-3（a）展示了“成长—衰退—成熟”的形态。例如，西方电动刀具在首次导入市场时的销量迅速上升，市场很快饱和，销量下跌，然后就维持或僵化在该水平上。这一僵化水平之所以能维持，是因为后期采用者的首次购买与早期采用者的更换行为。

图 7-3（b）展示了“循环—再循环”形态。例如，制药公司积极推销其新药，于是出现了第一个周期。后来销量下降，公司对新药发动第二次促销，于是产生了第二个周期，但规模和持续期都低于第一个周期。

图 7-3（c）展示的是扇形形态，它是基于发现了新的产品特性、用途或用户而使其生命持续向前的。例如，可口可乐就显示了这种扇形性的持续的阶段性增长曲线。

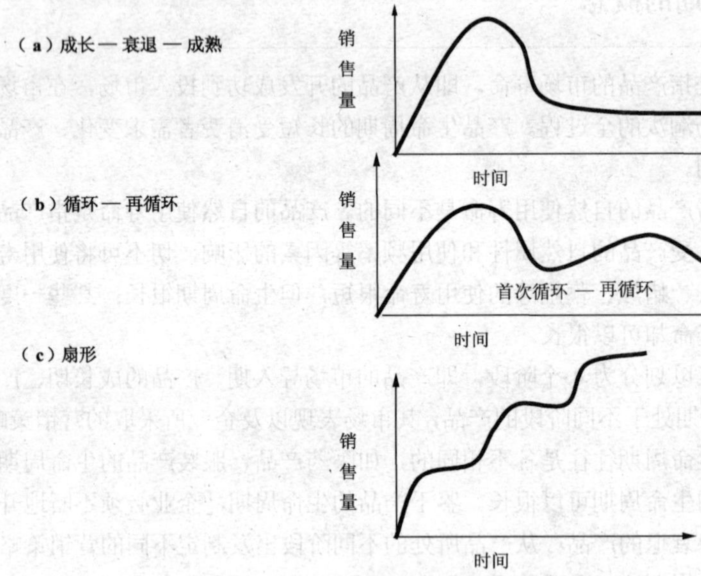

图 7-3　不同产品的生命周期形态

三、产品的生命周期与营销策略

产品生命周期的各个阶段有不同的特点，因此采用的营销策略也不同。

（一）产品的市场导入期

产品的市场导入期，即新产品首次进入市场的最初销售时期。由于产品刚进入市场，销售一般较缓慢。这一时期，产品的产量较低，生产与促销成本偏高，因而价格也相对较高。这些特征表明，产品在导入期往往还存在不足，消费者对产品也不够了解且难以适应。因此，这一时期的目标是要让新产品在市场上站稳脚跟，提高市场占有率，尽快进入成长期，以取得较高利润并击败竞争者。其相应的营销策略是强调“快速”营销，如果只考虑价格，促销时可以采用 4 种策略，如图 7-4 所示。

1. 快速撇脂策略

快速撇脂策略也称双高策略，即高价格和高促销水平并重。采用高价格是为了在每单位的销售中尽可能获取更多的利润，而采用高促销水平是为了向市场说明该产品的价值所在，以加快向市场的渗透。采用这一策略的条件是：潜在市场的大部分人还未了解该产品，而已经了解的人渴望得到该产品并希望有能力照价付款；企业面临潜在竞争，期望形成品牌。

价格水平 \ 促销水平	高	低
高	快速撇脂策略	缓慢撇脂策略
低	快速渗透策略	缓慢渗透策略

图 7-4 产品市场导入期的 4 种营销策略

2. 缓慢撇脂策略

缓慢撇脂策略也称选择性渗透策略，即高价格与低促销水平组合。其目的是从市场上掘取大量利润，推行高价格以提高每单位的销售利润，而推行低水平促销以降低营销费用。采用这一策略的条件是：市场规模有限；大多数市场已知道这种产品；购买者愿出高价；潜在竞争还未近在眼前。

3. 快速渗透策略

快速渗透策略也称密集性渗透策略，即低价格与高促销水平方式组合。其目的是期望能获取最快的市场渗透和最高的市场份额。采用这一策略的条件是：有广阔的市场；市场对该产品不了解；大多数购买者对价格敏感；潜在竞争很激烈；随着生产规模的扩大和制造经验的积累，企业的单位制造成本下降。

4. 缓慢渗透策略

缓慢渗透策略也称双低策略，即低价格和低促销水平并重。若企业确信市场需求对价格弹性很高，而对促销弹性很小，即可采取这一策略。低价格有利于市场迅速接受该产品，低促销水平有利于实现较高净利润。采用这一策略的条件是：有较广阔的市场；有较高的产品知名度；市场对价格相当敏感；存在潜在竞争。

对于以上 4 种策略必须慎重选择，要根据市场条件、企业实力、企业总体战略目标来定夺。同时，除了在价格、促销方面采取适当的策略外，在分销、产品质量等方面也须有相应的策略配合，以确保新产品在市场上站稳脚跟，并获得尽可能高的市场份额和利润。

（二）产品的成长期

产品进入成长期，销售快速上升，市场迅速扩大。领先使用者广泛传播对该产品的喜爱效应，吸引了大量追随者。同时，竞争者纷纷开始进入市场，并对产品进行改进，努力增加分销网点的数量。在需求迅速增长的同时，产品价格则基本不变或略有下降。企业维持同等的促销规模或略有提高，继续培育市场。销售快速上升，促销费用与销售额的比率不断下降。成长期的产品成本明显下降，利润明显增加。根据产品成长期的特点，进行市场营销时可以采取下列策略。

（1）改进产品质量，增加产品的特色和式样。

（2）增加关联产品和产品系列。

（3）拓展新的分销渠道。

（4）寻找并进入新的细分市场。

（5）以品牌传播为主进行营销。

（6）适时降价，让利于消费者，以刺激购买。

采取这些策略，一方面可以提高企业的竞争地位，但另一方面也会增加企业的成本。这时企业面临着是增加投入、提高市场占有率、建立市场优势地位，或及时获取当前高利润的选择。

（三）产品的成熟期

产品进入成熟期的标志是销售的增长速度渐缓，市场份额趋于稳定。产品处于生命周期的成熟阶段，营销管理者所面对的问题是如何保持企业产品的市场份额，避免落入生命周期的陷阱。产品成熟期的特点是：产品的市场占有率高，增长率低；产品的利润高，成本较低。

当产品进入成熟期以后，企业要系统考虑市场、产品和营销组合，并对某些策略加以调整，具体如下。

1. 市场改进

企业通过争取竞争者的顾客和进入新的细分市场等，可以拥有更多的用户。此外，企业通过努力发现产品的新用途，鼓励用户更频繁、更大量地使用该产品，可以提高用户对该产品的使用量。将这两种策略结合起来，可有效增加产品的销售量。

2. 产品改进

以产品自身的改进来满足顾客的不同需要，增加市场销售量。产品改进包括：改进质量，即注重改善产品的功能特性，如耐用性、可靠性、速度等；改进特点，即注重增加产品的新特点，如多功能性、安全性或便利性；改进式样，即注重增强对产品外观的美化，如款式、颜色、包装等，以增强吸引力。

3. 营销组合改进

通过改进营销组合要素来刺激销售，延长产品的成长期和成熟期。常用的方法是通过降价提高竞争力，从而吸引顾客。此外，提高促销水平、充分利用广告工具、增加销售途径、提高服务质量等手段都可加以运用。

（四）产品的衰退期

产品进入衰退期的明显标志是销售量急剧下降，利润明显减少。对此，企业要认真研究分析，以识别出真正的夕阳产品。如果判断失误，就会遭遇危险，或者过早断送产品，失去原可获取的利润；或者延误产品的更新，消耗高额成本并削弱企业的获利能力。衰退期一般选择收缩或退出等策略。

营销链接 7-1

三星 Galaxy Note 7——智能手机史上最短命的“机皇”

三星Galaxy Note 7于2016年8月2日北京时间23：00在美国纽约、英国伦敦、巴西里约同步发布，8月26日国行版在北京首发。8月24日，韩国网民在网络论坛上上传了韩版三星Galaxy Note7在充电时爆炸的图片。随后三星Galaxy Note 7在美国、中国等多地发生爆炸燃烧事件，据统计其共在全球发生140起过热或起火事件。自2016年9月2日起，三星电子陆续召回Galaxy Note 7手机。

从8月3日全球首发到10月11日全球停产，69天内三星Galaxy Note 7受到了全世界科技圈的关注。三星Galaxy Note 7爆炸事件最终以“三星宣布永久停产并全球召回三星Galaxy Note 7”为结局画上了一个句号，三星Galaxy Note 7也成了智能手机史上最短命的“机皇”。回过头来反思，三星Galaxy Note 7是一款好机器吗？是！其实三星在Note 7的设计上非常前瞻，第一次用到了7000系列的铝合金，还用到了史上最大的3D曲面屏幕。同时，为了追求对称的效果，三星将机身背部也做成了3D玻璃。借助于3D曲面屏，Note7成了史上宽度最小的Note系列机型。因此，从外观上看，Note7确实给人一种温润如玉的感觉。3D曲面玻璃虽然炫酷，但也将手机内部空间压缩到了极限，以致所有元器件几乎都是贴着机身上下部装配的，机身内的隔离板离边框太近，一旦遭遇外力，电池正负极就会冲破隔离板相互接触，造成短路起火。此外，研究人员发现由其他代工厂生产的绝缘胶带也存在质量问题。

企业如果固守传统的产品概念，忽视消费者对一种产品的多样化需求，就不可能获得经营上的成功。但是从三星Galaxy Note 7的产品生命周期来看，在扩展有形产品和附近产品时，若忽略了核心产品为消费者提供的基本效用和利益，则会使产品提前进入衰退期，甚至直接退市。

第四节 产品组合与产品线策略

企业为了满足目标市场的需求，提高自身的市场竞争力，提供给目标市场的往往不是单一产品，而是产品组合。产品组合由多条产品线组成，每条产品线包含若干产品项目，而每个产品项目又包含不同品种、规格、式样、档次的产品。因此，企业要在产品组合、产品线和产品项目上做出决策，采取积极有效的策略。

一、产品组合及相关概念

（一）产品组合

产品组合也称产品搭配，是指一个企业提供给市场的全部产品线和产品项目的组合，即经营范围和结构。例如，海尔集团的“六大知名品牌”即是企业的产品组合。

（二）产品线

产品线又称产品大类，是指相互关联或相似的一组产品。对产品线的划分可依据：产品功能相似；消费上具有连带性；供给相同的顾客群；有相同的分销渠道；处于同一价格范围。例如，化妆品产品线、炊事用具产品线、洗涤用品产品线等。

（三）产品项目

产品项目是指产品大类中各种不同品种、档次、质量和价格的特定产品。例如，某购物中心经营鞋、服装、包、帽等 4 大类产品，每大类中又包含若干个具体品种，即产品项目。又如，服装产品线中有男装、女装、儿童装 3 个产品项目。

二、产品组合决策

产品组合决策是指企业在产品组合的宽度、长度、深度和相容度等方面的决策。以美国宝洁公司生产的消费品为例，上述概念如图 7-5 所示。

（一）产品组合的宽度

产品组合的宽度也称产品组合的广度，是指一个企业生产经营的产品线的数量。图 7-5 所示产品组合的宽度是 5，即 5 条产品线。

产品组合

产品线

清洁剂	牙膏	条状肥皂	纸尿裤	纸巾
象牙雪	格利	象牙	帮宝适	媚人
德莱夫特	佳洁士	柯克斯	露肤	白云
汰渍	登奎尔	洗污		粉扑
奥克雪多		洁美		旗职
德希		香味		
波尔德		保洁净		
圭尼		海岸		
伊拉				
索洛				

图 7-5　宝洁公司的产品组合

（二）产品组合的长度

产品组合的长度是指企业所有产品线中产品项目的总数。图 7-5 所示产品项目的总数是 26 个，即产品组合的长度是 26。如此，每条产品线的平均长度是 26÷5=5.2。

（三）产品组合的深度

产品组合的深度是指产品线中每一个产品项目的品种数（即花色、口味、规格等的多少），如象牙牌肥皂有 4 种规格和 3 种配方，则象牙牌肥皂组合的深度是 4×3=12。

（四）产品组合的相容度

产品组合的相容度是指各个产品线在最终使用、生产条件、分销渠道及其他方面的相关程度。相容度的高低同观察角度的不同有关，有时从分销渠道角度看相容度很高，但从消费角度看则相容度低。

（五）产品组合的要素价值

产品组合 4 个方面的要素对于营销决策有着重要的价值，具体为：①增加产品组合的宽度，扩大经营范围，可充分发挥企业各项资源的潜力，同时给每种产品增加更多的变化因素；②增加产品组合的长度，可使产品线丰满，同时给每种产品增加更多的变化因素；③增加产品组合的深度，可满足不同顾客的需求，吸引更多的购买者；④提高产品组合的相容度，可帮助企业在一定领域内加强竞争能力和获得声誉。企业要依据市场需求和关系的变化，经常对产品组合进行分析、评估和调整，力求为消费者提供最适当的产品组合。

三、产品线长度决策

产品线是指企业中密切相关的一组产品，或者能够满足类似的需求，或者必须配合使用，它们所面对的顾客群和销售渠道相似，销售价格在一定范围内变动。例如，某公司有饮料、纯净水、奶品、儿童食品 4 条产品线，每条产品线由若干种产品组成，如饮料可以细分为汽水、果汁等。它们可能又会形成若干分产品线，如果汁分产品线有橙汁、芒果汁、椰子汁、草莓汁等产品品种。

设置产品线的主要问题之一，就是确定产品线的最佳长度。如果通过增加产品项目能够提高利润就说明现有的产品线太短；反之，如果削减产品项目能够提高利润就说明现有的产品线过长。产品线的长短往往受到公司总体目标的制约，同时产品线自身也具有不断延长的趋势，但是在产品项目增加的同时部分成本费用也会相应上升。因此，企业产品线的增减必须从提高利润和降低费用两方面着眼，在实践中不断调整。

（一）产品线扩展策略

产品线扩展策略是指企业延长产品线超出原有范围。导致产品线延长的因素有很多，如企业生产能力过剩、推销人员和分销商希望以更为全面的产品线去满足顾客的需求、企业希望开拓新市场而谋求更高的销售量和利润等。产品线扩展战略大致有向上延伸、向下延伸和双向延伸 3 种形式。

（1）向上延伸即原来定位于低档产品的企业，向高档产品市场发展。其原因或是为高档产品的高增长率和高利润率所吸引，或是为了能把自己定位成完整产品线的制造商。向上扩展可能带来的风险主要有：①原来高档产品的生产者会不惜一切坚守阵地，并可能诱发其向下扩展进攻低档产品市场；②消费者可能因对其高档产品的质量不信任而不愿购买；③企业的营销人员和分销商因不能为高档产品市场提供服务而影响销售。

（2）向下延伸即原来生产高档产品的企业，向低档产品市场发展，也就是将产品线向下扩展。采取这一策略的原因在于：①企业在高档产品市场上受到攻击，因而通过拓展低档产品市场来反击；②高档产品市场增长缓慢而不得不开拓低档产品市场；③企业在高档产品市场达成树立优质形象的目标后，向下扩展以提高市场占有率；④填补市场空隙，防止竞争者乘虚而入。

采取向下延伸的策略也有一定风险，如可能会激发原低档产品生产者将品种品目向高档产品转移而对自身造成冲击；企业的经销商也可能出于对产品获利能力和自身形象的考虑，而不愿意经营低档产品。

（3）双向延伸即原来生产中档产品的企业在市场上同时向产品线的上下两个方向扩展。

（二）产品线填补策略

产品线填补策略是指在现有产品线经营范围内增加新品种来延长产品线。采取这一策略的动机与采取产品线扩展策略有相似之处：①获取增量利润；②满足经销商的要求；③充分利用剩余的生产能力；④争取成为产品线完整的领先者；⑤填补市场空隙，阻止竞争者侵入。

产品线的填补有可能造成新旧产品的自相残杀，以及在消费者中发生混乱。所以，采用这一策略，企业必须使新增品种与老产品有明显差异，以便顾客能够区分；企业还应核查新增品种是否能满足市场需求，而不是仅仅出于填补企业自身空隙的愿望而制造新增品种。

（三）产品线现代化策略

产品线现代化有两种方式，即渐进式和一步到位式。渐进式的优点在于：一方面可以给企业留出时间观察和了解消费者与经销商对新产品的偏好程度，另一方面投入较低。其缺点是容易被竞争对手察觉而采取类似的行动。一步到位式的情况则正好相反。高科技产品由于竞争激烈，升级换代频繁，产品线现代化必不可免。其关键在于如何选择改进产品的最佳时机，时间过早，会使现有产品线的销售受到不良影响；时间太迟，竞争对手会先行推出先进产品并树立起强有力的产品声誉。

（四）产品线特色化策略

产品线特色化有两种方式：一是对低档产品型号进行特色化，以充当“开拓销路的廉价品”；二是对高档品类产品项目进行特色化，以提高产品线的等级。

（五）产品线削减策略

产品线削减即缩短产品线的长度。一般在两种情况下应削减产品线：一种是产品线中某些产品滞销导致利润下降，这时可以通过对销售额和成本的分析来识别疲软的项目；另一种是产品品种过多，公司生产能力不足，此时可以通过检查各项目的获利幅度来集中生产高利润项目，削减微利或无利润项目。

营销链接 7-2

产品线延伸：派克的失败与丰田的成功

美国派克公司创立于1888年，一直致力于制造“更好的笔”，并以其质优价昂闻名于世，被英国皇室授权，成为皇室御用物品的品牌。

20世纪80年代，世界钢笔市场竞争激烈，日本新颖便宜的一次性笔开始进入美国市场，另外一家钢笔制造厂克罗斯公司也开始在高端笔市场占据一席之地。1982年，派克公司新任总经理詹姆斯·彼特森为了应对竞争，决定去争夺低档笔市场，即大力生产经营每支售价3美元以下的大众化钢笔。由于进入低端钢笔市场较晚，派克公司的低端笔销量令人失望。与此同时，高档笔市场也遭到对手克罗斯公司的冲击，以致市场占有率下降到17%，而克罗斯公司轻而易举地获得了50%的高档笔市场占有率。可见，低档产品有可能破坏品牌的原有形象。

相比之下，日本丰田汽车公司采取的产品线扩展策略则取得了成功。丰田公司创立于1933年，早期一直坚守一个信条——模仿比创造更简单，因此一直生产安全、牢固、经济、传统的汽车，而不是创新性的汽车。所有的丰田车都具有这样的特点，使得丰田品牌在消费者心目中树立了“低档、省油、廉价车”的形象。20世纪80年代，丰田公司决定争夺高档豪华车市场。为了不受原有丰田低端品牌形象的影响，丰田专为高档车推出一个全新品牌凌志（后更名为雷克萨斯），品牌标志采用全新的图案，车身上没有任何丰田的标志，以此切断了消费者对丰田公司传统品牌与新品牌之间的任何联系，使丰田成功打入高端汽车市场。如果高端的凌志车上标着中低端品牌丰田的标志，能跟宝马、林肯、奔驰这些早已令大家钦羡不已的豪华品牌一决高下吗？

资料来源：广告门网站

第五节 包装策略

包装是指放置产品的容器或包装物及其设计装潢，是产品整体的一个重要组成部分。目前包装已成为企业之间相互竞争的重要手段，也是企业在市场营销中不可忽视的环节。

一、包装的功能

包装的基本功能是使产品在市场流通过程中完整无损，清洁卫生，以保护产品的使用价值。

（一）保护产品的使用价值

包装主要是用以防止在产品的储存和流通过程中发生渗漏、损耗、散落、收缩、变质和偷盗等。

包装的出现和发展，延长了产品的储存期，增加了产品的运输距离，也扩大了产品的销售区域。这样，既能增进消费者的利益，也有利于企业的大规模生产，从而提高生产者的利润。近年来，各种创新包装，尤其是用于食品保鲜的包装大量出现，使消费者的利益不断得到增进。因此，创新的企业获得了相当可观的利润。

（二）便于经营和消费

良好的包装可为产品的买卖、展示、储运等提供便利；同时，也可为消费者的选购和使用提供方便，更好地满足消费者的需求。这样就会扩大销售，提高利润。

（三）便于识别产品

包装已成为产品有形实体的一个组成部分。装潢美观、造型别致的包装给人以款式新颖、质量上乘、产品高档的印象。包装也可作为产品的特定标志同竞争产品相区别，有利于表现消费者的个人价值和品位。

（四）促进产品销售

包装是营销活动中一种重要的手段，能提示产品效用的包装可起到广告牌的作用，这样包装又成了企业推广产品、展示产品知名度的竞争手段。“货卖一张皮”，包装有时的确能够起到“无声的推销员”的作用。

二、包装策略

由于包装在营销活动中有十分重要的作用，并耗费巨大，企业应当认真考虑包装策略，一般需涉及下列内容。

（一）统一包装

企业对其推向市场的各种产品，在包装上采用相同或近似的形状、色彩、图案，使它们具有共性或相似性，以便消费者快速辨认和记忆。统一包装也是企业形象的视觉识别，即 VI。

（二）配套包装

企业把几种消费上相关联的产品放在一个特制的包装物中进行销售。

（三）再使用包装

包装容器内的产品使用完毕后，包装容器还可作他用。例如，某些食品包装可用作冷冻碗。在国内，这是一种比较有效的包装策略。在考虑出口产品的包装时，则应注意所选包装策略在不同经济发展地区以及不同文化群中的有效性。

（四）附赠包装

企业通常会在产品包装内附赠奖券或实物，以吸引消费者光顾，促进产品销售。

三、标签

标签是包装的一个重要组成部分，一般分成两种：一种是印刷或粘贴在包装上；另一种则是直接系扎在产品上，如丝带、不干胶等。

标签用文字、图案或其他形式向消费者传达销售信息，如生产厂家及其所在地、产品类型、产品等级、产品品牌、产品使用注意事项、产品成分等。

随着计算机信息技术的高速发展，一种新的标签——条形码产生了，即在产品包装某个部位或直接在产品的某个部位印上特有的条形图案，以供计算机识别与处理。这种标签的出现，为库存管理、零售管理提供了很大的方便。

营销链接 7-3

山姆森玻璃瓶——一个价值600万美元的玻璃瓶

说起可口可乐的玻璃瓶包装，至今仍为人们所称道。1898年，鲁特玻璃公司一位年轻的工人亚历山大·山姆森在同女友约会时，发现女友穿着一套筒型连衣裙，显得腰部和腿部纤细，非常好看。约会结束后，他突发灵感，根据女友穿着这套裙子的形象设计出一个玻璃瓶。经过反复的修改，亚历山大·山姆森不仅将瓶子设计得非常美观，很像一位亭亭玉立的少女，还把瓶子的容量设计成刚好能盛一杯水。瓶子试制出来之后，获得大众交口称赞。有经营意识的亚历山大·山姆森立即到专利局申请了专利。当时，可口可乐的决策者坎德勒在市场上看到了亚历山大·山姆森设计的玻璃瓶后，认为非常适合作为可口可乐的包装。于是，他主动向亚历山大·山姆森提出要购买这个瓶子的专利。经过一番讨价还价，最后可口可乐公司以600万美元的天价买下此专利。要知道在100多年前，600万美元可是一项巨大的投资。

实践证明，可口可乐公司这一决策是非常成功的。亚历山大·山姆森设计的瓶子不仅美观，而且使用起来非常安全，不易滑落。更令人叫绝的是，该瓶子的中下部是扭纹形的，如同少女所穿的条纹裙子；而瓶子的中段则圆满丰硕，如同少女的臀部。此外，由于瓶子的结构是中大下小，当它盛装可口可乐时，给人的感觉是分量很多。采用亚历山大·山姆森设计的玻璃瓶作为可口可乐的包装以后，可口可乐的销量飞速增长，在两年的时间内翻了一倍。从此，采用山姆森玻璃瓶作为包装的可口可乐开始畅销美国，并迅速风靡世界。600万美元的投入，为可口可乐公司带来了数以亿计的回报。

思考题

1. 产品的整体概念包括哪些内容？
2. 什么是产品组合？分析产品组合策略的要素。

3. 分析产品不同生命周期阶段的市场特征。
4. 分析可口可乐产品生命周期的形态。
5. 新产品推广策略包括哪些内容？

案例分析

案例 7-1

ZARA——全球时尚服饰的领先品牌

1975年设立于西班牙的ZARA，隶属于Inditex集团，为全球排名第三、西班牙排名第一的服装零售商，在世界各地56个国家设立了超过两千多家的服装连锁店。ZARA最大的特点就是新产品上市快、款式多、货量小，这正是它致胜的法宝之一。

ZARA一年推出的商品超过120 000款，可以说是同业的5倍之多，而且其设计师的平均年龄只有25岁，他们随时穿梭于米兰、东京、纽约、巴黎等时尚重地观看服装秀，以撷取设计理念与最新的流行趋势，进而仿真仿效推出高时髦感的时尚单品。其速度之快十分令人震惊，每周就要补货上架两次，每隔三周就要全面性地汰旧换新，全球各店在两周内就可同步进行更新完毕。极高的商品汰换率也加快了顾客上门的回店率，因为消费者已于无形中留下了ZARA随时都有新产品的印象。

ZARA设计群也与全球各地的ZARA店长实时进行电话会议，透过了解各地的销售状况与顾客反应来灵活变通调整产品的设计方向，因应顾客的百变口味。而且在顾客购买的同时，店员已经将商品特征以及顾客资料输入计算机，借由网际传输将数据送回ZARA总部。这样设计群就可掌握各种精确的销售分析与顾客喜好，再结合本身专业的时尚敏锐度，来决定下一批商品的设计走向与数量。如此一来，商品即可出现最大销售率，同时也意味着能有效压低库存。

ZARA的定价虽略低于商场里的品牌女装，但款式色彩特别丰富，既有最新的时髦单品，也有任何需要的基本款和配饰，还有设计丰富的男装和童装，如此一个家庭的服装造型甚至可以一站式购齐。

ZARA充分迎合了大众对于流行趋势热烈追逐的心态：穿得体面，且不会倾家荡产。顾客往往花费不到顶级品牌十分之一的价格，就能享受到顶级品牌的设计，因为它可以在极短的时间内复制出最流行的设计，并且迅速推广到世界各地的连锁店。打个比方，今天你在米兰看到了当季最新款的裙子，10天后就可以在ZARA店里买到神似的衣服。ZARA作为精准时尚（Precise Fashion）模式的领导品牌，成为时尚服饰业界的标杆。

资料来源：搜狐网

案例 7-2

“宝洁”计划裁撤100个品牌，收缩过半求断臂转型

2014年8月，有着“大众化、简单化、娱乐化”品牌形象的宝洁公司宣布计划出售、终止

或淘汰至多100个品牌，以削减成本并专注于最重要的产品系列。据了解，被裁撤的品牌数量超过总数的一半以上。宝洁高层表示，品牌是否受顾客青睐决定了其是否会被裁撤。

（1）市场表现成唯一考量指标

宝洁此次行动堪称“大动作”。据宝洁首席执行长A.G.Lafley介绍，该公司将最多剥离其他100个表现落后的品牌，只保留70～80个最大的品牌。

谈及裁撤标准，Lafley表示，他只对宝洁是否为顾客青睐之选感兴趣，并不看重规模大小。“如果宝洁认定无法在某些较大品牌所处的领域有良好表现，那么这些品牌也可能被砍掉。”以宠物食品品牌为例，销售收入超过10亿美元的lams品牌也在出售之列。

裁撤之后，宝洁保留的品牌为其830亿美元的年销售收入贡献了90%，为其利润贡献了超过95%。而这些数量超过总数一半以上的计划裁撤品牌，均属于年销售额基本在1亿美元以下的小品牌。

事实上，这并非宝洁首次宣布欲裁撤旗下非核心业务。2012年，因为利润下滑，宝洁就以27亿美元现金将旗下“品客”薯片品牌卖给了美国谷物食品巨头家乐氏，并宣布彻底退出食品领域——从计划到彻底剥离食品业务，宝洁用了7年的时间。

（2）专注于提升日化业务的竞争力

宝洁公司有着食品、洗发、护肤、口腔护理等几大类产品，但“宝洁”并没有成为任何一种产品和商标。宝洁公司以各品牌为中心运作，如香皂品牌有“舒肤佳”，牙膏品牌有“佳洁士”，洗发水品牌有“飘柔”“潘婷”“海飞丝”等，洗衣粉则有“汰渍”“碧浪”等9种品牌。有业内人士指出，联合利华是宝洁公司在日化领域的强劲对手，宝洁此次计划削减旗下品牌，主要目的就是专注于日化业务上，力争巩固并提高这一领域的竞争力，同时抵御来自欧莱雅、资生堂等企业向大宗日化领域渗透的压力。

分析人士指出，美容及健康护理产品是宝洁专注的核心领域，其品牌形象也恰好准确定位在这个区域，被剥离出去的品牌大部分是这个区域外的子品牌，且充满着不确定因素。

（3）消费者表示影响不大

对于消费用品巨头这一“突然”举动，相比于行业内的巨大反响，消费者的反应却显得相当平静。

“确实品牌过多，差异性也不明显，早就该剥离了。”有不少消费者指出，他们甚至在这之前并不知道被剥离的品牌原来属于宝洁旗下。大部分消费者均表示，日常消费并未受到影响。还有消费者表示：“平时经常使用的品牌仍然保留着，基本没有大的变化。”

分析人士就此表示，许多品牌用户甚至根本都不知道属于宝洁，剥离行为对品牌形象基本没有影响，这也是宝洁果断做出剥离决策的重要因素。

资料来源：东方网

第八章 品牌策略

学习目标

1. 理解品牌的含义及构成
2. 理解品牌化的任务和基本路径
3. 熟悉品牌资产的含义、评估手段及测评方法
4. 掌握品牌管理的基本策略

品牌是企业的最高目标，它是通过差异性的价值、利益、形象等获得消费者的认同。品牌可以通过获得消费者的优先选择、忠诚购买、高利润率使企业免受价格竞争之苦，甚至可以帮助企业应对产品生命周期的挑战。因此，品牌化成为企业的关键任务。品牌化的方法和路径包括塑造品牌个性、管理品牌利益、改善客户体验与建构良好的品牌关系等。品牌化的结果就是品牌资产的建立，是消费者心理上的偏好与忠诚，是资本市场上的附加值。

第一节 品牌内涵

一、品牌的含义

美国营销协会（AMA）认为品牌是“用以识别一个或一组产品或服务的名称、术语、标识、象征物、设计及其组合，以和其他竞争者的产品或服务相区分”的标记。品牌使得企业所提供的产品或服务与能够满足同一需求的其他产品和服务有所差异。这些差异可以是功能性的、物理性的或者有形的，即与产品的性能有关，也可以是更加象征性的、情绪化的和无形的，即与品牌所代表的事物有关。戴维森（Davidson）于 1997 年提出“品牌冰山”的概念，指出通常人们所看到的品牌标识和名称只是冰山露在外面的一小部分，而品牌所蕴含的无形价值、独特文化和价值观却深藏在水面以下。

因此，要准确理解品牌就要从以下几个关键点展开。

（1）品牌是一个差异性的标识工具。品牌作为一个标识性符号，是品牌特征、品牌价值、品牌利益、品牌个性的符号，用以区别竞争对手和同类品牌。有形的差异性很容易被模仿，无形的差异性则很难被模仿。

（2）品牌是一个以消费者为主体的概念。品牌的内外在属性，如内在的功能、利益和象征性内涵，以及外在的品牌个性与形象特征，只有为消费者所感知、所认同才具有意义。同样的，品牌的差异性只有被消费者感知并接受才能成立。

（3）品牌是一个集合体的概念，如“品牌冰山”所形容，除了产品和服务之外，还有包括品牌所代表的品牌利益、品牌文化、品牌个性、消费方式以及消费者群体在内的一个综合概念。营销者在理解、分析与管理品牌时，不仅应强调突出特征，更应注重整体性。

（4）品牌适用范围非常广泛。适用范围包括：产品或服务（如格力空调）、公司或非营利性组织（如大自然保护组织）、城市或风景区（如凤凰古城）、个人（如韩寒）、活动（如中国好声音）、理念与主张（如可持续发展理念）等。

二、品牌的特征

品牌是差异性的符号化的综合，那么是不是只要在一定层面上体现出差异性就可以成为品牌呢？其实不尽然。一个品牌只有在属性、利益、价值、文化、个性与消费者层面表现出清晰的与众不同的特征，才能给消费者带来价值，才能为企业实现价值与创造经济效益提供防护墙，才能真正称得上可以在激烈市场竞争中获得竞争优势的强势品牌。换句话说，只有在下面 6 个维度上体现出差异性，才可以被界定为品牌。

（1）属性。一个品牌必须具有鲜明的为消费者所熟悉的功能性、物理性或其他方面的属性特征。例如，一提到“小米”，消费者就会清晰地将其界定为性价比非常高的手机。

（2）利益。所谓利益，指的是品牌带给消费者基于属性的特征可以转化为具体的消费者利益。小米“性价比非常高”带给消费者的是两方面的利益：价格低廉和品质保障。

（3）价值。价值就是消费者对品牌利益的评估结果，其基点是与同类消费进行对比。与同类手机相比，“小米”的价值在于“方便、实用、不落伍”。

（4）文化。只有具备可以清晰辨识的文化特征才能称得上是品牌。“小米”的文化就是“互联网精神和平民文化”，其宣扬“为发烧而生”的本质即在于此。

（5）个性。一个品牌只有具备鲜明的个性特征，才能够被识别与追随。“小米”的“雷布斯”个性特征目前已经被广为传播。

（6）使用者。品牌还必须有一群忠实的使用者，这群使用者的人口统计特征或个性具有清晰边界。“小米”使用者群体在某种程度上可用“屌丝”来形容，而非 Apple 的“高大上”一族。

当然，品牌在不同维度上的特征并非一成不变，上文以小米为例进行的六维度品牌阐述正在随着时间的发展逐渐改变。

三、品牌的类型

市场上的品牌众多纷纭，按照不同的标准可划分为不同的种类。

（一）按照品牌的完整性划分

按照品牌的完整性划分为完全品牌、品名品牌和品标品牌。

（1）完全品牌是指既有品牌名称又有品牌标志的品牌。完全品牌既便于传诵，又便于进行视觉记忆。科学研究表明，人们接受的外界信息中的 83%是通过眼睛这一视觉器官获得的。

（2）品名品牌是指只有品牌名称而没有品牌标志的品牌。品名品牌易于传播，不易于区分，如中国制造。

（3）品标品牌是指仅有品牌标志而无品牌名称的品牌。品标品牌不易于传播，但也有采用的，如我国的绿色食品品牌，就是只有品牌标志而无品牌名称。

（二）按照品名本身的含义划分

按照品名本身的含义划分为人名品牌、地域品牌、动植物品牌、企业名称品牌和无含义品牌。

（1）人名品牌是指用人的姓名或人的姓名中的一部分命名的品牌，如“BENZ”“FORD”“老干妈”“李宁”等。

（2）地域品牌是指以地名命名的品牌，如“青岛”“茅台”“杏花村”“北京”等。

（3）动植物品牌是指以动植物名称命名的品牌，如“小天鹅”“天猫”“两面针”“飞马”等。

（4）企业名称品牌是指用企业名称或企业名称的一部分命名的品牌，如“PHLIPLIS”“SONY”“海尔”“长虹”等。

（5）无含义品牌是指企业独创的原本无实际含义的品牌名称，如“优衣库”“唯品会”等。

（三）按照品牌的寓意划分

按照品牌的寓意划分为功能性品牌、效果性品牌、情感性品牌。

（1）功能性品牌是指用有功能寓意的名称命名的品牌，如“金嗓子”“盖中盖”“红牛”“中国好声音”等。

（2）效果性品牌是指用有效果寓意的名称命名的品牌，如“宜而爽”“可口可乐”“小儿咳必治”等。

（3）情感性品牌是指用情感性寓意名称命名的品牌，如“红豆”“百事可乐”“娃哈哈”“乐百氏”“爸爸去哪儿”等。

四、相关概念

（一）品牌名称

品牌名称也称“品名”，是指品牌中可以用语言称谓的部分，通常由文字构成，如海尔、长虹等。

（二）品牌标志

品牌标志也称“品标”，是指品牌中可以被认出、易于记忆但不能用语言称谓的部分，通常由图案符号、标记和颜色等构成，如海尔的两个卡通儿童形象。

（三）商标

商标是指品牌或品牌的一部分在政府有关部门依法注册并取得专用权。商标受到法律保护，是一项重要的工业产权和知识产权。我国习惯上将一切品牌不论其注册与否统称为商标，而事实上另有“注册商标”和“非注册商标”之分。注册商标受到法律保护，非注册商标不受法律保护。

（四）品牌形象

品牌形象是品牌区别于竞争性品牌在消费者心目中的形象，是消费者头脑中所持有的关于品牌的感知、联想、评价的总和。品牌形象是在品牌认知的基础上产生的一种顾客心理行为，是品牌特征在顾客心目中的具休休现。

（五）品牌关系

品牌关系是指品牌和消费者之间通过互动而形成的关联状态。该定义是通过借用人际关系的形式来描述品牌对消费者的影响程度。研究学者将品牌关系分为：普通朋友、忠实伙伴、最佳友谊、分场合的友谊、亲缘、回避、依赖、短期尝试、敌对、秘密关系和奴役关系等形式。

营销链接 8-1

从消费者角度深度解读品牌的意义与价值

消费者在选择一个品牌的时候，往往并没有太多的理由，就是一种直觉或感知。虽然消费者认可一个品牌可能会有一些理性考虑，但真正作决策往往就是在一刹那，根本来不及想更多的东西，有时一个细小的因素就成了决定购买的理由。不过这种感觉是很长时间积累起来的，是消费者的人生经历、审美心理、文化背景以及对所消费品牌的理解的综合产物。

品牌意义与价值受到品牌传播各个要素的影响，如产品品质、包装、使用经验、视觉色彩、标志符号、媒体广告、声音、卖场形象以及口碑等。在建构品牌意义的每一个环节，在消费者接触品牌的每一个点，都有影响消费者品牌感觉的因素，它们最后就会形成品牌在消费者心中的形象，决定着消费者对品牌的认同程度。

消费者品牌心理意义的建构，其实质就是通过产品或服务联系消费者心里所想。假如把产品比成一个圆，把消费者也比成一个圆，品牌则是两个圆交叉的地方，交叉的地方越多，意味着消费者对品牌的认同程度越高，消费者对品牌的选择性与忠诚度越高。若两个圆完全重复，则品牌就成了消费者自我表现的一种方式，进而成为消费者生活中不可缺少的一部分。可以说，品牌的这种感觉是其他任何东西都不可替代的。

从消费社会学角度来说，品牌是产品被识别的标志，即品牌反映的是消费者的身份，不同阶层的消费者、不同个性的消费者所使用的品牌可能是不一样的。每一个品牌背后都会有一群具有共同特点的消费者群体，这一群体具有共同的消费习性、文化心理、审美情趣等，也有着一样的喜怒哀乐。记住：品牌只能属于某一部分人，而不可能代表每一个人，更不可能得到每一个人的认同。

但是，品牌的投资是长期的，品牌的收益也是长期的，品牌的价值更是长期积累的。这就需要品牌投资者有一种投资的耐心，有一种永续经营的理念。

资料来源：中国营销传播网

第二节　品牌化

一、品牌化的概念

品牌化是指赋予产品和服务品牌的力量，通俗地讲就是产品和服务成长为一个品牌的过程。品牌的成长显然不是一个自然而然的过程，而是需要品牌主通过制定系统的品牌战略并采取长期行动才能赋予其生命力。由于差异性是品牌的核心所在，因此品牌化的关键就在于让消费者从心智上认为目标品牌与众不同。品牌的差异性通常与产品本身的功能与利益相关，也可以通过与非产品关联的方法形成。既可以为实体产品建立品牌，也可以为服务、店铺、人、地点、组织或想法建立品牌。

要理解品牌化，应注意以下几个关键点。

（一）品牌化是战略决策

品牌化可以提升品牌的差异性，从而在竞争中获得关键性竞争优势，甚至可以实现更高的利润率。但是品牌化需要品牌主从理念、产品、传播、包装、人员等方面进行系统规划，属于一项存有相当风险的长期投资。这就是现实的商业世界里存有非常多的企业，却少有具备想象力的品牌的原因所在。

（二）品牌化是一个长期投资

全球品牌顾问公司奥美广告说，创建一个品牌需要进行 3～5 年甚至更长时间的长期投资。只有在较长的时间周期内，消费者才能形成对目标品牌的品牌认知、忠诚态度与偏好。当然，品牌文化、价值观及相应管理体系也必须假以时日才能成熟。

（三）品牌化将面临众多挑战

品牌化可能会面临以下压力：价格竞争（创建品牌时你不拿价格跟别人比，别人却拿价格跟你比）；市场分割（品牌化要求选择清晰的目标市场，意味着要学会取舍）；品牌管理的难度（公司品牌、产品品牌、延伸品牌等，需要复杂的管理系统）；其他压力（短期的财务压力、企业内部对创新的偏见等）。

二、通过品牌共鸣实现品牌化

品牌化就是建立品牌资产的过程，营销学家凯勒（Keller）因此提出了基于顾客的品牌资产金字塔模型，如图 8-1 所示。由图可知，创建一个具有竞争力的品牌包括 4 个步骤，到达第 4 步即建立起强大的品牌资产。

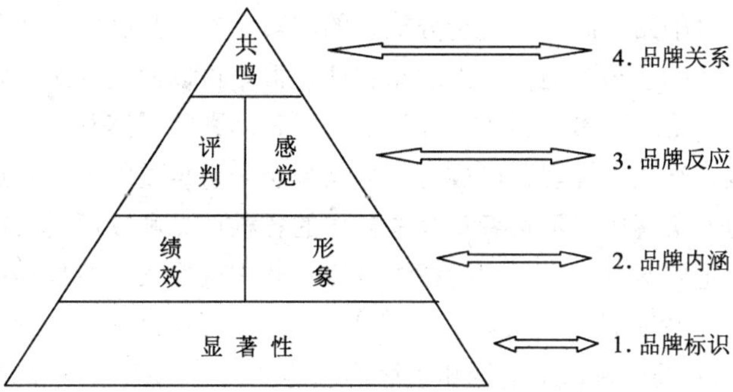

图 8-1　基于顾客品牌资产的品牌化路径

凯勒认为，基于顾客的品牌资产就是消费者对品牌所拥有的相关知识，是消费者对企业营销行为感知、信息处理与反应的结果。品牌知识包括品牌认知和创造品牌形象，品牌认知反映了顾客在不同的情况下确认该品牌的能力、利益和价值，创造品牌形象是在顾客的记忆中将优势、有利和独特的联想与品牌联系起来。

第一步：建立品牌标识，在消费者的脑海中建立与特定产品或需求相联系的品牌联想。

第二步：把品牌联想与特定资产联系起来，在消费者的脑海中形成稳固的、完整的品牌内涵。

第三步：引出对品牌识别和品牌内涵适当的消费者反应。

第四步：转变消费者对品牌的反应，从而在消费者和品牌之间建立起一个紧密的、积极的、忠实的联系。

三、通过塑造品牌形象实现品牌化

品牌化也可从塑造品牌形象入手。学术界将品牌形象定义为消费者对特定品牌的综合印象，并采用感知、知觉、联想和心智结构等术语来描述这一概念。通俗地说，品牌形象就是消费者对一个品牌所具有的共识性、概括性认知。例如，公众一提到“万科”，就会有“专业房地产公司”的形象认知；一提到“美宝莲”，就会联想到“时尚的大众化妆品”。

美国营销学专家贝尔（Biel）认为品牌形象可以分为公司形象、产品形象和使用者形象 3 个层面，为塑造品牌形象提供了切入点，如图 8-2 所示。

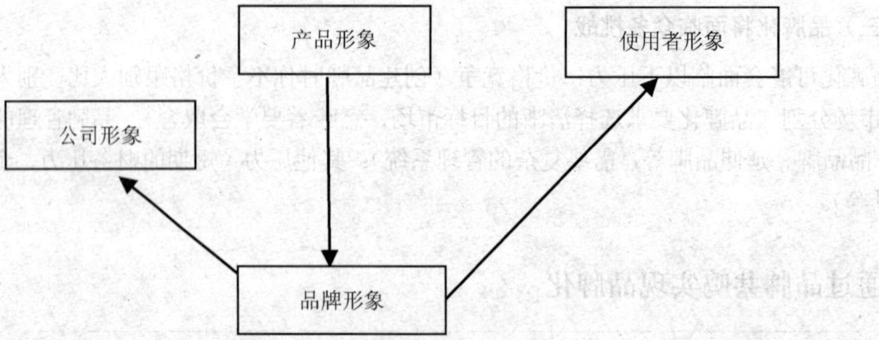

图 8-2　贝尔品牌化要素模型图

贝尔认为品牌形象即消费者的品牌联想，但联想存在“硬性”和“软性”两种属性。所谓“硬性”属性，是对品牌有形的或功能性的属性的认知。例如，就轿车而言，硬性属性就是马力大、启动快等。这种硬性属性对于品牌而言，是十分重要的因素。一个品牌一旦“独占”某种功能属性，即在某种功能属性方面占据了垄断地位，别的品牌往往很难再以此属性进行定位，但是，硬性属性已不再是形成品牌差异的绝对因素。而“软性”属性反映品牌的情感利益，如野马车很容易使人联想到男性、自由和冒险。软性属性现在已成为区分品牌越来越重要的因素。这是因为，这种情感利益一旦建立，就很难为人所模仿。消费者将有关公司的各种信息和使用公司产品的经验组织为公司形象，这是品牌形象的重要部分，也可称为组织形象。其构成要素主要包括：革新性、历史延续性（如企业的历史、规模等）以及带给消费者的信赖感。使用者形象是指品牌使用者的人口统计特征等“硬性”属性与包括使用者的个性、价值观和生活形态等“软性”属性。产品形象是与产品本身功能或所带来的利益特征相对应的品牌特性，此外产品产地、包装等也是产品形象所包含的内容。

四、通过品牌利益实现品牌化

品牌的差异性与品牌形象等内容只有被消费者认同才有意义，即品牌是一个以消费者为主体的概念。因此，我们可以说品牌的差异性是品牌化的关键，但品牌带给消费者的利益才是核心。艾克（Aaker）、贝尔等学者认为，品牌之所以为品牌就是因为品牌代表了它能够给予消费者 3 个层面的利益和价值：功能性价值、象征性价值和体验性价值。因此也可以从品牌提供给消费者的不同层次的利益作为切入点进行品牌化，如表 8-1 所示。

表 8-1　功能性、象征性和体验性品牌概念的界定

类型	功能性价值	象征性价值	体验性价值
定义	满足消费者解决相关问题的动机的需要，相关消费问题涉及解决当前问题、防止潜在问题和重建受挫的消费情境等	满足消费者将个人与其期望的群体、角色或自我形象建立联系的需要	满足消费者实现消费多样化、愉快感觉或认知刺激的需要
性质	消费者的需要是外在的	消费者的需要是内在的	消费者的需要是内在的

实质上不同品牌的产品之间并不存在很大的差异性，一个品牌要区别于其他品牌更多的是依赖

于消费者的差异认知，即消费者认为某一品牌不同于其他品牌的功能和意义。例如，格力空调就具有鲜明的高质量的功能性形象。全球率先提出品牌概念的列文等（Levy 等）学者认为消费者购买产品或品牌时，除了物理的外在和功能特性之外，品牌的心理意义和价值更为重要。品牌的心理意义和价值可以用象征性利益来表示，指的是一个品牌代表一种身份、个性形象、生活方式和价值诉求。例如，Nike 就代表了年轻人追求自我的精神诉求。事实上，品牌的心理意义和价值是消费者经过多次品牌体验之后获得的，企业必须了解消费者对品牌的使用经验，才能知道顾客的所见所感是不是和他们期望的一致，因而体验性价值就变得非常重要。例如，可口可乐在全球范围内坚持不懈的“篮球争霸赛”就让消费者感受到了可口可乐“永远在一起”的心理效应 。

五、通过品牌关系实现品牌化

与人际关系做类比，品牌化可以视为品牌与消费者建立关系的一个过程。科特勒（Kotler）因此把品牌化的过程分成 4 个步骤：“你是谁？”—“你代表什么？”—“你怎么样？”—“你和我的关系如何？”，如图 8-3 所示。

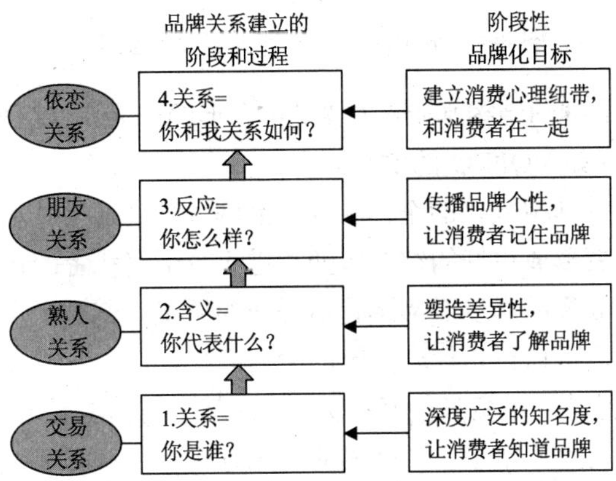

图 8-3　基于品牌关系的品牌化模型图

根据这一模型图，品牌关系建立的根本任务就是和消费者建立类似亲密朋友一样的依恋关系。当然，每个阶段品牌化的任务是不一样的。

（1）交易关系阶段。这是品牌发展起步阶段，消费者并不熟悉品牌，任务在于提升知名度，让消费者认识品牌、记住品牌，并把相互之间的关系向熟人关系推进。

（2）熟人关系阶段。通过广告、公共关系、人员推销等手段，消费者已经对品牌有所熟悉，任务就是让消费者理解品牌含义与差异性利益点。

（3）朋友关系阶段。通过塑造突出的品牌个性，在消费者心中找到一个独特的位置，并形成与竞争对手与众不同的心理印象，达到一提及品牌，就能有对有关品牌判断和感觉的适度反应。

（4）依恋关系阶段。通过建立品牌信任，强化相互的沟通，将品牌反应转化成一种活跃的、强烈的忠诚关系。

六、基于品牌认同实现品牌化

美国学者卡夫勒（Kapferer）从品牌形象识别要素的角度，提出品牌化路径模型。结合从公司和消费者角度看待彼此间的关系，卡夫勒将品牌视为传达者的图像，包括外显形体和内在性格；消费者对品牌的反应则是接收者的图像，包括外在反映及内在自我形象。而连接双方的桥梁是通过外部彼此的关系和内在文化加以结合，使双方在互动过程中实现最终认同。这一品牌化路径被称为卡夫勒要素模型，其中包含 6 个主要元素，如图 8-4 所示。

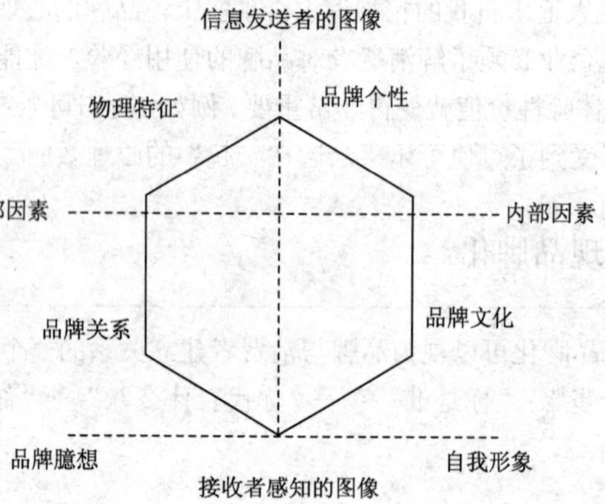

图 8-4　基于品牌认同的品牌化模型图

物理特征：物理特征是品牌的结构基础，主要是由有形的产品属性延伸而来，特征可以具体（如 IBM 的专业），也可以抽象（如 VOLVO 的安全）。

品牌个性：品牌个性指品牌拟人化的个性特征。品牌管理者通常使用代言人、明星与卡通人物来诠释品牌个性，帮助消费者形成更好的综合感知，进而吸引消费者的认同。

品牌文化：品牌文化是联系品牌以及品牌背后公司的桥梁。产品是文化固化的表达方式，且实际上传播着品牌文化。例如，可口可乐代表美国的生活方式。

品牌关系：品牌关系指品牌与消费者的互动关系。品牌会与消费者形成如朋友般不一样的关系，这是建立良好的品牌忠诚并与竞争对手实现区隔的理想方式。

品牌臆想：每一个消费者都有一个关于品牌的特定认知，即为品牌臆想。当品牌带给消费者感同身受的臆想时，消费者就会认同品牌。

自我形象：自我形象指消费者内部的自我连接，即消费者通过其对品牌的态度发展某种与自我相联系的形象连接，这个形象连接可以通过购买和使用特定品牌而得到确认。例如，年轻人倾向于购买 Nike 而变成前卫群体的一员。

卡夫勒要素模型实质上是一个品牌要素及品牌管理模型，它主张通过消费者与品牌内外角度的要素管理来实现品牌化的目标。

营销链接 8-2

中国品牌崛起的 3 个敌人

一、机会主义

洛桑管理学院教授麦克斯韦尔毫不客气地批评中国企业的机会主义导向，原因有三：其一，机会主义使企业缺乏对品牌事业的专注，且在资源分散的情况下很难保持持续投入，没有专注和持续投入，就谈不上支持品牌化的企业战略和品牌文化。其二，事实上，品牌化从来都是一个长期性的战略性目标，在机会主义导向下，少有企业会像养育一个“孩子”一样去培养一个长期品牌。其三，所谓的营销奇迹，如健力宝、太阳神、三株、王老吉等基本上都是依靠功利化的营销工具与手段取得的（如简单粗暴的广告轰炸），而不是依赖于顾客价值的创建和让渡，更不是依赖于持久的情感关系的缔结和维护。其造成的结果必然是脆弱的客户关系。

二、商业环境

中国商业环境的复杂性与不成熟性呈现出不同特征。其一，政策不稳定。例如，国有企业与非国有企业关系的不确定，行业政策的不稳定（如房地产），结果是：国有企业没有动力去经营品牌，非国有企业没有能力和信心去经营品牌；专心做企业和品牌，还不如去炒几套房。其二，法律不成熟。例如，倾销和价格战等行为并没有得到禁止；价格战以及其他不正当竞争行为缺乏规范的指引；捐赠与公益等行为在中国缺乏相应的政策法规。其三，消费文化不健康。中国的雾霾等环境问题使得中国濒临环境承载能力极限的边缘，但大排量的汽车消费和奢侈型的住房购买未见丝毫节制的苗头。

三、传统文化

“英雄不问出处，胜者为王败者寇”，其实质就是几千年隐藏在中国社会生活中的实用主义文化。借鉴品牌权威Keller的主张，品牌代表产品质量与品质，代表生活方式与品牌态度，代表功能性、体验性及情感性价值，代表顾客与品牌的持久关系。向内而言，品牌企业追求产品品质、满足消费者功能和情感需求以及传播企业价值文化；向外而言，品牌是识别自己与满足个性化消费的符号。从内而外，品牌已经大大超越了实用主义的范畴，塑造强势品牌所需要的“品牌价值”以及实现“品牌价值”所需要遵循的“规范”精神与实用主义文化并不吻合。

资料来源：龙成志．转型时期中国品牌崛起的制约因素研究[J]．改革与战略，2012，28（4）：31-34

第三节 品牌无形资产

一、品牌资产的含义

品牌资产是指给产品和服务附加的价值，与某一特定品牌紧密联系，其超越了产品或服务本身的利益。品牌资产反映了顾客对该品牌的想法、感受和所采取的行动，以及品牌带给品牌所有者销售产品的溢价能力、市场份额优势和盈利能力。品牌资产是一项重要的无形资产，对公司来说具有很大的财务价值。

对品牌资产的定义通常是从顾客视角出发的，基于顾客的观点认为品牌资产建立在消费者的心智基础之上。在相同情况下，如果顾客对产品及营销方式反应良好，则称品牌具有正向的品牌资产。如果顾客对产品及营销方式反应较差，则称品牌没有很好的品牌资产甚至具有负向的品牌资产。

这样的定义包含 3 个关键因素。其一，品牌资产源自顾客的不同反应。如果不存在差异，品牌产品实际上可以归结为一般商品或产品，而竞争的重点只有一个：价格。其二，顾客反应差异是由顾客对品牌的认知积累所引起的，包括与品牌相关的所有想法、感觉、形象、经验以及由此形成的信念等。其三，顾客对品牌资产的差异化反应通过其认知、偏好和行为表现出来。

品牌资产源自顾客反应，它可以为品牌建立独特的优势，带来切实的利益。第一，消费者对产品性能的感知度有所提高。第二，消费者可能拥有更高的品牌忠诚度。第三，不易受到竞争性营销活动的影响。第四，可获得比竞争对手更高的利润率。第五，更能抵御品牌营销的危机，如公关危机。第六，可获得更强有力的商务合作和支持，如获得赞助与竞标资格等。第七，有机会进行特许经营。第八，有利于推出新产品或进行品牌延伸。

二、品牌资产的评估

品牌资产是一种无形资产，存在于消费者的认知、态度与行为偏好中，对品牌绩效（如销售量、市场份额以及利润）有着积极的提升效应。也正因此，品牌资产的评估才难以准确计量，众多研究机构与品牌顾问机构都尝试过对品牌资产进行量化，但均难以达到公正、客观与科学的标准。当然，品牌资产是随时波动的，并通过销售数据或资本市场的数据反映出来。例如，2017 年携程公司被爆出亲子园虐童事件，其业务单元和股票在短期之内都发生了剧烈波动。

（一）BAV 品牌资产评估模型

扬罗比凯公司（Young & Rubicam）开发了 BAV 品牌资产评估模型。品牌资产由 4 个关键点构成：差异度——测量品牌与其他品牌差异的程度；关联度——测量品牌的吸引力程度；尊重度——测量品牌被看好和受尊重的程度；理解度——测量消费者对品牌的熟悉程度以及品牌的亲密程度。具体如图 8-5 所示。

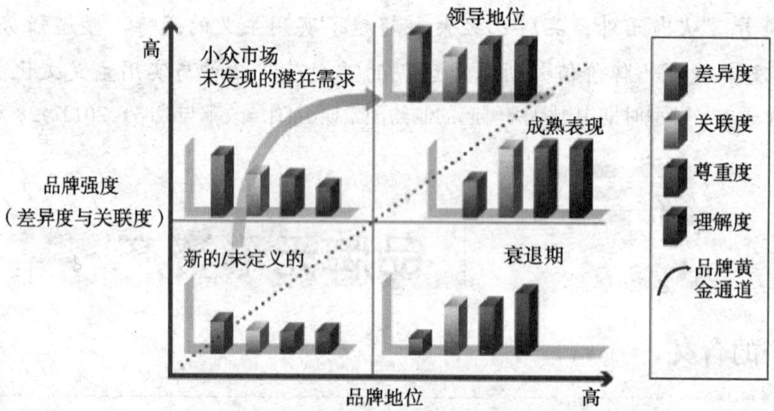

图 8-5　BAV 品牌资产评估模型

差异度与关联度组合在一起决定品牌的强度，并共同指向品牌的未来价值。尊重度与理解度构成了品牌的高度即地位，是对过去绩效的“评分”。活跃的品牌强度和品牌地位组合在一起就构成了力量坐标，用连续的坐标描绘品牌发展的每个阶段及资产情况。小众市场的新品牌显示了比关联更多的差异性和能力，然而品牌尊重度和理解度则比较低。真正的强势品牌在所有关键点上都有良好表现，因而具有强大的品牌资产。当然，衰退期的品牌显示了较高的理解度，但在其他维度上表现不尽如人意。

（二）BRANDZ 品牌资产模型

华通明略行（Millward Brown）营销调研公司与 WPP 集团共同开发了测量品牌强度的 BRANDZ 品牌资产模型，其核心是动态金字塔，如图 8-6 所示。

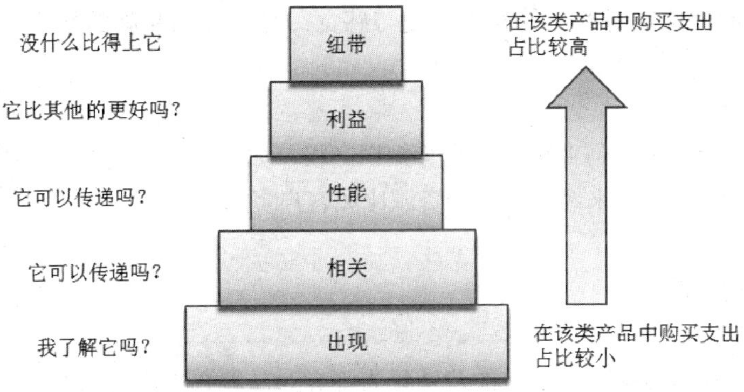

图 8-6 BRANDZ 品牌资产模型

BRANDZ 品牌资产模型的本质是采取一系列的指标对消费者与品牌的关系进行测度，检测品牌与消费者关系的紧密程度，判断品牌在消费者同类消费支出中所占的比例，以对品牌资产的状态进行评估。对于弱关系品牌而言，品牌认知基础较弱，品牌在消费者心智中的位置处于游离状态，对消费者购买支出的影响非常弱，其品牌资产状况自然处于较低的水平。对于强关系品牌而言，品牌与消费者已经有稳固的情感性维系，消费者甚至认为品牌是无与伦比的，而品牌对于消费者的消费决策与支出结构具有压倒性的影响，其品牌资产状况自然处于金字塔的最高位置。

（三）艾克品牌资产模型

美国品牌研究专家大卫·艾克（Aaker）在 1991 综合前人的基础上，提炼出品牌资产的“五星”概念模型，即认为品牌资产是由“品牌知名度（Brand Awareness）、品牌认知度（Perceived Brand Quality）、品牌联想度（Brand Association）、品牌忠诚度（Brand Loyalty）和其他品牌专有资产”5 部分所组成。

1. 品牌知名度

品牌知名度是指在目标市场中为多少人所知道并熟悉。品牌知名度的高低取决于品牌的传播渠道、传播方式以及营销模式等。品牌知名度高的优势是：顾客购买时因熟悉而放心；顾客购买时易于感觉货真价实；易于成为顾客首选的产品；易于作为礼品被顾客购买；批发商与零售商乐于进货；易于成为流行产品。

2. 品牌美誉度

品牌美誉度是指顾客对该品牌的赞誉程度，是品牌差异定位、高价策略和品牌延伸的基础。它的内涵包括：功能、特点、可信赖度、耐用度、服务度、效用评价、商品品质的外观。品牌美誉度高的优势是：会增加产品价值；会为顾客提供购买理由；会增加顾客购买以后的满足感；好的口碑宣传易于吸引新的顾客；易于提高单位售价；易于吸引分销渠道成员。

3. 品牌忠诚度

顾客能够持续地购买和使用品牌即为品牌忠诚度。品牌忠诚度是一种行为过程，是顾客对某种品牌的心理决策和评估过程，是在一个购买决策单位中顾客多次表现出来的对某个品牌有偏向性的（而非随意的）行为反应。品牌忠诚度高的优势是：可降低营销费用；可创造竞争优势；可提高价格；可提高口碑宣传影响力；可吸引新顾客；可抵御竞争者的进攻。

4. 品牌联想

品牌联想是指透过品牌而产生的所有联想。品牌联想是在品牌认知的基础上产生的一种顾客行为，是品牌特征在顾客心目中的具体体现。构成品牌联想的元素包括：产品特性、地域、竞争对手、产品属性、生活方式、名人、顾客、应用、价格、顾客利益、无形的价值等。品牌联想度高的优势是：能创造出顾客对产品的积极态度与感觉；易于提高品牌的知晓度与美誉度；易于对品牌进行延伸。

5. 品牌其他资产

品牌其他资产是指品牌有何商标、专利等知识产权，如何保护这些知识产权，如何防止假冒产品，品牌制造者拥有哪些能带来经济利益的资源比如客户资源、管理制度、企业文化、企业形象等。

三、品牌资产的创建

营销专家大卫·奥格威认为，所有的营销行为都会对品牌资产产生影响。一次良好的品牌沟通将在改变消费者品牌态度方面产生积极影响，但一次过度的价格促销行为则可能对品牌资产产生难以弥补的消极影响。这是因为，品牌资产的创建需要进行长远的规划、系统的规划，以及坚持不懈的行动积累。

从营销管理的角度来说，品牌资产的驱动因素包括 3 种类型：其一，组成品牌的元素或标识的初始选择（品牌名称、Logo、品牌口号、标语以及形象代言人等）；其二，产品和服务以及机构的所有相关营销活动和支持性的营销项目（如品牌关系活动、周年庆典、客户联谊活动等）；其三，通过将品牌与其他某些元素（人、场景与事物）建立起关联来间接传递品牌联想。

因此，品牌资产创建的常规化步骤具体如下。

（一）定义品牌架构

一个成功的品牌就是一个好的产品或服务使购买者或使用者获得独特的最能满足他们需要的价值，其成功源自面对竞争能够继续保持附加价值。因此，创建品牌的基础和前提是品牌必须有清晰的品牌架构。

从普通层次上说，品牌满足了消费者什么样的需求。

从期望层次上说，通过更好地匹配资源，品牌满足了消费者基本需求之外哪些情感性与体验性的需求，以坚定消费者对所支持品牌的信心。

从潜力层次上说，品牌必须表现出创造力。

除此之外，品牌架构还需要从增值层面上对品牌价值进行规划。例如，Apple 手机除了手机功能、身份象征以及个性等方面的特征表现突出外，还提供了其他品牌提供不了的 Apple Store 功能。

（二）选择品牌元素

品牌元素是指用来识别和区分品牌的商标设计、品牌标识、品牌故事、形象广告以及特殊性的公共活动。例如，耐克就具有别具一格的“飞翔”标识、独特的品牌口号（Just do it），以及有渊源且广为流传的品牌名称。值得强调的是，需要对上述品牌元素所塑造的品牌能力进行检验，即需要了解消费者对上述品牌元素的看法和想法是否与预期一致。例如，某厂商推出“锤子手机”，如果其名称引起众多非议，就会对品牌创建造成不利影响。狭义上的品牌元素包括品牌商标和 Logo 等，广义上的品牌元素包括众多范畴，具体如下。

1. VI 系统

VI 系统即品牌的视觉识别系统，包括品牌名称、Logo、广告口号以及其他系统性识别系统，如图 8-7 所示。

2. 品牌故事等内容

任何品牌的创建都要经历一个过程，而在这个过程中适合广为传播的人物、故事和场景都可以成为品牌传播的元素。例如，在互联网时代迅速崛起的小米手机，雷军的故事、每次小米手机的发布会视频以及过往产品发布的经典场景都是该品牌传播的关键元素，都可以准确传递与代言品牌内涵、品牌使命与核心价值观。

图 8-7　全球经典品牌 Logo

3. 售点与客户体验中心

很多人都对 Apple 手机的体验中心印象深刻，它是将售点和客户体验中心运用到极致的经典案例。其店面位于商业旺地，空间开阔大气，色调简单却直击人心，装饰干净得让人留念，很好地传播了 Apple 的品牌概念、个性与价值观。

4. 广告与其他赞助活动

几乎每一个知名品牌都有其流传经久的广告，即广告与品牌之间是画等号的，如哈根达斯。此外我们还注意到，一些品牌和一些体育经典赛事有着长达几十年的合作关系，如安联保险和汽车拉力赛。

一般来说，选择品牌元素应该注意以下标准。①符合品牌定义，能够准确传递品牌内涵。例如，“凡客”的名称就非常符合其品牌定义。②易于记忆。在购买和消费时，该元素要易于记忆和识别。例如，桔子酒店及其暖色系，能让入住过该酒店的人清晰记忆，并产生积极联想。③有意义。该元素可以信赖并与相应类别有关联，能够令人想起某些成分或某些品牌使用者。例如，百事可乐，其酷酷的色系能让人想起它的代言人或者某种生活方式。④讨人喜欢。该元素具有美学感染力并在视觉、语言或其他方面具有内在的让人喜欢和亲近的特性。例如，可口可乐的 Logo。⑤可修改、易使用。

（三）设计全方位的营销活动

我国营销学领域有影响力的学者卢泰宏认为，为了创建品牌资产，最根本的投入来自产品和服务以及为其所做的营销活动。品牌不仅是靠广告建立的，还需要顾客通过大量联系和接触点（亲自观察和使用、口碑传播、与公司员工打交道、顾客相互之间的交流、在线与电话体验以及其他专业媒体的评价等）逐渐进行认知和了解。

因此，营销者在设计塑造品牌时应强调 3 个重要主题。

1. 个性化营销

个性化营销是为了在营销的过程中通过品牌元素以及营销策划活动赋予品牌以鲜明的个性，从而获得消费者的关注和认同。正如人际交往一样，没有个性的品牌很难被市场深刻记忆并追随。创建一个富有个性的品牌，可以大大提升销售额和利润，而且不需要用昂贵的宣传费去吸引大众。因此，个性化营销对非传统或补缺产品的营销者来说尤为重要。营销者想要具备这项技能，就要做到：首先是在目标市场中让意见领袖激动起来并提供个性化的体验，从而创造口碑。想象力是关键，一个有想象力的广告（如益达口香糖）可以迅速地赋予品牌以个性。其次是通过供给和分销增强产品的吸引力。例如，小米所谓饥渴式的分销模式使得市场关注度迅速提升。

2. 整合营销

整合营销是指混合和匹配各种营销活动以最大化其整体效果的传播安排。尽管企业可以利用大量差异化营销活动增强其品牌承诺，但整合对于营销传播者来说尤为重要。整合营销传播从根本上来说，就是要求传播围绕消费者来推进。首先，从内容上要对品牌概念的不同层级进行整体性管理，并通过各种渠道让消费者感知信息的一致性。比如，一个房地产项目可以在广告中定位得非常时尚，但不可以在售楼处与样板房的设计上显得十分传统。其次，营销活动与工具之间要基于接触点进行整合。在品牌创建期，营销传播活动需要将重点放在影响力大、传播面广的工具使用上，比如广告。在品牌维护期，客户关系活动的作用和地位就变得更加重要，可以使得口碑传播效应得到最大化。最后，要充分整合各种传播主体进行营销传播。所谓营销就是传播，在传播的过程中不能只有以品牌所有者为主体的传播，还要尽可能地利用消费者、第三方媒体以及员工本身，这样传播的效应才可以得到最大化。

3. 借助第二次联想

品牌资产创建的第三条路实际上是“借用”，即通过品牌联想与其他的相关记忆实体建立联系，从而创造辅助性的品牌联想。这样一来，通过将品牌与某些记忆建立关联，并向顾客传递某种有意义的信息，就创建了品牌资产。

品牌的来源因素有很多，如公司（通过品牌战略）、国家或地理区域（通过产地识别）、分销渠道（通过渠道战略）。此外，品牌的来源因素也包括其他品牌（联合与背书品牌）、特征（通过特许经营）、代言人（通过赞同和支持）、体育与文化赛事（通过赞助）或者其他第三方资源（通过奖励与评论）等，如图8-8所示。

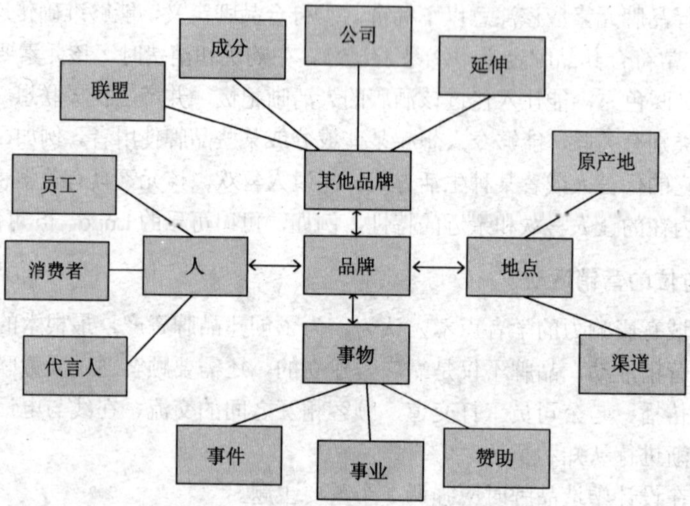

图8-8 借助第二次联想的品牌来源因素

营销链接8-3

品牌故事应该触发的5种消费者反应

我们发现几乎所有的经典品牌都有自己的“故事”，如Dior、Zippo、迪士尼、Channel、可口可乐……而正是这些广为流传的品牌故事，让消费者乐意从一而终。所以，要想成为好品牌一定是要懂得讲故事！用故事的形式设置一个情境，让消费者进入情境，感受品牌所传递的信息和情感，这是故事营销的精髓，且远比生硬地强调产品性能要高明得多。

那么，我们需要通过品牌故事触发消费者什么样的情感和反应？

- 让消费者体验到“归属感、参与感”。——任何人都不愿意被孤立，我们喜欢同一个球队、同一个明星，因为从中能找到共同话题并产生情感共鸣。品牌需要提供一种情感、情节、情境，让消费者能够“进入”我们，让消费者觉得我们是一伙人，如动感地带M-zone人、果粉、米粉等。
- 让消费者感觉到高效率和条理性。——消费者总是希望自己能更加聪明一些，事情能进展得更快一些，并让人觉得他们是负责任的。他们渴望品牌能给自己带来帮助，让自己的工作、生活更高效、更有条理，而不仅仅是满足一些物质上的需求。
- 让消费者感觉到自己更有创造力。——随着3D打印等技术的出现，每个人很快就会成为生产者，他们能够创造自己想要的。品牌如果能够赋予消费者更多改变的能力，让他们通过产品展现与众不同的创造力，自然是他们所乐意尝试和接受的。
- 让消费者感觉到被理解。——随着世界变得越来越小，人们的压力在持续上升，因此逃避高压的生活显得越来越有吸引力。林友清认为，品牌需要直面这一切，让消费者感受到情绪上的共振，给予消费者采用另一种生活方式的理由。我们可以看到，现在许多品牌的诉求直指“放纵自己”“释放自己”，这让消费者找到了知音，更重要的是找到了自我释放的理由。
- 让消费者感觉到他们所做的事情是有意义的。——消费者想在他们生活中的各个方面都能达到富足和圆满，并渴望从他们所做的事情中获得深度和意义。品牌要为消费者找到事情的意义和价值，因为他们总是趋向于那些能理解自己的人、事、物。

资料来源：中国营销传播网

第四节 品牌管理策略

一、品牌归属策略

实行品牌化后，就涉及品牌的归属问题，即品牌归谁所有、归谁负责的问题。一般有以下 3 种策略。

（一）自有品牌策略

自有品牌策略是指企业使用属于自己的品牌进行营销活动，这种品牌叫作企业自有品牌或生产者品牌。企业拥有自己的品牌，更能使企业获得品牌所带来的超越本身的附加利益。由于品牌这种附加利益的存在与增值是企业营销努力的结果，因此为实现品牌增值，企业就必须维护、培育通过品牌建立起来的企业与消费者的关系。

企业自有品牌的获得途径主要是：①企业自行设计的品牌，如上海家化自主开发设计“佰草集”；②外来品牌，即从其他企业购买或并购的独立商标专用权的品牌，如联想公司购买商务笔记本电脑品牌“Thinkpad”。

（二）他人品牌策略

他人品牌策略是指企业使用属于他人所有但企业拥有使用权的品牌进行营销活动，如苏宁公司销售白色家电时使用“惠而浦”品牌。企业借用他人品牌推出产品的优点是：①实现借誉入市，有利于产品销售；②节省塑造品牌形象的各种宣传费用。他人品牌策略是企业战略营销过程中的“权宜”，而要想取得品牌战略的成功还须策划“之计”。他人品牌有中间商品牌和其他生产者品牌两种形式。中间商品牌是指中间商拥有所有权并投入运营的品牌。中间商拥有品牌意味着中间商要承担品牌标定下商品的全部责任，要履行品牌对消费者的各种承诺，使顾客满意并获得品牌利益。而其他生产者品牌是指企业使用其他生产者的品牌实现产品销售并引导行为发展。其通常的做法是企业接受拥有盛誉品牌的生产经营企业的委托加工，实施贴牌生产。

（三）自有品牌与他人品牌共有策略

自有品牌与他人品牌共有策略是指企业对同一种产品，一部分使用自有品牌销售，一部分使用中间商品牌或其他生产者品牌销售的做法。对一些企业来说，其自有品牌的市场影响力较小，仅局限在一个相对狭小的市场区域内。在这一销售领域内，该品牌有一定的知名度和美誉度。但是企业欲扩大产品销售领域、占领异域市场，则可以采用借用他人品牌的策略，即所谓的自有品牌与他人品牌共有策略的营销方式。例如，建设银行与天河城公司推出联名信用卡，该信用卡是建设银行借助天河城的零售影响力针对经常在天河城百货购物消费的区域性市场进行拓展的品牌策略。

二、品牌统分策略

品牌除了要考虑归属问题外，还要考虑命名问题。即考虑大部分或全部产品都使用一个品牌，还是各种产品分别使用不同品牌，这就是品牌的统分问题。品牌统分策略主要有 3 种形式。

（一）统一品牌策略

统一品牌策略又称单一品牌策略，是指企业生产经营的所有产品（包括不同种类的产品）统一使用一个品牌的做法。例如，美国的“IBM”、日本的“SONY”、我国的“海尔”“长虹”等都使用的是单一品牌策略。

（1）优点。

企业采用统一品牌策略的优点是：①所有产品共用一个品牌，可以比多品牌节约品牌设计、传播和保护等费用，从而降低企业营销的总成本；②可在企业品牌已赢得良好市场信誉的情况下顺利推出新产品；③能使得统一品牌下有多种商品在同时销售，优良的品牌有助于塑造企业形象。

（2）缺点。

企业采用统一品牌策略的缺点是：①若统一品牌下的一种产品因某种原因出现问题，就可能发生“连锁反应”，影响品牌其他种类的产品，从而影响全部产品和整个品牌的声誉；②统一品牌也存在着容易相互混淆、难以区分产品质量档次等问题，给消费者带来不便；③统一品牌下的产品差异较大，以致消费者产生购买的心理障碍，就会淡化品牌个性，使品牌的整体形象受损。

（二）个别品牌与多品牌策略

个别品牌策略是指企业对各种不同的产品分别赋予不同的品牌的做法；多品牌策略是指企业同时为一种产品设计两种或两种以上相互竞争的品牌的做法。例如，联合利华通常的做法是为每个产品命名一个品牌，牙膏品名为“洁诺”、洗衣粉品名为“奥妙”等。又如，宝洁公司为洗发水同一种产品设计了“飘柔”“海飞丝”“潘婷”3 个品牌。

（1）优点。

企业采用个别品牌或多品牌策略的优点是：①可以在产品分销过程中获得更大的市场空间，如货架空间等，进而挤占竞争者的市场空间；②可以借助不同的品牌突出各自的产品特性，如海飞丝“头屑去无踪，秀发更出众”，飘柔“头发更飘、更柔”，潘婷“拥有健康、当然亮泽”等，以便消费者能识别出不同质量、不同品质、不同标志的产品，产品的品牌细分，也是对市场细分的重要方法；③能够较好地分散风险，有利于企业利益和整体信誉。

（2）缺点。

企业采用个别品牌或多品牌策略的缺点是：①营销费用高；②品牌分散，不利于塑造整体形象；③多品牌之间存在竞争，会增加管理难度。

（三）分类品牌策略

分类品牌策略是指企业在将所有产品分类的基础上，分别使用不同的品牌的做法。采用这种策略的大多是大型中间商企业或产品类别复杂的企业。例如，科龙集团的冰箱品牌是“容声”，空调品牌是“科龙”“华宝”等。

企业市场营销的策略不同，采用的品牌竞争策略也不同，每种策略各有其优缺点，企业应根据自身的能力和市场的变化而定夺。

三、复合品牌策略

品牌归属策略和品牌统分策略讨论的都是一品一牌策略。复合品牌策略讨论的则是一品两牌或一品多牌策略。复合品牌策略是指赋予同一种产品两个或两个以上品牌的策略，一般可分为主副品牌策略和品牌联合策略。

（一）主副品牌策略

主副品牌策略是指同一产品使用一主一副两个品牌的做法。例如，可口可乐品牌推出零度无糖可乐。它兼容了统一品牌策略与个别品牌策略的优点，即企业产品均在主品牌下借势受益。同时副品牌的优点是：①能直观、形象地表达产品的个性特征；②能减少宣传费用，增强促销效果；③有利于推出新产品；④有利于扩展品牌，且能避免个别品牌的失败给整个品牌带来损失的负面影响；⑤有利于烘托并提升主品牌形象。

（二）品牌联合策略

品牌联合策略是指对同一产品使用不分主次的两个或两个以上品牌的做法。品牌联合可以使两个或更多品牌有效地协作、联盟，相互借势，从而提高品牌的市场影响力与被接受程度。品牌联合策略一般可分为自有品牌联合并用和自有品牌与他人品牌联合并用。

1. 自有品牌联合并用

为了适应市场竞争的需要，冲破不同地理区域的文化阻碍，以顺利进占异域市场，企业在市场营销实践中常常为不同市场的同一产品设计不同的品牌。例如，美国的“Coca-cola”在中国称为“可口可乐”；德国的“BENZ”在中国称为“奔驰”；瑞士的“Nescafe”在中国称为“雀巢咖啡”等。如果将同一产品的不同品牌联合在一起使用，就会在一定程度上把另一品牌的市场声誉转接到新市场上，使消费者产生信任。如“Coca-cola、Coke、可口可乐”，这样 3 个品牌并用，就会使人感到“可口可乐”与美国的“Coca-cola”“Coke”是相同的。“Coca-cola”和“Coke”已得到美国市场的信赖，市场声誉很好，因此“可口可乐”是值得信任的。这种做法比单独使用“可口可乐”效果要好。

2. 自有品牌与他人品牌联合并用

对不知名的品牌而言，通过自有品牌与他人品牌联合并用，可以借助知名品牌的盛誉，消除消费者心中的疑虑，接受并信任知名品牌托起的两个不太知名的品牌及产品。同时，自有品牌与他人品牌联合并用的品牌策略也是企业间相互合作的一种有效方式。例如，英特尔（Intel）公司与世界主要计算机厂商的合作。早在 1991 年 Intel 公司推出奔腾系列芯片时，就制订了一个鼓励计算机制造商在其产品上使用“Intel Inside”标识的促销计划，最终使得几乎所有的计算机厂商都贴上了“Intel lnside”标识。

四、互联网域名策略

域名的出现是网络信息时代一种新的品牌形式。互联网域名策略是品牌策略中的重要组成部分。

（一）域名具有商标属性

域名作为互联网的单位名称和在 Internet 上使用的网页所有者的身份标识，不仅被用于区别不同网站主页的网络地址，能向人们传递很重要的信息，而且还具有商标属性。域名相当于一个单位在互联网上的“门牌号码”，其可识别性已成为品牌建设的重要关注点，如 JD.com。互联网域名之所以具有商标属性，是因为域名的专用权属于注册者。

（二）域名不完全等同于商标

尽管互联网域名具有商标属性，但是它们之间还存在着许多不同之处，即互联网域名的特性：域名比商标具有更强的可识别性；域名具有全球唯一性；域名注册的要求比商标注册的要求简单。在网络购物已经成为主流购物模式的背景下，域名变得越来越重要。

营销链接 8-4

粉丝经济的典型——小米品牌

如果说粉丝经济玩得最好的是小米公司，估计没有异议。

成立不到3年，小米2013年全年销售手机1 870万部，销售收入超过300亿元。到2015年，小米成为销量全国第一、全球第三的手机品牌。虽然近两年，小米手机在市场中的地位有所下滑（2017年销售手机5 064万部，位列全球第四），但小米手机利用自己在粉丝中的影响力，加速在生态链上的扩张，在居家生活的30个品类上实现了200亿元（2017年数据）的销售额。

小米CEO雷军坦承，粉丝经济是小米成功的最重要因素。小米创办伊始，雷军就描绘了一张前进方向的蓝图：通过互联网培养粉丝；通过手机顶级配置并强调性价比的方式吸引用户；只通过互联网销售手机；在商业模式上，不以手机盈利为目的，而是通过互联网先积累口碑建立品牌，继而把手机变成渠道，建立生态链。

截至2018年2月，新浪微博“小米公司”粉丝已达1 214万人，“小米手机”粉丝达1 624万人。小米IoT平台联网设备超过8 500万台，日活跃设备超1 000万台，已经属于全球最大的智能硬件IoT平台。借鉴苹果的“天才吧”，小米在全国设立了上百家“小米之家”，成为新媒体营销很好的线下延伸。在“小米之家”，支持用户自取手机，可以完成手机的售后维修，并且不定期地为当地“米粉”举办一些活动。小米借鉴了车友会的模式，把“米粉”的消费方式变成聚会的娱乐方式，使“米粉”呈抱团状态。与此同时，雷军表示：在公司创立伊始，小米就定下了做“米粉”心中最酷的公司，让每个人都能享受到科技带来的乐趣这一愿景。

据了解，小米的员工全部在用小米，现他们对小米很狂热。关于小米的成功，雷军并没有说出全部，只是说出了做法上的招数。在分析小米的成功时，有人还将其归结为成本优势，如来自基于粉丝的产品生产和供应管理、产品在粉丝中的试错、近乎零库存的方式为小米削减了很大一部分成本。

据介绍，粉丝经济的奥秘在于：第一，品牌要从神坛上走下来，把自己当成跟消费者一样的人。粉丝不是管理出来的，而是“相互吸引”“相互关注”出来的。在核心观念上，可以邀请消费者参与产品设计、产品内测，品牌可以自嘲，粉丝可以批评，同时还可以召开粉丝见面会。第二，从单向品牌对粉丝模式转变成网状交互模式。

有品牌方面的专业人士说：“品牌是粉丝心灵情感的归宿，换句话来说无品牌就无粉丝，用户体验思维即是品牌心智关注，深度营销的核心是人性，两者互为推动，粉丝群推动品牌价值的快速传递，品牌给粉丝群注入内涵，粉丝经济的本质是互联网趋势下的品牌经济。”

资料来源：《执行官》

思考题

1. 为什么很多“中国老字号”没落了？举例阐明原因。
2. 星巴克等品牌在欧洲其实是大众化品牌，为什么来到中国就变得“高大上”了？
3. 你认为什么时候可以不做品牌？
4. 不同的品牌化路径之间有什么关系？

案例分析

案例 8-1

三只松鼠与Online品牌

在章燎原的带领下，三只松鼠仅用65天就做到了行业第一，仅用半年时间就让自己的单月业绩从0飙到2 000万元，5年狂揽百亿！2017年“双十一”13分钟破亿。三只松鼠已经成为“坚果”行业Online品牌中的领先者。

Online品牌独立存在的价值是什么？为什么没有用“品牌”来统一涵盖，而是强调Online品牌呢？主要跟消费者选择网购的原因有关。消费者选择网购，原因无非有四：首先是网购更便宜；其次是网购更便利，不出门就能买，高度适合宅男宅女，即时间宝贵不愿逛街的人群；再次是网购能买到在线下也许买不到的东西（互联网有强大的信息筛选能力和海量的商品陈列，能帮助消费者快速找到线下3～5千米商圈内无法提供的商品）；最后是网购体验独特。网购中的交互体验是线下无法取代的，“亲”“主人”……表现不好就给差评，这些都是线下购物无法给消费者提供的“爽”体验。

因此，三只松鼠利用Online品牌的独特性，差异化了自己的品牌，除了第一、第二条一般电商都有，三只松鼠只在互联网上销售，即线下买不到，满足了第三条：“拟人化的沟通，细致专业无二的包装和服务，快速新鲜的产品，超乎消费者心理预期的……”对第三、第四条的强化，形成了强大的“三只松鼠”的品牌个性，也就塑造了它与其他品牌相比明显的竞争优势。

Online品牌的形成，主要包括以下内容。

第一是产品力：好产品会说话，这个道理谁都懂，但三只松鼠通过对网购人群的研究，在设计产品和服务时真正利用了这一法则。三只松鼠的“萌货”形象、网站设计、客户语言等围合成一个综合化的产品形象，让产品成为传播的载体，而且这样的载体传播力极为彪悍。

第二是品牌力，而品牌力又具备3个特点：可记忆——互联网最具标志性的特点就是信息海量、信息碎片，如果品牌名不易记忆，企业的传播成本将会很高。所以，“三只松鼠”的名字出来了，好记！可传播——互联网发展到今天，传播最大的特点就是去中心化，即人人都可以是媒体（微博、微信、BBS、SNS）。因此，无所不用其极地将产品、服务做好（在成本可控的范畴内，这部分成本一般不超过产品成本的2%），好到超出顾客心理的预期，自媒体时代人人都爱分享，这时自媒体必然会被激发。三只松鼠用了很多“术”的东西来激发自媒体。可口碑化——将传播素材的体系拆解成可独立成章的“点”，便于客户进行碎片化传播。比如，一个与众不同的包装盒、一个与众不同的回复、一个与众不同的客户包裹。

此时，大数据时代的客户资产运营思想和强大的IT系统使得这一切变得可以流水线和工业化，基于客户数据的积累和挖掘，了解、洞察客户的真实需求（例如，基于数据了解到这是一个老客户的反复购买，这时发货就可以不必一直用封袋夹，因为客户那边已经积累了太多封袋夹，再多送就显得不环保了），尽量做到“千人千面”，使得个性化的服务不再像过去淘宝草莽生长状态下的诸如“胡公子”（以个性化回复差评出名的淘宝电商）这样的电商——完全凭老板的性格、灵性和心情去实施，这样的个性化不可能规模化，也无法规模化。

资料来源：章燎原在2013年4月25日“与创业导师午餐”上的演讲，资料有更新

案例 8-2

欧莱雅的全覆盖式多品牌营销策略

欧莱雅已经有一百多年的历史了，是世界上最大的化妆品集团，拥有25个国际知名品牌，在130多个国家和地区都有分公司和销售区。全球差不多有7万名员工，有42家工厂，年营业额超过200亿欧元，是化妆品500强中唯一一家只做化妆品的公司。在全球范围内，欧莱雅市场稳居市场前列。近年来，欧莱雅的市场份额保持在15%～20%。

欧莱雅是按照渠道分布的：专业美发部，这部分产品只在发廊里面销售，如护发、洗发、

发型塑造等。大众化妆品部，这部分产品家喻户晓，在每一个角落都可以找到和看到，而且它的价位非常合理、品质非常优秀。高档化妆品部，以兰蔻为首，赫莲娜、碧欧泉、植村秀、圣罗兰、KISS等，都在高档化妆品领域占绝对优势。另外，药房专销的薇姿、理肤泉在中国市场销售非常好。

大家可以把这些品牌看作一个美的拼图。这种多元的品牌战略，首先是通过品牌的多元化来体现的。如今消费者购买一种产品，已经不能只以购买力来衡量其是否愿意购买这种产品，文化和情感因素会代表很多他们的购买欲望。欧莱雅的品牌荟萃里面就包含了法兰西的优雅，拉丁美洲的热情奔放，美国的青春、活力、潮流，日本的精细，中国的古典，即以各种不同的文化背景去塑造欧莱雅的产品，从而让全世界任何一个角落的消费者，无论他们自身有什么文化背景，都能够在欧莱雅产品种类中找到自己所喜爱的化妆品和能够体现其价值和意义的化妆品品牌。欧莱雅还通过丰富的渠道来展示其多品牌策略，可以让消费者在市场上想到要买化妆品的地方都有欧莱雅的产品出现，包括发廊、药房、化妆品店、个人护理店、传统分销、大卖场、超市、百货商店，还有网络和邮购等，都是欧莱雅已经铺开的不同的分销渠道。价位从大众化到高档，可以说真的是一张大网，能够密密麻麻地把整个市场铺盖得非常严密，同时还能够满足任何一种类型的消费者的任何购买力的需求。

很明显，欧莱雅也是通过一个金字塔的策略方式来塑造欧莱雅的多品牌策略。以欧莱雅在中国的彩妆市场为例，大家可以看到在塔底这部分，有家喻户晓的美宝莲，不仅在世界彩妆市场上销售第一，而且也是绝对在中国彩妆市场绝对占主导地位。在中高档这一段，有巴黎欧莱雅品牌，不仅能够渗透到比较深入的一些销售渠道，同时也在一些专卖店里非常得体的柜台上予以展示，所以它介于大众和高档之间。在塔尖上，欧莱雅各个等级的分类更细分化，有阿玛尼、兰蔻、植村秀和中国的羽西品牌。欧莱雅在自己内部有一种非常良好的竞争，其每一个自己的彩妆品牌都要与欧莱雅自己内部的品牌竞争，也就是说美宝莲的口红在销售的时候，第一要看的肯定是自己公司内部的巴黎欧莱雅的口红品牌，即要做竞争；相反，巴黎欧莱雅和兰蔻也要做竞争。美宝莲在市场上相对的所有竞争对手，欧莱雅都在以非常优秀的品质加以抗衡。在这样一个金字塔上，欧莱雅保证每一个层面上的品牌，在与市场相敌对的时候，都能做到最好。总之，这样一个化妆品的王国，在每一个品类、每一个品牌、每一个领域里面都是非常领先的。

目前在中国有17个品牌，每一个品牌都可以像一个独立的小的分公司一样，有自己的品牌管理队伍，有自己的品牌经理，有自己的销售队伍，有自己的培训队伍，有自己的市场队伍等，且都是以一种非常独立的方式来运作。但是从集团的角度来看，所有的品牌会共享人力资源、财务、IT系统等，所以采用有独立，同时又有集中的管理方法，以保证大家既有一种良好的竞争气氛，同时也能避免自己打架的情况。

资料来源：欧莱雅中国副总裁兰珍珍在2009年中国品牌价值管理论坛上的演讲，资料有更新

第九章 定价策略

学习目标

1. 理解定价决策必须考虑的因素
2. 熟悉需求导向定价法的特点与具体方式
3. 熟悉竞争导向定价法的常用方法

在企业市场营销中，定价被公认为一项至关重要的工作。它不仅在很大程度上决定着产品能否迅速进入市场，而且影响着企业的销售收入和利润。这就要求企业既要考虑生产成本、销售成本的补偿问题和利润的获取问题，同时还要考虑消费者对价格的接受能力和购买能力。因此企业进行定价时，必须在买卖双方的利益权衡中找到一个均衡点。此外，定价也影响着产品和企业的社会形象，是构成企业竞争力的重要因素。

但是，定价也是一项困难重重而又充满极大风险的工作。如果价格制定不当，就会直接导致市场竞争加剧，使企业陷入销量下滑、利润严重受损的不利局面。特别是随着现代科技的迅猛发展和企业服务意识的不断提高，企业间的产品质量差距逐渐缩小，消费者对价格变得更加敏感，这就意味着，企业的定价政策一旦出现失误，再好的产品也难以逃脱失败的命运。因此，企业的定价决策是最高级别的经营决策，也是一项高风险决策，因而必须慎之又慎。

第一节 营销定价的含义

一、价格与定价

定价研究（Pricing）是市场营销理论的基础部分，即4P中的一项重要内容。定价之所以在市场营销及经济活动中居于十分重要的地位，主要原因如下。

1. 价格直接影响着企业利润目标的实现

在市场经济条件下，企业作为独立的商品生产者和经营者，具有独立的经济利益。企业的直接目标是追求利润的最大化，而利润又与企业的销售收入密切相关，同时销售收入的多寡又受价格高低变化的影响，因此价格在企业的经营活动中作为一个可控变量决定着企业的盈或亏。

2. 价格是市场竞争的重要手段

首先，价格是购买行为能够产生最大影响力的因素之一。购买为一种经济行为，其执行者必须首先考虑价格的高低、行为发生后对自己是否有利、利大还是利小等问题。其次，价格是同行业内最常用、最易仿效的竞争手段。在现代市场经济条件下，任何一个企业都不可能长期保持对某一产品的市场独占。在新产品进入市场之初，企业的决策者必须做出正确的定价决策：是实行厚礼精销的高价策略以迅速收回投资成本，还是实行薄利多销的廉价策略以获取规模经济效益？高价厚利的定价必然会引来众多的竞争者，以致市场竞争激烈，迫使价格下降；而薄利多销的定价则可能会将新的竞争者拒之门外，从而获得较高的市场占有率和规模经济效益。因此，以廉取胜是重要的定价策略之一。

3. 当代企业市场营销环境的急剧变化，迫使企业日益重视定价

（1）科学技术发展的步伐日益加快，产品生命周期迅速缩短，使企业没有机会来修正营销定价的错误，从而导致产品在市场竞争中失败。

（2）经济全球化迅速发展，国际竞争压力增大，使企业在定价过程中必须更多地考虑国际同类产品的相关因素。特别是进入21世纪后，以美元为代表的国际体系的变动，金价、油价等的大幅上涨，引发了粮食、矿产品等基础产品价格的上涨，对市场造成巨大的冲击。

（3）在经济发展和通货膨胀过程中，消费者的需求迅速变化，要求企业及时调整定价，以满足消费者的需求。

（4）能源短缺，新型原材料不断问世和劳动力收入水平上升，产品的生产成本增加，使企业制定适宜价格的难度加大。

二、定价在营销组合中的地位

价格会随着市场的变化而上下波动，以充分协调买卖双方的利益关系。在市场经济条件下，企业如果能在定价决策过程中正确把握价格变动的幅度、时间和区域，就能在激烈的市场竞争中居丁十分有利的地位。价格的灵活性还表现在：价格的变动和市场营销组合中采用不同的定价，有助于弥补市场营销组合中其他因素的缺陷。

（一）产品策略与定价的关系

产品由于其性能、生命周期、品牌与商标、包装、新旧等特殊性，需要制定不同的产品策略，而不同的产品策略必然需要相应的定价予以支持。

1. 产品性能与定价的内在联系

根据使用价值的特性，商品可分为非耐用商品、耐用商品和劳务，经营者必须根据其不同的特性采用不同的定价以进入市场。非耐用商品具有消费周期短、多次重复购买的特性，开拓市场时就需要低价策略的支持；而耐用商品和劳务进入市场之初则需要高价策略的支持。而根据消费者的购买特性，商品可分为便利品、选购品和特殊品等，其需求价格弹性的差异也要求在市场营销中采用不同的定价。

2. 新、老产品及产品生命周期与定价的内在联系

新产品的经营规模小，成本较高，其定价是一个十分关键的因素。定价过高则产品难以进入市场，定价过低则产品不能弥补成本。产品在生命周期的不同阶段，需要不同的定价策略的支持。例如，处于成熟期的产品需要稳定的价格支持，而进入衰退期的产品就不得不以低价策略来寻求最大边际收益。

3. 定价与产品质量的内在联系

产品的质量不同，投入的人力和物力也不同，生产成本的差异必然就会反映到市场上来。不同质量的产品有着不同的价格，如优质高价、低档廉价，时髦商品高价、大路货廉价等。价格的灵活性和可调整性，可以弥补产品质量的市场不可控性和多变性。

4. 定价与其他产品策略的关系

在同一产品组合中，若其中一种产品的价格策略如果发生变动，必然会影响其他产品的价格策略。不同的商标和品牌，需要不同价格策略的支持。如名牌需要高价策略的支持，非名牌需要低价

策略的支持。包装的不同也要求不同的定价予以配合：精致的包装增加了成本，价格相对要提高；反之，则价格降低。

（二）定价与渠道策略的关系

在市场营销中采用不同的渠道策略，必然会形成分销渠道的长短和宽窄以及分销环节的多少。不同的渠道策略，要求有相应的定价策略予以支持。长渠道策略要求企业制定较低的出厂价格，以让利于各类中间商、代理商、批发商，从而刺激他们积极为产品开拓更广阔的市场；短渠道策略则由于生产者自己承担着开拓市场的任务，必然会产生相应的费用，于是要求制定较高价格。不同的渠道环节，又要求具有各自不同特点的定价。生产者在制定出厂价时，大多以产品的生产成本和预期投资回报率为依据；而批发商和零售商则主要以消费者愿意接受的价格为出发点，来确定产品的进价和售价。如果某一产品直接和间接渠道并存，生产者就应以中间商都能取得合理的利润为原则采用差异性的定价。差价大，中间商积极性就高，分销渠道就会增长；差价较小，生产者就只能采用直接分销渠道，即减少不必要的中间商环节。由此可见，定价制约着分销渠道策略的选择。

（三）定价与促销策略的关系

开展广告促销、人员推销、公关关系促销及营业推广等促销活动，都需要支付相应的费用。不同的商品在不同的市场条件下，促销费用也是不同的。例如，选购品就必须支付较高的促消费用才可能顺利地进入市场，这样成本上升，价格必然要定得高一些；生活必需品促销费用低，价格相应就定得低一点，以让利于民。因此，促销策略的选择既要适应市场拓展的需要，也要考虑能否有相应的定价支持以及消费者对价格的心理和经济承受能力。定价和促销策略具有相互制约、相互支持和相互依存的关系。

由于定价在营销过程中与其他因素存在着相互依存、相互制约的联系，企业在选择定价时，既要考虑其他营销组合因素对价格的影响，也要考虑价格对其他营销组合因素的制约。

第二节 定价目标与影响定价的因素

一、定价目标

由于受到资源的约束、企业的规模和企业所采取的管理方式的不同，企业可以选择适合自己的定价目标。从总体上说，企业的定价目标应与企业的经营目标相一致，并充分考虑影响企业定价的各种因素。企业在制定具体的价格策略时，都应有明确的定价目标。所谓定价目标，是指企业通过判断和调整特定产品的价格，所要达到的预期目的。它是企业经营目标的具体化，也就是说它以企业的经营目标为导向，并与其他目标相协调。企业的定价作为经营活动的一项重要内容，其一般目标是在符合社会总体利益的原则下获得尽可能多的利润。但由于定价需要考虑的具体因素很多，企业定价的具体目标也就多种多样。不同的企业可能有不同的定价目标，即使同一企业在不同时期也可能有不同的定价目标，因而所采用的产品价格组合策略也不同。一般来说，企业的定价目标主要有以下几种。

（一）以追求最大利润为定价目标

利润是企业从事经营活动的主要目标，也是企业赖以生存和发展的源泉。利润最大化，通常是指企业在一定时期内所可能获得的最高利润总额。以获取最大利润为定价目标，是指企业综合分析市场竞争、消费需求量、产品研发、各种费用开支等后，以总收入减去总成本的差额最大化为定价基点，确定单位产品价格，争取最大利润。每个企业都希望在较短的时间内获得最大限度的利润，而利润的多少取决于定价的高低。但如果企业定价过高，必然会导致市场需求的减少、替代产品的出现、消费者的不满。所以，追求利润最大化的目标并非意味着要制定最高价格。当某种产品在市场上拥有绝对优势，消费者对其边际需求较高或产品供不应求时，企业确实可以制定较高的价格，以获取高额利润。而对于市场需求弹性大、替代品介入迅速、市场竞争激烈的产品，企业则可以制定较低的价格，通过薄利多销来提高销售量，从而使总利润得到最大化。

应该说，由于市场竞争，任何一个企业要想使任何一种产品在较长时间内维持一个较高的价格都是不太现实的，必然会遇到各方面的抵制或反抗。盲目地提高价格，不仅难以使当前利润增加，还会阻碍产品的销路。这里需要明确的是，追求利润最大化有两个方面的内容：一是追求企业长期总利润最大化；二是要用企业总体经济效益来衡量。因此，企业经营者在确定营销组合策略时应深谋远虑，从企业整体利益出发，注重企业长期利润的最大化。

（二）以提高市场占有率为定价目标

市场占有率是指企业产品销售量（销售额）在同类产品销售总量（销售总额）中所占的比重，是企业经营状况和产品市场竞争力的综合反映。较高的市场占有率可以保证企业产品的销路，便于企业掌握消费需求变化，有利于企业培养长期控制市场和价格的能力，并为提高企业利润率提供保证。而且企业要提高市场占有率，必须相对地降低产品的价格水平，以此吸引消费者，进而增加产品的销售量。

选择这一目标，企业必须具备大量生产的能力，即通过产量的增加来降低单位产品的生产成本，使总成本的增长速度低于总产量的增长速度。但运用低价策略来提高市场占有率，要量力而行，谨慎行事。因为产品价格降低后，市场占有率会不断提高，市场需求量也会不断增加，如果企业生产能力跟不上，造成供不应求的市场局面，竞争者就会乘虚而入，这样不仅不会增加总利润，反而会影响企业自身的利益。

（三）以获取投资报酬率为定价目标

投资报酬率是指企业在一定时期内所获得的投资报酬率与投资总额的比值，它决定着企业投资效益的大小。企业之所以投资于某项经营活动，是希望在一定时期内收回投入的资金并获得一定数量的利润。为此，企业在制定产品价格时一般会根据投资规定的收益率计算出单位产品的收益额，并把其加在产品成本上作为产品售价。在产品成本费用不变的条件下，价格的高低就取决于企业确定的投资收益率的大小。由此可知，在这种定价目标下，投资收益率的确定与产品的价格水平直接相关。

要确定投资收益率，应掌握以下原则。

（1）要规定投资收益率的最低限度。如果投资为银行贷款资金，投资收益率要高于银行贷款利率；如果投资为企业自有资金，投资收益率要高于银行存款及其他证券利率；如果投资为政府拨款资金，投资收益率则要高于政府投资时规定的收益指标。

（2）要设定投资收益率的最高水平。这样就可以避免过高的收益率引起价格提高、销量减少和不正常的竞争，进而影响到企业预期收益率的实现。

（四）以稳定价格为定价目标

这是企业为了避免市场竞争者轮番降价，导致利润水平下降，而确定的保证价格水平相对稳定的定价目标。企业在一定时期内保持稳定的价格，对消费者和其自身都是至关重要的。对企业来说，价格动荡不定的市场容易使其承担较大的风险，因为企业的经营和发展需要一个稳定的市场。对消费者来说，价格经常变化会使其在购买时感到无所适从，即使是企业在降价，虽然短时间内对消费者有利，却使竞争中的企业蒙受巨大损失，而不得采取降低产量、压缩规模等措施。从长远来看，这也有损于消费者的利益。

以稳定价格为定价目标，目的在于市场需求一旦发生变化，价格不至于发生大的波动，这有利于大企业稳固地占领市场，给消费者以实力雄厚、靠得住的感觉，而且便于企业长期经营该种产品。在大企业价格稳定的条件下，小企业为保持自身的利益，也愿意基于大企业的定价而不轻易变动价格，其利益也得到了保证。

（五）以应付或阻碍竞争为定价目标

这是同类产品的竞争者对产品价格的制定服从竞争的需要，主要是竞争性较强的企业所采用的定价策略。在市场营销中，产品价格对竞争对手来说至关重要，许多企业为了战胜竞争对手或者避开竞争，都把价格的选择放在重要位置。一般来说，企业在定价之前，一定要仔细研究竞争对手的产品定价情况，然后有分析、有目的地采用低于、等于或高于竞争对手的各种价格策略出售产品。

究竟制定什么样的价格，应根据企业自身和竞争者的情况来确定。

（1）如果企业的经济实力比较雄厚，在经营管理、技术条件、产品质量、服务质量、人员素质等方面都高于竞争者，企业就可以采用高于竞争对手的价格出售产品。

（2）如果企业在经济实力等方面同竞争对手基本相当，则可采用等于或低于竞争对手的价格出售产品。

（3）如果企业总体实力不如竞争对手，但就某一方面的实力来讲又具有领先地位，比如拥有某种特殊的人才，或拥有某种产品的专利技术，或拥有独具特色的产品等，这时企业也可以采用高于竞争对手的产品价格来出售产品。这样做虽然风险较大，但可以充分利用自己的竞争优势同竞争对手进行竞争，而一旦战胜竞争对手，则有可能使自己产品的价格成为市场领导价格，从而提高企业产品的市场知名度和市场占有率。

（六）以维持生存为定价目标

如果企业面临生产能力过剩、原材料价格上涨、新产品更新换代加速、竞争激烈或消费者需求不断变化的市场形势，制定产品价格就应以能够继续生存为主要目标。当然这通常是企业处于不利的市场环境中迫不得已而采取的一种缓兵之计。因为企业在遇到濒临倒闭或产品大量积压时，生产比利润更重要。

根据生存目标制定的价格一般都较低，只能补偿变动成本和部分固定成本，以保证企业的正常生产经营和库存周转，从而使企业渡过难关。但求得生存只是一种短期目标，不能长期保持不变，企业必须保持实力，采取各种切实可行的措施，加紧研制新产品，力争尽快摆脱困境，重新开拓市场，最终实现盈利。

（七）以维护企业形象为定价目标

在现代市场经济条件下，市场竞争实质上是企业形象和商品品牌的竞争。企业形象是企业的无形财富和资源，是企业实力的重要组成部分。良好的企业形象是企业成功地运用了市场营销组合，在消费者心中树立了良好的信誉，取得了消费者的信赖。以维护企业形象为定价目标，是指企业在制定产品价格时要以消费者为核心、以树立良好的企业形象为目的。

在具体实现这一目标时，应注意以下几个要点。

（1）企业在制定产品价格时，要注意价格水平的选择是否与目标顾客的需求相一致，是否有利于企业整体策略的有效实施。有的企业以产品价廉物美为特色；有的企业以产品高档、优质、名牌称雄；有的企业以产品规格齐全、品种名目繁多为目标迎合消费者的需要。

（2）企业在制定产品价格时，要考虑协作企业或中间商的利益，本着互惠互利的原则，在友好的合作中求得生存和发展。

（3）企业在制定产品价格时，要依照社会规范和职业道德，不能为贪图厚利而损害消费者的利益。

（4）企业在制定产品价格时，还要符合国家的宏观经济发展目标、符合国家的产业发展政策和法律规范。

（八）以社会责任为定价目标

以社会责任为定价目标是指企业因认识到自己的行业或产品对消费者和社会承担着某种义务而放弃追求高额利润，以消费者和社会利益最大化为定价目标。这种类型的企业主要有以下几种。

（1）政府代理机构。这一类型的企业为社会提供有偿服务，不以盈利为经营目标，如出口信贷机构、中央银行、就业培训机构等。

（2）公共事业型企业。这一类型的企业虽然有盈利要求，但由于政府对其定价有较强程度的经济干预或法律约束，因而自愿或被迫以谋求社会利益最大化为定价目标，如公交、自来水、电力、煤气等企业。

（3）以社会市场营销作为经营战略选择的企业。这一类型企业的市场营销战略，不仅要满足消费者的需求并由此获得企业利润，而且还要满足消费者和社会的长远利益，并有利于社会的发展与进步。现实中，以社会责任为定价目标制定产品价格的企业并不是很多。

（九）以保持良好的分销渠道为定价目标

保持良好的分销渠道也是企业获得良好经济效益的重要条件之一。一般来说，分销渠道越多，企业获得的市场份额就越大。所以，企业在制定产品价格时，要考虑到各分销渠道经销商的利益，不要因价格因素而丢失市场份额。

总之，企业选择定价目标时，要将短期利益与长远利益、企业利益与社会利益有机地结合起来。

二、影响企业定价的因素

企业在为产品定价时，要考虑到影响价格的诸多因素。这些因素既包括企业内部因素，也包括企业外部因素；既包括客观因素，也包括主观因素。归纳起来，影响定价的因素大致有以下几个方面。

（一）成本因素

企业在为产品定价时需要考虑许多因素，其中成本因素是影响产品定价的最基本因素，也是产品定价的主要依据，还是企业制定价格的基本临界点，更是保证企业生产经营活动正常运行的基本条件。在正常情况下，企业为产品定价必须首先使总成本得到补偿。影响定价的成本费用可分为以下几种。

（1）固定成本。固定成本是指在一定时期、一定生产规模范围内，不随企业产量及产品种类变化而发生变动的成本费用，如厂房、设备、固定资产折旧、办公费用、管理人员工资等。由于固定成本不会随企业的产量而发生变动，因此不论企业的产量是多少，都必须包括在支出，都必须包括在定价因素之中。

（2）变动成本。变动成本是指在一定时期内，随产品种类及数量的变化而发生变动的成本费用。其主要包括原材料、燃料、运输、存储等方面的支出，以及工人工资、部分市场营销费用等。产量越大，总的可变成本也越大；产量越小，总的可变成本也越小。

（3）总成本。总成本是指全部固定成本与变动成本的总和。当产量为零时，总成本费用等于未开工时发生的固定成本费用。

（4）平均固定成本。平均固定成本是指单位产品所包含的固定成本的平均分摊额，即固定成本与总产量之比。它会随着产量的增加而减少，随着产量的减少而增加。

（5）变动平均成本。变动平均成本是指单位产品所包含的变动成本的平均分摊额，以及总变动成本与总产量之比。它在生产初期水平较高，以后随着产量增加、工人熟练程度提高、批量采购原材料价格优惠等呈递减趋势，但减少到某一限度又会转而上升。

（6）平均总成本。平均总成本是指总成本与总产量之比，即单位产品平均分摊的费用。如果产量增加，平均固定成本和平均变动成本降低，这时平均总成本也会随之降低；如果超出某一产值区间，平均固定成本的降低额最终不能抵消平均变动成本的增加额，这时平均总成本也会增加。平均总成本的变化，取决于平均固定成本和平均变动成本的变化。

（7）边际成本。边际成本是指每增加或减少一个单位产量而引起总成本变动的数值。在一定产量的基础上，最后增加的那个产品所花费的成本引起总成本的增加，这个增量就是边际成本。企业可以根据边际成本等于边际收益的原则，来寻求最大利润的均衡产量；同时，企业应按照边际成本制定产品价格，使全社会的资源得到合理利用。

（8）长期成本。长期成本是指当能够调整全部生产要素时，生产一定数量的产品所消耗的成本。这里的长期，指可以使企业根据它所要达到的产量来调整一切生产要素的时间量。在长时期内，一切生产要素都可以发生变动。因此，长期成本中没有固定成本和可变成本之分，只有总成本、边际成本和平均成本之别。

（二）销售数量

众所周知，企业盈利是单位产品实现盈利与销售数量的乘积。其计算公式为：

企业盈利=全部销售收入-全部成本费用

=商品销售数量×（单位产品价格-单位产品成本费用或平均成本费用）

就单个产品来说，如果费用不变，则价格越高，盈利越大。但是，单位产品的盈利水平高并不一定意味着企业的盈利水平高。因为价格和需求量呈反向变动，如果价格过高，可能会导致需求量以及销售量减少，进而使企业的收入减少、盈利水平降低。因此，在其他条件不变的情况下，企业的盈利状况最终取决于价格与销售量之间的不同组合。

那么，什么样的组合才是最佳组合呢？这就要利用边际收入与边际成本的关系，来寻求价格与销售量之间的最佳组合状态。边际收入是指销售量每变动（增加或减少）一个单位所发生的总收入的变动额。边际成本是指销售量每变动（增加或减少）一个单位所发生的总成本的变动额。当边际收入与边际成本最为接近或者相等时，价格与销售量之间就达到了最佳组合，实现了最高盈利。

（三）资金周转

合理制定价格与加快资金周转是使企业产生利润的两个密切相关的因素。在销售条件不利的情况下，定价带来的眼前利益与加速资金周转实现的长远利益往往不一致。具体而言，一方面，维持高价虽然会给企业带来较高的盈利水平，但是也会影响产品的销售量，从而减慢资金的周转速度；另一方面，降低价格虽然可以促进产品销售量的增加，达到加速资金周转的目的，但是也会由此失去一部分可得利润，从而降低企业的盈利水平。那么，企业究竟应该如何确定其价格水平呢？这要求企业要趋利避害，通过选择较低的机会成本来确定其定价方案。

机会成本是指企业为选择某一项经营活动而只好放弃另一项经营活动的机会，被放弃的另一项经营活动所应取得的收益即为某一项经营活动的机会成本。机会成本意味着放弃的收益低于获取的收益，即这时企业是盈利的。当企业面临高价获取厚利和低价促使资金周转加速的两种选择时，比较机会成本定价会给企业带来更多的收益。假设降价销售可造成企业一部分盈利损失，但由此带来资金周转速度加快，以致到下一个生产周期可能增加的盈利大于这个损失，则降低价格的机会成本低于维持原有价格的机会成本，这时企业很显然应选择低价策略；反之，如果下一个生产周期可能增加的盈利小于这个损失，则企业就应选择维持原价。依此类推，凡是需要对与定价有关的多种因素进行权衡抉择的时候，企业都可通过比较机会成本的方法确定适宜的价格水平。

（四）市场需求因素

1. 需求价格弹性

需求价格弹性又称需求弹性，是指因价格变动而引起的需求量的变动程度，反映了需求变动对价格变动的影响程度。用 Ep 表示价格需求弹性，其计算公式为：

$$Ep=\frac{\text{需求量变动的百分比}}{\text{价格变动的百分比}}=\frac{\Delta Q/\mathrm{Q}}{\Delta P/P}=\frac{\Delta Q}{\Delta P}\times\frac{P}{Q}$$

式中：Q 表示原需求量；P 表示原价格；ΔQ 表示需求变动量；ΔP 表示价格变动量。

由于价格与需求一般呈反向变动，因此弹性系数是一个负值，应取其绝对值。上述弹性公式表明价格每变动 1%会引起需求量变动的百分数。企业定价时考虑需求弹性的意义在于：不同的产品有不同的需求弹性，不同的需求弹性有不同的定价策略，企业应了解不同产品的需求价格弹性，以确定合理的价格，并保证利润的实现。一般来说，从需求价格弹性的强弱确定产品的定价方案，主要分为以下 3 种类型。

第一种类型：$Ep>1$，表示需求量变动的百分比大于价格变动的百分比，叫作需求弹性大，也称之为需求富有弹性。这类商品，价格的上升（下降）会引起需求量大幅度的减少（增加）。例如，商品价格上升 10%时，需求会下降 15%。在此种情形下，企业定价时应采用降价策略。因为稍微降低价格，会显著增加销售量，从而使总收入增加；相反，稍微提高一点价格，就会使销售量大为减少，总收入也会减少。因此，企业可通过降低价格、薄利多销达到增加利润的目的。注意，提高价格时，务必谨慎从事，以防需求量锐减，影响企业收入。这种富有弹性的商品最典型的代表就是汽车、房屋、昂贵装饰品等高档产品、奢侈品。

第二种类型：$Ep<1$，表示需求量变动的百分比小于价格变动的百分比，叫作需求弹性小，也称之为需求缺乏弹性。这类商品，价格的上升或下降仅会引起需求量较小幅度的减少或增加。例如，商品价格下降 10%时，需求会上升 5%。在此种情形下，企业定价时应采用提价策略。因为价格的变动，只能引起一个较小幅度的需求量变动，薄利不能多销，即需求对价格的变动迟缓。这样，企业提高价格，会使总收入增加：相反，企业降低价格，销售量增加不多，总收入反而减少。例如，粮食、煤气等日常生活必需品便属于此类商品。人们不会因为价格上涨而少买许多，也不会因价格下跌而多买许多。

第三种类型：$Ep=1$，表示需求量与价格等比例变化，价格变化对销售量影响不大，叫作需求无弹性，也称之为需求单位弹性。这类产品，无论价格怎么变化都不会对总收入产生多大影响。例如，商品价格上升 10%时，需求会下降 10%。因此，企业在定价时，可选择实现预期盈利率的价格或通行的市场价格，同时把其他营销策略作为提高盈利率的手段。

2. 需求收入弹性

需求收入弹性指因收入变动而引起的需求量的相应变动率，反映了需求量的变动对收入变动的敏感程度。用 *Ey* 表示需求收入弹性系数，其计算公式为：

$$Ey=\frac{\text{需求量变动百分比}}{\text{收入变动百分比}}$$

需求收入弹性有强弱之分，其强弱程度取决于各项商品支出在既定收入水平中的重要性及其构成。支出构成分为 3 种形式：一是固定支出，即消费者维持正常生理需要的基本固定的开支；二是可支配支出，即用来改善日常生活的临时性支出；三是可自由支配支出，即用来享受、消遣和满足较高层次消费需求的潜在支出。这 3 种开支，从重要性上看，依次递减；从构成比重看，依次递增。由此可见，重要性越大，开支所占比重越少，相应的收入弹性就越弱；反之亦然。

需求收入弹性主要有 5 种类型：①$Ey>1$，此时需求增长比例大于收入增长比例，一般称为高需求收入弹性，或者富有收入弹性。例如，收入上升 10%时，产品需求却上升了 15%。②$Ey=1$，此时需求增长比例等于收入增长比例，一般称之为单位需求收入弹性。例如，收入上升 10%时，产品需求也相应上升 10%。③$Ey<1$，此时需求增长比例小于收入增长比例，一般称之为低需求收入弹性，或者缺乏收入弹性。例如，收入上升 10%时，产品需求只上升了 5%。④$Ey=0$，此时不论收入如何改变，需求量始终保持不变，一般称为 0 需求收入弹性。例如，收入上升 10%时，产品需求保持不变。⑤ $Ey<0$，此时伴随收入的增长，商品的需求反而下降，一般称之为负需求收入弹性。例如，收入上升 10%时，产品需求反而下降了 5%。

需求量与收入一般成反比关系。前 3 种类型分别表示随收入变化，需求量较大幅度变化、等比例变化、较小幅度变化的情况。而第四种类型表示的是即将淘汰的商品或者档次较低的商品的需求特征，即随着收入的增加，需求量绝对减少，向相反的方向变化。第五种类型表示的则是低档商品或者劣等品，在实际生活中比较少见。

根据需求收入弹性的变动特征，企业在定价时应注意以下两点：一是对于随收入变化而相应变化的不同商品的需求量，企业应选择不同水平的价格，以使价格变化与收入变化对需求量的影响相适应，从而达到销售量随收入增加而增加的目的；二是利用价格对实际收入的反向影响，适时调整商品价格，刺激具有高收入弹性商品的需求，以增加企业的收益。在居民收入水平既定的条件下，降低高收入弹性商品的价格，就意味着消费者用于这类商品的实际收入增加，带来需求量的大幅度增加，企业可通过薄利多销获得更多的收益。而当居民收入水平大幅度增长时，用于高收入弹性商品的支出一定会随之大幅度增加，这时适当提高这类商品的价格对需求量并无影响，企业即可多销售商品，从而获取更多收益。

3. 需求交叉弹性

需求交叉弹性是指因一种商品价格变动而引起其他商品需求量的相应变动率。用 E_BP_A 表示交叉弹性：A 商品价格变动使 B 商品需求量相应变动的比率。其计算公式为：

$$E_BP_A=\frac{\text{B商品需求量变动百分比}}{\text{A商品价格变动百分比}}$$

在现实生活中，许多商品的使用价值是相互关联的：一种情况是互替相关，称作互替商品；另一种情况是互补相关，称作互补商品。

互替商品是消费中使用价值可以互相替代的商品，如棉质服装、毛料服装和化纤服装等。互替商品之间的价格变动会对需求量产生影响，即当一种商品的价格（如毛料服装）上涨时，一部分消费者会受限于收入水平转而消费另一种商品（如化纤服装），从而使其需求量增加；反之亦然。由于互替商品之间需求量的相互影响，因而应选择最适宜的比价。

互补商品是消费中使用价值可以相互补充的商品，如照相机与胶卷、汽车与汽油等。互补商品之间的价格变动也会对需求量产生影响，即当一种商品的价格下降（如照相机）时，不仅该种商品的需求量会上升，而且另一种商品（如胶卷）的需求量也会随之上升；反之亦然。由此可知，互补商品之间的价格变化对需求量呈反向变动。互补商品的定价应错落有致，高低分明。通过一种商品需求量的扩大带动另一种商品需求量的增加，使企业既能增加销售量又能提高盈利水平少。

（五）市场竞争因素

市场竞争状况是影响企业定价不可忽视的因素。现实的和潜在的竞争对手对企业定价的影响很大，在激烈的市场竞争中，价格的最低限度受产品总成本费用的约束，最高限度受市场需求的约束，在最高和最低价格的幅度内，企业对产品定价的高低则取决于竞争对手同种产品的价格水平。企业必须调查掌握竞争对手来自何方，主要竞争对手的实力，其产品质量和价格策略怎样，并拿来与自己的产品进行比较，以此作为制定自己产品价格的依据。如果企业向市场提供的产品与竞争对手的产品相似，那么企业应采用与竞争对手大致相同的价格。如果企业向市场提供的产品优于竞争对手，那么企业可将产品的价格定得高些。如果企业的产品质量和档次不如竞争对手，那么企业可将产品的价格定得低些，以吸引顾客。企业应该看到，竞争对手也会随时根据你的价格策略来调整其自身的价格，以争夺市场。所以，企业要密切关注竞争对手的价格变动，并相应地制定和调整价格，以免失去市场份额。

（六）产品的生命周期

在产品生命周期的不同阶段，市场需求与竞争状况不同，企业的营销目的不同，就会有不同的营销组合策略。处于产品生命周期不同阶段的产品，其定价策略也不相同。具体表现如下。

（1）在投入期，产品批量较小，生产成本和促销费用较高，因而价格水平较高则在所难免，但价格过高会影响产品销售。为避免发生这种情况，企业在定价时应以补偿成本费用而不是以获取更多利润为主要依据。

（2）在成长期，产品批量加大，生产成本和促销费用大幅度下降，市场销售量大幅度增加，因而价格也应有条件地下降，这样可防止竞争者大量进入。企业在定价时，应以预期目标盈利率的要求为依据。

（3）在成熟期，市场需求趋于饱和，市场竞争十分激烈，企业如果继续维持原有价格就难以保持市场占有率。这时，企业定价应以保持一定的市场份额为主要目标，采用竞争性较强的低水平价格。

（4）在衰退期，市场需求急剧下降，产品处于被淘汰的境地。这时，企业定价应以尽快收回占用的资金为主要目标，大幅度降低产品的价格，尽快将有限的资金转入有市场需求的新产品的生产和经营上去。

（七）国家的政策法规

国家的政策法规是制约企业定价的重要因素，具体包括以下几方面。

（1）物价政策。国家关于物价管理权限的规定，关于某些商品价格和收费标准的规定等，都是制约企业定价的因素。

（2）税收政策。税收是价格的构成要素之一，生产率的上升或下降会引起价格的上涨或下跌。运用税收政策，国家可以对价格构成因素进行干预，从而起到对价格水平间接控制的作用，企业则可以根据国家确定的生产率的高低相应地调整自己产品的价格。

（3）信贷政策。贷款利率的高低影响企业的成本水平，同时也影响消费者的信贷投向。较高的贷款利率会使企业成本费用增加，迫使企业提高产品价格，还会抑制消费者将货币投向市场去购买商品，使一部分货币转向储蓄。因此，在利率提高、银根紧缩的情况下，企业一定要慎重对待产品提价问题，以免因价格不适而失去相应的市场份额。

（4）外贸政策。进出口中的关税政策、价格政策等不仅直接关系到出口商品的价格，而且还会影响国内同类商品的价格，企业在定价时也应将这一情况估计在内。同时企业在进行国际贸易时，还要了解各国的价格政策、税收政策和外贸政策，以作为自己制定价格的依据。

第三节 定价的基本方法

企业定价的基本方法是企业在特定的定价目标指导下，依据对成本、需求及竞争情况等的研究，运用价格决策理论，计算产品价格的具体方法。根据前文的分析与有关的定价基本因素，可归纳出定价的 3 种基本方法：成本导向定价法、需求导向定价法和竞争导向定价法。

一、成本导向定价法

成本导向定价法，是在成本的基础上，加上一定的利润和税金来制定价格的方法。由于产品的形态不同以及在成本基础上核算利润的方法不同，成本导向定价法又可分为以下几种形式。

（一）成本加成定价法

成本加成定价法，是在单位产品完全成本的基础上，加上一定比例的利润和税金构成单位产品价格的方法。采用成本加成定价法，一般是按成本利润率来确定的。其计算公式为：

$$单位产品价格=\frac{完全成本+利润+税金}{产品销量}$$

$$单位产品价格=\frac{完全成本\times(1+成本利润率)}{1-税率}$$

其中：完全成本=固定成本+可变成本，$成本利润率=\frac{要求提供的利润总额}{产品的成本总额}\times100\%$。

【例9-1】 某电视机厂要生产2 000台彩色电视机，总固定成本600万元，每台彩色电视机的变动成本为1 000元，确定的目标利润率为15%，产品税率为5%。按成本加成定价法计算该种产品的售价过程如下：

解：$单位产品的完全成本=\frac{6\,000\,000+2\,000\times1\,000}{2\,000}=4\,000$（元/台）

$单位产品价格=\frac{4\,000\times(1+15\%)}{1-5\%}=4\,842$（元/台）

采用成本加成定价法，确定合理的成本利润率是一个至关重要的因素。而成本利润率的有效确定，必须依赖于对市场环境、竞争程度、行业特点等多种因素的研究。某一行业的某一种产品在特定市场上以相同的价格出售时，成本低的企业能获得较高的利润率，并在激烈的市场竞争中有较大的回旋空间。

成本加成定价法的优点是：计算简便，核算方便，成本资料可直接得到；价格能保证补偿全部成本并满足利润要求。这种定价法的缺点是：定价所依据的成本是个别成本，而不是社会成本或行业成本，因此制定的价格可能与市场价格有一定偏离；价格难以反映市场供求状况和竞争状况，定价不够灵活。这种定价方法适用于经营状况和成本水平正常的企业以及供求大体平衡、市场竞争比较缓和的商品，一般在卖方市场条件下使用较多。

（二）目标成本加成定价法

目标成本加成定价法，是以目标成本为基础，加上预期的目标利润和应缴纳税金来制定价格的方法。前面所说的完全成本是企业生产经营的实际成本，是在现实生产经营条件下形成的成本支出，它同将来的生产经营条件没有必然的联系。而目标成本则属于预期成本或计划成本，它同制定价格时的实际成本会有一定差别。目标成本加成法的计算公式为：

$$\text{产品价格}=\frac{\text{目标成本}\times(1+\text{目标利润率})}{1-\text{税率}}$$

$$\text{目标成本}=\frac{\text{产品价格}\times(1-\text{税率})}{1+\text{目标利润率}}$$

$$\text{目标利润率}=\frac{\text{预期目标总利润}}{\text{目标成本}\times\text{目标销售量}}\times 100\%$$

目标成本并不是实际成本，它同时受预期定价、预期利润、目标利润率、目标销售量以及税率等多种因素的影响。其中税率是法定的，企业没有修改的权力。所以在确定目标成本时，企业不能凭主观想象，而必须建立在对价格、成本、销售量和利润进行科学预测的基础上，使定价与实际相符合，以获得预期利润。

（三）盈亏平衡定价法

盈亏平衡定价法也叫保本点定价法，是利用盈亏平衡分析法来确定企业产品销售价格的方法。它是根据企业在一定产品产量条件下的固定成本总额和单位产品平均变动成本，求出盈亏平衡点的价格。其原理是：企业产品在一定销售量的情况下，当产品价格提高到某一水平时，产品的成本费用正好为销售收入所补偿，这时利润为零；产品价格低于这一水平就会发生亏损，产品价格只有高于这一水平才能获得盈利。这一最低价格就是保本点价格，也就是企业盈利为零时的价格水平。其计算公式可根据产品产量、成本和利润三者之间的关系推导出来。

由于
$$\text{企业利润}=\text{销售收入}-\text{产品总成本}$$

而
$$\text{销售收入}=\text{销售价格}\times\text{销售量}$$

$$\text{产品总成本}=\text{固定成本}+\text{单位产品的变动成本}\times\text{销售量}$$

则保本价格的计算公式为：

$$\begin{aligned}\text{保本价格}&=\text{单位产品的固定成本}+\text{单位产品的变动成本}\\&=\frac{\text{固定成本}}{\text{盈亏平衡点的销售量}}+\text{单位产品的变动成本}\end{aligned}$$

在保本价格的基础上，加上预期利润，其计算公式为：

$$产品售价=\frac{固定成本+预期利润总额}{销售量}+单位产品的变动成本$$

【例9-2】 某企业计划推出一款儿童早教机，已知生产该早教机的年固定成本为720万元，单位产品的变动成本为79元，预计该产品年销售量为12 000台。请计算：该产品的保本价格是多少？为了实现预期利润300万元，该产品的售价应为多少？

解：保本价格=单位产品的固定成本+单位产品的变动成本

=7 200 000÷12 000 + 79 =679（元/件）

若预期利润为300万元，则：

产品售价=（7 200 000 + 3 000 000）÷12 000 + 79 =929（元/件）

如果该销售量能够实现，保本价格可以确保企业不亏损，产品销售价格可以为实现企业目标利润提供可行价格；如果市场对企业销售条件不利，产品销售价格与保本价格之间的差额则可以作为调整价格的依据。

这种方法侧重于对总成本费用的补偿，这对生产和经营多种产品项目的企业来说特别重要。因为一种产品在市场上盈利而同时伴随着其他一些产品的无利或亏损的现象时常发生，生产和经营某种产品所获得的盈利并不一定能使企业的总利润增加。因此，企业经营的着眼点应是提高企业的总盈利水平而非个别产品的盈利水平，定价应从保本入手是必要的。这一方法的关键在于准确预测产品的销售量，企业在某种产品的销售量难以达到预期目标时可采取保本经营策略，以便把盈利的重点转向其他畅销的产品上，从而在整体上实现产品优化组合的目标。

（四）边际贡献定价法

边际贡献定价法也叫变动成本加成定价法，就是企业在定价时，不计算固定成本，而以单位变动成本为定价的依据，加入预期的单位产品边际贡献，形成产品售价的方法。所谓边际贡献，就是销售收入减去补偿固定成本后的收益。其计算公式为：

$$单位产品边际贡献=单位产品价格-单位产品的变动成本$$

如果边际贡献不能完全补偿固定成本，企业就会出现一定程度的亏损；反之，企业就会盈利。由于企业在某些特定的情况下，如企业停产、半停产时仍然要支付相应的固定成本费用，所以只要产品售价高于单位产品的变动成本，企业就可尽力维持生产和经营，以边际贡献来补偿全部或部分固定成本的支出，减少企业亏损。同时，企业在改善经营的基础上，还可以争取贡献接近或超过固定成本，这样对企业和社会的贡献就会更大。边际贡献定价的计算公式为：

$$单位产品价格=\frac{变动成本+边际贡献}{产品销售量}$$

$$=\frac{单位产品的变动成本\times产品销售量+边际贡献}{产品销售量}$$

【例9-3】 某企业的年固定成本为180 000元，每件产品的单位变动成本为50元，计划边际贡献为150 000元。当销售量预计为6 000件时，其价格应为多少？

解：单位产品价格= $\frac{50\times6\,000+150\,000}{6\,000}$ =75（元/件）

边际贡献定价法的优点：一是有利于在各种产品之间合理分摊固定成本费用。二是有利于企业选择和接受市场价格。在市场竞争条件下，市场价格可能接近或低于企业的平均成本，但只要这一价格高于平均变动成本，就有利于提高企业的市场竞争力。三是有利于企业根据不同产品的边际贡献，合理安排产品的生产，实现产品生产的最佳组合。

【例9-4】 某儿童制衣厂年产童装20 000件，已知总固定成本为210 000元，总变动成本为820 000元。请用边际贡献定价法计算：

（1）当边际贡献为160 000元时，单位产品价格应为多少？

（2）此时的企业利润是多少？

（3）在何种情况下，企业可以采取该定价方法？

解：（1）单位产品价格=（820 000+160 000）÷20 000=49（元）

（2）企业利润=总收入-总成本

=49×20 000-（210 000+820 000）

=-50 000（元）

即：企业亏损50 000元。

（3）企业一般在销售不景气、有闲置生产能力时，只要收入大于变动成本就可以采用该定价方法。

二、需求导向定价法

需求导向定价法是以消费者对产品价值的理解程度和需求强度为依据的定价方法。需求导向定价法又可分为如下几种形式。

（一）理解价值定价法

所谓理解价值，也叫感受价值、认知价值，是指消费者对某种商品的主观评判。理解价值定价法是指企业不以成本为定价依据，而以消费者对商品价值的理解度为定价依据，运用各种营销策略和手段，影响消费者对商品价值的认知，形成对企业有利的价值观念，然后根据商品在消费者心目中的价值来制定价格的方法。理解价值定价法的关键在于获得消费者对有关商品价值理解的准确资料。如果企业高估了消费者的理解价值，其定价就极可能过高，这样会影响产品的销量；反之，如果企业低估了消费者的理解价值，其定价就可能低于应有的水平，从而使企业减少收入。所以，企业必须搞好市场调查，了解消费者的消费偏好，准确地估计消费者的理解价值。

理解价值定价法的具体步骤如下。

第一步：决定初始价格。根据产品的性能、用途、质量、外观及市场营销因素组合策略水平，估计并确定消费者的价值水平，进而决定商品的初始价格。

第二步：预测商品的销售量。

第三步：预测目标成本。其计算公式为：单位产品目标成本=单位产品价格-单位产品目标利润-单位产品税金。

第四步：定价。对单位产品的目标成本与实际成本进行比较以确定价格：一是如果实际成本小于目标成本，说明目标利润可以保证，这时可确定初始价格为产品的实际定价；二是如果实际成本大于目标成本，说明在初始价格条件下，目标利润得不到保证，这时需要进一步做出选择，即要么降低目标利润水平，要么降低实际成本，使原价格方案得以实施。

采用理解价值定价法，重要的是对消费者理解价值水平进行测定，实践中主要采用以下 3 种方法。

（1）直接评议法，即邀请有关人员，如专家、顾客和中间商等人员直接进行评议。

（2）相对评分法，即用评分方法对多种同类产品进行评分，然后按照分数的相对比例和现行市场价格推算出评定产品的理解价值。

（3）诊断评议法，即用评分法针对产品的信誉、功能、质量和可靠性、外观、服务水平等各项指标进行评分，找出各因素指标的相对理解价值，再用加权平均法计算出理解价值。

例如，美国凯特皮勒拖拉机公司就成功地运用了理解价值定价法。公司公开宣称每台拖拉机售价为 24 000 美元，比竞争者同类产品的价格高出 4 000 美元，其价格构成：本公司产品与竞争者产品一般质量相同，则市场售价应为 20 000 美元；本公司产品在耐用性、可靠性上高于竞争者产品，应加价 3 000 美元；本公司维修服务措施周全，应加价 4 000 美元；本公司保证零部件供应期限长，应加价 1 000 美元；本公司为消费者提供价格折扣，向消费者让利 4 000 美元。因此，本公司产品实际价值 28 000 美元，而实际售价 24 000 美元。这样一来，就加深了消费者对该产品价格性能的了解，感觉花 24 000 美元得到价值 28 000 美元的产品和服务是值得的，从而忽略了对竞争产品的价格比较，使众多购买者宁愿多付 4 000 美元也不愿放弃购买，其结果是公司既增加了产品的销量，也获得了丰厚的收益。

（二）区分需求定价法

区分需求定价法也叫“价格歧视”，是根据需求的差异对同种产品或劳务制定不同价格的方法。其主要定价依据如下。

1. 因顾客而异

企业可根据不同职业、收入、阶层或年龄的消费者群制定不同的价格，具体可给予相应的优惠或加价。例如，航空公司，对国内、国外乘客分别制定票价；书展期间，对教师、学生优惠销售；“六一”儿童节期间，各商场以优惠的儿童商品价格吸引更多的家长和孩子光顾；“三八”妇女节期间，各商场针对女性产品给予消费者以价格优惠等。

2. 因式样而异

企业对式样不同的同种商品制定不同的价格，价格差异的比例往往大于成本差异的比例。例如，相同质量、规格而花色不同的产品，对花色陈旧的价格要定得低些，而对花色艳丽、款式新颖的价格要定得高些。另外对于某些有纪念意义的商品，价格也可相应制定得高些。

3. 因时间而异

企业根据新产品季节、日期上的需求差异制定价格。例如，防寒服夏天价格可定得低些，而冬天价格可定得高些。又如，电视广告在黄金时段和非黄金时段的价格就有很大的区别；旅游旺季制定的旅馆住宿价格和旅游景点的价格与淡季都有一定的差别。

4. 因空间而异

企业根据自己产品销售区域的空间位置来确定商品的价格。例如，同一地区的用户所付运价相同，较远地区的运价则较高。又如，同样的饮料在高档饭店的价格要高于街边餐饮店的价格。另外，体育馆、电影院不同排次的座位价格也有一定的差别。

5. 因用途而异

同一种商品有时有不同的用途和使用量，因而价格也应有所区别。例如，电力可用于工业、农业和家庭等，这时电费应根据不同的用途而有所差别。

采用区分需求定价法要具备一定的前提条件：一是市场能够根据消费者需求强度的不同进行细分；二是细分后的市场在一定时期内相对独立、互不干扰；三是竞争者没有可能在企业以高价销售产品的市场上以低价销售；四是价格差异适度，不会引起消费者的不满或反感。

三、竞争导向定价法

竞争导向定价法是以竞争者同类产品的价格水平作为企业定价依据的定价方法。竞争导向定价法一般有以下 4 种形式。

（一）随行就市定价法

随行就市定价法，是指企业依照行业通行的价格水平或平均价格水平来定价的方法。这是一种“随大流”的定价方法，其好处如下。

（1）平均价格水平在消费者心目中是“合理价格”，易于为消费者所接受，从而保证产品销路的稳定性。

（2）试图同竞争者和睦相处，以避免激烈的价格竞争所带来的市场风险。

（3）能保证企业获得适中的盈利。采用这种方法可以简化定价程序，充分利用现有资料，制定合理的价格，是实践中一种较为稳妥的定价方法，一般适用于需求弹性比较小或供求基本平衡的产品。通常选择随行就市定价法的多以中小企业为主，某些实力雄厚的大企业为了维护行业的共同利益也会采取此种定价方法。

（二）主动竞争定价法

主动竞争定价法，是指不追随竞争对手的价格，而根据本企业产品的实际情况及与竞争对手的产品差异状况制定价格的方法。其价格可能高于、低于或与市场价格一致，是一种主动、积极的与随行就市定价法相反的定价方法。一般实力雄厚的大企业或产品有独特性能、知名度高的企业会采用此种定价方法。

主动竞争定价法的定价过程如下。

（1）将市场竞争产品价格与本企业估算价格相比较，并分出高于、低于和相同 3 个层次。

（2）将本企业产品的性能、质量、成本、产量、式样等与市场竞争产品相比较，并分析造成价格差异的原因。

（3）根据以上综合分析对本企业产品进行市场定位，确定产品的优势或特色，并在此基础上按照预定的价格目标确定产品的价格。

（4）跟踪市场竞争产品的价格变化，及时分析原因，相应地调整本企业产品的价格。

（三）密封投标定价法

密封投标定价法，是一种竞争性很强的定价方法。一般在购买大宗物资、承包基建工程时发布招标公告，由多个卖主或承包者在同一招标人所提条件的前提下，对招标项目提出报价，招标人从中择优选定。一般来说，征求承包商的一方（买方）称为“招标人”，前来参加竞争的应征者称为“投标人”，经过竞争以后的优胜者称为“中标人”。投标人为了在竞争中获胜，往往会千方百计地探听标底内容，因此招标人在正式开标之前，一定要严守秘密，不许泄露标底。

密封投标定价法的定价程序如下。

（1）招标。由买方发布招标公告，提出征求商品或劳务的具体条件，引导卖方参与竞争。

（2）投标。卖方或承包者根据招标公告的内容和具体要求，结合自己的条件，考虑成本、利润和竞争对手可能提出的报价，在买方规定的截标时间内，将自己愿意承担的价格密封提出。

（3）开标。买方在招标期限内，积极认真地选标，全面认真地审查卖方提供的投标报价、技术力量、工作质量、生产经验、资本金情况、信誉高低等信息，以此为基础选择承包商，并到期进行开标。

采用这种方法，投标价格是企业能否中标的重要因素。高报价固然可以给企业带来较高的利润，但中标的机会却相对较少；相反，低报价虽然给企业带来的利润较低，但中标的机会大，不过不能太低，如低于成本企业会亏损。所以，参加竞标的企业应当计算期望利润，然后根据最高期望利润递减价格。期望利润可以根据方案估计中的中标率和利润率来计算。

（四）拍卖定价法

拍卖定价法，是一种由卖方预先发布公告，委托拍卖行展出拍卖物品，买方预先看货，在规定时间公开拍卖，由买方公开竞争叫价，不再有人竞争的最高价格即为成交价格，卖方按此价格拍板成交的方法。这是西方国家一种历史悠久的传统买卖方式，常见于古董、文物、高级艺术品或者大宗商品的买卖。如今在出售旧货以及处理破产企业财务时，也经常采用这种方法。西方国家有拍卖公司专门从事拍卖业务，接受货主委托组织拍卖活动。我国从 19 世纪 70 年代开始在一些大城市就出现了拍卖行，至 1958 年全部关闭。从 1986 年起，许多大城市又先后成立了“拍卖行”，成为处理公私财产的一种销售方式。目前，这种销售方式的应用越来越广泛，通常被用于重大工程的建设、大型设备的承造、零部件的外购以及珍贵文物、艺术珍品的出售，或倒闭企业的财产拆卖等。

拍卖价格与密封投标价格的形式有所不同，其区别在于拍卖价格是买方公开竞价，取最高价；密封投标价格是卖方密封递价，在同等条件下取最低价。

第四节 定价策略

定价策略是企业为了实现预期的经营目标，根据企业的内部条件和外部环境，针对某种商品或劳务选择最优定价目标所采取的应变谋略和措施。定价策略是较高层次的决策。由于企业所处的市场环境、定价对象以及实施方法的不同，企业定价策略也是多种多样的。归纳起来，主要有以下几种策略。

一、新产品定价策略

新产品定价是企业价格策略的一个关键环节。因为新产品的成本高，消费者对它不了解，竞争对手可能还没有出现，所以其定价的正确与否，关系到新产品能否顺利进入市场，并为以后占领市场打下基础。企业在推出受专利保护的新产品时，可根据自身情况选择以下定价策略。

（一）撇脂定价策略

撇脂定价策略，是指如同把烧热的牛奶上的一层油脂精华取走一样，企业在将新产品刚投放到市场时把价格定得很高，以求在尽可能短的期限内迅速获取高额利润。在新产品投放市场的初期，消费者对它缺乏了解，一些采用新技术发明的新产品因具有独特的功能还会对消费者产生极大的吸引力。由于新产品以新的外观、性能出现在消费者面前，消费者通常愿意多花些钱去购买；同时市场上生产同类产品者很少，产品需求的价格弹性较小，因而企业可以为新产品制定高价，以迅速收回研制新产品时的花费，并获得尽可能多的利润。

撇脂定价策略的优点如下。

（1）有利于企业利用消费者的求新心理形成声望价格。新产品刚被投放到市场，特性突出，优越性明显，竞争者尚未出现，企业利用消费者的求新心理，对其进行高价刺激，提高产品身价，创造高价、优质及名牌的形象。

（2）有利于企业主动降价。新产品投放市场初期价格定得高，随着时间的推移和竞争者的加入，企业可逐步灵活地调低价格，这不仅可以保持企业的竞争力，而且也可以从现有的目标市场上吸引潜在的需求者。由于资金、技术、资源等条件的限制，企业难以较大规模地满足所有需求，利用高价可以限制需求的过快增长，缓解产品供不应求的状况。同时，企业还可以利用高价获取的高额利润进行投资，逐步扩大生产规模，使之与需求状况相适应。

撇脂定价方法的缺点如下。

（1）产品价格定得太高，容易引起消费者的不满，给产品销售制造障碍。

（2）当新产品的声誉尚未建立时，过高的定价不利于开拓市场，不利于增加销量，也不利于占领和稳定市场。

（3）高价会导致竞争者的大量涌入。如果将产品高价投放市场销路较好，竞争者就会被高利润所吸引，纷纷进入该产品市场，从而迫使价格下降。这时如果没有配合实施其他有效的策略，企业苦心经营的高价优质形象可能就会受到损害，从而失去 部分消费者。

撇脂定价策略是一种追求短期利润最大化的定价策略，如处理不当，会影响企业的长期发展。所以，企业在采取此种策略时要小心谨慎。一般来说，这种策略适用于两类产品：一是寿命周期短，花色品种变化快的时尚产品，如时装等；二是具有专利技术和特色工艺的高科技产品或艺术品，如微软公司的软件产品等。

（二）渗透定价策略

渗透定价策略，是指企业在新产品投放市场初期，将产品价格定得相对较低，以吸引大量购买者，获得较高的销售量和市场占有率。这种策略正好同撇脂定价策略相反，是以较低的价格进入市场，具有较强的渗透性和排他性。

渗透定价策略的优点如下：

（1）低价会刺激市场需求，使企业生产和经营成本随着销售额的增加而下降，从而实现产品的薄利多销并迅速打开市场，将产品渗透到各个不同的区域，以提高产品的市场占有率。

（2）低价能有效地抑制现实和潜在竞争对手的进入，扩大企业的市场声势，以便企业长期占领市场。

渗透定价策略的缺点如下：

（1）由于价格较低，企业获利少，投资回收期长。

（2）由于价格变动余地小，企业难以应付在短期内骤然出现的竞争和市场需求的较大变化，从而造成重大损失。

（3）有时低价还容易使消费者怀疑商品没有质量保证。

渗透定价策略虽然能促进产品销售，使企业通过薄利多销来增加利润，但并不是任何新产品都可以采用。适合采用低价策略的产品应具备以下几个基本条件：一是新产品的价格需求弹性大。消费者对市场上产品的价格很敏感，价格稍微低些就有很多人愿意购买，价格高些则情况相反。二是新产品会产生规模经济效益。若大量生产和销售产品，生产成本与销售成本就可因大批量生产和销售而降低。三是低价可以排斥潜在的竞争对手。

（三）满意定价策略

满意定价策略，是一种介于撇脂定价和渗透定价之间的折中定价策略，其新产品的价格水平适中，同时兼顾生产企业、购买者和中间商的利益，因而能被各方面所接受。满意定价策略既能保证企业获得合理的利润，又能兼顾中间商的利益，还能为消费者所接受，故而得名。

满意定价策略的优点在于：满意价格对企业和顾客而言都较为合理公平，由于价格比较稳定，正常情况下盈利目标可按期实现。

其缺点在于：价格比较保守，不适于竞争激烈或复杂多变的市场环境。这一策略适用于需求价格弹性较小的商品，包括重要的生产资料和生活必需品。

以上 3 种新产品定价策略均有利弊，并有其相应的适用环境。企业在具体应用时采用何种策略，还要从其实际情况、生产能力、市场需求特征、产品差异性、预期收益、消费者的购买能力和对价格的敏感程度等因素出发，综合分析，灵活选择。

撇脂、渗透和满意定价 3 种策略的价格和销售量的关系如图 9-1 所示。

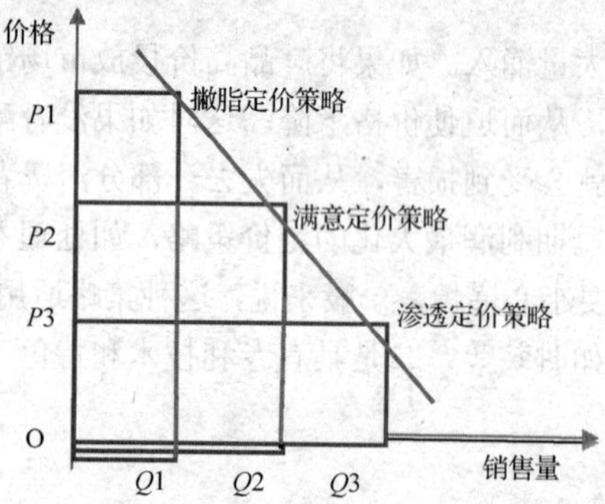

图 9-1　价格与销售量的关系

二、心理定价策略

消费者的心理活动是复杂多变的，有的希望少花钱而又能买到高质量的产品或服务；有的希望能买到高档名牌产品以显示身份地位；有的希望能买到时髦奇特的产品以满足求新求异心理等。心理定价策略就是运用心理学原理，根据不同类型的消费者在购买产品时的不同心理要求来制定价格，以诱导消费者购买，促进产品销售的一种定价方法。常用的心理定价策略有以下几种。

（一）尾数定价策略

尾数定价策略，是指企业在制定产品价格时以零头数结尾。据心理学家分析，消费者通常认为整数价格如 10 元、20 元、200 元等是概略价格，不够准确，而认为非整数价格如 9.96 元、19.95 元、198.96 元等是经过精确核算的价格，容易产生便宜和信任的感觉，从而满足了其求廉心理。市场营销专家曾做过调查，发现价格中尾数的微小差异对产品的销路有较大的影响。一般情况下，价格在 5 元以下，尾数为 8 或 9 更受欢迎；价格在 5 元以上，100 元以下，尾数为 95 最受欢迎；价格在 100 元以上，尾数为 98 或 99 最受欢迎。例如，花 4.98 元买一件商品，购买者会认为只花了 4 元多；而花 5 元买一件商品，尽管只多了两分钱，购买者却会认为多花了不少。这是因为，这里的 4 元和 5 元相差了一个档次。对于价格较低的商品，特别是日用消费品采用尾数定价策略，会使消费者产生便宜的感觉，从而能迅速做出购买决策。

（二）整数定价策略

整数定价策略，是指企业在制定产品价格时以整数结尾而不要零头。这种策略适用于高档商品、名牌商品、礼品和性能不被消费者了解的商品。因为在现代商品交易中，生产者众多，花色品种各异，购买高档名牌商品的消费者往往会产生显示自己身份地位的心理动机，因而对商品的质量和价格非常重视，认为“一分钱一分货”，价格越高、质量越好，就越能显示自己的身份。在这种情况下，采用整数定价策略，一方面可以提高商品的地位；另一方面还可方便顾客选购商品，减少麻烦。另外，它比非整数价格更能刺激顾客的购买欲望。在具体应用时，如果商品的价格在整数分界线以下，应将其提高到分界线以上以显示其身价。例如，将一部价格在 995 元的照相机的价格定为 1 000 元，即将价格从 3 位数上升为 4 位数，更有利于争取顾客，促进商品销售。

（三）分档定价策略

分档定价策略，是指企业将同一类商品按其质量、规格和样式等几个方面的差异分成几个档次，分别为每个档次制定不同的价格。例如，经营鞋、针织品等商品，就可按式样和做工的不同分成几个档次，一个档次一个标价；蔬菜业、水果业和服装业等许多行业，都普遍采用这种定价策略。对同类或同种商品的价格差异，消费者通常认为其标志着产品质量的好坏、档次的高低，甚至款式的流行与否。因此，企业采用分档定价策略，既体现了商品质量上的差别，又提高了营销效率还使顾客感到企业认真负责，进而获得了选购商品的满足。

（四）声望定价策略

声望定价策略，是指企业针对消费者“价高质必优”的心理，为在消费者心目中享有一定威望、声誉和信任度的产品制定较高的价格，如皮尔 • 卡丹西服、金利来领带、鳄鱼休闲装等。一般来说，价格档次常被作为产品质量最直观的反映，尤其在消费者识别名优产品时更是如此。因此，高价与性能优良、独具特色的名牌产品相配合，更能显示出产品的特色，增强产品对消费者的吸引力。声望定价策略不仅可以使企业盈利增加，还可以使消费者在心理上感到满足，主要适用于刚刚进入市场的新产品、质量不容易鉴别的产品、高档日用品和耐用消费品。企业在市场营销中，不能以高质量为一般商品作保证而盲目采用声望定价策略，否则有可能会影响企业声誉，从而失去一部分市场。

（五）习惯定价策略

习惯定价策略，是指企业按照消费者的心理习惯和价格习惯制定产品价格的方法。日用消费品的价格通常在消费者的心目中已形成一定的习惯标准，符合其标准的价格很容易被顾客接受，而偏离其标准的价格则容易引起消费者的怀疑。高于习惯价格常被消费者认为是产品涨价；低于习惯价格又会被消费者怀疑产品有质量问题。因此，日用消费品的价格要力求稳定，避免价格波动可能带来不必要的损失。当必须调价时，应同时采取改换包装或品牌等措施，引导消费者逐步形成新的习惯价格。

（六）招徕定价策略

招徕定价策略，是指企业为迎合消费者的求廉心理，有意对几种商品进行削价销售，借此吸引顾客购买并促使顾客进行连带消费，促进其他正常定价商品的销售，从而实现增加企业总利润的目的。例如，某些工业、商业企业根据季节或节假日进行的“大减价”活动，就是为了满足顾客的求廉心理从而吸引顾客。这一策略常被综合性百货商店、超级市场、一些高档商品的专卖店所采用。采用招徕定价策略，应具备一定的条件：一是作为大幅度降价的产品，必须是消费者经常使用或者是符合大部分家庭使用的商品；二是出售特价品的商店，必须是规模较大的零售商店，即商品种类多，这样容易吸引顾客购买特价品以外的商品，从而通过增加其他商品的销售量来提高企业总利润；三是特价品的价格必须确实是低价，接近甚至低于成本，以便使顾客对其产生信赖和好感；四是特价品的数量应有一定的限制，数量过多会影响企业的收益，数量过少又会使买不到的顾客感到失望，甚至产生相反的效果。

三、折扣定价策略

折扣定价策略，是指企业利用各种折扣和让价吸引经销商和消费者，促使他们积极推销或购买自己的产品，从而达到增加销售、提高市场占有率的目的。这一策略能增强销售的灵活性，给经销商和消费者带来利益和好处，因而在现实中经常被企业所采用。常见的价格折扣主要有以下几种形式。

（一）数量折扣

数量折扣，是指企业按顾客购买数量的多少给予不同的价格折扣，这是企业运用最多的一种价格折扣策略。一般来说，顾客购买的数量越多或数额越大，折扣率就越高，以鼓励顾客大量购买或一次性购买多种商品，并吸引顾客长期购买本企业的商品。数量折扣分为累积数量折扣和非累积数量折扣。累积数量折扣是指在一定时期内累积购买超过规定数量或金额所给予的价格折扣，其目的在于鼓励买主集中购买，成为企业的长期顾客。例如，易腐蚀性商品或非耐用消费品常采用这种策略。非累积数量折扣是指按照每次购买产品的数量或金额确定折扣率，其目的在于吸引买主大量购买，以便企业组织大批量营销，从而节约流通费用。企业采用数量折扣有助于降低生产、销售、储运和记账等各环节的成本费用。

（二）现金折扣

现金折扣，是指企业为了鼓励买主尽早付清货款，加速资金周转，规定凡提前付款或在约定时间付款的买主可享受一定的价格折扣。企业来用现金折扣策略，可以有效地促使顾客提前付款，从而有助于盘活资金，降低企业的利率风险。因为折扣带来的回报率通常要比银行利率明显高些，所以顾客一般都不会放弃这种机会。一般来说，折扣大小会根据付款期间的利率和风险成本等因素确定。

（三）季节折扣

季节折扣，是指企业为鼓励买主提早采购，或在淡季采购，针对生产经营的季节性商品而给予一定的价格折让。在季节性商品销售淡季，资金占用时间长，如果能增加产品销售量，便可加快资金周转，节约流通费用。在这种情况下，卖方以价格折扣来鼓励买方购买商品，并向其转让一部分由节约流通费用带来的利润，对买卖双方都是具有积极意义的。厂家和中间商之间采用季节折扣，可以促使中间商提早进货，从而保证企业生产能够正常进行。而零售企业在销售活动中采用季节折扣，能促进消费者在淡季提前购买商品，减少过季商品库存，加速资金周转。例如，冬天买空调、夏天买羽绒服等。商品销售的季节折扣率，应高于银行存款利率。

（四）交易折扣

交易折扣也叫功能折扣，是指企业为了鼓励批发商或零售商大量购买并积极进行推销，或提供资金融通、运输等服务功能，而给予他们的一种价格折扣。其目的在于，利用价格折扣刺激各类中间商更充分地发挥各自组织市场营销活动的功能。例如，某家生产企业同时向批发商和零售商出售商品，在确定出一个参考性零售价格后，给批发商提供20%的折扣优惠，而是给零售商提供10%的折扣优惠。因为批发商和零售商在销售渠道中的功能不同，批发商有着更广泛的分销能力。采用差别折扣，有利于批发商在经营过程中得到更合理的商业利润，以保证整个分销渠道的发展和畅通。

（五）回扣和津贴

回扣，是指购买者在按价格目录将货款全部付给生产企业后，生产企业再按一定比例将货款的一部分返还给购买者。津贴，是指企业为了特殊的目的，对特殊顾客以特定形式所给予的价格补贴或其他补贴。例如，中间商为销售本企业产品而提供了刊登地方性广告、设置样品陈列橱窗等各种促销活动，生产企业会给予中间商一定数额的资助或补助以作为报酬。有的企业为了提高自己产品的竞争力，在运费方面也会给中间商一定的津贴等。

四、地理定价策略

地理定价策略，是指企业根据交货地点的远近、交货时间的长短和运杂费用的分担制定产品价格的策略。这一定价策略主要有以下几种形式。

（一）产地交货价格

产地交货价格，是指卖方按出厂价交货或按产地某种运输工具交货的价格。也就是说，买方按照出厂价购买某种产品，卖方负责将这种产品运到产地的某种工具（如火车、船舶、飞机、火车等）上交货，并承担这期间的一切风险和费用；交货后，从产地到目的地的一切风险和费用都由买方承担。这 价格具有通用性，在国际贸易中通常称为“离岸价格”或“船上交货价格”（英文缩写为“FOB”）。采用这种价格，对卖方来说比较合适，对购买者来说既要承担运输费用和一定的风险，又要办理货物托运等杂务，因而会影响其购买的积极性。特别是对远途购买者来说，这一问题更为突出。

（二）买主所在地价格

买主所在地价格，是指企业负责将产品运到买主所在地，并承担运输费和保险费等费用。企业采用这种价格，由于承担的风险较大，因而将价格和利润都制定得比较高。这种价格在国际贸易中通常称为“到岸价格”（英文缩写为“CIF”）。

（三）统一交货价格

统一交货价格，是指企业把卖给不同地区的顾客的某种产品都按照相同厂价（产地价格）加相同运费（按平均运费）定价。采用这一定价策略，有利于鼓励远距离顾客购买该企业产品，从而扩大销售区域。一般在运费低廉或运费占成本比例很小以及商品重量轻、体积小的情况下，适宜采用这种定价策略。

（四）区域定价

区域定价，是指企业把产品的销售市场分成几个价格区域并制定不同的价格。一般来说，距离企业较远的地区，将价格定得高些；距离企业较近的地区，将价格定得低些。这种策略适用于体积大、交货费用在价格中占用比例大，不可能对所有顾客都使用统一交货价格的产品。该策略的优点是：计算方式简单，便于扩大销售区域，提高市场占有率。但是，企业采用区域定价策略也会遇到一些问题，如在同一价格区域内，有些顾客离企业较近，有些顾客则离企业较远，前者就合算。

（五）基点定价

基点定价，是指企业选定某些城市作为基点，然后按一定的出厂价加基点（最靠近顾客所在地的基点）至顾客所在地的运费来定价，而不管货物是从哪个城市起运的。它适用于体积较大，运费占成本比重较大的产品。采用这一策略可以使卖方产品在各地的交货价格基本相同，从而有利于开拓远地市场，增加产品销售。

（六）运费免收定价

运费免收定价，是指企业制定产品价格时替买主负担全部或部分运费。企业采用运费免收价，一般是为了与购买者加强联系或开拓市场，通过提高销量来抵补运费开支。

五、产品生命周期定价策略

产品生命周期定价策略，是指依据产品生命周期不同阶段的特点而制定和调整价格的策略。

（一）投入期定价策略

在产品投入期，一般对上市的新产品或者是经过改造的老产品，采取较高或较低的定价。

（二）成长期定价策略

在产品成长期，产品已被消费者接受，销售量增加，一般不贸然降价。但是如果产品在刚进入市场时价格定得较高，此时又出现了强有力的竞争对手，企业为更快地提高市场占有率，也可以适当降价。

（三）成熟期定价策略

在产品成熟期消费者人数和产品的销售量都达到一个最高水平，但在成熟期后期消费者人数和产品的销售量都开始出现回落趋势，市场竞争比较激烈，一般宜采取降价销售策略。但如果竞争者较少，也可维持原价。

（四）衰退期定价策略

在产品衰退期，消费者的兴趣开始或已经发生转移，销售量急剧下降，一般适宜果断地采取降价销售策略，有时为了减少产品库存，甚至会将价格定得低于成本。但如果同行业的竞争者都已退出市场，或者经营的商品有保存价值，也可以维持原价，甚至提高价格。

虽然不同种类的产品在其产品生命周期的某个阶段一般具有共同特征，但由于不同种类产品的性质、特点及其市场供求状况不同，因此在选择定价策略时要机动灵活、实事求是。

六、价格调整策略

在市场经济条件下，竞争环境的激烈，市场需求的变化，竞争条件的改变，必然会给企业产品的价格带来影响。企业应根据市场环境的变化，对自身产品的价格进行不断的调整，以提高市场占有率。所谓价格调整策略，是指企业根据市场营销环境的变化和自身定价目标的需要，对产品价格进行主动和应变的调整。

（一）主动调整价格

所谓主动调整价格，是指企业根据市场需求和竞争环境的变化，主动调整本企业产品的价格。

主动调整价格体现了企业积极主动地适应市场环境的变化，积极参与市场竞争的思想。主动调整价格的方式主要有以下两种。

1. 主动调低价格

主动调低价格就是企业根据市场环境主动降低本企业产品的价格。企业调低价格的原因主要有三点：①企业出现产能过剩，库存积压严重，虽然使用了一些促销手段，但产品销路仍然不好，又不能改进产品。在这种情况下，企业必须通过降低产品的价格来促进产品的销售；②市场竞争激烈，又出现了实力雄厚的竞争对手，企业产品的市场占有率逐步降低，为了保持市场占有率而调低价格；③企业由于产量增加、成本降低，通过调低价格来控制市场，提高市场占有率。

2. 主动调高价格

企业主动调高价格不一定是提高产品的基本价格，有时是结合产品定价策略如减小折扣幅度和其他一些营销策略来实现的。企业调高价格的主要原因有以下几点。①成本费用增加，如原材料、燃料等价格持续上涨，导致利润水平不断下跌，企业为保证一定的利润水平，不得不调高价格；②市场上对该种产品的需求处于供不应求的状况。企业为实现新的供求平衡，需要通过提高价格来限制需求；③企业为了应付通货膨胀，有时也不得不调高价格。在预测要发生进一步的通货膨胀或政府进行价格控制时，企业的提价幅度常常高于成本提高的幅度。

主动调高价格策略有明调和暗调两种形式。所谓明调，就是在其他条件不变的情况下，把销售价格提高。所谓暗调，就是商品标价看起来没变，但实际上价格已经调高。企业常用的方法有：减小折扣、减少销售服务或降低产品等级等。调高价格虽能使企业利润有所增加，但也往往会引起各方面的普遍波动，所以企业在调高价格时一定要掌握一定的幅度、时机和方式。

价格调整幅度最重要的考虑因素是消费者的反应，不能提得太高以致超过消费者愿意接受的范围。因为调整价格是为了促进企业产品的销售，实质上就是要促进消费者更多地购买产品，如果忽略了消费者的反应，必然会影响企业产品的销售，也就失去了调整价格的意义。只有注重消费者反应，按照消费者的意愿来调整产品的价格，才能收到较好的调价效果。

为了保证调高价格策略的顺利实现，可以选择以下几个调价时机：一是产品在竞争中处于优势地位；二是产品进入成长期；三是竞争对手的产品提价；四是季节性商品进入销售旺季；五是提价能保持产品原有的市场占有率，不会引起销量锐减。

在提价方式上，企业应尽量选择间接提价，把提价的不利因素减小到最低程度，使提价不影响销售量和利润，而且能被潜在消费者所接受。同时，企业提价前应通过各种渠道向消费者说明原因，同时辅以产品策略和营销策略，以减少顾客的不满，维护企业的形象和信誉。

企业在调整价格时，还要注意竞争者的反应，强大的竞争者甚至可能会迅速采取某种行为。当企业面对多个竞争者时，一定要对每个竞争者的反应进行估计。尤其是在企业规模、市场份额和管理政策等方面都不相同时，企业要对每个竞争者进行详细分析，并准备好多种应变措施及对策。

（二）应变调整价格

所谓应变调整价格，是指由于竞争对手率先调整了产品价格，迫使企业必须采取适当的价格对策，相应地调整本企业产品的价格。由此可知，应变调整价格实际上是企业为了适应竞争者同类产品价格而被迫采取的价格调整策略。企业为了保证对竞争者价格变动做出的反应能符合本企业的利益，必须对竞争者和自己企业的情况进行深入的调查研究及分析比较。

1. 研究竞争者的情况

研究竞争者的情况主要包括以下内容：为什么竞争者要调整价格？竞争者是暂时变价还是长久

变价？提出调价竞争者的实力如何？企业如果对于竞争者的变价置之不理，将会对自身市场占有率有什么影响？企业对竞争者变价做出的任何一种反应，竞争者和其他一些企业又会采取什么措施？

2. 研究本企业的情况

研究本企业的情况主要包括以下内容：①本企业的经济实力；②本企业产品的生命周期以及该产品的需求价格弹性；③本企业如果跟随调价，会对其生产经营产生什么影响等。

经过以上认真的分析和研究后，企业就要对竞争者的价格变化迅速做出反应。一般来说，在竞争者提价时，企业就应采取跟随提价的办法；在竞争者率先降价时，企业则应该谨慎行事。在同质产品市场上，如果竞争者降价，企业也必须随着降价，否则消费者就可能购买竞争者的产品而不购买本企业的产品。在异质产品市场上，如果竞争者降价，企业则应认真分析，购买者选择卖主时不仅会考虑产品的价格因素，同时还会考虑产品质量、售后服务、品牌等因素。通常情况下，企业做出的反应对策有：一是同幅度或不同幅度的价格跟进策略，争取同竞争者保持原有的竞争格局。二是保持价格不变，修改或调整其他营销策略，避免在价格上和竞争对手有过多纠缠，而是另辟蹊径，利用自己的其他竞争优势与竞争对手争夺市场。三是维持原有的营销组合，以不变应万变，这个对策通常在竞争者降价幅度较小时采用。

企业的应变策略常常是在被动的情况下做出的，而且时间紧迫。为了提高企业的应变能力，减少由仓促应变带来的不利影响，企业在价格决策中，除了对自己的产品进行调价外，还应采取有效的方式预测到竞争者可能的价格变动，并适时采取应变对策，以适应变化了的竞争环境。

思考题

1. 企业定价的目标是什么？
2. 影响企业定价的各种因素有哪些？
3. 简述企业的基本定价方法。
4. 比较需求导向定价法和成本导向定价法的区别。
5. 企业常见的定价策略有哪些类型？
6. 思考企业灵活应用不同价格策略带来的经营效益。

案例分析

案例 9-1

银行贷款告别粗放时代 提高差异化定价能力

资金作为一种资源，其使用是有价格的，通常所说的资金价格就是利率。在现代社会，利率受到很多经济因素的制约，其变动有可能会对整个社会的经济产生重大影响，使用转移货币资金时借入方要向贷出方支付按照一定利率计算所得的利息。因此，一定时期的利息额与贷出资金额的比率称为利率，可用百分数表示。

利率有市场利率和法定利率两种。前者受货币资金市场供求关系影响，后者依据社会平均利率结合国家政策确定。当货币资金供不应求时，货币价格上升，即市场利率上升；反之则下降。

住房贷款利率，是指居民购房时用房产在银行办理抵押贷款，该贷款要按照银行规定的利率定期支付利息。在中国，房贷利率受政策影响较大，它由中国人民银行统一规定，允许商业银行具体执行时在一定区间内可有浮动。这样一来中国房贷利率时常变动，从长期看处于震动上涨的趋势。因此，比较利率变动前后的市场表现有一定意义。2012年6月7日，人民银行向各商业银行下发文件，规定商业银行对个人住房贷款利率浮动区间的下限为基准利率的0.7倍。商业银行将执行新利率：贷款期限在一年以上的，贷款利率于每年1月1日调整一次，在贷款期限内如未遇基准利率调整，则贷款利率不作调整。

房贷利率作为资金的特殊价格，在我国仍未全面执行差异化定价，即仍未详细区分购房客户的情况而执行大致统一的定价，但银行贷款利率调整及信贷结构调整的灵活性已大大提高。

不同时期的信贷宽松过程中，并未出现银行一味追求信贷投放规模的现象；相反，随着竞争的日益加剧和政策的逐步放开，银行在提高差异化定价能力方面已经取得了一些成效。

住房贷款业务在银行贷款体系中属于风险权重低的优质业务，因而其竞争也越来越激烈。各家大型和地区性银行为了抢占房贷市场份额，若其中有一两家银行首先变动利率，就会出现其他银行跟风调整贷款利率的现象。如此价格竞争导致长期以来房贷利率大多执行政策允许的最低利率，如2008年底房贷利率允许打7折后，银行几乎都执行7折利率。

但最近一年发生了变化，各家银行没有为竞争市场份额而将贷款利率下浮至政策允许的最低值，而且下浮幅度也不再刻意与其他银行保持一致，而是根据自身资金情况进行调整。比如某段时间个体商业贷款盈利性更佳，银行就会将资金更多投向个人经营性贷款。这样调整的结果是，不同银行在不同阶段对住房贷款利率的定价差异增大。

有时贷款价格的变动趋势是一致的，最低可打8.5折的浦发银行和工行，首套房贷款利率今年5月份曾执行9折以上甚至按照人民银行的基准利率，当时已有很多银行将首套房贷利率调整到8.5折，最后执行8.5折贷款利率的几家银行又实时降低了利率优惠幅度。因为各家银行的利率调整方向仍然受相同的因素影响，即资金面、信贷额度等。信贷规模每季度都会受央行调控，通常在季末几乎会被使用光，因此在9月末出现执行第一套房贷款利率8.5折优惠的银行数量减少是可以理解的。有时特别是在6月底，也会出现多家银行取消利率打折的情形。

在利率市场化转型的形势下，银行普遍重视降低资本消耗，提高贷款收益，即对利率的管理越来越精细。虽然银行已基本告别粗放经营时代，但离完善资金价格精细化操作仍有一段距离。各家银行在中小企业贷款等其他领域也积极尝试提高差异化定价能力，以有效降低贷款风险。

资料来源：证券时报

案例思考：

1. 银行贷款利率定价的常用策略是什么？
2. 银行利率定价受哪些因素的影响？

案例 9-2

Priceline：反向定价法成就商旅巨头

很多中国消费者或许并不熟悉Priceline这家公司，但经常出境的旅客应该知道在线预订网站Agoda、Booking等，而这些网站其实都属于Priceline。Priceline是国际在线旅游代理商巨头，美国基于C2B商业模式最大的旅游服务网站，其业务涵盖酒店、机票、租车、旅游保险等诸多服务内容，与中国国内的携程网、去哪儿网有些类似。

Priceline公司2013年全年净利润达到18.9亿美元，居同行业企业之首。其最核心的业绩增长来源于旗下的在线酒店预订服务平台公司Booking.com。在先后并购了在线餐厅预订服务商OpenTable、旅游搜索引擎公司Kayak Software后，Priceline的竞争优势得到了提升，业务覆盖范围也得到进一步扩展。

Jay Walker 1998年创立了Priceline，或许在创立之初他并没有想到此后Priceline会在旅游行业取得如此成绩。有数据显示，在2010年度的“财富创造者”排行榜上，经过美国金融危机和互联网泡沫后，Priceline公司执行总裁杰弗里•博伊德甚至排在苹果公司CEO乔布斯之前，可见该网站有极高的影响力和公众知名度。

Priceline公司旗下有priceline.com、Agoda.com、Booking.com、rentalcars.com、KAYAK及OpenTable六大主要品牌，正是通过它们将旅游服务覆盖到全行业。而真正让Priceline与众不同的，当属其创立的基于C2B的反向定价模式。

Priceline反向定价模式的原理是产品越接近最后使用期限，其使用价值就越小。从酒店住房或者机票来看，接近登机时间或者入住时间的旅游资源实际价值变小，一旦飞机起飞或者客房空置其实际价值就会变为零。而Priceline网站可以提高这些旅游资源的使用效率，通过让消费者报出需求的酒店星级等级、所需入住城市或景点的所在区域、价格和前往日期，从自身的数据库或供应商的数据库中寻找到合适价格的房间并提供出售建议，然后返回一个网络页面告知消费者此价格是否被资源方接受，若接受则双方进行在线交易。目前，“旅游保险”“租车”也包括在其业务范围内。

当有些商务散客既需要高性价比的住宿需求而预算又有限时，这种由消费者发起的独特定价模式就起到了连接供需双方的作用。反向定价模式的具体实施即由消费者报出城市、入住酒店等级、时间和能够支付的价格，比如一名商旅客人需要入住一家五星级酒店，并为此能够支付100美元一天的价格，当商旅客人将这个信息发出后，就开始等待是否有酒店商家接单，一旦网络显示有则客户在线支付，那么对于客户而言，即得到了高性价比的酒店产品。而在让商旅客人得到实惠的同时，酒店资源方也提高了自身客房的入住率。旅游业是一个淡旺季需求差异很大的行业，淡季或平时客房未满，闲置的房间价值就无法得到体现，与其空着还不如将这些客房低价出售，这样在提升酒店入住率的同时也可以增加酒店收入。Priceline的反向定价模式为酒店资源方打开了消费者购买剩余客房的需求，使得酒店收益率有可能得到最大化。这种在线交易是不可反悔、不可取消的，因为消费者要将自身信用卡信息提交后才能在网上提交购买确认，因此其对酒店方而言是一笔直接交易，即便最终消费者并未入住，酒店方也已经提前收到款项且无须退回。

此外，Priceline平台上没有公布价格接受方的特定信息，消费者只知道最终价格和酒店等级、具体位置。这种方式有利于保护酒店方品牌，因为过低的价格会对酒店的品牌定位产生一定影响。对一些高等级或看重品牌价值的酒店而言，Priceline这种不公开酒店特定信息的反向定价模式兼顾了需求方和供给方的特殊诉求。

同时，Priceline公司的这种服务模式没有使用呼叫中心，其网站的收入主要来源为向消费者收取手续费；当然可能也会出现另外一种情况，即若实际从供应商获得的价格比消费者报价还低，差价也会被Priceline公司赚取。

资料来源：第一财经日报

案例思考：

1．谈谈 Priceline 反向定价模式结合互联网特性的优势。

2．Priceline 定价主要的影响因素有哪些？

案例 9-3

广汽本田轿车定价策略纠偏

中国汽车消费者人群的消费习惯和结构都在快速发生着转变，中小型轿车销售持续火爆。另外，SUV型汽车市场正成为各家汽车制造商激烈竞争的又一战场。

目前，几乎每家汽车制造商手中都有生产SUV车型或相关计划，广汽本田作为基地在广东的超大型车企，推出了首款SUV车型缤智。广汽本田原有主力车型第九代雅阁的销售似乎并没有上一代火爆，在竞争异常激烈的中级车市场上较难重现上一代巅峰的销售辉煌，于是希望缤智能借助SUV车型受到消费者的追捧，实现在“70后”“80后”“90后”主力消费者群体中销售的有效增长，与第九代雅阁一起树立广汽本田先进、动感的汽车制造商形象。

第九代雅阁是广汽本田公司的旗舰车型，其销售情况直接关系着公司能否重现像第八代雅阁那样的二次辉煌。全新技术换代车型和良好的品牌形象已经让新雅阁获得了消费者市场较高的关注，然而同时也引起了各界的热议，就是第九代雅阁较高的销售定价。

新雅阁的主力车型2.0L豪华版和2.4L豪华版售价分别为20.68万元和22.98万元。相对于主要竞争对手东风日产的新天籁车型而言，第九代雅阁比新天籁的官方指导售价平均高出2万元。采用相对高昂的价格方案有几种可能：第一种，第九代雅阁可能构想通过撇脂定价法，先确定一个较高的价格，为以后在竞争降价中留出余地使市场占有率最大化，又或者第九代雅阁想借助高售价吸引媒体和市场的关注，提高品牌曝光度，后续再推出真正的入门较低售价版本第二种，第九代雅阁对其产品销售相当自信，即使价格高于主要竞争对手2万元也能获得市场的认可。

今年前三季度，广汽本田国产车销量为28.1万辆，比去年同期的28.24万辆微跌0.5%。这与广汽本田年初计划今年超过50万辆的年销售目标尚有较长一段差距。

新一代奥德赛、第三代飞度投入市场后都获得了不错的销售，而广汽本田今年业绩整体销售没有达到非常理想的状况，这也许与旗舰车型新雅阁销量未达到预期有一定关系。数据显示，去年雅阁销售量为11.95万辆，月销售大概1万辆。而在早一两年，雅阁最高峰时的月销量曾突破两万辆，并一度出现需要加价销售的火爆情况。2011年，第八代雅阁在产品生命周期的末期依然成为当年中级车的销量冠军。第九代雅阁自去年9月上市以来，虽搭载有地球梦科技等多项本田领先技术，但仍未能超越上一代取得的销售辉煌。新雅阁在今年多个月份销量统计中都有不小的下滑。

鉴于此前雅阁高价格方案带来的销售也许没有完全达到预期，广汽本田这次对新车型缤智相对考虑得更多了一些。广汽本田高层向媒体表示："缤智的售价是通过不断征询顾客的意见，同时考虑竞品的动向制定出来的。我们非常有诚意地推出了这次缤智的价格体系。"最近几年，美系品牌君威、蒙迪欧，德国血脉品牌迈腾和帕萨特，日系品牌凯美瑞和天籁以及第八代索纳塔等加剧了对中级车市场的争夺，而此类型车在总体车型销售市场份额并没有显著上升，拥有17%～20%的市场占有率。因为中大型轿车价格下降以及SUV车型火爆，中级车的总体销量有下滑的趋势。面对争越来越激烈的竞争，新雅阁也许还在上一代的销售节奏中。本田的定价更多集中在本身的技术成果上，而可能忽视了日系中级车在中国市场上面临的变化，因此在价格应对上与真实的市场有所差异。当市场上众多中级车的价格纷纷降到20万元以下时，第九代雅阁却把价格定在20.68万～29.88万元，定价偏高让雅阁错失了一定的消费者群体。

今年企业新任管理层一上任就遭遇业绩乏力的境况，设下的首要任务是将雅阁带回正轨。广汽本田新增加了LX版本，以2.0LX舒适版、2.4LX舒适版进一步完善了第九代雅阁的产品矩阵，起步价由去年20.68万元下探到17.98万元。而近段广汽本田降价促销，让雅阁起步价进一步下探到15.98万元。在调整价格之后，雅阁销量有所反弹，9月达到9 355辆。

不过，随着消费者年龄结构由"70后"逐渐转为"80后""90后"，广汽本田的品牌仅靠雅阁也许有些单一，还要按市场需求向更年轻更时尚的方向转型。继飞度之后，广汽本田引进本田第三款全球车型缤智，这款在日本月销过万辆、稳居日本市场SUV车型销量冠军的紧凑型SUV，以"极智玩美"为品牌主张，在一定程度上改变了广汽本田此前相对传统的品牌形象。在定价方面，考虑到"80后""90后"尚属于相对年轻的群体，消费能力有限，广汽本田将缤智价格定在12.88万～18.98万元，起步价比同类型竞争者上海通用昂科拉低，但比长安翼搏等竞争品牌高，以相对适中的价位进入目前增长最快的SUV市场。

资料来源：第一财经网

案例思考：

1. 分析广汽本田定价策略的利弊。
2. 广汽本田定价所考虑的影响因素和方法有哪些？

第十章 促销策略

学习目标

1. 理解促销与促销组合的含义
2. 熟悉新媒体营销
3. 掌握有效信息传播模式
4. 掌握促销组合策略

促销策略是市场营销组合的基本策略之一。促销实质上是一种沟通活动，即营销者（信息提供者或发送者）发出用于刺激消费的各种信息，并传递给一个或更多的目标对象（即信息接受者，如听众、观众、读者、消费者或用户等），以影响其态度和行为。常用的促销手段有广告、人员推销、网络营销、销售促进和公共关系，企业可根据自身的实际情况及市场、产品等因素选择一种促销手段或多种促销手段的组合。

第一节 促销与促销组合

促销是企业进行市场营销的重要策略之一。促销以传播宣传的形式向消费者传递信息，与消费者进行沟通。企业通过促销将自己的产品和服务传递给消费者，激起消费者的购买欲望，从而增加产品和服务的销售。企业在促销的过程中，意识到协同信息及其执行的重要性，因此提出了整合营销的概念。在整合营销传播的体系中，企业的目标不仅仅是让受众产生消费的欲望并完成购买，更是与消费者保持稳定的关系，将品牌植入消费者的生活，使其成为消费者生活中的一部分。

一、促销的含义和作用

（一）促销的含义

促销即促进销售，是指企业通过一定的方式将自身及产品的信息传递给消费者，影响消费者的决策和消费行为，从而促使其购买行为发生的活动。促销是通过通知目标群体、说服目标群体和提醒目标群体来实现的。企业的市场营销是围绕消费需求展开的，一方面企业需要针对消费者的情况做出营销决策，另一方面消费者也只有在获取和了解企业产品或服务的相关信息后才能做出购买决策。这里所说的促销是在买卖双方之间进行的信息沟通，特别是更加强调企业信息向消费者的传递，因此又可以称作营销沟通。

消费者的消费观念随着社会的进步与发展不断发生着变化，其需求从“量的满足时代”发展到“质的满足时代”，而现在很多营销市场领域已进入“感性消费时代”。同时企业市场营销的重点也从价格竞争发展到质量竞争，又从质量竞争发展到服务竞争，这个过程实质上就是消费者从理性消费逐步走向感性消费的过程。例如买衣服，人们不再仅仅满足于保暖和耐穿，还想使自己显得“优雅”“知性”“年轻”“沉稳”“野性”“时尚”“个性”等。从某种意义上说，人们购买衣服是在购买一种感性体验。也就是说，在感性消费时代，人们追求的是一种体现自我个性的消费方式。因此，情感促销已越来越受到企业的重视。所谓情感促销，就是企业通过各种形式，加强与消费者的感情交流，巧妙地根据消费者的情感及内心感受来生产和推销产品。总之，在当今人们消费需求不断发生变化的市场经济条件下，企业应该努力克服和摒弃“好酒不怕巷子深”的传统观念，主动加强和改进促销以尽量使顾客满意。

（二）促销的作用

促销的作用是把企业的信息传递给消费者以促进消费者购买，主要有以下几点。

1. 提供产品信息

企业通过促销可以及时地向经营者和消费者提供自己商品的情报和信息，并通过信息反馈来改进商品结构，以适应市场需求，扩大销路；同时，也可以使消费者获得有关商品的信息，做出正确的购买决策，从而在某方面获得更好的满足。促销正是通过人员和非人员方式进行信息的单向或双向沟通，增进消费者对企业及其商品的了解，扩大企业的社会影响。

2. 增加消费需求

消费者的需求不仅具有多样性和多变性，而且还具有可诱导性。

有效的促销活动不仅可以诱导和激发消费者的需求，在一定条件下还可以创造需求。企业通过一定的促销形式，不仅可以使更多的消费者对本企业的产品产生信任、形成偏爱，达到增加需求的目的，而且当某种产品的销量下降时，还可以促使需求得到某种程度的恢复。当企业准备将某种新产品投放到市场时，可以刺激需求，激发消费者的购买欲望，尽快占领市场。

3. 突出产品特点

在同类产品竞争比较激烈的情况下，许多产品在价格、质量等方面大体相当，此时消费者更乐意选择那些能给自己带来特殊利益的产品。市场上不同企业的同类产品，客观上通常存在种种差别，消费者往往不易觉察。企业通过促销活动，着眼于满足消费者的特殊需求，宣传自己产品的特点，使消费者认识到本企业的产品将给他带来特殊利益，从而使消费者乐于选择并购买。

4. 稳定市场销售

由于市场竞争日趋激烈，产品的销量起伏可能会较大，企业通过促销活动能使更多的消费者形成对本企业和特定产品的偏爱，最终达到稳定销售的目的。事实上，企业如果长期不开展促销活动，其产品就会渐渐被消费者遗忘，甚至有可能被市场淘汰。

二、促销组合

（一）促销组合的含义

促销组合是指人员推销、广告、销售促进和公共关系 4 种要素的组合。人员推销可直接接触到消费者，便于互相沟通信息，容易激发消费者兴趣，促成即时交易，但费用较高，且培训人员不容易，尤其是难以选拔优秀推销员。广告传播面广，能多次运用，且有较好的传播效果，但不能因人而异，也就很难说服消费者进行即时购买，而且广告费用一般十分昂贵。销售促进吸引力强，激发需求快，但接触面窄，局限性较强，如果时间过长或次数过于频繁，容易引起消费者的疑虑和不信任。公共关系能够利用公共媒体传播其公益活动的信息，影响面广，较易令人信服，但工作量大，且企业难以把握机会和控制宣传效果。

因此，企业要想获得良好的销售效果，必须针对不同类别的产品，有目的有计划合理地对人员推销、广告、公共关系和销售促进等促销手段进行综合运用，形成一个完整的、有效的营销组合。

（二）影响促销组合的因素

1. 产品的类型

不同类型产品的消费者在信息需求、产品购买方面是不相同的，因而企业需要采用不同的促销手段。例如，日用消费品销售面广，功能简单，适合用广告和销售促进的手段进行促销。价格低、适用性强的产品，宜采用广告进行促销；而价格高、利润大的产品，更适合用人员推销方式进行促销。

2. 目标市场的特点

目标市场的不同特点也影响不同促销手段的效果。从市场范围看，小规模本地市场，应以人员推销为主；广泛市场，如全国市场和国际市场，则应以广告为主。从市场集中程度看，如消费对象相对集中，宜采用人员推销手段；反之，宜采用广告、销售促进等手段。从不同类型潜在顾客的数量看，用户行业和顾客少的，可用人员推销；用户行业广泛和人数众多的，应以广告、销售促进为主。从市场竞争的角度看，要根据竞争对手的促销活动来确定所促销手段。

3. 促销预算

促销预算的多少要视企业的实际资金能力和市场目标而定，且直接影响着促销手段的选择。不同的行业和企业，促销费用的支出是不相同的，如保健品行业的促销费用在整个营业额中所占的比重就高于房地产行业。

4. 购买决策的类型

促销组合也取决于购买决策的类型，常规决策与复杂决策对促销组合的依赖就有所不同。例如，针对消费者购买洗涤用品的常规决策，最有效的促销手段是引起消费者对品牌的注意或提醒消费者某个品牌的存在。广告和销售促进是常规决策中应用最有效的工具。而复杂决策的消费者参与程度高，他们依靠大量的信息做出决策。人员推销在复杂决策中最为有效。

5. 产品的生命周期

企业对处于不同生命周期的产品的营销目标及重点都不一样，因此促销手段也不尽相同。在产品进入市场初期，要让消费者认识并了解新产品，可利用广告与公共关系广为宣传，同时配合使用销售促进和人员推销鼓励消费者使用新产品。在生产成长期，要继续利用广告和公共关系来提高产品的知名度，同时使用人员推销来降低成本。在生产成熟期，要利用广告及时介绍产品的改进，同时使用销售促进来增加产品的销量。在生产衰退期，销售促进的作用更为重要，同时配以少量的广告来保持顾客的记忆。

6. 促销策略

企业的促销策略有推式策略和拉式策略两种类型。这两种策略有着不同的促销途径，如图 10-1 所示。

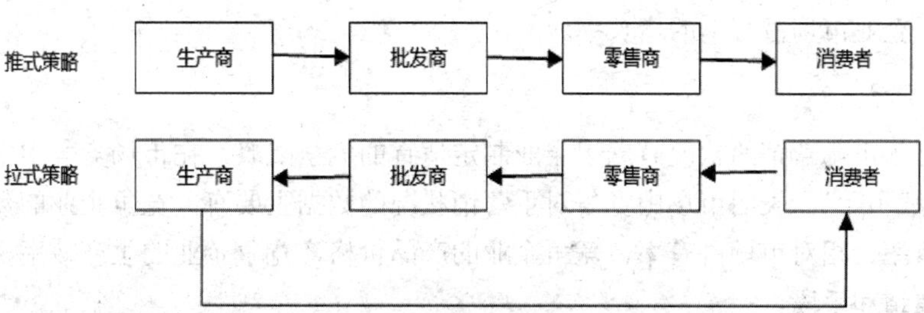

图 10-1　两种促销策略

（1）推式策略。推式策略是以中间商为主要促销对象，希望批发商、零售商共同做出努力，把商品一级一级推销给消费者。

（2）拉式策略。拉式策略是以消费者为主要促销对象，引起潜在购买者对产品的需求和兴趣，从而向零售商询购这种产品，零售商又向批发商要求产品，使批发商向制造商进行订货。

两种策略的促销途径不同，因而对促销组合的要求也不同。一般来说，推式策略要求使用人员推销和销售促进进行促销，拉式策略要求使用广告、销售促进、公共关系进行促销。

第二节 信息与营销传播

信息又称资讯，普遍存在于自然界和人类社会活动中，其实质就是物质和能量及其自身信息与其属性的标识、表现。随着社会的发展和科学技术的进步，人类对信息的认识和利用日趋深入和广泛。信息已成为社会发展中的一个主导因素，信息资源是客观世界不可或缺的重要资源，其地位与作用日益凸显。在现代社会中，企业进行营销传播的关键就是对信息的准确掌握和有效传播。

一、企业营销与信息

企业在营销过程中需要掌握各方面的信息。例如，进行产品开发决策时需要顾客需求信息、市场现有产品信息、企业技术能力信息和原材料供应条件信息、竞争者产品信息等；而进行销售渠道的选择决策时需要产品的物理特性信息、销售网点布局信息、不同销售渠道成本费用信息、竞争对手渠道选择信息等。另外，企业在经营活动过程中会不断产生各种数据，因而在日常就要及时收集信息以满足营销活动的需要。

具体而言，企业在营销过程中需要掌握以下几方面的信息。

（一）宏观市场环境信息

企业应该追踪最新的政治、经济、社会、文化发展动态，如人口增长率、消费支出数量、收入增长情况等数据。

（二）市场需求信息

某种产品的市场需求是指在特定的地理区域、特定的时间、特定的市场营销环境中，特定的顾客愿意购买的产品总量。可以说，市场需求是企业营销人员最关心的信息。因为需求是营销管理的核心，企业只有在捕捉到和确定顾客需求之后，才有可能运用适当的营销组合予以满足，最终实现企业目标。与市场需求相关的数据主要有：市场需求总量、企业的市场占有率、企业的销售额、市场需求增长率、企业市场占有率的增长率。

（三）竞争信息

了解竞争对手市场营销的状况有助于企业制定适宜的竞争战略，在市场竞争中争取主动，做到“知己知彼，百战不殆”。表明市场中竞争对手营销状况的数据主要有：竞争企业的数量，竞争企业产品的市场占有率、相对市场占有率，竞争企业的产品价格，竞争企业的生产效率、成本费用，竞争企业的促销渠道和手段。

（四）企业内部营销信息

企业内部的生产、销售、财务等部门会产生大量占企业营销活动状况有关的信息，即内部营销信息。它相当于人体的传感器，时刻反映企业的情况。对于企业营销活动的计划、管理和控制具有重要意义。内部营销信息的数据主要有：订单数量、销售量、存货水平、生产成本费用、生产进度、现金流量、应收和应付账款。

二、营销信息传播

促销活动的实质就是信息的沟通和传播过程。营销传播是指传播者发出作为刺激物的信息并传递给目标对象，以影响其态度和行为。营销传播可分为两大类：人际传播和大众传播。人际传播是两个或多个人之间进行的直接的、面对面的信息交流。推销人员与消费者的直接交谈就是一种人际传播。大众传播是指职业化的传播机构向大众传播信息。大多数营销传播都是面向消费者整体的，且通常借助大众媒体传播信息。

（一）信息传播的基本原理

营销人员既是信息的发送者，又是信息的接收者。作为发送者，营销人员力图通知、说服、提醒目标市场的消费者，采取与其需求相一致的行动，以促进其对产品和服务的购买。作为接收者，营销人员使自己与市场协调一致，以便开发出新信息、调整现有信息，并不断探索新的沟通机会。因此，营销传播是一个双向的，而非单向的交流过程。其传递信息的程序一般为：信息源—信息—通路—接收者—效果。在信息传递的过程中，包含图 10-2 所示的几个因素。

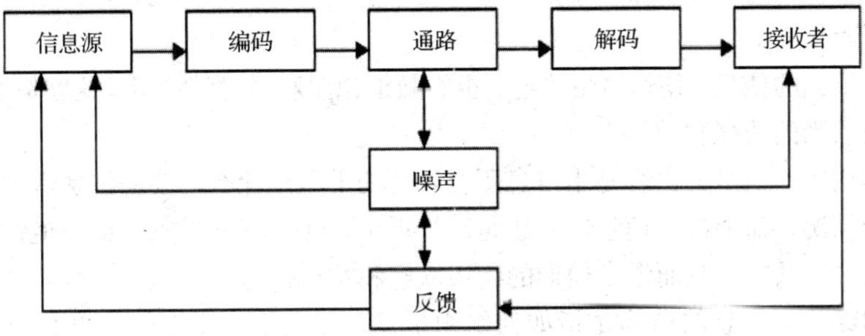

图 10-2　信息的传递过程

1. 信息源

信息源是指发送者，即企业。信息源由发送者决策需要传递的信息和具体的传递媒体、传播渠道所构成。注意传递的信息必须真实可靠，其可信性与促销效果成正比。

2. 编码

编码是指把需要传递的信息转换成信息符号的过程，如语言、文字、数码、图片、音像等。其基本原则是：主题明确，表达准确，生动引人，容易理解，不易误解。

3. 通路

通路是指信息传递途径。如果一个企业同时使用多种传递途径，就是组合促销媒体进行整体营销。

4. 解码

解码是指信息接收者对传递来的信息符号进行解译的过程。如果信息接收者的理解与企业所要宣传的意图基本相符，那么信息传递就是成功的；如果信息接收者的理解与企业所要宣传的意图不相符，那么信息传递就是不成功的。

5. 接收者

接收者包括目标市场上的现实购买者和潜在购买者。信息接收者一般是指对传递来的信息感兴趣的个人或组织，其主要任务是"解码"和做出反应。

6. 反馈

反馈是指企业必须在将信息传递出去后，通过市场调研了解信息传递对消费者的影响，并根据反馈信息决定是否调整营销战略。

7. 噪声

噪声是指干扰营销传播的信息，主要包括营销传播过程中那些客观的、技术的、主观的干扰因素所形成的噪声。例如，市场上大量的商业信息、竞争对手故意的策略性信息等。

（二）有效信息传播的条件

在信息传播沟通的过程中，由于受编码者与解码者的个人经验、专业水平、文化背景等差异的限制，接收者对相同信息的反应程度不尽相同，特别是由于各种各样因素的干扰，信息在传递过程中难免会失真。因此，有效信息传播需要做到以下几个方面。

1. 确定目标受众

有效信息传播首先要解决的问题就是确定目标受众（信息接收者），并对其特性和数量等进行分析。

2. 确定受众反应和传播目标

有效信息传播要确定受众所希望的购买反应处于哪个阶段，并据此确定传播目标。

3. 选择和设计信息

选择和设计恰当的信息，使信息更快速、更有效地说服和诱导消费者。这就需要对信息的内容、结构和形式做出恰当的选择和设计。

（1）信息的内容。信息的内容是指信息所要表达的主题是什么，要向消费者说明什么问题，根据目标接收者的情况，需要决定信息的主题是理性诉求，还是感性诉求，或是道德诉求。主题选择得当会使消费者产生共鸣，从而激发他们的购买欲望和购买行为。

（2）信息的结构。信息的结构是指如何组织信息，使之更合乎逻辑、更有说服力。要做出的决策是：①在信息中是否做出结论；②是正面宣传还是正反两方面比较宣传；③在信息中最有说服力的论点的位置。

（3）信息的形式。信息的形式是指信息的发送需要采用最有效的形式，以辅助信息的内容和信息的结构。例如，选用电视传播沟通的形式，则要注意画面的气氛与人物相协调、适宜的色彩和语言相搭配等。

4. 选择信息传播渠道

信息的传播渠道有以下两种。①直接渠道。直接渠道即通过人与人之间的直接接触来传递信息，如通过推销员和召开专家鉴定会、新闻发布会等。直接沟通的形式说服力强，容易使人信服，尤其是对高价值或性能复杂的产品具有很好的促销效果。②间接渠道。间接渠道即通过人力以外的信息沟通渠道，如通过广播、电视、杂志、报纸、互联网等间接向人们发送有关信息。间接沟通虽然比直接沟通的说服力弱，但覆盖面广，可造成一定的声势，进而在更大范围内影响消费者。

5. 信息源的特性

信息源的特性是指信息发送者在接收者中的形象，它可以影响接收者对信息的信任程度。信息源的可信性越强，信息就越具有说服力。一般来说，可信性受专家性、信赖性和喜爱性 3 个因素的影响。

（三）有效信息传播的 AIDA 模式

有效信息传播能够促进促销目标的实现。有效信息传播的一个经典模型称为爱达（AIDA）模式，即引起注意（Attention）、产生兴趣（Interest）、激起欲望（Desire）、促成行动（Action）。

AIDA 模式假设促销中必须遵循以下 4 个步骤。

1. 注意

根据心理学家的分析，人的知觉是分散的，即不会固定在某一点上。因此，促销活动的信息沟通必须首先能引起目标市场的消费者对某种产品或服务的注意。也就是说，把促销对象的注意力吸引到产品上去是关键的第一步。

2. 兴趣

促销活动的信息沟通的第二步是促使接收者产生兴趣。为了尽快吸引接收者的兴趣，最好是证实促销内容能给接收者带来益处。通过戏剧性的效果，创造出消费者对这一产品品牌的兴趣。

3. 欲望

促销活动的信息沟通的第三步是激起消费者的购买欲望。如果消费者对促销的产品没有产生购买欲望或者购买欲望不大，产品最终售出的概率就要大打折扣。消费者之所以购买产品，主要是因为它能满足消费者的某种需要，并确确实实传递了刺激消费者购买欲望的信息。

4. 行动

促销活动的信息沟通的第四步是促成消费者尽快做出购买决定，并付诸行动。因此，促销活动的信息沟通要帮助消费者强化购买意识，培养购买倾向，最终发生购买行为。大多数处于 AIDA 模式，且参与水平较高的消费者都有可能进行购买。促销者的任务是判断大多数目标消费者处于哪一阶段，根据该阶段的特点制订营销计划以满足他们的需求。

三、信息对称有助于营销沟通

（一）信息不对称对营销沟通的影响

在营销沟通中，信息不对称必然会导致信息拥有方（信息优势方）为牟取自身更大的利益而损害另一方的利益。商家往往采用一些不正当的手法，企图掩盖真相，减少信息输出量，劝诱甚至强迫消费者购买其产品。在广告上，涉及消费者权益的提醒（如“本品不能替代药物”）性内容的字体小得几乎看不见；一些虚假性广告、误导性广告随处可见；在购买现场的沟通中操纵及强迫顾客购买；在公共关系中只说不做，妄图靠手腕和技巧来粉饰门面；在包装上华而不实、表里不一。凡此种种，使消费者屈从于营销策略的包围和压力而做出非理性、非自愿的购买决策，信息不对称直接造成了顾客总成本的增加。顾客总成本包括货币成本、时间成本、精神成本和体力成本。消费者为了在庞大的市场中找到诚信商人需要支付“搜寻成本”；投机者为防止欺骗行为暴露需要支付“隐藏成本”；诚信商人为使其与投机者相区别需要支付“鉴别成本”……这些成本最终必然会转嫁到顾客身上，造成顾客总成本的增加，而且很有可能使本可以发生的交易难以维持下去，即让顾客失去应有的购买动力。信息不对称会降低商家的信誉，使顾客处处谨慎怀疑，降低了消费者购买商品的欲望和满意度，从而降低市场效率，造成信任危机。

（二）如何做好信息对称

首先，提高对信息对称环境下营销沟通的认识。营销沟通的信息对称是教育消费者的重要因素。将商品或服务的有关信息充分地告知消费者，有助于消费者深入了解产品和服务，确立对产品和服务的信心；还有助于正面强化企业文化、品牌个性和品牌价值，使产品和服务更加靠近消费者、更加人性化。信息对称环境下的营销沟通有助于为顾客创造价值，降低顾客总成本；还有助于增强消费者对诚信经商的信心，营造和谐共赢的市场环境。

其次，建设以诚信为本的企业文化。强调市场关系中的诚信，通常在市场参与者中间引起的是抵触情绪。但对于消费者而言，只要受骗一次就会在信赖、忠诚方面遭到重创。以诚信为本的企业文化是建立与维护顾客忠诚的基石，是对顾客而言最有价值的部分。

再次，增强信息解读能力。创建信息对称的沟通环境有赖于增强营销人员对顾客信息的解读能力，有赖于营销人员对消费者行为的深度理解和正确呼应，使营销人员理解的信息和顾客发出的信息对接。

最后，选择适当的对话方式。开放式对话是技术问题，但又不只是技术那么简单。优秀的导购人员应该能够很快从进店顾客身上判断出其兴趣，从顾客的表情判断出其购买决策因素和潜在购买欲望；同时，还应该能够选择适当的方式与顾客展开对话沟通。

四、新媒体营销

（一）新媒体营销的含义

新媒体是近年来出现的一个新名词，即只要是与传统媒体有所区别的都可以称之为新媒体，如手机媒体、交互式网络电视、移动电视、网络媒体、移动信息平台等。新媒体较传统媒体有其自身的特点，如传播状态由一点对多点变为多点对多点；消除媒体之间、受众群体之间、产业之间等的边界；真正与受众建立联系，具有交互性和跨时空等特点。新媒体给媒体行业带来了许多新的理念和传播模式。

（二）新媒体营销与传统营销的主要区别

新媒体是继报刊、广播、电视等传统媒体之后发展起来的新形态，如网络相对于电视是新媒体，而新出现的微博、网络社区等信息传播渠道也是新媒体。现在的新媒体主要是指受计算机信息技术影响而产生的媒体，其与传统媒体的区别主要体现在两个方面：一是新媒体以用户为核心，是基于计算机网络而产生的传媒形式；二是新媒体强调的是技术，其发展主要依靠技术，并以此作为支撑和动力。新媒体依靠技术平台发布内容，而依靠新媒体成功的企业在技术平台的研发和建设上往往有大量投入。

营销是以创造符合个人和组织目标交换的一个过程，这就要求企业广开思路，不断刷新营销方式。通常意义上所说的营销即销售商品，也包括为了实现销售目的所采取的满足消费者需求的活动。在传统营销模式中，制造商生产出成品后往往要经历批发商、零售商等多个环节才能到达消费者手中，这样不仅会降低产品的时效性，同时还会增加产品成本。

新媒体营销有许多不同于传统营销的特点。首先，新媒体的广告宣传开始向深度和广度发展。近年来，植入式广告比插播广告更受厂商青睐，因为它能在受众无意识下悄无声息地灌输给受众广告内容。其次，新媒体营销具有开放性。相比于传统营销方式的独白，新媒体营销方式你来我往之间的交流既能获取市场信息，又能获得顾客信任。最后，新媒体营销的趣味性和快捷性都验证了其比传统营销方式更适合大众需求和市场需求。

新媒体营销有很多种方式，微博就是其中之一。而近几年企业纷纷加入新媒体营销的行列，尤其是化妆品、服饰等日常生活用品商家纷纷通过微博或者开通官方网站的形式向消费者展示商品。

例如，化妆品公司欧莱雅通过在微博上提问吸引粉丝回答，答对有关品牌、产品问题的消费者能够得到欧莱雅的产品奖励；福特在微博网页上派发活动的免费入场券，吸引了很多潜在消费者的注意。这些都标志着新媒体时代的到来。

特别需要提出的是，新媒体营销媒介与传统营销媒介最重要的一个不同点，是以网络与手机为主的新媒体有着互动的功能，消费者在浏览产品的过程中，能够及时反馈自己的想法与意见，有时还能留下可体现自己购买欲望的痕迹，厂家可以根据消费者提出的要求进行定制，从而大大增强了营销的互动性。

（三）新媒体营销中的几种主要类型

营销链接 10-1

青葱新媒体策划的“白皙小蛮腰”案例

2016年3月8日，青葱新媒体CEO桑兮兮及其团队策划的“白皙小蛮腰”方案，助力香港彭氏集团旗下白皙品牌点亮羊城第一高度地标建筑广州塔，向广州以及全国人民送上妇女节的问候。

这款产品的创意是有个和广州很有血缘关系的别名——“小蛮腰”。作为彭氏集团的一款新品，选择在广州第一地标高调首发，博得了众多眼球。借助于桑兮兮团队策划的这场线上线下活动，3月8日当天便创下单价169元、销售量达70万支的行业纪录，实现了刷爆朋友圈和爆品销售的双丰收。

在微商遭遇“断崖式”下滑的2015年，青葱新媒体操盘的白皙品牌却一路高歌，创下众多销售奇迹。青葱新媒体CEO桑兮兮表示，说微商不行了的人一定不是真正了解这个行业的人，他们没有具备微商的实战能力、没有看清微商商业的本质。况且他们没有挣到钱，并不代表整个行业没有挣到钱。

按桑兮兮的逻辑微商不是不行了，而是要改变。微商营销不仅仅要作流量，更要借势流量，把流量变现到精准营销上。桑兮兮讲了一个案例：小区门口有很多骑三轮车卖早餐的。一份早餐平均5元，小贩每天赚200元。那你把她的早餐全包了，一次性给她250元，然后在三轮车上贴上二维码，顾客扫一扫二维码即可免费领取一份早餐。顾客本来需要2.5元买早餐，现在免费吃；小贩本来赚200元，现在多赚50元，而你能够获取200多个精准顾客。这就是一个很好的借势流量的思路。引流一定要发散思维、逆向思维，适当地借势，才会变得很简单。

1. 博客营销

博客经过多年的推广，在 Web 2.0 时代到来后迅速升温，包括搜狐、新浪、和讯等众多门户、专业网站都提供各具特色的博客服务系统。目前，已有超过 1 000 万的个人博客，由此诞生了不少人气很旺的个人博客网站，也形成了新的网络营销方式——博客营销。博客营销依托的依然是浏览量和人气指数。而博客营销的特点是，一方面，博客是用户自身主动的行为，博客群体在讨论一个话题时会吸引来其他博客的参与，使信息得到更加广泛的传播；另一方面，这种讨论又比较容易形成更加强大的影响力，使传播效果得到极大的提升。

2. 微博营销

微博可谓是当前风靡全球的网络交流方式，从国外的 Twitter 到中国的新浪微博都拥有众多的注册者。短短的不超过140字的微博内容相对于博客而言，更省时、更方便，同时语言也更简洁明了、更便于传播。据统计，仅中国大陆的微博注册用户总数已经突破6亿，每天登录次数超过4 000万次。因此，越来越多的企业将微博平台作为网络营销的主战场。例如，酒店业已有超过3 000家酒店在新浪微博、腾讯微博等上注册官方微博，及时发布酒店的运营信息、独特的品牌文化和各种服务理念，定期推出活动或优惠，以此树立自己对外的品牌形象。企业不仅可以通过微博有效地去感知顾客需求，提升自身品牌的知名度，还可以较低的成本维系顾客关系，拓展客户资源，将自己的产品和服务信息更有效、更广泛地传递出去。

营销链接 10-2

某明星的微博

2015年5月29日，某明星在微博上晒出了与男友的甜蜜合影，标题为“我们”，一时间广受舆论关注。于是“我们”这个词被广泛引用，成了甜蜜的代言词。截至2015年6月2日，该明星的新浪微博粉丝数达到了32 587 394，微博有667条，内容有感悟、有美图。基本上每天都有几十万人坚持访问该明星的微博，很多人给博主留言写感慨、评论、祝福，做自我宣传等。

微博就是微小版的博客，微博和博客现在已经走出了商业化的步伐。据传已经有企业联系明星，想在其博客或微博上进行广告运作。而之前和讯网则已开先河，在著名IT人士洪波的个人博客上投放了广告。这种发展状况显示，大众化、平民化和极高的人气给博客或微博带来的营销商机已经显露。

资料来源：新浪网

营销链接 10-3

51信用卡管家的微博

51信用卡管家最开始的名字是51账单。这个应用在短短50小时之内，只花了150元，就获得500万次曝光，且App排名TOP40，这是如何做到的？

“看了闺蜜的手机，瞬间想嫁人了。这是她老公出差前帮她设置的……”出自于51账单一名爱妻达人@潭理想的手笔。在策划中，艺术创作源自生活。策划好后，Icon是放淘宝左边还是右边，也让51账单的CEO 孙海涛纠结了半天。

创意结束后，找到@最风尚的一个小编，他看后建议我们想省钱的话让下面一小号转发看看效果。如果有60多个转发就不错了。结果刚发布出去几分钟，就200转发量了。小编很激动，于是海涛立刻开始造势投入，号召全公司同事来转发。海涛向QQ上500个好友一个个发送转发邀请和链接，一直到草根大号@冷笑话精选转发，瞬间就有2 000多转发，引爆点终于来了。

很快海涛又来一个策划，就是按照桌面图标的各类应用虚构了一个貌似他们自己的转发内容“有我+鼓掌“。其实这是一个小技巧，没想到很多人误以为真，于是都在转发。这个帖仅转发@51账单就有3万次，后来淘宝也转了，支付宝也转了，金山电池也转了，京东商城也转了，连新浪微博iPhone客户端也转了，成了互联网上知名官方微博参与度最高最默契的案例。网友戏称：官皮集体卖萌。最高潮的内容是网友制作的，他虚构了一个 @中国移动：没我+哭泣，这个又激发了无数好事者来嘲笑移动。我要是中国联通，我也会转的。

整个活动中，所有转发的大号粉丝加起来肯定超过2个亿。一共有30万左右的转发水平，估算至少有个500万的曝光率。

案例点评：这个案例给大家的第一个启示是，一定要能制造出直指人心的优秀创意。第二个启示是，一旦微博运营者发现一个可以引爆流行的机会，就应该立刻乘胜追击。所以海涛的整个团队在QQ上一个个去找朋友点评转发，是非常必要和有用的。这可以引爆更大的流行。

后续发展：微博的长尾效应依旧发挥，51账单一度在App Store生活排行第37位，没有刷榜，只花了150元，曾经还一度由于账单解析服务器并发量过多而几近休克。后来海涛发文和大家分享这个营销的案例。51账单在海涛的带领下成为创业公司不烧钱，拼脑筋的一个典范。现在51账单更名为51信用卡管家，向着更高的目标迈进。

3. 微信营销

腾讯官方数据显示，截至 2017 年 6 月底，微信和 WeChat 的合并月活跃账户数达到 9.63 亿。相比于微博，微信公众平台自开通到现在才短短几年的时间，很多企业对其利用还处在启蒙阶段。拥有官方微信的企业仍占少数，说明企业在微信上进行营销还有很大的发展空间。企业可以将微信作为与客户沟通的渠道，通过微信与客户进行沟通，获得客户的反馈、想法、诉求。与客户保持良好的沟通，对于初次预订和后续预订都至关重要。此外，还能进行顾客忠诚度的维护。例如，酒店在会员奖励机制方面的建设比较成熟，可以利用积分奖励、渠道折扣、特定打包产品等形式，来保持微信账号的新鲜度和活跃度，维护顾客及会员的忠诚度。

4. 微电影营销

微电影是指专门运用在各种新媒体平台上播放，适合在移动状态和短时间休闲状态下观看，具有完整策划和系统制作体系支持及完整故事情节的“微时”放映、“微周期”制作和“微规模”投资的视频短片。微电影广告植入更灵活、更柔和地融入故事本身叙事风格中，使观众在潜移默化中接受企业品牌；微电影传播面更广，播放时间虽短，但受众广，观影总人次多，能够更好地传播企业品牌；微电影成本低、周期短、媒体适用度高的特点都大大增加了可操作性。微电影吸取了传统电视广告的优点，却又很好地避免了广告单纯说教式的宣传，使得时下喜欢微电影的群体庞大，这无疑会对企业的品牌形象起到较好的宣传作用。

5. 网络杂志营销

网络杂志经过多年的沉浮，无论在技术上还是表现形式上均趋于成熟。以新媒体营销 VIKA 网络杂志平台为例，在 2005 年短短一年的时间内，其所发行的过百种网络杂志，凭借精彩的内容、多媒体的表现形式、全新的阅读感受、准确及时的杂志派发聚集了 700 多万用户，并仍处于不断增长中。这样庞大的用户量和超高的人气指数自然不会为寻找商机的企业所忽视，网络杂志成了他们看中的新的营销渠道。他们通过与 VIKA 等这样的网络杂志平台合作，对自身及客户品牌、形象、产品和服务等进行全方位推广。而各个网络杂志平台也借此为各企业提供了独具特色的营销推广服务，品牌企业专刊、杂志内页广告等是主要的形式。

（四）当前我国企业新媒体营销中存在的问题

我国企业新媒体营销水平参差不齐、普遍较低，尚处于起步发展阶段，存在企业管理者对新媒体营销的重视不够、企业缺乏新媒体营销理念和高素质营销人员、不能准确地选择目标顾客等 3 方面的问题。

1. 企业管理者对新媒体营销的重视不够

目前我国许多企业都建立了自己的公司网站和官方微博，并借助于新媒体开展了一部分营销活动，但一些企业并未充分认识到新媒体营销对企业的重要性，仍把竞争重点放在实体市场中，而不是依靠新媒体营销来抢占虚拟市场以赢得竞争优势。

2. 企业缺乏新媒体营销理念和高素质营销人员

相对于发达国家而言，我国的新媒体产业发展还比较落后，企业利用新媒体营销的水平还比较低；同时，企业缺乏既具备行业技术又熟悉新媒体技术的营销人员。可以说，高素质营销人员将成为我国企业开展新媒体营销一个重要的制约因素。

3. 不能准确地选择目标顾客

由于新媒体时代企业的目标顾客接触的媒体越来越趋于多元化，其消费行为也就越来越趋于个性化并具有很强的复杂性，而新媒体对目标消费者的选择能力则越来越弱；同时，由于消费者结构和流动性因素决定了新媒体选择需要针对不同的类型，因而更加大了企业的操作难度。

第三节 广告营销策略

广告营销策略是促销组合策略最重要的内容之一。广告营销应是企业市场营销的重要工具，通过广告传播商品和市场信息，加强企业及其产品与消费者之间的沟通，是促进产品和服务销售的重要策略。

一、广告的概念、作用及分类

广告是一种传递商品或劳务信息的典型间接的促销手段，既是一门科学，也是一门艺术。

（一）广告的含义

广告是指广告主以支付一定费用的方式，有计划地由广告承办单位通过广告媒体向公众传播商品或劳务信息的宣传手段。广告的含义有广义和狭义之分。

1. 广义的广告

凡是以说服的方式，无论是口头方式还是文字、图画方式，只要有助于公开传播和宣传的都可称为广告，即广而告之。

2. 狭义的广告

狭义的广告是指经济广告即商业广告，包括以下要素：①有支付广告费用的广告主即企业，广告是有偿的；②有传播媒介；③是非人员的沟通方式；④有目的地向消费者或用户传播商品或劳务信息。市场营销的广告主要是商业广告，即狭义的广告。

广告在现代市场经济中发挥着十分重要的作用。在西方国家，广告费一般都要占到国民生产总值的 1%～3%，一些著名的跨国公司每年支出的广告费用高达十几亿美元。我国越来越多的企业开始意识到广告的作用，并把广告作为企业占领市场的重要手段。

（二）广告的作用

广告对企业市场营销的作用主要有以下几个方面。

1. 营销沟通，传递信息

传递信息是广告最基本的作用。广告通过各种媒体，帮助消费者了解产品的特点，创造销售的机会。通过广告的营销沟通，可以加强企业、中间商、消费者 3 者之间的联系，使销售活动顺利进行。

2. 刺激需求，促进销售

广告能够影响顾客的心理，刺激他们的需求，诱发他们做出购买行为。

3. 扩大宣传，加强竞争

在激烈的竞争中，各个企业都希望加大自己产品的宣传力度，争先诱导顾客购买，并为此展开激烈的广告战。因此，企业应树立全方位的竞争观念，重视广告，扩大舆论影响。

4. 传播知识，指导消费

随着经济的发展，产品种类日益繁多，新产品层出不穷，顾客很难正确认识和分辨各种产品。企业通过广告就能够向消费者介绍其产品的功能和用途，从而指导他们进行消费。广告是一门艺术，也是一种文化消费，丰富了人们的生活。

5. 树立企业信誉和产品形象

广告可以加强顾客的记忆和好感，提高企业在市场上的声誉，塑造企业及其产品的形象。

（三）广告的分类

随着市场竞争的日益激烈与发展，可以根据不同的标准对广告进行不同的分类。

1. 按媒介不同的自然属性划分

（1）印刷品广告。印刷品广告主要有：报纸广告、杂志广告、招贴广告、传单广告、产品目录样本等。

（2）电波广告。电波广告主要有：电视广告、广播广告等。

（3）电子媒体广告。电子媒体广告主要有：网络广告、电子显示屏广告等。

（4）交通工具广告。交通工具广告主要指在公共汽车、列车、轮船、飞机等公共交通工具上的广告。

（5）珍稀品广告。珍稀品广告指在有一定保留价值或玩赏价值的物品上进行的广告。

其他常见的广告还有：电话广告、邮寄广告、路牌广告、霓虹灯广告、橱窗广告、包装广告、气球广告等。

2. 按广告的目的划分

（1）开拓性广告。在产品生命周期的导入期，企业需要引起需求、开拓市场，这时广告的目的是告知消费者，突出新产品的优点，促使消费者进行尝试。

（2）竞争性广告。在产品生命周期的成长期和成熟期，竞争产品出现，为了进一步提高市场占有率，广告的目的是促使消费者对本企业产品进行明确选择。这时往往把广告的重点放在对品质、价格、服务等的宣传上。

（3）维持性广告。在产品生命周期的衰退期，企业要千方百计防止销售出现大幅度滑坡。这时广告的目的是尽量延缓衰退期，维持一定的销售额，并适时提醒消费者不要忘掉这种产品。

3. 按宣传对象划分

（1）产品广告。此种广告以告知产品的名称、性能、优点为主，促使消费者做出购买行为。大部分广告都是以产品为宣传对象的。

（2）企业广告。这是为了树立企业形象，维护企业信誉，提高企业知名度，引起消费者对企业的关注和好感，使他们了解企业的观念和文化所进行的广告。企业广告一般不出现具体的产品形象。

（3）观念广告。这是非盈利机构为了宣传某种思想、主意、观念所进行的广告，如宣传环境保护、提倡社会公德等公益广告。

4. 按表现的艺术形式划分

（1）图片广告。图片广告指具有图像画面的广告。

（2）文字广告。文字广告指通过语言文字创作出文案形式的广告。

（3）表演性广告。表演性广告指以其他形式进行艺术表演所表现的广告。

5. 按诉求的性质划分

（1）理性诉求广告。理性诉求广告通常指出产品与接受者个人利益相关的物质特点或提出数学统计分析观点，以激励购买行为。

（2）情感诉求广告。情感诉求广告试图使受众产生正面或反面的情感，以激励购买行为。

（3）道德诉求广告。道德诉求广告指诉求于受众心目中的道德规范，促使人们产生道德感并付诸购买行为。

二、广告媒体

广告媒体是指广告信息的载体，在广告主与广告对象之间架起沟通桥梁的一切物质形式。各种媒体都会对消费者购买产品产生重要的影响，如印刷媒体、户外媒体、交流媒体、电器媒体、电波媒体、互联网媒体等。广告活动成功的首要前提是选择恰当的媒体，而要选择恰当的媒体就要了解不同媒体的特性。

（一）广告媒体的类型

随着科学技术的发展，广告媒体的种类也呈现出多样化。主要的媒体有以下几种。

1. 报纸媒体

报纸媒体的时效性强、弹性较大、对当地市场的覆盖面广、易于接受、可信度高。但报纸媒体延续时间短、传阅读者少、广告表现力差。

2. 杂志媒体

杂志媒体传播对象明确、读者层稳定、持续时间长、便于查阅、广告表现力强。但杂志媒体灵活性差、传播速度慢、不及时、覆盖面窄、刊登位置没有保证。

3. 广播媒体

广播媒体覆盖面广、不受空间距离的限制、地区和人口选择性强、成本低。但广播媒体时间短、声过即逝、广告表现力差。

4. 电视媒体

电视媒体是最主要的现代化广告媒体，其优点是声音形象兼备、感官吸引力大、覆盖面广、收视率高、能反复播放。其缺点是成本高、广告混杂、展示单位时间短、观众选择性小。

5. POP 广告媒体

POP 是英文 Point of Purchase 的缩写，是指销售现场广告，如店面广告，包括招牌、橱窗、招贴画、商品陈列等。POP 已成为继报纸、杂志、电台、电视之后的第五大媒体，能集中提供信息，具有较强的刺激力，但影响范围较小。

6. 户外广告媒体

户外广告媒体是指在建筑外表或街道、广场等公共场所设立的霓虹灯、广告塔、广告牌、海报等。户外广告面向的是所有观众，难以选择具体的目标对象，但可以在固定场所长时期地展示企业的形象与品牌，以便提高企业的知名度。

7. 流动实体广告媒体

流动实体广告媒体是指在有效时空以流动实体为载体的广告，如各种汽车车体上的广告和人体上的广告等。

8. 互联网媒体

互联网媒体是指以互联网作为刊载广告的媒体。随着信息化的高速发展，互联网的广告作用越来越大，广告效果也越来越好。

（二）广告媒体的选择

每种媒体都有其自己的优缺点，一般对媒体优劣的分析只能当作选择媒体时的参考。选择广告媒体应按具体情况具体分析，还应注意考虑以下因素。

1. 产品的性质和特点

不同类型的产品有不同的消费者和销售特点，因而不同的广告表现要求选用适宜的媒体。

2. 目标对象的媒体接触习惯

企业在选择广告媒体时，首先要考虑与其产品购买对象的媒体接触习惯，只有选择目标对象常接触的媒体，才能达到更好的广告效果。

3. 信息类型

信息类型也是选择广告媒体的重要考虑因素。例如，宣布某一重大销售活动的信息应充分利用广播或报纸广为发散；而宣布专业性的技术信息则应利用专业性杂志或邮寄。

4. 广告成本

不同媒体所需广告成本也是广告媒体选择中重要的决策因素。但媒体广告成本的差异不是绝对成本数字的差异，而是目标沟通对象的人数构成与成本之间的相对差异。企业在确定具体的媒体对象时，不仅要考虑广告媒体的相对价格，还要考虑广告预算和支付能力，以最少的费用取得最佳的广告效果。

（三）广告媒体的数据

1. 千人成本（CPM）

千人成本是以每 1 000 个人（或家庭）接收到广告信息为单位，比较不同市场送达 1 000 个目标受众所需付出的广告投资成本。

$$\text{千人成本}=\frac{\text{广告总投放金额}}{\text{目标受众总收到人数（到达率）}}\times 1\,000$$

平面媒体千人成本的目标受众总收到人数可以用阅读率代替，即

$$\text{千人成本}=\frac{\text{广告总投放金额}}{\text{阅读人数}}\times 1\,000$$

千人成本在平面媒体的选择中具有很多优点，也被广泛使用。但千人成本也有缺点，主要是：①只以总读者人数为计算成本的基础，而不是以读者中的可能购买人数来计算；②展露概念不明确，只是潜在性的展露而不是实际的展露；③忽视了存在于不同媒体之间的影响力等质的差别；④只使用平均法，而没使用边际法。

2. 电视媒体的千人成本和收视点数成本（CPRP）

电视媒体的千人成本目标受众总收到人数可以用收视率代替，即

$$千人成本=\frac{广告总投放金额}{总收视人数}\times1\,000$$

若要将“每一收视点成本”转化为“千人成本”以比较不同市场的经济效益，可参考以下公式：

$$\frac{每一收视点成本\times100}{目标受众总人数}\times1\,000$$

收视点数成本是指每售卖一个收视点所付出的费用。即

$$收视点数成本=\frac{广告投放价格}{预估收视点}$$

一般广告主在选择电视频道、时段及节目之前，都会先制定《每一收视点数成本比较表》。表内将各市场的主要电视频道、时段及其广告投放价格逐一列明，再加上通过收视调查报告所预估各时段的收视点，便可计算出不同时段的“收视点数成本”，从而选择最具经济效益的时段。

三、广告创意

广告创意包含两点内容：一是说什么；二是怎么说。学者韦伯·扬曾提出创意产生的整个过程和方法：①收集原始材料；②用心智去仔细检查这些资料；③深思熟虑，不断构思；④迸发灵感，产生创意；⑤形成并发展，构思并创作广告方案。广告创意是一项富于创造性和挑战性的工作，一般主要经过以下 3 个步骤。

1. 广告市场调查

广告市场调查是指对广告的诉求对象、目标市场、产品及竞争者的调查。这是广告定位的基础工作，也是广告创意的依据。其具体内容主要有：①广告对象特征，包括年龄、性别、职业、生活方式、文化程度、购买习惯、价值观念、收入状况等；②广告对象分布，包括地区位置、城市规模、人口密度、气候条件等；③产品特点，包括产品独特的个性及其给买主带来的利益；④竞争状况，包括竞争者的广告内容、广告费用、分销渠道、价格水平、顾客构成、产品优点与弱点等。

2. 广告定位

广告定位是指广告说什么，即确定广告主题，它是广告创意的关键。广告的最终目的是促进商品销售，所以广告定位要解决的最重要的问题是“怎样才能使某一部分消费者买我所生产的商品，而不是其他同类商品或替代品”。这就要求企业根据该商品独到的特点进行目标市场划分，提出消费者的“购买理由”并作为广告主题。例如，强调目标消费者对空调“省电”的特别需求。正确的广告定位有利于识别商品，是说服购买的关键，也是评价一个广告作品成功与否的重要标志。广告必须从单纯的艺术殿堂中走出来，真正进入市场。

3. 广告表现

广告表现是指广告怎么说，即如何组织广告内容，包括标题、图像、色彩、声音、文案等的制作和设计。广告表现是广告创意的具体体现，一个成功的广告表现至少应具备以下 4 个特征：①广告应能立刻引起注意；②广告应能引导人的视线去注意其主要部分；③广告的主要部分必须容易被记忆；④广告应能引起预期的联想和感觉。

营销链接 10-4

古天乐化身全新第 11 代卡罗拉精彩广告

2014年5月，由古天乐代言的丰田第11代卡罗拉广告精彩上市。广告中著名影星古天乐佩

戴着一副十分炫酷的眼镜站在马路上，帅气逼人。随即一个三口之家出现了，男主角将遥控器对准古天乐，然后帅气的古天乐就化身为全新第11代卡罗拉，而古天乐佩戴的炫酷的眼镜就化身为车灯。在车的快速行驶中，闪亮的车身、炫酷的车灯、卡罗拉的标志一闪而过，三口之家幸福的神情等都给观众留下了深刻的印象。

该广告的诉求点非常清晰，即重点介绍全新第11代卡罗拉的外观设计，特别是炫酷的车灯，而对车内的空间方面仅是匆匆带过，其目的就是要强烈突出全新第11代卡罗拉的外观亮点。广告中一个三口之家坐在卡罗拉车上，尤其是母女在后排乘坐很享受的镜头暗示了后排空间较大，同时男主角也流露出幸福的神情，这些都无不阐释着卡罗拉就是明星“古天乐”，能够“带给人们幸福与快乐”的诉求点。

片尾，古天乐坐在副驾驶上系上了安全带。这似乎在告诉观众，乘坐全新11代卡罗拉有明星的一路陪伴，也似乎在督促乘车者要系好安全带。只有这样，才能真正地“闪耀每一刻美好”。整个广告只有短短的30秒，创意新颖，传达的内容清晰完整，又有大牌明星代言，令人印象深刻，可以认为是一个表现力很不错的广告。

资料来源：土豆网

四、广告效果的测定

广告效果的测定，一般可以从广告促销效果、广告展露效果和广告传播效果 3 个方面进行分析。

（一）广告促销效果的测定

广告促销效果是指对企业产品销售产生的影响，是对广告费用与销售额的增加进行比较，以此衡量广告效果。其计算公式为：

$$广告效果比率=\frac{销售额增加率}{广告费用增加率}\times100\%$$

如果广告效果比率大于 100%，则广告效果好，广告促销可行。但是商品在一定时期的销售额增减变化受多种因素的影响，广告的影响只是诸多因素之一。因此，广告成功与否更取决于广告本身的效果，即传播效果。

（二）广告展露效果的测定

广告展露效果依据展露到达率、接触率和影响的不同而有所差异。

（1）展露的相关概念。到达率（R）是指在某一特定时期内，不同的人或家庭至少一次展露在媒体计划下的数目。接触率（F）也可称为展露率或频率，是指在某一特定时期内，一般人或家庭接触信息的次数。影响（I）是指经由特定媒体的展露所产生的定性价值。当展露的到达率、频率和影响增大时，注意度也会提高。如果企业的媒体计划人员有 100 万元的广告预算，则每千个一般性展露为 5 元，也就是说广告主可买到 2 亿个展露（100 万×1 000/5）；如果广告主希望展露次数为 10 次，则在此预算下广告信息可到达 2 000 万人（2 亿/10）；如果广告主需要一些比较高级的媒体，其每千个展露为 10 元（除非他愿意减少展露次数），则广告信息可到达 1 000 万人。

（2）展露的关系。到达率、频率和影响的关系可借助于下列概念来描述：展露总数（E）为到达率乘以平均频率（$E=RF$），又叫作总评分。如果某一媒体计划接触 80%的家庭，平均展露频率为 3，则其总评分为 80×3=240。假如还有一个媒体计划，其总评分为 300，虽比上例有较强的攻势，但是我们却无法确认到达率与频率各为何值。加权展露数（WE），是指到达率乘以平均频率再乘以平均影响所得的数值，即 $WE=RFI$。

制订媒体计划时可能会遇到的难题是：在既定预算下，如何购买有效的到达率、频率和影响的组合。如果媒体计划人员愿意采用一般影响的媒体，其余工作则是决定频率与到达率的高低。市场营销学认为，先决定频率是合理的，因为一旦确定了针对目标沟通对象做多少次广告，到达率也就随之确定了。广告只有大量展露给目标沟通对象才有效，重复次数太少会劳而无获。美国学者鲁卡斯（D.Luacas）和布利特（S.H.Britt）曾指出："介绍性的广告可以把已经形成的肤浅印象加深到足以采取行动的水平，因而能收到更好的效果。"美国学者克鲁曼（H.E.Krugman）则认为有 3 次展露就足够了：第一次展露用于引起人们独特的感觉反应，第二次展露用于造成刺激，第三次展露用于提醒那些想购买但还未采取行动的人。作为广告主，他所关心的是广告活动所要达到的展露—频率分布。展露—频率分布主要用于描述在特定时期内有多少人对同一广告接收到 0，1，2，…，n 次展露。

（三）广告传播效果的测定

广告传播效果是指广告信息传播的广度、深度及影响作用，表现为顾客对广告信息的注意、理解、记忆程度。它以广告的收视率、记忆程度等间接促销因素为依据，具体包括以下几种测定项目。

（1）注意度的测定。注意度的测定就是对各种媒体广告的阅读率、收听率、收视率进行测定。

（2）记忆度的测定。记忆度的测定一般是指对广告重点内容的记忆，如企业名称、商品名称、商品性能等。其目的是掌握消费者及用户对广告印象的深刻程度，通常可采用询问的方式。

（3）理解度的测定。每个广告都有其具体目的，并通过广告的内容和形式予以表达。但这种表达能否被人们理解，将直接关系到广告的影响力。对理解度的测定可以进行试验，也可以请专家直接评价。

（4）购买动机的测定。其目的在于测定广告对顾客购买动机的形成究竟起着多大作用，如一些企业采用的商品销售卡就是一种很好的调查方法。

第四节 公共关系策略

企业在市场营销过程中，运用好公共关系策略能够加强与社会的协调以及与公众的沟通，这已成为企业进行促销和竞争的重要策略。

一、公共关系的概念

1. 公共关系的含义

公共关系（Public Relations）又称公众关系，简称公关。它是指企业有计划地、持续不断地运用沟通手段，争取内、外公众的谅解、协作与支持，树立和维护优良形象的一种现代管理职能。

作为一种活动，公共关系是一个企业为了创造良好的社会环境，争取公众支持，树立和维护优良形象而开展的公共关系活动。在现代市场与社会中，企业形象、社会影响与企业经营有着密切的关系，因而企业更会有意识地、自觉地、有计划地采取各种有效手段开展公共关系活动，改善公共关系状态，充分发挥公共关系在企业市场营销中的积极作用。

作为一门科学，公共关系则是通过揭示公共关系状态的本质和公共关系活动的规律，探索企业运用传播沟通等手段使之与自己的公众相互了解、相互协调，以实现企业目标的一种管理理论，即公共关系学。

2. 公共关系的作用

企业作为社会组织的重要组成部分，其公共关系的好坏直接影响着企业在公众心目中的形象、影响着企业市场营销目标的实现。从市场营销角度来讲，公共关系有如下作用。

（1）直接促销。企业的公共关系活动可在新闻传播媒介中获得不付费的报道版面或播放时间，从而实现企业特定的促销目标。

（2）间接促销。企业在把社会利益和公众利益放在第一位，并不断提高产品质量和服务质量的前提下，通过有计划地、持续不断地传播与沟通、交往与协调、咨询与引导等公共关系的职能活动来不断提高信誉和知名度，不断塑造优良的企业形象和产品形象，赢得公众的理解和信任。企业生产的产品形象好、信誉高，必然会提高吸引力和竞争力，进而间接地促进产品销售。

（3）有效管理。企业的公共关系能与内部和外部公众进行双向信息沟通，协调好企业与内部和外部公众的关系，从而防止和缓和企业与内部和外部公众之间的各种矛盾，真正获得谅解、协作和支持，以达到“内求团结、外求发展”的目的。

二、公共关系的对象

公共关系的对象是与企业促销活动的目标互相联系、互相作用的，主要如下。

1. 消费者

消费者是企业公共关系最重要的对象，也是企业促销的根本购买者。企业要运用公共关系加强与消费者的沟通，为消费者提供公益服务。

2. 传播媒体

传播媒体是企业公共关系的重要对象，主要包括报纸、杂志、广播、电视、互联网等。大众传播媒体承担着传播信息、引导舆论和提供娱乐的社会职能，因此企业必须充分利用传播媒体为其服务。企业要与编辑、记者保持经常的接触，主动提供各种信息，建立可靠信誉，对他们进行服务并建立起相互合作关系；同时，企业的公共关系部门要创造具有新闻性的事件，让媒体主动予以报道，利用公共关系事件来促进销售。

3. 社会组织

社会组织包括学校、医院、科研机构、公益事业单位、社团等。社会组织对个人具有强大的约束力和影响力，是企业公共关系的重要对象。企业要运用公共关系与社会组织保持良好的互助关系，以促进销售。

4. 工商企业

工商企业主要是指与本企业有经济业务往来的企业，如中间商、供应商、金融机构等都是企业公共关系活动的主要对象。企业必须和它们进行有效的沟通，树立起良好的企业形象，以便企业营销活动能够顺利进行。

5. 政府

企业的生存和发展离不开政府的支持和帮助。政府是政策、法律、法规的制定与执行者，具有很高的权威性。政府对企业的态度会极大地影响公众的看法，也会直接影响企业营销活动的开展。因此，政府是企业公共关系的重要对象。

6. 竞争对手

竞争企业之间的关系往往是既有竞争又有合作，因此企业还应该处理好与竞争对手的关系。竞争对手也是企业公共关系的重要对象。

三、公共关系促销的形式

公共关系活动的目的是提升企业形象，促进产品销售。公共关系促销的形式主要有以下 4 种。

1. 公共宣传

公共宣传是通过报纸、广播、电视等新闻媒体进行的，是一种无须花钱的公共报道。因此，它是公共关系活动中运用最多、收效最大的一种促销形式。公共宣传具有真实性和可信性，其宣传材料的新奇性和趣味性能使宣传效果得到最大化。

2. 公共关系宣传品

公共关系宣传品是指企业自己编制的非公开出版的文字和视听材料，包括印刷品和音像材料。企业编制的印刷品，如企业报纸、情况简报、内部通信、年度报告等都能在企业与公众之间起到很好的沟通作用。

3. 主题活动

主题活动是与公众面对面直接接触的沟通形式，包括各种场合的开幕式、庆典、仪式、比赛、论证会、招待会、研讨会等。由于公众在主题活动中能够亲身感受到企业的真实形象，所以企业应该事先精心策划以发挥其影响力。

4. 赞助活动

赞助活动是企业参加社会公益活动、资助社会公益事业的一种形式。赞助活动不是直接推销产品，因而更容易赢得公众的好评和称赞，有利于企业树立良好的形象。凡是能为公众带来帮助与益处的活动都是企业的赞助范围，如文化艺术、教育、体育、环境保护、福利事业等。

第五节 销售促进策略

企业在采用销售促进策略进行促销时，一般要确定销售促进的目标、选择销售促进的形式、制定销售促进的方案并实施。销售促进策略能有效地刺激中间商和消费者的购买活动，是促销的一种重要形式。

一、销售促进的含义

1. 销售促进的概念

销售促进是指能够迅速刺激需求、鼓励购买的各种促销形式，如折扣、折让、陈列、展示、示范、表演、赠品、优惠券等。销售促进活动以消费者和零售商为对象。对消费者而言，销售促进活动旨在诱导他们试用或直接购买本企业产品，吸引他们做出购买行为。对零售商来说，销售促进活动旨在鼓励他们陈列本企业产品，吸引他们积极进货和推销。

销售促进策略又称"SP"策略。在现代市场营销中，销售促进策略的使用越来越受到企业的重视，其支出费用的增长率已超过广告。在美国 20 世纪 80 年代中期至 90 年代中期，销售促进的费用已占到广告费用的 50%以上，年平均增长达到 12%。销售促进能够使消费者将兴趣转化为行动，从而带动新产品的销售或扩大老产品的市场。

2. 销售促进的作用

销售促进在以下两个方面具有显著的作用：①加强沟通，即通过各种形式使消费者尤其是潜在的消费者体验产品的实际效用，从而了解产品；②激励购买，即通过价格上的让利或样品的赠送使经销商或消费者得到实惠，从而促成购买和连续购买。

3. 销售促进的特征

销售促进具有两个相互矛盾的特征：①强烈的刺激；②贬低形象。由于是强烈的刺激，所以往往能立刻促进顾客的购买；同时，也正因为强烈的刺激，容易给人一种急切推销产品的感觉，从而引起购买者对该产品的怀疑和反感，甚至破坏企业形象和信誉。因此，销售促进难以像广告或人员推销那样持久，在市场营销活动中主要是一种短期性的促销方法。企业在使用时，要以活动事件为单元，因为每个活动单元都是在一定时间内进行的。对销售促进活动进行战略性的策划，可以形成一个间接的、系列的活动流。

二、销售促进的形式

销售促进的形式多种多样，且各有其特点和适用范围。企业具体应选择何种形式，要依据目标市场及营销策略来确定。注意在不同时期应变换采用促销形式，以适应新的市场形势。销售促进的主要形式有针对顾客的、针对中间商的和针对推销人员的，具体如下。

1. 优惠券

优惠券是一种能证明减价的购货券，其持有者可在购物时享受一定的减价优惠。优惠券一般由生产企业直接邮寄，或印在杂志、报纸上，或放在产品包装内。优惠券对于那些经常被购买的商品促销效果较好，一般优惠额要有 15%～20%的价格减让才易于吸引顾客。

2. 样品

样品是免费提供给消费者使用或供消费者试用的产品，如送货到家、邮寄样品、在商店中散发样品、附在其他产品包装或广告中等。一般在新产品上市时赠送样品是最有效的，当然也是比较昂贵的。

3. 特价包装

特价包装是企业为达到促销目的，而对产品的零售价格进行一定数量的优惠，并将其金额标在包装或标签上。这种包装在短期内对刺激购买很有效力，但频率过高、时间过长易影响品牌形象。

4. 赠送礼品

赠送礼品是企业在顾客购买某种产品时，免费附送小物品，以刺激其购买欲望。附送的小物品可放于主要产品包装内，也可另外赠送。如果包装物可以重复使用，也能成为赠品。另外，还可以让顾客交还盒盖之类的购物证据，然后将赠品寄给顾客。这种形式易于使消费者将注意力集中在赠品上，从而提高商品的价值。

5. 有奖销售

有奖销售是企业在顾客购买产品时，为其提供一个获奖的机会。如可口可乐公司在其出售的产品盒盖上印有号码，最后经摇奖确定中奖号码，并提供丰厚的奖金或免费旅游的机会。当然也可在产品内附以表格，由购买人填写姓名、住址后寄回某指定机构，一旦中奖就可以获得奖金或奖品。

6. 退款优惠

退款优惠也是一种减价的方式，只不过发生在消费者购买产品之后，即企业接到消费者购买产品的证明后，将一部分钱款退还给消费者。

7. 以旧换新

以旧换新是指顾客在购物时交出旧产品，并购买同一品牌的新产品，即可享受一定价格折扣的优惠。

8. 现场陈列和展示

现场陈列和展示是企业在销售现场对产品的用途和操作进行实际的示范和说明，并请顾客试吃或试用。同时也可以在销售现场不断播放录像，为顾客演示商品的特点。

9. 交易印花

交易印花是企业在营销的过程中向购买者赠送印花，当购买者手中的印花积累到一定数量时即可向出售者领取现金或实物。这种方法可以吸引顾客长期购买本企业的产品。

10. 竞赛

竞赛既可对消费者运用，又可对中间商和推销人员运用。在对消费者运用时，可让消费者进行某种比赛或做游戏，向优胜者发奖；在对中间商和推销人员运用时，这种方式又称为销售竞赛，即让中间商或推销人员开展销售产品的竞赛，向优胜者发奖，奖品可以有物品、现金、旅游等。

11. 交易折扣

交易折扣主要是针对中间商的。例如，企业可规定只要在一定时期内购买了本企业的某种产品，就可以享受一定金额的折扣，且购买量越大折扣越多。这种方法可鼓励中间商更多地经营本企业产品，或促使中间商经营原来不打算经营的本企业产品。

12. 津贴

津贴也是主要针对中间商的，包括广告津贴和陈列津贴两种。广告津贴是指当中间商出资为本企业产品做广告时，给予一定的资助。陈列津贴是指当中间商陈列展出本企业产品时，给予一定的资助。

13. 展销会

展销会是为了展示产品和技术、拓展渠道、促进销售、传播品牌而进行的一种宣传活动。在展销会上可展出本企业产品，并进行示范操作表演，以吸引参观者包括中间商和消费者，促使其了解产品，并当场或事后订货。

14. 示范表演与演出

示范表演与演出是指企业为促进销售，向消费者进行产品使用的示范性表演；或者为了酬谢消费者，举办专场免费演出。

三、销售促进计划的实施

1. 制定销售促进目标

企业应当根据目标市场的特点和整体策略来制定销售促进目标，并区别对待消费者个人、中间商、企业单位，且做到短期目标必须与长期目标相结合。

2. 选择销售促进对象

销售促进对象应主要是那些“随意型”顾客和价格敏感度高的消费者，其对已养成固定习惯的老顾客促进作用相对要小些。

3. 确定销售促进规模

要想使销售促进取得成功，必须采取一定的刺激措施。一般来说，刺激程度越高，消费者的反应就越大，但这种效应也存在递减规律。因此，在确定刺激规模时，最重要的是进行成本—效益分析，以争取最佳的销售促进效果，避免规模不当造成各种损失。

4. 设计销售促进途径

销售促进途径多种多样，企业应该选择最佳者来实施销售促进。例如，优惠券可以夹放在商品包装中分发，也可以通过广告媒体分发或直接邮寄。

5. 安排销售促进时间和期限

企业应认真研究并确定发动销售促进的时间及期限，以达到最好的效果。销售促进的时间安排必须符合整体策略，即与其他经营活动相协调，以免出现脱节现象。企业要利用最佳的市场机会，既要有“欲购从速”的吸引力，又要避免草率从事。

6. 编制预算

销售促进预算的方法有两种：一是先确定销售促进的方式，然后预算总费用；二是在一定时期的促销总预算中，拨出一定比例用于销售促进。第二种方法较为常用。各项销售促进项目的费用包括优惠成本（如样品成本）和实施成本（如邮寄费）两个部分。

另外，企业还应为每一种销售促进计划确定具体的实施方案。销售促进计划的实施包含两个时间因素，一是从准备计划到正式实施的前置时间，二是销售促进活动的延续时间。

第六节 人员推销策略

人员推销是指企业的推销人员直接向潜在购买者推销产品，通过推销人员与消费者的直接接触去鼓励和说服顾客进行购买的活动。人员推销策略是促销组合策略中一种重要的方式，最适用于对产业用品的推销。

一、人员推销的特点与关系推销

与其他促销形式相比，人员推销具有明显的优点。当然，人员推销也有现实的缺陷。

（一）人员推销的特点

人员推销最主要的优点是直接的人际双向沟通，能够培养与顾客的感情，并能对市场和顾客需求做出迅速的反应。因此，其特点具体如下。

1. 人员推销的直接沟通

人员推销通过面对面的直接沟通，能够对产品进行详细的解释和演示；同时，还可以向有资格的潜在购买者进行推销。

2. 人员推销的迅速反应

人员推销的信息可能因潜在顾客的动机和兴趣不同而不同，但在推销过程中可做出及时的反应和调整。另外，人员推销还可以通过调整来控制推销成本。

3. 人员推销的情感培养

人员推销以与潜在顾客和购买顾客发生的关系为契机，培养与他们之间的感情，建立长期的诚信关系。与其他促销方式相比，人员推销更容易促成交易，并获得满意的消费群。但是人员推销切忌暴露出人性的缺陷，为了达到销售目的而不择手段，破坏与顾客之间的情感关系，最终为顾客所丢弃和拒绝。

（二）关系推销

关系推销是指为了发展互利的伙伴关系以形成长期的满意局面而进行的建立、维持、增加与顾客之间相互作用关系的活动。关系推销是市场充分竞争的产物，也是战略营销理念在人员推销中的现实体现。关系推销的重心由单纯一次性的销售转向长期销售，推销人员与顾客间在这种长期的关系中相互寻求解决问题的途径，从而提高顾客的根本利益。因此，关系推销的特征具体如下。

1. 消费者的顾问

关系推销强调为消费者提供购买咨询、建议和帮助。

2. 消费者的伙伴

关系推销强调提高消费者的根本利益，在推销过程中既强调企业的利益，也强调消费者的利益，即强调双方都获得利益。因此，它注重与顾客建立并保持长期的伙伴关系。

3. 问题的解决人

关系推销人员将大量的时间花在努力与消费者一起创建解决问题的环境，帮助消费者分析和解决购买原因、购买决策和购买后续问题。

二、人员推销过程

人员推销过程是一个十分复杂的过程。由于每个推销人员完成推销的过程不尽相同，因此人员推销一般要经历 7 个基本的步骤。

1. 市场调查

市场调查的范围一般包括：①企业情况。企业的经营策略、经营方式和条件，以及人员推销以外的其他促销形式；②产品情况。产品的品种、品质、价格、式样等；③顾客情况。顾客的需求动机和类型等一般情况。如果客户是企业，就要了解应以谁为推销对象、推销对象是否有决定权或相当的影响力；④竞争对手的情况，即竞争对手的产品性能、特点、价格、市场份额和市场营销策略等。

2. 制订推销计划

在了解和研究了相关情况后，需要制订推销计划，具体包括：①识别顾客。通过查找现有的销售资料、顾客订货单、顾客查询资料以及事先进行的销售访问情况等，识别出可能购买的顾客，以确定现有购买者和潜在购买者；②拟订推销计划。推销前，一般要拟订好一个推销计划，如向哪些人进行推销、对产品做怎样的说明以突出其优点和特征、访问时应注意哪些方法和技巧等。

3. 引起注意

在推销过程中，要想让顾客注意推销人员和产品的存在，而且有继续谈下去的意愿，关键是获得顾客的信任，吸引其注意，使其产生好奇心理。

4. 讲解和示范

在给顾客留下良好的印象后，要及时将顾客的兴趣拉回产品上，通过讲解告诉顾客产品能够带来哪些好处；同时还可以让顾客亲自体验产品，以激发他们的购买欲望。

5. 解答问题

针对顾客提出的问题或持有的异议进行详细的解答，以消除顾客的忧虑，力争促成交易。

6. 促成购买

推销人员要把握时机，打消顾客的最后疑虑，通过要求顾客订货、选择样品或提供优惠条件等促成交易的最终实现。一旦成交，还要准备好有关履约的交货时间、购买条款和其他具体工作，以确保安装、指导和维修等事项，使顾客满意。

在所有推销活动中，普遍存在着一个基本原则：推销往往是从被拒绝时开始。推销人员在第一次访问被拒绝后不要轻易放弃，要有进行第二次、第三次甚至第四次访问的勇气。

7. 后续工作

即使产品已售出，推销活动也并未结束。这时推销人员还应该与顾客继续保持联系，以了解他们的满意程度，并及时处理他们的意见。良好的售后服务，可以延伸产品的功能价值，提高顾客的满意度，从而增加产品再销售的可能性。

后续工作的内容包括：随时与顾客保持联系，耐心解答疑问；帮助顾客办理有关运输和商业信用等事项；认真听取顾客对产品的意见，尽量满足其提出的退货要求；在不能满足顾客提出的条件时，应耐心说明和解释，切不可怠慢；做好销售记录，追踪产品售出以后的情况，及时解决问题。

三、人员推销策略

推销人员应该根据不同目标市场顾客的需求特征及不同商品的具体情况，灵活采用不同的推销策略。根据顾客不同的购买心理，推销人员可采用如下策略。

1. 试探性策略

试探性策略也称“刺激—反应”策略，它是在推销人员不了解顾客的基本情况及购买观点和态度的前提下，根据可能出现的种种情况，事先准备好几套洽谈方案，待正式进行推销面谈时，视对方反应相应开展介绍。在摸清顾客的需求和真实意图后，即采取刺激手段诱发购买动机，促使其做出购买决定。

2. 针对性策略

针对性策略也称“配方—成交”策略，它是在推销人员已知顾客需求和真实意图的前提下，有针对性地制定一套洽谈方案，引导、启发顾客的购买兴趣，激发其购买欲望，迅速促成交易。

3. 诱导性策略

诱导性策略也称“需求—满足”策略，它是在顾客尚未意识到自己有某些方面的需求时，推销人员适时指出顾客客观存在这种需求，诱发其产生购买动机。与此同时，推销人员及时介绍自己推销的商品能满足这种需求，从而有效地引起顾客的购买兴趣，并做出购买行为。因此，这是一种“创造性的推销”。

四、人员推销管理

人员推销是一种人际关系，人员推销管理也是一种人际关系。尽管人员推销的基本工作是在合理成本下使销售量和利润得到最大化，但还有很多其他重要的责任和决策。人员推销管理的主要内容是：①确定推销目标和方式；②推销队伍的建设；③推销人员的招聘、培训和考核；④报酬与激励；⑤推销业绩和效果的评估。

（一）确定推销目标和方式

1. 确定推销目标

人员推销的目标一般是：①寻找并培养新顾客和保持老顾客；②将企业有关产品和服务的信息传递给顾客；③推销产品；④提供服务；⑤调查市场，采集市场信息；⑥分配产品。现代市场营销一般要求推销人员用80%的时间向现有顾客推销产品，用20%的时间去寻找新顾客；用85%的时间推销现有产品，用15%的时间推销新产品。

2. 确定推销方式

人员推销一般可采取的方式是：①推销面对单个顾客；②推销面对采购小组；③推销小组面对采购小组；④会议推销；⑤研讨会推销等。

企业可根据自身的具体情况，从上述诸方式中选择最适当者进行推销，也可将几种方式组合起来进行推销。

（二）推销队伍的建设

推销队伍的建设是企业营销的重要环节，只有拥有一支良好的推销人员队伍，才能使推销工作得到贯彻、执行和落实。推销队伍的建设主要包括确定推销队伍的组织结构和数量规模两个方面。

确定推销队伍的组织结构是指如何把推销人员组织起来，使之以一定的组织结构形式存在，并体出现效率。推销队伍的组织结构主要有：①地区型结构。这种结构适用于产品和市场都较单纯的企业；②产品型结构。这种结构适用于产品种类繁多，而且技术性较强的企业；③顾客型结构。这种结构适用于比较复杂的市场，尤其是竞争激烈的市场；④复合型结构。这种结构适用于超大型企业，尤其是跨国企业集团。因为这些企业的产品种类繁多，面向的市场类型及顾客类型均十分复杂。

确定推销队伍的数量规模，则要考虑企业的经营范围、生产能力和市场规模以及发展前景等因素。

（三）推销人员的招聘、培训和考核

1. 推销人员的招聘

推销人员的招聘要根据准确而详细的销售目标和为实现目标所需承担任务来确定需要人员的数

量、岗位及技能。招聘推销人员要考虑两个方面以便制定招聘标准，即推销人员要善于从顾客的角度考虑问题，同时要勇于进取、不屈不挠并有相应的知识和技能。

2. 人员培训

对新聘的推销人员和工作在销售一线的推销人员都要进行培训。培训是一种管理方式，要有长期的和阶段的培训计划。培训的内容主要有：①企业实况；②产品知识；③市场情况；④推销技巧；⑤法律知识和政府的政策法规；⑥技术技能等。培训还要对参加人员进行考核，并记录备案。

3. 推销人员的考核

为推销人员建立人力资源档案，对他们的业绩进行考核，并将考核的结果量化累积，作为推销人员晋升、发放报酬、奖励以及惩罚的重要依据。

（四）报酬与激励

报酬是推销人员工作业绩和工作量的兑现。报酬要体现出足够的激励作用，以促使推销人员更好地工作，并得到企业对自己工作的肯定和激励。同时，成功的报酬管理还能够吸引到最优秀的推销人员。报酬的 3 种基本方式是佣金方式、薪金方式和联合方式。报酬激励只是激励方式中的一种形式，对推销人员的激励还有很多种方式，要全面考虑，统筹实施。

（五）推销业绩和效果的评估

为了对推销人员的业绩和效果进行评估，企业需要信息反馈。信息反馈有助于监控推销人员在销售环节的进展情况，并了解可能出现的问题，以便加以改进和控制。典型的评估标准包括销售额、利润份额、每笔订单的访问次数、每次访问获得的销售或利润以及顾客关系的满意度等。

思考题

1．促销包括哪些内容？
2．什么是有效沟通的 AIDA 模式？
3．试举一例分析广告的创意。
4．分析人员推销与销售促进促销策略的区别。
5．分析公共关系促销策略的作用。

案例分析

案例 10-1

摩登百货周年庆促销活动

广州摩登百货股份有限公司（以下简称“摩登百货”，证券代码：430689）是一家成立于2002年的百货连锁企业。摩登百货以消费者为王，瞄准年轻的目标消费群，坚持 “时尚、价优”的经营定位。目前摩登百货在广州市拥有6家门店，分别位于天河区、海珠区、黄埔区、白云区、花都区、越秀区。

摩登百货平时就有不同力度的促销活动，如以满300减50、赠送优惠券、打折等活动来吸引年轻的消费者。很多年轻的消费者都认为摩登百货是一个购物又好又便宜的百货商店，因此都愿意前往摩登百货购物。特别是一到每年9月的店庆时，摩登百货更会开展大力度的促销活动。

一般在店庆的首日，摩登百货会邀请当红明星表演助兴。2017年9月15日正值摩登百货15周年庆的首日，摩登百货特邀女子偶像团体GNZ48亲临广州的岗顶店与粉丝们共庆！当日下午1点，摩登百货在岗顶店广场制作了超级庆生大蛋糕与摩登顾客免费分享！同时，摩登百货六店（岗顶店、海购店、黄埔店、圣地店、花都店、新塘店）也举办了空前盛大的六店联动店庆大酬宾活动。据统计，摩登百货店庆首日进店人次破百万。15周年店庆当天，摩登百货内各店积极参与本次大力度促销活动，吸引大批顾客前来购物，活动热度超出预计，车流曾一度引起岗顶路段出现堵塞的情况。各个门店的百丽、皮匠世家、红蜻蜓等女鞋区人潮涌动，女士们纷纷抢购女鞋。店庆时，女性喜爱的化妆品也纷纷推出8折起的优惠活动，如玉兰油8折，美宝莲三件8.5折，欧莱雅两件8.8折，泊美8.8折，羽西、露华浓8.5折。店庆当天会员购买化妆品可享受9倍积分的活动，吸引着众多爱美女士入店选购。另外，黄金饰品、服装专柜也推出各种优惠活动。

其实在摩登百货的各个店庆期间，火爆程度都不一般。曾经在摩登百货9周年店庆时，某日岗顶店三楼淑女装敦奴专柜部分商品100～350元，几乎是此品牌一年中最优惠的价格。Theme、贝特丽诗、迪拉亚专柜8折后参加300元换800元活动。四楼男装雅戈尔、九牧王、利郎、罗蒙等专柜参加300元换800元活动，金利来全场6.8折。五楼李宁、匹克、361、S&K、美特斯邦威等专柜参加300元换600元活动，PUMA、Kappa、安踏专柜全场7折，CONVERSE专柜3～7折。六楼童装小丰龙、时尚小鱼、安奈儿、皇后婴儿等专柜参加300元换800元活动，妈妈们现场血拼气氛紧张。另外，家居用品类、女性内衣类专柜大多数也都参加活动。店庆期间市民反应超出预期，幸好摩登百货货源充足，满足了广大市民国庆前尽情采购的需求！

摩登百货趁店庆人头攒动之时，推出了一系列抽奖、奖励积分、换购等优惠活动，更是激起了顾客的购买欲望。可以说，店庆活动让摩登百货的顾客买到了实惠，也让摩登百货赚得盆满钵满，同时还吸引了更多的消费者。

资料来源：根据摩登百货官网数据和百度数据整理

案例思考：

作为终端零售商的摩登百货是如何通过促销吸引顾客的？

案例 10-2

WIS 的微博营销

2012年“88后”的黎文祥创立了WIS化妆品品牌，借助微博仅两年多就使WIS成为草根明星，其目前粉丝已达到350万级别。该产品定位为“一个专注于解决年轻人受损肌肤问题的品牌”，即“年轻+修复肌肤”。WIS凭借不到20个种类的商品，一路杀入了淘宝化妆品行业前20，年销售额突破亿元。其成功的营销策略可以归纳为以下3点。

一、借助网络平台挖掘消费者大数据并进行精准定位

早在WIS创立之前，黎文祥就创立了一个叫作微启创的微博营销中介平台。微启创主要是

帮助团购网站客户和垂直电商网站等进行营销合作。这段微博营销的经历在给微启创带来了相对稳定营收的同时，也为黎文祥团队积累了丰富的数据资源和数据分析经验。这些数据资源更贴近用户的消费行为，有效地为WIS后来的产品投放打下了坚实的基础。正是基于前期积累的数据和对团队数据分析能力的打磨，在WIS推出后的效果测试中，他们才能通过数据分析和跟踪用户的意见反馈完善产品、完善自身的营销运营体系。

2013年，WIS开始使用粉丝通，这是一款基于数据精准投放的商业产品。WIS每天在粉丝通上投入1万～3万元，带来的是与日俱增的粉丝关注，然后针对性地推出产品广告，效果显著。

二、选择特殊时机宣传品牌

2014年“3·15”消费者权益日，WIS选择这一时间点在微博上高调出击，打出“好产品，让用户说话”的口号，发起转发赠送产品的活动，以#WIS祛印实力派#为话题，只要转发微博，就送WIS祛印净化凝胶一支，且免邮费，共送10万支。当时，WIS祛印净化凝胶售价98元，10万支不是一个小数目，送出10万份加上免邮费已经是过千万的数目。粗粗算下来似乎吃了亏，但是这次活动发起不到12小时，微博就被转发超过10万次。原本定于持续半个月的活动，不到一天产品就被抢光。而活动结束后，WIS官方微博粉丝更是一路飙涨到300万。实际上，看似是免费送产品，却相当于给自己打了提升知名度的广告，反而是赚了。

三、借名人效应来塑造品牌良好口碑

在2015年5月20日的“希粉节”上，“5折起”活动主要针对WIS祛印净化凝胶，折后68元的价格也是历史最低价，这是WIS主推的一款明星单品。推广这样一款明星产品，黎文祥同样选择了微博上的“明星效应”，让大V明星为其在微博上“代言”，很多明星如李湘、韩庚、快乐家族等都在微博上推荐此产品，给WIS的产品带来了良好的口碑效应。

资料来源：中国公关网

案例思考：

分析作为新媒体营销的微博营销策略的优势所在。

第十一章 渠道策略

学习目标

1. 理解营销渠道的含义与结构
2. 掌握批发商与零售商的主要功能
3. 熟悉终端销售与服务过程
4. 了解不同的分销岗位及其相应的分销任务
5. 了解直销与网络营销的特点

产品的流通是经过一系列的所有权转移活动，最终到达消费者手中的，而这一过程必须通过营销渠道来实现。营销渠道策略作为营销组合的 4 个要素之一，是企业营销管理的一个重要任务。随着营销渠道中分销商，特别是零售商权力的日益增长，以及新的科学技术的力量日益增强，企业不断面临新的增长的压力，而且在日益变化的市场营销环境中，许多企业发现，想要在产品、价格和促销策略上获得持久的竞争优势将变得更加困难。营销渠道作为企业整体营销和定位战略中的重要资产，可以经常作为差异化点，将企业所提供的产品和服务与竞争对手区分开来。企业通过渠道创新可以获得有效的差异化，而差异化是建立和维持竞争优势的基础，因此很多企业非常重视对营销渠道的设计与管理。但营销渠道管理的跨组织特点，使得其比企业内部管理要复杂和困难得多。

本章介绍营销渠道的一些基本的概念和理论，具体内容包括营销渠道体系、中间商渠道、分销岗位与任务、终端销售与服务、直销与直复营销等。

第一节 营销渠道体系

一、营销渠道的含义

（一）营销渠道的概念

学术界对营销渠道的界定没有一个统一的定义，归纳起来主要从 5 个方面进行界定。

1. 组织角度

从组织角度定义营销渠道，比较有代表性的如美国市场营销协会定义委员会（1960）将营销渠道定义为："营销渠道是指企业内部和外部代理商和分销商（批发和零售）的组织结构，通过这些组织，商品（产品或劳务）才得以上市行销。"斯特恩（Louis W.Stern）和艾尔安塞利（Adell El-Ansary ）认为："营销渠道是促使产品或服务顺利地被使用或消费的一套相互依存的组织。"伯特・罗森布罗姆将营销渠道定义为："营销渠道是与公司外部关联的、达到公司分销目的的经营组织。"他认为"营销渠道的本质——使消费者能够方便地在任何时间、任何地点以任何方式购买到他们想要的产品与服务，企业通过营销渠道建立与消费者的接触"。

从组织角度定义营销渠道着重反映营销渠道的组织结构，但未能涵盖商品从生产者流向消费者或用户的流通过程。

2. 产品角度

从产品角度定义营销渠道，比较有代表性的如爱得华·肯迪夫和里查得·斯蒂尔将营销渠道定义为："营销渠道是指当产品从生产者向最后消费者或产业用户移动时，直接或间接转移所有权所经过的途径。"我国大部分教科书采用的概念是"营销渠道是指产品或服务由生产者转移到消费者的通道或路线"。

从产品角度定义营销渠道着重反映了产品从生产者流向消费者或用户的流通过程，但没有反映营销渠道中的组织结构。

3. 产品和组织角度

菲利普·科特勒将营销渠道和分销渠道区别对待。他将营销渠道定义为："营销渠道是指那些配合起来生产、分销和消费某一生产者的某些货物或劳务的一整套所有企业和个人。"这就是说，营销渠道包括某种产品供产销过程中所有的企业和个人，如资源供应商、生产者、商人中间商、代理中间商、辅助商以及最后消费者或用户等。他将分销渠道的定义为："分销渠道是指某种货物或劳务从生产者向消费者移动时取得这种货物或劳务的所有权或帮助转移其所有权的所有企业和个人。因此，一条分销渠道主要包括商人中间商（因为他们取得所有权）和代理中间商（因为他们帮助转移所有权）。此外，它还包括作为分销渠道起点和终点的生产者和消费者，但是不包括供应商、辅助商等。"

菲利普·科特勒认为营销渠道和分销渠道是两个不同的概念。

（1）英文表达的差异。

营销渠道：Marketing Channel

分销渠道：Distribution Channel

（2）定义的差异。

营销渠道是指那些配合起来生产、分销与消费某一生产者的某些货物或劳务的一整套所有企业和个人。

分销渠道是指某种货物或劳务从生产者向消费者移动时取得这种货物或劳务的所有权或帮助转移其所有权的所有企业和个人。

（3）渠道成员构成的差异。

营销渠道包括某种产品供产销过程中所有的企业和个人，如资源供应商、生产者、商人中间商、代理中间商、辅助商以及最后消费者或用户等。

分销渠道主要包括商人中间商（因为他们取得所有权）和代理中间商（因为他们帮助转移所有权）。此外，它还包括作为分销渠道的起点和终点的生产者和消费者，但是不包括供应商、辅助商等。

科特勒还认为，一个销售实体产品的制造商至少需要销售渠道（Sales Channel）、交货渠道（Delivery Channel）和服务渠道（Service Channel）为它服务，这些渠道不可能由一个公司组成。例如戴尔计算机公司，其销售渠道由电话和互联网组成，交货渠道由速递运输服务公司组成，服务渠道则由当地的维修人员组成。

科特勒的观点比较清楚地表达了营销渠道的概念，既反映了产品从生产者流向消费者或用户的流通过程，又反映了营销渠道中的组织结构，但没有反映消费者对渠道提供的整体服务需求。

4. 服务角度

巴克林（Bucklin）悉心研究并解释了渠道形成的关键性因素是服务。他认为，营销渠道就是渠道成员为了长期的生存和发展，通过减少顾客调研、等待、仓储和其他费用的方式来参与渠道流程，以满足用户对服务的需要；而另一方面也同样重要，最终用户愿意由营销渠道向他们提供高层次的产品和服务。巴克林为此提出了营销渠道的 4 类基本的服务任务：空间的便利性（Spatial

Convenience）、批量规模（Lot Size）、等待或发货时间（Waiting Time）和经营产品品种多样性（Product Variety）。

巴克林从服务角度出发来定义营销渠道，超越了以往单纯地从产品实体或所有权流通、渠道中组织结构等角度来定义渠道的局限，突出了渠道的服务功能和给消费者提供的便利性。

5. 价值角度

程烈认为“营销渠道指的是营销者、消费者、中间商三者之间的价值体验关系”，其实质是营销者与消费者之间的价值关系。程烈指出新型的营销渠道将由两个维度构成，一般都将经过中间商：由营销者出发到达消费者，即营销者将消费价值预期在消费者的消费阶段中不断予以呈现与强化；由消费者出发到达营销者或新的营销者，即消费者将其感性或理性的价值标准作用于中间商及营销者。市场的变化在这个维度的渠道中得到反映与张扬，是对第一维度（渠道）的认可或修正。安妮·T·科兰认为“营销渠道不仅以适当的地点、价格、数量和质量来提供商品和服务来满足人们的需求，而且能通过有关组织（如批发商、零售商、企业销售部和办事处等）的促销活动刺激需求。因此，我们应当把营销渠道看作一个和谐的网络系统，它通过提供时间、地点、销售形式、产品和服务为最终用户创造价值”。

以往关于营销渠道的论述都认为渠道是产品的流转路径、利益的交换途径，没有一个是关于价值、价值体验、品牌的呈现路径的。从价值角度定义营销渠道可调独辟蹊径对渠道进行了新的定位，提醒营销者重新重视早已存在于营销渠道中的厂商与消费者之间的价值关系，开拓第二渠道，通过满足消费者来征服消费者。

6. 本书所采用的定义

营销渠道又可称为分销渠道、分配渠道、配销通路等，是指某种产品从生产者向消费者转移过程所经过的一切取得所有权或协助所有权转移的商业组织和个人。即产品所有权转移过程中所经过的各个环节连接起来形成的通道。通过营销渠道产品及产品所有权、沟通、融资和支付伴随着风险一起流向消费者。它由位于起点的生产者和位于终点的消费者（包括组织市场的用户），以及位于两者之间的各类中间商（如批发商和零售商）组成。

（二）营销渠道的作用

营销渠道的作用主要包括：提高劳动专业化与分工、克服差异和提高接触的有效性。

1. 提高劳动专业化与分工

随着人类社会生产力的发展，企业和市场规模越来越大，其复杂程度更是越来越大，导致企业生产的产品要想直接卖到消费者手中越来越困难了。然后营销渠道的存在、丰富和发展，大大地解决了企业和市场的难题，也就是通过营销渠道提高了劳动专业化与分工，解决了规模经济效应，即降低经济成本、提高效率、获取利润和创造顾客价格。

2. 克服差异

营销渠道还有助于克服生产规模经济带来的数量、花色、时间和空间差异。

（1）数量差异。数量差异是指企业产品的生产量和消费者想要购买的数量之间存在着差异。营销渠道通过储存产品和以合适的数量进行分销有助于克服数量差异。

（2）花色差异。花色差异是指企业的全部产品项目与消费者的全部产品项目需求之间存在的差异。营销渠道可在同一市场集中许多能完全满足消费者需要的产品项目或产品花色。

（3）时间差异。时间差异是指在某段时间里企业生产出的产品，消费者并不准备购买而存在的差异。营销渠道通过估计需求保持存货来克服时间差异。

（4）空间差异。空间差异是指企业生产的产品与地理范围分散的市场之间存在着需求的差异。营销渠道通过使产品在方便消费者购买的市场出现，从而克服了空间差异。

3. 提高接触的有效性

企业生产的产品与消费者之间的接触，存在着巨大的低接触率。企业通过营销渠道（诸如超级市场、便利店等）构建与整合市场，减少了产品的生产商到消费者手中所需要的交易次数，使不同花色的产品出现在同一个市场而大大简化了分销过程，从而有效地提高了产品与消费者的接触效率。营销渠道的这种作用是市场经济健康迅速发展的推动力，也是市场繁荣的根本原因之一。

二、营销渠道的功能与功能流

1. 营销渠道的功能

营销渠道的功能是缩小或消除存在于产品或服务提供者与消费者或最终用户之间在时间、地点、产品品种和数量上的差异，从而使产品或服务能够在从生产者流向消费者的过程中更加畅通和高效。具体功能主要包括交易功能和分配功能。

交易功能主要包括以下几点。

（1）接触和促销。接触和促销指接触潜在的消费者，设计和传播具有说服力的产品和信息，促使消费者购买。

（2）谈判。谈判指通过谈判确定要购买和销售的产品与服务的数量、价格、使用的运输方式、送货时间以及支付的方法和期限等交易条件，以促成最终协议的签订，使商品所有权转移。

（3）承担风险。承担风险指承担存货等交易风险。

分配功能主要包括以下几点。

（1）分类。分类指通过挑选整理，把产品组合成消费者希望在一个地方可以找到的关系或花色。

（2）调节。调节指按照顾客的要求调整供应的产品。

（3）实体分配。实体分配指储藏和运输产品，以便克服时间和空间差异。

（4）调查。调查指通过调查分配，获得有关其他渠道成员和消费者的信息，为渠道决策提供依据。

（5）融资。融资是指渠道成员之间相互提供信用和其他财务服务，以促进产品的流通。

2. 营销渠道的功能流

营销渠道的功能在营销渠道中表现为各种流程，包括实物流、所有权流、促销流、洽谈流、融资流、风险流、订货流、支付流和信息流，如图 11-1 所示。

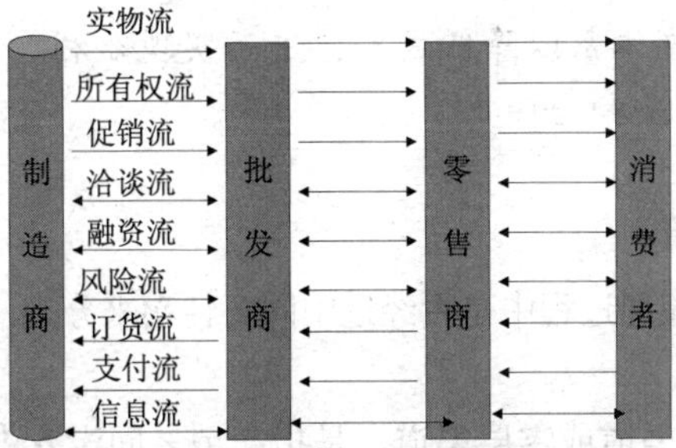

图 11-1　营销渠道的功能与流动

（1）实物流也称实体流，简称物流，是指产品实体从生产者到最终顾客的连续的储运工作。

（2）所有权流是指产品或服务的所有权从一个渠道成员转移到另一个渠道成员的活动与过程。

（3）促销流是指某个渠道成员通过广告、人员推销、公共关系、销售促进等促销活动对另一个渠道成员所施加影响的过程。

（4）洽谈流是指渠道成员就产品所有权在各渠道成员之间转移时对价格及交易条款进行的谈判活动与过程。

（5）融资流是指伴随产品所有权转移而在各渠道成员之间形成的资金融通活动。

（6）风险流是指产品销售过程中的各种风险伴随产品所有权转移而在各渠道成员之间转移的活动。

（7）订货流是指下游渠道成员向上游渠道成员发出订单的过程。

（8）支付流是指货款从下游渠道成员向上游渠道成员流动的过程。

（9）信息流是指各渠道成员相互传递市场信息的过程。

实物流、所有权流和促销流是从制造商流向最终消费者或用户。订货流和支付流是从消费者或用户流向制造商，洽谈流、融资流、风险流和信息流则是双向互动的，其中信息流贯穿于其他 8 大功能流之中，即在其他 8 大功能流中都伴随着信息的交流与传递。

三、营销渠道结构

产品流向消费者有多种途径，营销人员往往会在众多选项中选择一个效率最高的渠道形式。营销渠道结构有很多种类型，具体选择哪种渠道形式还要依企业产品和市场实际情况而定。

营销链接 11-1

新零售中生鲜运营的三大模式

在新零售环境下，渠道需要通过新的技术手段去实现商品（控货）、交付方式（渠道）、用户体验的改造，更高效、更友好地完成消费过程。生鲜运营的最大难点是冷链物流成本高、损耗率高，采购共享、仓储系统共享、客流订单共享是降低成本的主要手段，因此行业的整合并购仍会持续。生鲜品类目前主要有3类运营模式：盒马鲜生，线上线下结合的代表；易果生鲜，线上运营为主的代表；百果园，线下社区店为主的代表。盒马鲜生基于实体店将线上线下订单合并，双线共享门店固定成本；百果园并购果多美提高采购量和终端网点；易果生鲜投资联华超市意在实现采购和物流体系的合并。有线下基础的盒马鲜生和百果园在仓储物流成本和损耗控制上有一定优势，所以能实现盈利，而纯线上的易果生鲜目前仍在亏损，其投资联华超市意在加大联合采购量、共享物流体系以降低成本，进而实现盈利。

资料来源：《全渠道新零售案例分享》

（一）直接渠道和间接渠道

营销渠道如果按照商品在流通过程中是否经过中间商转卖来分类，可以分为直接渠道和间接渠道。

1．直接渠道

直接渠道又叫作直接分销渠道或零层渠道，是指产销之间没有中间商的介入，生产商把产品直接卖给消费者的商品销售渠道类型。采用这种类型的具体形式有：工业产品的营销人员直接向消费者和用户推销产品；前店后厂销售产品；在农村集贸市场上直接销售农副产品等。

（1）直接渠道的优点：①销售及时。对鲜活产品、时尚产品，直接销售可及时投入市场，减少了损耗、变质等损失；②节省费用。市场相对集中，顾客购买量大，直接销售能节省中转费用；③扩大推销。对技术性较强的工业产品等，生产者可对推销人员进行专门的培训，从而有利于扩大销售，对同类产品中存在多品牌竞争时，生产者可集中销售力量来推销自己品牌的产品；④提供服务。对有些需要提供售后服务的产品，只有生产者才具有必要的技术条件；⑤控制价格。产品的销售价格由生产者控制，有较大的主动权；⑥了解市场。生产者同消费者直接接触，可随时听取消费者反映，改进产品。

（2）直接渠道的缺点：①增加成本与管理难度。厂商要追加与直接销售相适应的保障费用和设施，如果储存设备和存货增多，销售人员和费用会增加，管理成本与难度也会增大；②不适于大规模经营。直接销售渠道不适宜于一些生产量大、消费面广的产品，因为厂商不可能把全部产品直接卖到每一个消费者。

2. 间接渠道

间接渠道是指商品生产者不直接面向消费者，而是经过中间商向消费者提供产品的销售渠道类型。间接渠道有以下几种类型。

一层渠道是指生产商和消费者之间，只通过一层中间环节，在消费者市场中经过零售商，在生产者组织市场是代理商或经纪人。

二层渠道是指生产商和消费者之间经过二层中间环节，在消费者市场是批发商和零售商，在生产者组织市场是代理商与批发商。

三层渠道是指在大批发商和零售商之间，再加上二道批发商。间接渠道还可以分为四层甚至五层分销渠道。

在成熟的市场经济中，间接营销渠道是一种重要的分销形式。

（1）间接渠道的优点：节约用于流通领域的人力、物力和财力；节约流通时间，加速流通过程和生产过程；降低销售费用和产品价格。

（2）间接渠道的缺点：中间商使两者不能直接沟通信息；生产者不易准确地掌握消费者的需求；消费者也不易掌握生产者的供应情况和产品等。

（二）长渠道和短渠道

根据产品从生产者到消费者之间销售环节的多少，营销渠道可以分为长渠道和短渠道。经过两个或两个以上流通环节，把产品销售给消费者的营销渠道称为长渠道。没有经过或只经过一个中间环节，把产品销售给消费者的营销渠道称为短渠道。

1. 长渠道

长渠道一般有以下几种形式。

生产者→批发商→零售商→消费者

生产者→代理商→零售商→消费者

生产者→产地批发商（或代理商）→销地批发商→零售商→消费者

（1）长渠道的优点：①长渠道一般由批发商和零售商组成，点多面广，能有效地覆盖市场，扩大商品销售；②选用长渠道，流通领域一切风险均由批发商承担，生产者可以集中人力、物力、财力生产产品。

（2）长渠道的缺点：①延长了产品从生产出来到投入市场的时间，不利于产品迅速占领市场；②销售费用增加，产品零售价格提高，降低了产品的竞争能力；③信息反馈慢，而且失真率比较高，不利于及时准确地掌握市场行情的变化；④由于中间商多，产品运输距离远，时间长，增加了产品变质、磨损、毁坏的可能性，影响产品的质量。

2. 短渠道

短渠道一般有以下几种形式。

生产者→消费者

生产者→零售商（代理商）→消费者

（1）短渠道的优点：①生产出来的商品能迅速转移到消费者手中，实现商品价值；②节省流通费用，有利于降低商品的价格；③信息等被迅速准确地反馈给生产者，有利于生产者做出正确决策；④与长渠道相比，短渠道缩短商品在流通领域中停留的时间，可以减少产品发生霉烂、变质、磨损、毁坏危险，从而保证商品质量。

（2）短渠道的缺点：①由于渠道短，商品生产者承担的商业职能多，不利于集中精力搞好生产；②难以向市场的大范围延伸，市场覆盖面小。

（三）宽渠道和窄渠道

渠道的每个层次中使用的同种类型中间商数目的多少称为营销渠道“宽度”。生产者通过两个或两个以上的中间商来销售自己的产品，称为宽渠道；只选用一个中间商销售自己的产品，称为窄渠道。

1. 宽渠道

宽渠道又称宽分销渠道，由于运用两个或两个以上的中间商为生产者销售产品，因此，该类型的渠道范围比较广泛，既可以采用批发商，又可以采用零售商，还可以采用代理商、经销商，以便尽可能多地销售其产品。

（1）宽渠道的优点：①在生产者大批量生产某种产品的情况下，可以使产品迅速转入流通领域，使再生产得以顺利进行；②在较大的范围内通过较多的中间商迅速地将产品转移到消费者手中，满足广大消费者的需求；③生产者可以对所运用的多家中间商的工作效率进行综合评价，从中选择效率高的中间商为自己销售产品，同时淘汰效率低的中间商，有利于中间商之间展开竞争，不断提高产品销售效率，从而使产品价值迅速实现，消费者需求迅速得到满足。

（2）宽渠道的缺点：①选用的中间商较多，以致中间商推销某种产品时往往不专一或不愿意花更多的费用；②生产者与中间商之间的关系松散，如果外部条件发生变化，有可能破裂，所以生产者会不断地改变合作的中间商。

2. 窄渠道

窄渠道适用于一些专门技术性强，而且生产批量小的产品销售。生产者一般都是选用熟练掌握这种产品技术性能的中间商独家经销。

（1）窄渠道的优点：①在窄渠道中，产品生产者和中间商关系非常密切，相互之间依附关系很强；②中间商可以随时把市场信息传达给生产者。两者共同承担推销产品的各种费用，在这种情况下，生产者既可以控制中间商的销售方式，又可以控制销售服务，甚至可以控制产品的销售价格，有利于提高产品销售效率。

（2）窄渠道的缺点：①在窄渠道中，产品对某一中间商的依赖太强；②在生产者产量增加的情况下，只限于在某一市场上销售自己的产品，容易因销售力量不足而失去顾客，使产品无法更快地推销出去，影响生产的顺利进行。

（四）垂直营销系统

营销渠道按照渠道中成员相互联系的紧密程度，又可以分为传统渠道和渠道系统。传统渠道中的生产企业和各中间商彼此独立决策，购销交易建立在相互激烈竞争的基础上，因此联系松散，对象也不固定。

在渠道系统中，许多成员之间都采取不同程度的一体化经营或联合经营。它的组成往往始于某一企业对相邻流通环节上的企业控股，也可由某一企业倡导，实行实力相对均衡的联营关系。渠道系统可分为垂直营销系统和水平营销系统。

垂直营销系统又称纵向营销系统，是由生产商、批发商和零售商组成的一种统一的联合体。垂直营销系统的特征是专业化管理和集中执行的网络组织，事先规定要达到的规模经济和最高市场效果。垂直营销系统有利于控制渠道行动，消除渠道成员为追求各自利益而造成的冲突。能够通过其规模、谈判实力和重复服务的减少而获得效益。

1. 公司式垂直营销系统

公司式垂直营销系统是指生产和分销的各个环节都归一方所有并受其控制。这种联合体将生产、批发和零售融为一体。例如，西尔斯公司出售的商品中，有50%来自它拥有股权的制造商。假日旅馆已形成一个自我供应的网络，它包括地毯厂、家具制造厂，以及大量为其所控制的再分销机构。总之，这些组织以及其他类似组织都是大规模的、垂直一体化的系统。

2. 管理式垂直营销系统

管理式垂直营销系统是指由某一家规模大、实力强的企业出面组织，并进行协调管理生产与分销的各个环节，但不以所有权或特许权的形式来管理。例如，名牌制造商有能力从销售者那里得到强有力的贸易合作和支持。因此，通用电气公司、宝洁公司等能够在有关商品展销、货柜位置、促销活动和定价政策等方面得到销售者不同寻常的合作。

3. 契约式垂直营销系统

契约式垂直营销系统是指由从事生产和分销的不同层次相互独立的公司组成，它们以契约为基础来统一行动，以求获得比其独立行动时所能得到的更大的经济和销售效果。契约式垂直营销系统可以分为以下3种。

（1）批发商倡办的自愿连锁组织。批发商组织独立的零售商成立自愿连锁组织，帮助它们和大型连锁组织相抗衡。批发商制定出一个方案，根据方案使独立零售商的销售活动标准化，并获得采购的好处，这样就能有效地和其他连锁组织展开竞争。

（2）零售商联营合作组织。零售商可以带头组织一个新的企业实体来开展批发业务和可能的生产活动。成员通过零售商合作组织集中采购，联合进行广告宣传。利润按成员的购买量进行分配。非成员零售商也可以通过合作组织采购，但是不能分享利润。

（3）特许组织。一个特许组织可以连接几个环节，一般而言可以分为3种形式：①生产商倡办的零售特许组织，如汽车行业；②生产商创办的批发特约代营组织，如软饮料行业；③服务类公司承办的零售特许组织，它是指由一个服务类公司组织整个系统，以便将其服务有效地提供给消费者。

（五）水平营销系统

水平营销系统又称横向营销系统，是指由两个或两个以上公司联合开发和利用市场营销机会。这些公司通过联合可以产生巨大的协同作用。公司间的联合行动可以是暂时性的，也可以是永久性的，也可以创建一个专门公司。

第二节　中间商渠道

在产品分销过程中，通过制造商、批发商、零售商和其他对成功的分销起重要作用的专业公司的合作而形成的渠道可以看作一个关系系统。在这个系统中，根据各个企业在整个分销过程中的作用，可以把渠道成员分为两组——基本渠道成员（Basic Channel Members）和特殊渠道成员（Special Channel Members）。基本渠道成员与特殊渠道成员的划分标准为，在产品分销过程中，是否参与或帮助转移商品所有权。基本渠道成员要么直接参与商品所有权的转移，要么帮助转移商品所有权；特殊渠道成员，既不参与商品所有权的转移，也不帮助转移商品所有权。营销渠道中承担转移货物所有权的基本成员包括制造商、批发商、零售商和消费者。特殊渠道成员，也称专业渠道成员或辅助代理机构，是指为整个分销过程提供重要服务但不参与或帮助转移商品所有权的企业。特殊渠道成员可以分成两种类型：功能型的特殊渠道成员，包括运输业、仓储业、装配企业和提供促销支持的企业；支持型的特殊渠道成员，包括金融业、信息业、广告业、保险业和咨询与调研业等。基本渠道成员对整体销售所起的作用更为关键，因此成为渠道管理的主要关注对象。

中间商亦称中介、分销商，是指介于生产者与消费者之间，参与商品交易业务、促使买卖行为发生和实现，具有法人资格的经济组织和个人。中间商根据在商品流通过程中的地位和作用的不同可分为两种基本形式，即中间批发商和零售商，它们各自发挥着特定的基本功能。

营销链接 11-2

2017 中国彩票销售渠道拓展案例

2017年中国彩票销售渠道全面拓展。

自助终端：2016年福彩“小黄人”入驻山东百家联通营业厅，至2017年12月，山东福彩已在全省试点布设“小黄人”1 800多台，布设渠道涵盖了商超、商铺、写字楼、KTV、网吧、企事业单位、商业综合体、中福在线大厅等多种类型。

跨界合作：2017年4月26日，江西省福彩中心与江盐华康、中创微彩两公司就拓展福利彩票销售渠道签订合作协议，江西福彩销售渠道拓展至盐产品、烟产品销售网点。重庆福彩则开启“中石油+福彩”渠道合作模式，重庆市福利彩票发行中心和中国石油天然气股份有限公司重庆销售分公司结为战略合作伙伴，在中国石油网点销售福利彩票销售。烟台福彩投注站进驻火车站，其投注站就坐落于烟台站西候车大厅，标有“中国福利彩票”红色字样的彩站格外醒目，让人进入候车大厅就能看到。河南福彩携手影院为公益事业发力，2017年11月28日，“福彩进影院，开启新公益”为主题的签约仪式顺利开启，双方将展开战略合作。

线上合作：福彩超级“奖上奖”双色球在2017年遇上京东。中国福利彩票发行管理中心开展了“2017年双色球游戏超级奖上奖五一端午节庆主题营销活动”。买双色球，领京东优惠券抽实物奖。

资料来源：《2017 中国彩票销售渠道拓展案例（部分）分享》

一、批发商

批发商是促进产品和服务从生产商手中转移到零售商手中的企业。分销渠道的类型，大部分都是由于批发中间商数量和类型的变化导致的。批发商也可以按不同的方式划分为不同类型，但市场上最基本、最直接的表现形式是按所有权划分的，即商人批发商、代理商和经纪人。

（一）影响生产商选择批发商的因素

影响生产商选择批发商的主要因素如下。

1. 产品特征

可以决定选择某一批发商类型的产品特征主要包括：①产品标准。标准化产品一般选择商人批发商，不标准的产品和订制产品一般选择代理商或经纪人；②产品技术性。技术性复杂的产品宜选择商人批发商，技术性简单的产品宜选择代理商或经纪人；③产品的总利润。总利润高的产品适合选择商人批发商，总利润低的产品适合选择代理商或经纪人。

2. 对顾客的考虑程度

生产商在选择批发商的类型时，重要的影响因素之一是对顾客考虑的程度。对顾客考虑的程度主要包括：①产品购买频率。顾客购买频率高的产品一般选择商人批发商，顾客购买频率低的产品一般选择代理商或经纪人；②顾客愿意等待的时间。顾客购买产品愿意等待的时间短的，宜选择商人批发商，顾客购买产品可以等待时间较长的，宜选择代理商或经纪人。

3. 市场特征

决定批发商类型的市场特征包括：①消费者的数量。购买产品的消费者数量多，宜选择商人批发商，购买产品的消费者数量少，宜选择代理商或经纪人；②消费者的集中程度。对于消费者比较集中的市场，适合选择商人批发商，对于消费者比较分散的市场，适合选择代理商或经纪人。

（二）商人批发商

商人批发商是独立所有的企业，他们向生产商购买商品及其经销商的所有权，然后转卖出售给企业、政府机构、公共组织和其他批发商或零售商。商人批发商的顾客大部分是中小型零售商，同时也向生产商和组织机构营销。商人批发商在不同的行业里，名称也有所不同，如有中间批发商、分销商、工厂供应商、自营性批发商、专业批发商、独立性批发商等。商人批发商一般可分为全面服务批发商和有限服务批发商，这取决于他们营销渠道功能的多少。

1. 全面服务批发商

全面服务批发商发挥着所有的渠道作用。他们为客户进行产品类别组合、提供信贷、提供促销帮助和其他方面的建议。同时，他们有销售队伍同顾客进行接触、保持存货并运送产品，帮助客户对市场进行研究和策划。全面服务批发商有时还帮助安装和维修，但这取决于产品线特征。全面服务批发商还意味着战略性服务，满足顾客的特殊需求，如在紧急情况下会提供快速送货。

2. 有限服务批发商

有限服务批发商仅仅从事全面服务批发商的一部分活动。有限服务批发商一般仅经营有限的周转很快的产品线，不提供信贷或市场信息。有限服务批发商只代表商人批发行业的一小部分。

（三）代理商和经纪人

代理商和经纪人没有产品所有权，只是在买卖双方之间起媒介作用，促成交易，从中赚取佣金。代理商和经纪人一般都是专业化的，专门经营某一方面的业务。代理商多见于生产制造业、销售行业、采购业等。经纪人多见于房地产业、保险业、证券交易业和人才业等。

通过代理商和经纪人推销产品、开拓市场是现代市场营销的一种通用的办法，在经济发达国家和市场十分普遍。代理商和经纪人主要有以下几种形式。

1. 产品经纪人

产品经纪人具有市场信息、市场关系和产品推销方面的优势，能够把买卖双方联系在一起，介绍和促成交易，并收取一定的佣金。

2. 人才经纪人

当今社会，人才市场是一个十分重要的市场，如体育、文艺、技术方面的优秀人才。人才经纪人具有交易方面的专业技能，熟悉人才和人才市场的信息，依照一定的法律手段，把供求双方联系在一起，介绍和促成交易，并收取一定的佣金。

3. 生产商的代理商

生产商的代理商为生产商推销产品，为生产商提供市场信息和产品建议，并按销售额提取一定比率的佣金。

4. 销售代理商

销售代理商是生产商的销售代理，可以代理多家生产商或生产商的代理商的产品。

5. 佣金商

主要从事农产品的代理销售业务。

6. 中介场所

如拍卖行，为买卖双方提供交易场所和各项服务，以公开拍卖方式确定产品价格，收取规定的手续费和佣金；进口和出口代理商，主要替委托人从国外寻找市场供应来源和向国外营销产品，为委托人提供进出口市场经贸信息，并促成交易，从中收取代理佣金。

（四）批发商的功能

批发商主要有购买、销售、分销、运输、储存、融资、风险承担、提供市场信息和管理咨询服务的功能。

1. 购买功能

批发商的购买活动是商品流通过程的起点，是生产企业按照社会需要进行生产的信息来源和再生产过程顺利进行的必要条件，也是向零售商提供货源的物质基础。对零售商来说，批发商是其购买代理人。批发商凭借丰富的经验与市场预测知识，预计市场对某些产品的需要情况，先行组织货源，随时供应顾客，使零售商能节省进货中所花费的时间、人力与费用。对生产商来说，批发商每批进货量较大，就可节省营销费用。

2. 销售功能

批发商活动的最终目的是销售产品。对生产商来说，批发商可以成为销售代理人。每个生产企业都可以按市场需要进行生产，尽力生产出适销对路的产品，但它们并不擅长推销，仍需有人帮助销售。由于批发商有着丰富的销售经验及其他条件，可以帮助生产商寻找市场。这样，生产企业能节省用于销售的人力、物力和财力，提高生产效率和产品质量，缩短再生产周期。

3. 分销功能

分销功能对于生产商和零售商都有益处。一般而言，生产商从运输及管理成本考虑，不愿意小量出售；而零售商限于资金，无力大量购买，限于能力，也不可能向每个生产者购买。批发商既可向生产者大量购买，又可将货源分割成小单位转售给零售商。

4. 运输功能

商品运输是商品流通中的一个重要环节。批发商在购进、推销和促销活动中，以及从批发环节到零售环节的交换过程中，必然产生商品在空间上的移动。一般来说，大多数生产商都无力或不适宜亲自到远方市场营销，大多数零售商也无力或不适宜亲自到远方市场采购。因此，批发商在收购商品后，还担负着组织商品运输的任务，及时、准确、安全、经济地组织商品运输，可以使生产商避免积压、使零售商减少库存量。

5. 储存功能

产品储存是商品流通的一种“停滞”，也是商品流通不断进行的条件。批发商能充分利用仓储设备，创造时间效用，使零售商随时可获得小批量的现货供应。批发环节的储存，可调节市场淡旺，起到“蓄水池”的作用。

6. 融资功能

零售商向批发商实行信用进货时，能减少其经营资金的需要。资金雄厚的批发商，也可用预购的方式，以资金帮助生产商。

7. 风险承担功能

生产商将产品出售给批发商后，产品因损耗、失去时尚性及其他原因而产生的损失、风险责任等均由批发商负责。批发商往往又向零售商保证，对所售出的产品不满意时，保退保换。

8. 提供市场信息和管理咨询服务功能

批发商还要为生产商和零售商提供市场信息，并提供宣传、广告、定价、商情等管理咨询服务。

二、零售商

零售是指把产品和服务直接销售给最终消费者的所有活动，这些最终消费者是为了个人消费而不是为了商业用途消费。零售商是指那些主要从事零售活动的企业。零售直接或间接地影响着我们每一个人。零售业是拥有员工最多的行业之一。尽管大多数零售商规模很小，但是零售行业还是由少数的巨型零售企业所主宰，这也是市场规律使然。零售商的最主要功能是为消费者服务，但同时也为生产者与批发商服务。

（一）零售商的分类及零售商店的主要类型

零售商可根据所有权、服务水平、产品种类和价格等因素划分成很多种类型。

1. 按所有权划分

零售商店按所有权划分，具有所有权的独立零售商店占零售商店的 80%左右；另外还有 20%具有所有权的零售商店采取的不是独立经营的形式，主要有：①连锁商店，是指由单独一个公司拥有并经营的一组商店；②自愿连锁和零售商合作组合；③消费合作社；④特许经营组织；⑤商业集团等。

2. 按产品线的宽度和深度划分

零售商按产品线的宽度和深度划分，主要有：①专卖店；②百货商店；③超级市场；④便利商店；⑤混合商店、超级商店和特级市场；⑥服务行业店；⑦杂货店等。

3. 按价格划分

零售商店按对价格的收取方式划分，主要有：①一般价格商店；②折扣商店；③仓储商店；④工厂直销商店；⑤减价零售商店；⑥目录展示室等。

4. 按服务水平划分

零售商按服务水平由高到低划分，主要有：①完全服务零售商；②有限服务零售商；③自助服务零售商等。

5. 按地理位置的集散程度划分

零售商按地理位置的集散程度划分，主要有：①中心商业区；②地区性购物中心；③住宿区购物中心；④社区购物中心；⑤社区便利店等。

零售商及零售商店还有很多种划分方法，如按行业划分、按经营形式划分、按经营规模划分等。

6. 零售商店的主要类型

零售商店按上述划分方法有很多种类型，下面介绍一些主要的零售商店。

（1）百货商店。1830 年，百货商店首先出现在法国。其特点是分级组织与管理，品种齐全、花色繁多、高级名牌汇集。当然，并非经营日用工业品的商品都称为百货商店。美国商务部对百货商店所下的定义是：每年销货总额超过 500 万美元，售卖男女及儿童一切用品，服装和纺织品的销货量达销货量总额 20%者。

（2）超级市场。美国最早的超级市场创始于 1620 年至 1630 年间，是实行自动售货、一次结算的综合食品商场。在发展中，逐渐具备以下特点：自动服务，品种繁多，注重包装，薄利多销，营业时间长，附设停车场。近年来，超级市场正向两极发展，一是巨型化，仓库和售货市场连在一起，价格更低廉，成为“贸易城”；二是微型化，保留超级市场特点，但规模小得多，成为“超级小市场”。

（3）连锁商店。实质上是一种连锁制度，受同一中心组织管理，统筹进货。各店内外设备、新品种、产品陈列和服务方式大致相同，信息灵通，进货量大，可直接向国内生产者进货，或者进入国际市场采购。以低利、价廉、多窗口为特点。属于不同企业的零售商品，为了与连锁商店竞争，自发组成互助协作组织，称自愿连锁。

（4）折扣商店。折扣商店的产品质量高，店内陈设和管理办法基本上与超级市场相同，也采用自动售货方法，一般不设在闹市区或租金高的地段，费用相对来说就很低。因此，折扣商品在实行明码标价的基础上，出售时给予一定折扣，实际售价低于出售同类产品的其他商店。

（5）专业商店。随着科学技术和生产力的发展，新产品层出不穷，消费者要求衣、食、住、用各具特色，各种各样的专业商店因此兴起，大部分属高档产品，经销商具备一定的专业知识和操作技能，销售与服务密切结合。

（6）一般零售商店。一些独具特色、传统式的零售商店，主要经营食品、轻便服装和日用生活品，单门独户经营，不加入同行业的任何组织。

（7）夫妻商店。依靠家族劳动，大多数店铺只有夫妻两人经营。出售品种有限，主要是烟、酒、小百货等，销售额低。家庭生活支出同商品收支不分，家庭住房和商店用房不分，靠少数固定顾客维持门面，并且靠延长营业时间做生意。

（8）方便商店。同一体化联合商店类似，但有其特点：商店规模、店内结构采用统一格式，店本部供应同一商标的食品和日用品，统一做广告宣传；一般采用自动售货方法；店本部指导各店的工作等。

（9）样本展销商店。印有彩色样本，除实物照片外，标有货号、价格及折扣，顾客可凭样本打电话订货，商店送货上门，收取货款和运费。

（10）一体化联合商店。以商誉很高的商店为主体，吸收若干独立商店参加的联合组织。主体商店对所属联合商店进行业务指导，帮助制订营业计划、提供货源、代为宣传、培训职工等。一般订有合同，所属联合商店对主体店支付一定手续费，主体店从联合商店提取一定的营业利润。

（11）协同营业百货商店及超级市场。大量小零售商集中到一个场所出售商品，但各自出售商品不同，如同百货公司或超级市场，花色品种齐全。有些高层建筑、市场用地，以及售货廊和地下建筑，为发展此类商店提供了营业条件。

（12）消费合作社。一般由劳动者合资兴办，也有机关、企业投资经营的，目的是避免中间盘剥，保护消费者利益。能从生产部门直接进货，并尽量销售本社社员生产的产品，定价较为合理。

（二）无店铺零售

前面所讨论的零售方法一直只限于店内零售，即消费者必须亲自到商店选购。无店铺零售是指不用到商店就可以购买到商品的零售方法。无店铺销售的主要形式有自动售货、直接销售和直接营销、特许营销。

1. 自动售货

自动售货是零售一个新兴的但很重要的形式。它是利用计算机智能技术的机器向消费者提供产品和服务。自动售货已从起初的自动出售传统产品发展到很多行业领域，如金融服务业的自动取款机、自助银行，互联网的自动点击信息服务，电视台的自动点播节目服务等。

2. 直接销售

直接销售是一种古老传统的贩卖形式，是一种直接推销产品的形式。在进行直接销售时，有的销售人员上门推销产品，有的销售人员则在集市、闹市区、大街小巷直接占地销售或在流动地点直接销售。直接销售在西方有了新的发展形式。例如，安利公司是洗发水、清洁剂、保健产品的直接销售商，它通过广告等促销的方式宣传某企业和产品，树立良好的社会公众和市场形象，再通过营销管理组织和加盟的业务员直接销售其产品，形成了一个全球庞大的销售组织网络。

3. 直接营销

直接营销是指使消费者在家、办公室或非零售地点就可以买到商品的方法。直接营销的最初形式，只是不经过中间商把产品或服务直接从厂家送到顾客手中。现代市场营销的直接营销包括：直接邮寄营销；目录营销；电话营销；广播、电视营销；报纸、杂志营销；电子网络营销等方式。

4. 特许营销

特许营销是指特许专卖权授权者特许接受者经营或销售产品的一种持续的契约关系。接受者或被特许者通常是独立的零售商，根据契约拥有某种特许专卖权。

特许授权者创建品牌、产品或独特的经营理念及方法等。特许经营者为了使用品牌、产品或经营理念及方法的权力，需要向特许授权者支付费用。双方的特许协议通常要持续很多年，这段时间内在双方同意的基础上，特许经营者可以更改同特许授权者的协议。

特许经营者在与特许授权者签订特许授权合同时，要一次性支付首期使用费。除了首期使用费外，特许经营者还要履行协议，按期交付特许使用费。有些特许经营还要根据协议，缴纳促销宣传费。同时，特许经营者还要严格履行特许协议，遵守并执行品牌管理的规定，如果出现违反协议的行为，特许授权者有权按规定处理，甚至解除特许合约。

特许经营有两种基本形式，即产品及商标的特许经营和企业经营形式的特许经营。在产品及商品特许经营中，经销商同意销售由生产商或批发商提供的产品。企业经营形式的特许经营是特许授权者和经营者之间一种持续的商业关系。大多数情况是特许授权者向特许经营者出售使用特许授权者经营形式或方法的权力。

第三节 分销岗位与任务

在产品的渠道分销过程中，为了更好地完成市场目标，如销量目标、利润目标等，企业往往会设置不同的分销岗位，并设定与每个分销岗位相匹配的分销任务。很多人员会参与进来，从事建立与管理产品销售渠道，提供服务支持等工作。但因企业的不同、产品的差异、渠道模式的差别等，不同的企业对分销岗位的设置与相应岗位分销任务的设定不尽相同。本节以宝洁日化分销商岗位的设置与分销任务设定为例，对分销岗位与任务做简要介绍。

营销链接 11-3

诺德斯特龙百货员工手册

美国诺德斯特龙（Nordstrom）百货公司，是美国中高档连锁百货店，以良好的服务著称，它创办于1901年，从西雅图的一家鞋店起步，目前经营着服装、鞋类、化妆品、饰品、家居用品等。诺德斯特龙拥有优质的服务，如所有商品终生可以退换。在对员工的要求上，诺德斯特龙的标准令人印象深刻。这个公司的员工手册只有简单的一句话："请在任何情况下，运用你的最佳判断行事。除此以外，没有其他规则。"加入诺德斯特龙的新员工，会领到一本神奇的员工手册，它只是一张卡片，尺寸大概是13cm×20cm，正反两面加起来总共只有75个单词：

Welcome to Nordstrom.

We're glad to have you with our Company. Our number one goal is to provide outstanding customer service. Set both your personal and professional goals high. We have great confidence in your ability to achieve them.

Nordstrom Rules: Rule 1: Use best judgment in all situations. There will be no additional rules.

Please feel free to ask your department manager, store manager, or division general manager any question at any time.

翻译成中文大致意思是：

欢迎加入诺德斯特龙公司。

我们很高兴你成为我们的一员。我们的首要目标是提供卓越的客户服务。请你定出高标准的个人和事业目标。我们对你达成目标的能力深具信心。

诺德斯特龙的规则：第一条，请在任何情况下，运用你的最佳判断行事。除此以外，没有其他规则。

你可以在任何时候，向你的部门经理、店长或事业部经理提出任何疑问。

资料来源：《诺德斯特龙百货的员工手册为何只有 75 个单词》

宝洁日化销售部设分销商运作经理—销售主管—销售组长—销售代表（包括 C 店非货车销售 DSR、C 店货车销售代表 VSR 和 C 店货车销售助理 VSA）。各分销岗位的职责与分销任务如下。

一、运作经理岗位与任务

<table>
<tr><td rowspan="3">分销商运作经理</td><td>岗位描述</td><td colspan="2">• 负责分销商整体生意的运作，以实现分销商总体生意目标（销售目标、利润目标等）
• 负责在所覆盖范围内各渠道良好的客户服务和店内表现
• 负责分销商组织结构及运作系统的架构、提高和完善，以实现长期可持续发展
• 向总经理汇报</td></tr>
<tr><td rowspan="2">工作范围</td><td>级别</td><td>4</td></tr>
<tr><td>直接下属数量</td><td>4～5</td></tr>
</table>

续表

<table>
<tr><td rowspan="3">分销商运作经理</td><td rowspan="2">工作范围</td><td>汇报给</td><td colspan="2">总经理</td></tr>
<tr><td>工作对象</td><td>内部
外部</td><td>上级管理层
部门经理
• 销售部
• 人事部
• 财务部
• 系统部
• 储运部
• 零售及批发商
• 宝洁客户经理
• 宝洁区域经理</td></tr>
<tr><td>分销任务</td><td colspan="3">• 负责实现分销商年度和季度生意目标（销量、利润和季度生意促销计划等）
• 负责实现所覆盖范围内各渠道良好的客户服务和店内表现
• 负责年度和季度生意计划及部署
• 负责与战略性零售客户及大批发商谈判／签订付款协议
• 负责人员培训和发展
• 负责人员奖励和评估
• 负责宝洁专用货车的统一管理，确保车辆的运作不影响宝洁货车销售计划运作
• 发展良好的客户关系
• 负责所在区域的长期可持续发展
（a）人员配置/招聘/客户的筛选
（b）制订有效的策略和计划发展生意
（c）跨部门有效的沟通</td></tr>
</table>

二、销售主管岗位与任务

<table>
<tr><td rowspan="9">分销商销售主管</td><td>岗位描述</td><td colspan="3">• 负责销售部的日常计划和运作，并通过高效经济的途径实现销售目标
• 负责部门计划的贯彻、实施，达到所覆盖渠道内良好的客户服务及店内表现
• 负责有效地指导、激发、监管部门员工，以达到所规定的要求
• 向分销商运作经理汇报</td></tr>
<tr><td rowspan="5">工作范围</td><td>级别</td><td colspan="2">3</td></tr>
<tr><td>直接下属数量</td><td colspan="2">3～5</td></tr>
<tr><td>汇报给</td><td colspan="2">分销商运作经理</td></tr>
<tr><td rowspan="2">工作对象</td><td>内部</td><td>• 分销商运作经理
• 销售代表／组长
• 后勤部
• 财务部
• 系统部</td></tr>
<tr><td>外部</td><td>• 宝洁主要客户经理／区域经理
• 零售及批发商</td></tr>
<tr><td>分销任务</td><td colspan="3">• 负责分销商整个销售部的覆盖、分销、助销、促销、销量及收款目标的完成
• 负责销售人员的招聘、培训和发展
• 负责销售代表/组长的招聘和筛选
• 根据销售人员的不同需求制订培训计划并组织高质量的培训
• 负责销售人员的工作及发展计划，以确保他们有良好的工作表现
• 管理和培训销售人员履行工作职责
• 设定销售人员的目标及发展方向
• 制订促销活动计划
• 制订各执行货车管理计划
• 执行定期检查
• 监控费用支出
• 保证销售队伍高效经济的运作
• 实地销售报告的汇总、总结
• 其他分销商运作经理、宝洁销售经理安排的工作</td></tr>
</table>

三、销售组长岗位与任务

<table>
<tr><td rowspan="7">分销商销售组长</td><td>岗位描述</td><td colspan="3">• 负责所管理小组总体销售目标（分销、助销、促销、销量等）的实现
• 负责所覆盖范围内客户建立良好的合作关系
• 负责销售代表基本技能的培训、工作表现的跟踪和评估
• 向销售主管汇报</td></tr>
<tr><td rowspan="5">工作范围</td><td>级别</td><td colspan="2">2</td></tr>
<tr><td>直接下属数量</td><td colspan="2">8～10</td></tr>
<tr><td>汇报给</td><td colspan="2">销售主管</td></tr>
<tr><td rowspan="2">工作对象</td><td>内部</td><td>• 销售主管
• 销售代表
• 后勤人员
• 财务人员
• 系统操作员</td></tr>
<tr><td>外部</td><td>• 宝洁主要客户经理／区域经理
• 客户</td></tr>
<tr><td>分销任务</td><td colspan="3">• 负责所管理销售小组的销量、收款、分销、助销及促销总体目标的实现
• 参与销售代表的招聘和筛选
• 管理和培训销售代表掌握基本工作技能、履行工作职责
• 设定销售代表的工作目标
• 参与制订促销活动计划
• 执行定期检查
• 保证销售小组高效经济的运作
• 实地销售报告的汇总、总结
• 其他分销商经理、宝洁销售经理布置的工作</td></tr>
</table>

四、销售代表岗位与任务

（一）C 店非货车销售（DSR）岗位与分销任务

<table>
<tr><td rowspan="6">分销商销售代表：C店非货车销售DSR</td><td>岗位描述</td><td colspan="3">• 负责卖进分销、助销、促销等到所覆盖 C 店以达到相应的零售标准及销量、收款目标
• 和所覆盖客户建立良好的合作关系
• 向销售组长汇报</td></tr>
<tr><td rowspan="5">工作范围</td><td>级别</td><td colspan="2">1</td></tr>
<tr><td>直接下属数量</td><td colspan="2">0</td></tr>
<tr><td>汇报给</td><td colspan="2">销售组长</td></tr>
<tr><td rowspan="2">工作对象</td><td>内部</td><td>• 销售组长、主管
• 出纳
• 财务人员
• 系统操作人员
• 仓管人员</td></tr>
<tr><td>外部</td><td>• 宝洁销售经理
• C 店</td></tr>
</table>

续表

<table>
<tr><td rowspan="7">分销商销售代表：C店非货车销售DSR</td><td rowspan="7">分销任务</td><td colspan="2">• 通过拜访客户，卖进分销、助销和促销等，实现零售标准及销量、收款目标
• 加强客户渗透、发展良好的客户关系
• 按要求准确、及时填写客户存补货记录、每日访问报告、竞争对手活动报告等，并按时上交</td></tr>
<tr><td>职责</td><td>衡量</td></tr>
<tr><td>覆盖</td><td>• 每日多于 6 个拜访（市内）或 4 个拜访（市外）；每个 C 类商店每周拜访 1～2 次</td></tr>
<tr><td>分销</td><td>• 100%所覆盖客户达到相应分销标准</td></tr>
<tr><td>助销：
——货架外陈列
——货架</td><td>• 达到每月设定的目标
• 位于最佳位置，并获得超过市场份额的货架份额</td></tr>
<tr><td>促销</td><td>• 实现每月促销目标</td></tr>
<tr><td>销量 / 收款</td><td>• 实现每月销量/收款目标</td></tr>
</table>

（二）C 店货车销售代表（VSR）岗位与分销任务

<table>
<tr><td rowspan="15">分销商销售代表：C店货车销售代表VSR</td><td>岗位描述</td><td colspan="3">• 负责卖进分销、助销、促销等到所覆盖客户以达到相应的零售标准及销量、收款目标
• 负责和所覆盖客户建立良好的合作关系
• 负责向销售组长汇报</td></tr>
<tr><td rowspan="5">工作范围</td><td>级别</td><td colspan="2">1</td></tr>
<tr><td>直接下属数量</td><td colspan="2">0</td></tr>
<tr><td>汇报给</td><td colspan="2">销售组长</td></tr>
<tr><td rowspan="2">工作对象</td><td>内部</td><td>• 销售组长、主管
• 出纳
• 财务人员
• 系统操作人员
• 仓管人员
• VSA</td></tr>
<tr><td>外部</td><td>• 宝洁销售经理
• C 店</td></tr>
<tr><td rowspan="7">分销任务</td><td colspan="3">• 通过拜访客户，卖进分销、助销和促销等，实现零售标准及销量、收款目标
• 制定高效的拜访路线，实现商店有效拜访数量目标
• 加强客户渗透、发展良好客户关系
• 按要求准确、及时填写客户存补货记录、每日访问报告、竞争对手活动报告等，并按时上交</td></tr>
<tr><td>职责</td><td colspan="2">衡量</td></tr>
<tr><td>覆盖</td><td colspan="2">• 每日多于 15 个拜访（市内）或 10 个拜访（市外）</td></tr>
<tr><td>分销</td><td colspan="2">• 90%所覆盖客户达到相应分销标准</td></tr>
<tr><td>助销：
——货架外陈列
——货架</td><td colspan="2">• 达到每月设定的目标
• 位于最佳位置，并获得超过市场份额的货架份额</td></tr>
<tr><td>促销</td><td colspan="2">• 实现每月促销目标</td></tr>
<tr><td>销量 / 收款</td><td colspan="2">• 实现每月销量/收款目标</td></tr>
</table>

（三）C店货车销售助理（VSA）岗位与分销任务

<table>
<tr><td rowspan="11">分销商销售代表：C店货车销售助理VSA</td><td>岗位描述</td><td colspan="3">• 负责配合和协助货车销售代表卖进分销、助销、促销等到所覆盖客户以达到相应的零售标准及销量、收款目标
• 和所覆盖客户建立良好的合作关系
• 向销售组长主管汇报</td></tr>
<tr><td rowspan="5">工作范围</td><td>级别</td><td colspan="2">1</td></tr>
<tr><td>直接下属数量</td><td colspan="2">0</td></tr>
<tr><td>汇报给</td><td colspan="2">销售组长</td></tr>
<tr><td rowspan="2">工作对象</td><td>内部</td><td>• 销售组长、主管
• 货车销售代表 VSR
• 出纳
• 财务人员
• 系统操作人员
• 仓管人员</td></tr>
<tr><td>外部</td><td>• 宝洁销售经理
• C店</td></tr>
<tr><td rowspan="5">分销任务</td><td colspan="3">• 执行货车的管理维护计划，负责车上货物的装运及管理
• 协助 VSR 制订高效的拜访路线
• 协助 VSR 进行陈列和助销工作</td></tr>
<tr><td>职责</td><td colspan="2">衡量</td></tr>
<tr><td>覆盖</td><td colspan="2">• 每日多于 20 个拜访（市内）或 15 个拜访（市外）</td></tr>
<tr><td>助销：
——货架外陈列
——货架</td><td colspan="2">• 达到每月设定的目标
• 位于最佳位置，并获得超过市场份额的货架份额</td></tr>
<tr><td>货车维护</td><td colspan="2">• 计划执行</td></tr>
</table>

营销链接 11-4

中美合资昆明××制药有限公司

省级渠道分销经理岗位与任务

省级渠道分销经理

所属部门：分销部

岗位定义：负责全国的渠道分销。根据公司及本部门的战略与规划，建立及优化分销渠道，分销商业及重点分销终端等客户的管理与监督，以及合作质量的保证，相关大型活动的组织以及各区域分销活动的监督与跟进；分销团队的架构建设，分销人员的管理；最终完成公司下达的任务指标。

直接上级：全国分销经理

直接下级：分销代表

具体职责：

- 分销渠道的搭建与优化；
- 市场各项开发指标的达成；

- 分销客户档案资料的建立、完善、更新；
- 分销商业合作模式的确认；
- 评估合作分销商的合作质量，建议相应的评估体系；
- 分销渠道的合理库存与合作价格的管控，确保公司各产品价格体系平衡；
- 分销客户大型活动的组织，以及区域活动实施与活动后业绩及市场状况的跟踪与监督；
- 根据市场的实际状况及需求，及时提出合理化建议，规避公司风险；
- 流向监察；
- 竞争对手、竞争产品信息的收集与反馈；
- 完成上级指定的其他工作。

资料来源：百度文库

第四节 终端销售与服务

终端是指商品离开流通领域所进入的消费领域发生地，是商品与消费者面对面地展示和交易的场所，是企业实现自己经营目的的前沿阵地。终端销售点的选择和经营，直接影响企业产品能否最终销售出去，以及能否最终实现理想的经济效益。企业要选择最适合自己产品和服务特点的终端销售点，通过有效管理实现销售目标，从而最大效用地发挥终端销售点的效能。

一、终端销售的含义

终端，作为产品营销渠道的末端，是产品到达消费者手中完成交易的最终端口，也是产品与消费者面对面展示和交易的场所。终端承上启下，上连生产商、批发商，下连消费者，通过这一端口和场所，生产商、批发商将产品卖给消费者，消费者买到自己需要的产品。

终端销售，是直接把产品传递到消费者手中的销售模式，百货商场、超级市场、专卖店、便利店等都是终端销售的场所，直接销售也可以算是终端销售，总之，凡是消费者可以购买到商品的地方都可以叫销售终端。销售终端主要有 4 种形式：①普通终端，也称多环节终端，指各类零售店；②即时消费终端，也称消费地终端，如餐厅、酒吧；③客户终端，也称零距离终端，如直销一些大宗设备或原料销售；④虚拟终端，也称起点式终端，指网上销售。

二、终端销售点的选择

选择终端销售点，是企业进入市场组织商品销售的第一步。

（一）选择终端销售点的基本原则

终端销售点的选择是根据目标市场（目标顾客）原则来组织商品分销的一种计划活动。因此，在选择终端销售点时要坚持把商品送到消费者最愿意光顾、最容易购买的地方去销售，让顾客能够及时购买、方便购买的基本原则。因为消费者的需要具有明显的时效性，在需要发生时，如果相关商品能够就近、方便地购买，他们的需要就能够及时予以满足。但由于消费需求具有个性化、多样化等特点，终端销售点的选择也要考虑消费者的购物心理，如消费者对最方便购买的地点的要求，消费者最乐意光顾并购买的场所的要求等。因此，企业在选择终端销售点时，要结合目标市场的特征，结合企业自身的经济实力、产品特点、公关环境、市场基础等，以及企业外部的市场环境、竞争对手状况、市场购买力水平等因素，经过综合权衡选择出直接面向消费者的分销点。

（二）终端销售点的密度决策

终端销售点的密度直接影响企业市场整体布局的均衡状况，如果终端销售点太过密集，不但增加销售成本，还可能造成各销售点的冲突与矛盾，形成内耗，降低销售效率；如果终端销售点太过稀薄，则不利于市场的充分占领。因此，适度的终端销售点布局是密度决策的核心任务。

1. 终端销售点密度决策的任务

终端销售点密度决策的任务就是匹配产品的市场覆盖率与分销效率，即确定企业在目标市场利用多少渠道成员来销售产品，从而最大限度地提高产品的分销效率。具体任务有：保持各终端销售点的均衡发展；协调各终端销售点，减少和控制冲突；维持市场的有序扩张和可持续发展。

2. 终端销售点密度的选择方案

终端销售点的密度是相对而言的，受产品性质、市场特征和企业分销战略等因素的影响。企业可以根据终端销售点密度决策任务，结合自身状况和市场环境的现状与变化趋势，选择不同的密度方案。

（1）密集分销策略。在密集分销中，制造商想通过尽可能多的批发商、零售商经销其产品，因此凡是符合最低信用标准的渠道成员都可以参与其产品或服务的分销。密集分销策略通常能扩大市场覆盖面，或使某产品快速进入新市场，使众多消费者和用户随时随地买到这些产品。消费品中的便利品（如方便食品、饮料、牙膏、牙刷）和工业品中的作业品（如办公用品），通常使用密集分销策略。密集分销策略有利于广泛占领市场，方便购买，及时销售产品；但在某一市场区域内，由于密集分销加剧了经销商之间的竞争，造成销售努力的浪费，他们对生产商的忠诚度便降低了，价格竞争激烈了，而且经销商也不再愿意合理地接待客户了。

（2）选择分销策略。在选择分销中，制造商在特定的市场按一定条件选择若干个（一个以上）同类中间商来经销其产品，生产企业不必花太多的精力联系为数众多的中间商，而且便于与中间商建立良好的合作关系，还可以使生产企业获得适当的市场覆盖面。与密集分销策略相比，具有较强的控制力，成本也较低。消费品中的选购品和特殊品、工业品中的零配件等，常常采用选择分销策略。选择分销策略中，中间商实力较强，能有效地维护制造商的品牌信誉，建立稳定的市场和竞争优势。但选择分销中如何确定经销商区域重叠的程度是个难题，虽然提高市场重叠率会方便顾客的选购，但也会在零售商之间造成一些冲突；而低重叠率会加强经销商的忠诚度，同时也会降低顾客的便利性。

（3）独家分销策略。在独家分销策略中，制造商在某一地区市场仅选择一家批发商或零售商经销其产品。独家分销有利于控制市场，且竞争程度低。它比其他任何形式的分销更需要企业与经销商之间更多的联合与合作，其成功是相互依存的，因此只有当公司想要与中间商建立长久而密切的关系时，才会使用独家分销。独家分销策略比较适用于服务要求较高的专业产品。独家分销策略最大的不足就是缺乏竞争导致经销商力量减弱，终端销售点太少对顾客来说也不方便。独家分销具有排他性，通常双方要签订排他性协议，即在一定的时间、区域内，规定经销商不得再经销其他竞争者的产品，生产商也不得再找其他中间商经销该产品。

3. 终端销售点密度选择方案的评价标准与方法

影响企业终端销售点密度选择方案的因素很多，可参照以下主要标准进行决策。

（1）分销成本。分销成本可分为开发分销网络的投资成本和维持分销网络的费用，前者是固定成本，后者是变动成本。企业选择密度方案时不但要控制产品销售成本的总体水平，而且要形成一种通过分销效率的提高而不断降低成本的机制。

（2）市场覆盖率。市场覆盖率关系到企业的生存和发展，是企业密度决策时必须考虑的核心因素。市场覆盖率提高意味着某个分销网络的销售能力提高，从而意味着企业产品生存和发展空间的增大，进而有利于企业的长期战略目标的实现。在一定条件下，企业为了提高销售额和市场占有率，甚至可能会不惜加大成本以实现自己的销售目标。

（3）控制能力。企业有无能力控制日益膨胀的分销网络，是判断终端销售点密度决策是否正确的一个重要标准。对终端销售点的失控，不仅会使企业分销效益下降，而且还可能毁掉整个产品市场，让企业走向衰落。因此，无论选择密集分销、独家经销还是选择性分销都要求企业对分销网络有良好的控制能力。

三、终端销售的形式

常见的终端销售方式主要有价格促销、赠品促销、有奖促销、节日促销和联合促销等。

（一）价格促销

价格促销是所有促销方式中最易于实施执行、最直接、最有效也是消费者最敏感的方式。价格促销会贬损品牌价值，要注意价格促销技巧的运用，找到和价格促销效果一样好的价值促销，借此提升产品价值而不是贬损产品价值。当销售终端以令人信服的理由进行价格促销时，会产生强大的需求力量，并带来巨大的销售。让消费者较为认可和信服降价促销的理由主要有：薄利多销、给顾客回馈、周转资金、减低库存量、采购到低成本商品、整体经营的需要、与对手竞争、庆祝或纪念特殊日期等。价格促销的形式主要有以下几种。

1. 直接折扣

直接折扣是指在购买过程中或购买后给予消费者的现金折扣，常见的方式有：①现场折扣，根据不同的时段，确定不同的优惠折扣度，如全场 8 折优惠，部分商品 5 折起等；②减价优惠，即原价多少，现价多少，如“原价 1 000 元，现价 500 元，为您节省 50%”等；③统一定价，定出一个比所有商品零售价格都要低的价格，统一销售，如“全场牛仔裤无论原价 600 元一件还是 500 元一件的，现全部只售 199 元”等；④现金回馈，消费者只要购买产品达到规定数量，或是一整套系列产品，就可以凭购买凭证现场获得一定金额的现金回馈，如“购买一套 5 件装的化妆品可以获得 20 元的现金回馈”等。

2. 变相折扣

变相折扣是以各种变相折扣吸引消费者，通过买赠、捆绑销售、加量、回购等变通方式让利于消费者。变相折扣是以产品作为载体实现优惠，商家的成本相对比较低，也更有利于操作。常用的方式有：①多买赠送，如买二送一、买三送二、买大送小等；②报纸优惠券，以广告的形式在覆盖目标消费群体的报纸上刊登优惠券，消费者剪下报纸即可使用；③杂志优惠券，将优惠券刊登在覆盖的目标消费者的杂志上，能够有针对性地送到目标消费者手中；④附于包装上，通过附于包装上主要是增加老顾客的重复购买，能够给忠实的消费者以回报，对于新用户效果不太明显；⑤定点送发，针对性地定点发送优惠券，针对性强，效果明显，但成本较高；⑥即买即赠，同附于包装上一样，只有购买产品才能获得优惠券；⑦邮寄，通过邮政渠道赠送优惠券的方式；⑧夹带，企业印刷好优惠券，随同报纸或杂志一同送到消费者手中。

3. 退款优惠

消费者购买一种或多种商品，企业会给予一定金额的退款，通常有4种方式。

（1）购买同一品牌的不同产品享受退款优惠。例如，某品牌的化妆品，消费者必须集够口红、睫毛膏、眼线笔、指甲油等几种不同产品的标志物方可享受15%的退款。

（2）购买不同品牌不同产品享受退款优惠，将不同品牌不同产品合并在一起，消费者只要购买这几种产品，就可以享受退款优惠。例如，只要购买某一品牌的饮料和另一品牌的饼干，凭条码或标志物就可以获得10%的退款优惠。

（3）购买单一产品享受退款优惠，消费者只要购买单件商品就可以享受退款优惠。多买多退，如某种饮料每瓶售价5元，消费者购买后只要将标签上的条码剪下寄给企业或到指定地点兑换，就可以获得1元的退款。

（4）重复购买一种产品享受退款优惠，消费者必须集够一组企业规定的标志方能享受一定金额的退款优惠。例如，某品牌的儿童饮料，每盒内装有一张生肖刮刮卡，只要集够十二生肖，就可以退还单件产品12倍的款项。

（二）赠品促销

赠品促销是终端销售最为常见的一种促销方式，是指消费者购买商品时，以另外的有价物质或服务等方式来直接提高商品价值的促销活动，其目的是通过直接的利益刺激达到短期内的销量增加。常见形式有以下几种。

1. 即买即送

（1）包装外赠送。如宝洁的佳洁士防蛀修护牙膏实行“买一送一”活动，买一支牙膏送一小支“茶爽”牙膏。

（2）包装内赠送。如化妆品芭蕾珍珠霜刚进入我国香港地区市场的时候，每盒珍珠霜瓶盖内附一粒太湖珍珠，顾客购买若干盒就可以串成一条珍珠项链。

2. 凭证兑换

凭证兑换主要包括：①购物凭证；② 产品的瓶盖；③包装商标；④包装内的兑换券。

3. 附加条件赠送

附加条件赠送主要包括：①部分付费赠送；②集点赠送；③其他条件赠送。

（三）有奖促销

有奖促销是企业或商家根据自身的销售现状、商品性能、节假日长短、消费者状况，通过给予奖励来刺激消费者的购买欲望，促使其购买商品，进而达到提高销量、增进效益的目的。常见的有奖促销方式有以下几种。

1. 免费抽奖

免费为消费者提供抽取奖品的机会，消费者无须购买任何产品，也不需要任何参与条件，获奖者完全是随机产生的。免费抽奖通常有号码公开法、个人信息法和号码隐藏法3种操作方法。

2. 即时开奖

消费者拿到开奖凭证后，马上就可以知道自己是否中奖，刮刮卡就属于即时开奖的一种。

3. 竞赛活动

竞赛活动是培养新用户、巩固老用户的一种有奖促销方式，参与者必须通过技巧、思维、判断力在竞赛中获胜才能得奖。竞赛活动通常有知识型竞赛、技能型竞赛和思维型竞赛3种方式。

4. 游戏活动

以奖品为诱因，以兴趣为基础，以促销为目的，内容广泛，形式多样。可以搞竞猜游戏、棋牌游戏，也可以是拼图、猜谜游戏；可以是任何人都免费参与，也可以要求以购买产品为前提；可以在终端集中进行，也可以在包装上想办法；可以在广告中进行，也可以是单独的卡片。

（四）节日促销

节日促销是企业重头戏。节日具有季节性和主题性，不同的节日具有不同的风俗、礼仪、习惯等民族特点。企业必须为节日促销找一个好的促销主题，这样才能深深吸引消费者。节日促销主题必须有冲击力，使消费者印象深刻；必须有吸引力，使消费者产生兴趣；必须简短，使消费者易记。

（五）联合促销

联合促销，是指一家或两家以上的企业在市场资源共享、互惠互利的基础上，共同运用某一种或几种手段开展促销活动，以达到在竞争激烈的市场环境中优势互补、调节冲突、降低消耗的目的。联合促销的形式主要有不同行业企业的联合促销、同一企业不同品牌的联合促销、生产商与经销商之间的联合促销、同行企业之间的联合促销等方式。

四、终端销售服务

终端销售服务就是让顾客满意，通过营造良好的购物环境、制定专业高效的服务流程、运用高超的销售服务技巧，让消费者乐于消费，消费得开心。

（一）终端销售服务的含义

终端销售服务就是利用销售终端平台（如门店）为顾客提供有限商品或劳务（如送货上门），以让顾客满意的过程。销售终端通过服务直接向消费者展示公司形象，终端销售所提供的服务能够满足服务对象的合理需求和适当的期许值的程度，直接影响消费者的满意度。优质的终端销售服务可以提高顾客的忠诚度和品牌的美誉度。要做好终端销售服务就要做到以下几个方面。

（1）服务要有可靠性：任何时候都要能够做到兑现所承诺的服务。

（2）服务要有效率：讲求服务的速度及弹性，表现出高效率的回应和乐意帮助消费者的热情。

（3）服务要有保证：以专业的知识和热诚的礼貌去服务顾客，增加顾客的信心。

（4）服务要有关怀：细心关怀，真诚地对待每一个顾客。

（5）服务要有形象：展示店铺的专业形象（如陈列用品、道具等），规范导购形象（仪容、言谈举止）。

营销链接 11-5

奥得奥公司终端销售代表的形象管理与着装礼仪

一、终端销售代表形象管理

（一）终端销售代表在工作时间内严格按照要求穿着规定服装：衣着一定要整洁大方、干净得体，切忌浓妆艳抹，奇装异服。

（二）经常保持微笑，会让顾客觉得有亲和力，要用充分的自信、友善的精神面貌接待每个顾客。

（三）用自己希望别人对待自己的态度去对待别人。

（四）杜绝使用污秽言语冒犯他人。

二、终端销售代表着装礼仪

类型	服饰礼仪要求		备注
性别	男性	女性	
服装	深色西装或卖场工装	职业套装或卖场工装	在卖场内不许穿厚重棉衣或毛领大衣
领带	领带颜色不可过于鲜艳，图案不得怪异	不佩戴或佩戴职业领带	佩戴领带时衬衫下摆要收入裤子内
化妆	严禁化妆	化淡妆、严禁浓妆	个人卫生必须注意
首饰	严禁佩戴首饰	不佩戴或佩戴总数不超过 3 件	结婚戒指除外
衬衫	领口或衬衫要保持干净、整洁		女性可穿着较为庄重
裤子	裤子要求与上衣面料、颜色搭配协调		女性可穿着职业套裙，但不可穿超短裙
袜子	袜子纯色面料，深色袜子以黑色为佳		女性可穿着与服装搭配图案的袜子
鞋子	鞋子以黑色为主，并时常保持光亮		女性可穿着与服装搭配的浅色皮鞋或休闲鞋
头发	头发干净整齐，发型不怪异		头发经常清洗
双手	双手干净，指甲内无污物，严禁染指甲		在卖场内不许戴手套

资料来源：《奥得奥公司终端营销服务手册》

（二）终端销售服务流程

消费者在购物时，会经历一定的心理过程，大致分为开始留意商品→对商品感兴趣→联想商品使用情况→对商品产生欲望→比较商品价格→信任导购或商品→做出购买决定 7 个阶段，而且消费者的购物心理往往变化无常，经常在这 7 个阶段中反复考虑。根据消费者的购物心理 7 个阶段，设计相应的终端销售服务流程：找准接近消费者的时机，初步接触消费者→了解消费者需求→通过顾问式推介，刺激消费者购买欲望→推销产品优点，帮助消费者解决问题→取得消费者信任，提出建议→识别消费者购买信号→提出成交要求，如表 11-1 所示。

表 11-1　　终端销售服务流程

<table>
<tr><td rowspan="2">消费者</td><td>来到柜台前</td><td>注意</td><td>兴趣</td><td>联想</td><td>欲望</td><td>比较</td><td>信赖</td><td>决定</td></tr>
<tr><td colspan="2">驻足凝视或触摸商品</td><td>反复触摸或仔细查看商品的相关资料</td><td>多角度询问商品信息</td><td>询问价格或交易条件</td><td>在同类竞争商品中比较</td><td>商品的保证信息，如保修与维修等</td><td>做出购买决定</td></tr>
<tr><td rowspan="2">导购人员</td><td>待机</td><td>初步接触</td><td>了解消费需求</td><td colspan="2">刺激购买欲望</td><td>解决问题</td><td>建议、关联购买</td><td>收银并送客</td></tr>
<tr><td>寻找接近消费者的时机</td><td>接近消费者</td><td>询问需求</td><td colspan="2">顾问式推介、推出、介绍产品，提出诱因</td><td colspan="2">强调产品优点，帮助消费者解决问题，并提出相关购买建议</td><td>结束交易，礼貌送客</td></tr>
<tr><td>阶段</td><td colspan="3">销售开启阶段</td><td colspan="4">产品展示阶段</td><td>销售完成阶段</td></tr>
</table>

资料来源：百度文库《某公司终端营销服务手册》，有改编

（三）终端销售服务技巧

终端销售服务技巧建立在销售流程的基础之上。熟能生巧，当终端销售代表或导购对销售流程

烂熟于心，能察言观色，从消费者的语言与肢体语言去辨识商机，并能熟练地运用语言、声音和声调来服务消费者，那么销售服务技巧也就随之而来，如表 11-2 所示。

表 11-2　　终端销售服务技巧

阶段	消费者的行动	销售技巧
1. 注意	吸引目光	硬、软件终端建设
2. 兴趣	停下脚步	新、老顾客接待，掌握接近顾客时机
3. 联想	注视某特定产品或触摸产品	开场技巧
4. 欲望	浏览或简单询问	询问技巧、商品解说、激发购买欲望
5. 比较	提问与价格比较	处理反对问题、处理价格异议
6. 信赖	思考	结束成交的契机、结束销售技巧
7. 决定	购买	与顾客保持良好互动

资料来源：智库文库《终端销售固化七流程》

1. 终端陈列技巧

消费者 70%的购买决定是直接在终端做出的。好的终端陈列能够吸引消费者来到并驻足于专柜前，并刺激消费者做出购买决定，达成交易。因此，终端陈列在消费者最后决定购买的一刹那起着至关重要的作用。

终端现场氛围的营造要遵循以下原则：差异性原则，即要有别于同等竞争产品品牌终端布置与展示；可识别性原则，产品展示清晰，能向消费者传递专柜独特的产品或品牌信息；灵活性原则，终端销售气氛的营造要能够适应终端卖场的各种形态；统一性原则，与企业的整体营销传播紧密配合，达到视觉、信息上的统一。另外，好的陈列是一种极为有效的促进销售的工具，要为销售产品或品牌争取最好的货架位和陈列位，以凸显产品或品牌。

2. 接近消费者的时机

好的开端是成功的一半，掌握好接近消费者的时机，能事半功倍。一旦消费者出现以下行为，可能就是接近消费者的最佳时机：消费者直接提出需求；消费者一进店就朝目标物走去；消费者触摸商品、看标价；消费者以询问的眼神望向销售人员；消费者突然被某产品吸引，如在某产品前停下脚步、退回去触摸商品等；消费者在某特定区域内流连；消费者停下脚步，进入思考状态等。

3. 开场技巧

开场要简单、直接、干脆，迅速拉近与消费者的距离，并与之建立关系，吸引其注意。开场要注意绕开价格障碍，消费者询问只是代表有兴趣，并不代表需要，此刻要增加产品介绍的机会与时间，刺激消费者的购买欲望，不要进入价格异议。

4. 询问技巧

通过询问，让消费者告诉我们应该销售什么，即销售消费者需要的，而不是销售我们认为顾客需要的。通过对消费者需求的把握，控制销售节奏争取主动权。询问，可攻可守。一般来说，要根据询问的目的设计问题：设置一些简单、开放性的问题，用以收集消费者的需求信息；设置一些二选一、封闭式的问题，用以总结消费者的需求以及结束销售；当谈判陷入僵局的时候，则设置一些让消费者回答“是”的问题，让自己绝处逢生。

5. 处理消费者异议的技巧

消费者终端购买出现的异议一般有价格异议、产品异议、质量异议、品牌知名度异议、退货异议、赠品异议和其他异议等，其中价格异议最为常见。正确处理消费者异议，能为最终的销售铺平道路。

（1）要正确对待消费者异议。

俗话说“嫌货才是买货人”，消费者对商品没有兴趣，也就没有异议，消费者异议隐含着消费者的需求。有时候，消费者提出异议是为了获得更多证明自己选择正确的资料。因此，消费者愿意提出异议是一件幸运的事情，不说出口的异议才是最棘手、最无法处理的异议。例如，消费者提出价格异议，往往是最明显的成交信号，此举只是为了压低价格，获得更优惠的交易条件。价格异议的处理要结合整个销售过程，强调价值，让消费者觉得物超所值。

（2）处理消费者异议通常有4个简单的步骤。

第一，认同。对消费者的心情表示理解和认同，如“您的心情我完全能够理解……”

第二，赞美。对消费者提出异议的行为予以肯定，如“您的意见非常宝贵……”

第三，转移。转移话题，如“其实购买产品要考虑的层面很多……”

第四，反问。反问消费者比较看重的问题，如“所以自己喜不喜欢也很重要，您觉得呢？”

6. 交易结束技巧

消费者的一些举动往往是在向导购员发出成交前的信号，如消费者询问某项事情或与某种产品有关的事项；翻看价码卡，注意商品价格；用手一再地触摸商品，并将商品放在手边；确认商品是否有污损，制作是否精良；很小心地处理商品（已经把商品当作自己的东西了）；开始沉思考虑；注意售后服务，等等。导购员要抓住时机，在消费者出现这些举动后，再次强调其看中的优点，并确认“这个可以吗”；一旦消费者购买意愿明了，就直接询问，如“可以帮您开票了吗？帮您把产品包起来可以吗？”以促成交易，结束销售。

第五节 直销与直复营销

企业产品的销售方式按照有无店铺，可以分为有店铺销售和无店铺销售。有店铺销售包括百货商店、超级市场、专卖店、购物中心、便利店等，无店铺销售主要包括人员直销、自动售货（自动售货机）和直复营销3种形式。人员直销又分为单层次人员直销（传统直销）和多层次人员直销，多层次人员直销又分为正当多层次直销（传销）和非法多层次直销（非法传销）。直复营销主要包括邮购、目录营销、电话营销、电视营销等。本节主要介绍直销和直复营销。

一、直销

（一）直销的含义

直销，源于英文词汇 Direct Selling，世界直销联盟将直销定义为：“直销指以面对面且非定点之方式，销售商品和服务，直销者绕过传统批发商或零售通路，直接从顾客接收订单。”世界直销协会将直销定义为：“直销是指在固定零售店铺以外的地方（如个人住所、工作地点或者其他场所），由独立的营销人员以面对面的方式，通过讲解和示范方式将产品和服务直接介绍给消费者，进行消费品的行销。”我国《直销管理条例》中的直销，“是指直销企业招募直销员，由直销员在固定营业场所之外直接向最终消费者（以下简称消费者）推销产品的经销方式”。由此可见，直销是一种以销售人员直接面向终端消费者，并促成交易的销售形式。

（二）直销的分类

直销不需要中间渠道及固定销售场所，因此能够减少销售成本。直销企业分为单层次直销和多层次直销两大类。

1. 单层次直销（Uni-Level Marketing）

单层次直销指的是在直销企业的直销活动中，直销产品只经过一代直销商的层次就可以到达消费者手中。这种单层次也可以表现为直销员从连锁店中提货与结算，并把产品销售给消费者，从而获得自己的销售佣金。在单层次直销的营销模式中，营销组织只是有限制地延伸一层，不可以无限制地延伸下去。单层次直销中，直销员的收入直接来自其个人销售货物至最终消费者所获得的零售利润，雅芳公司曾经在很长的 段时期内坚持这一制度。

2. 多层次直销（Multi-Level Marketing）

多层次直销，又称为结构行销（Structure Marketing）或多层次传销（Multi-Level Direct Selling），是指直销企业在具体开展的直销业务中，允许自己的直销产品经过若干层次直销商的销售行为而到达消费者手中。在多层次直销中，直销人员除了依靠销售货物获取利润外，更可自己招募培训其他的直销员，其收入的来源不仅包含其本人的销售收入，还包括其名下所构建的网络产生的销售额按一定比例计算出来的收入，这就是和单层次直销最显著的区别。在多层次直销中，独立签约的直销商们往往都在努力打造自己的直销组织，随着直销组织的不断扩大，他们可以通过管理整个直销组织的绩效获取更多的利润。最典型的多层次直销公司是安利公司，目前中国直销企业 70%都是采用该模式。

（1）多层次直销方式。

① 销售货物或提供服务；② 发展新加入者，通过组织者或其他人发展其他新加入者成为参加者的下线、分支、合作伙伴、奖金中心或者其他类似的计划组织体；③ 获取薪酬或奖金。

需要注意的是，在多层次直销中，不但要保证直销员的薪酬主要来自最终商品销售或服务的提供，而不是来自发展其他新加入者，也不是来自通过发展其他新加入者成为参加者的下线、分支、合作伙伴、奖金中心或者其他类似的计划组织体；还要建立和实施一套规则来保证该营销计划是通过销售来盈利，而不是主要通过发展新加入者来盈利。

由此可见，在多层次直销中，直销商通过建立由多层次直销员组成的网络来销售产品或提供服务，并依据直销商本人的销售额和其组织下线人员的销售额来对其进行计酬。

（2）多层次直销特征。

①“熟人”因素贯穿多层次直销。直销活动一般在熟人群体中进行，而多层次直销则含有更多“熟人”因素。

② 既销售产品或提供服务，也“销售”“事业机会”。直销人员在“直销”过程中，既向消费者销售产品或提供服务，又向消费者介绍作为事业机会的直销计划，吸收、发展消费者（不限于消费者）从事直销事业，成为其下线以获取相应回报。

③ 多层次奖金制度。直销员的收入来源：直接将产品或服务销售给消费者而获得的报酬；发展吸收下线（直接推荐或间接推荐的新直销人员）以及培训下线所付出的体力和脑力劳动；下线把产品直接销售给消费者后，从下线的报酬中按照公司规定的奖金制度抽出相应的报酬。

④ 劳务合同关系。直销公司和直销人员之间的法律关系为劳务合同关系，销售人员不是公司的员工，而是独立的销售主体，这种关系使直销公司省掉大量的人事费用。

⑤ 直销人员的双重身份。直销人员既是直销产品的销售者又是直销产品的消费者。直销人员是直销产品的一个重大消费者群体，有些公司高达 80%的产品是被其直销人员自己购买。

3. 单层次直销与多层次直销的区别

（1）商品流转形式。在单层次直销中，商品流转形式为：生产企业—直销员—消费者。而在多层次直销中，商品流转形式为：生产企业—直销员……直销人员—消费者。在多层次直销中，由于直销员往往倾向于发展尽可能多的下线，因而交易关系数或销售人员的增长呈几何级数递增的态势。多层次直销商品的所有权转移比单层次要频繁得多，层次发展越多，引发冲突的可能性也就越大。因此，商品流转形式的差异是单层次和多层次直销形式存在巨大差别的根源。

（2）直销员获得报酬的方式。单层次直销员的收入来源单一，主要来源于从本人销售商品中获得报酬。多层次直销员收入来源多元化，除了销售商品获得佣金外，还可以通过发展下线和发展自己的多层次直销网络获得报酬。

二、直复营销

直复营销，源于英文词汇 Direct Marketing，即“直接回应的营销”。它是以盈利为目标，通过个性化的沟通媒介向目标市场成员发布产品信息，以寻求对方直接回应（问询或订购）的营销过程。美国直复营销协会（DMA）对其的定义为：“直复市场营销是：一种互动的营销系统，运用一种或多种广告媒介在任意地点产生可衡量的反应或交易。”直复营销借助各种精准的、一对一的营销工具或手段，来达到营销的目的，主要形式有以下几种。

（一）直接邮寄营销

直接邮寄营销是指零售商直接把信件、传单、折页以及其他产品广告邮寄给目标消费者。直接邮寄甚至开始使用录音带、盒式录像带和计算机软盘代替信件向消费者宣传他们的销售信息，以促使直接邮寄营销的发生。

（二）直接目录营销

直接目录营销是指通过邮寄或赠送产品和服务目录给消费者，以促使邮寄或送货的目录营销发生。能够获得成果的目录营销通常都是在对市场高度细分的基础上而创造设计出产品目录。

（三）直接电话营销

直接电话营销是指使用电话直接向消费者销售产品和服务，包括拨打促销电话和主动拨打进来的购物电话，向消费者销售产品和服务。

（四）直接报纸、杂志营销

直接报纸、杂志营销是指通过在报纸、杂志上刊登产品和服务广告，直接向消费者销售产品和服务。消费者通过阅读报纸、杂志了解到产品的直接营销方式，通过电话或互联网购物。

（五）直接广播、电视营销

直接广播、电视营销是指通过广播、电视传播网络向消费者展示产品及其零售价格，消费者可以直接拨打电话、上网或者使用信用卡购物。

（六）直接网上营销

直接网上营销是指通过互联网直接向消费者销售产品和服务。消费者可以通过上网购物，网上零售商通过网上购物方式和消费者完成交易，并在规定时间内把产品送到消费者手中。

思考题

1．以你熟悉的某个产品为例，绘制该产品在目标市场上可能的营销渠道结构图。

2．你认为批发商和零售商在营销渠道中执行了哪些渠道功能？在产品的分销中扮演了什么样的角色？

3．你如何理解和评价“终端为王、导购为尊”？

4．随着科技的不断发展，结合我国市场竞争的客观环境，你认为未来我国营销渠道的发展趋势是什么？

案例分析

案例 11-1

海尔集团顾客服务理念、标准、体系、规范与增值服务

海尔集团在“一切以用户为中心”理念的指导下，率先推出了一套集售前、售中、售后各环节的全流程服务模式。

一、服务理念

用户永远是对的。

二、服务标准

（一）准时上门：按用户约定的时间上门。

（二）限时完成：安装服务2小时内完成；维修服务1小时内完成。

（三）一次就好：

1. 安装：人货同步到达、送货安装一次到位。

2. 维修：通过周密的预算，做到上门后对用户一次服务到位。

三、服务体系

（一）售前服务要做到顾客对产品心中有数。

（二）售中服务要做到服务上门。

（三）售后服务的“一、二、三、四模式”。

1. 一个结果：服务圆满。

2. 二个理念：带走用户的烦恼，留下海尔的真诚。

3. 三个控制：服务投诉率小于10；服务遗漏率小于10；服务不满意率小于10。

4. 四个不漏：一个不漏地记录用户反映的问题，一个不漏地处理用户反映的问题，一个不漏地复查处理结果，一个不漏地将处理结果反映到设计、生产、经营部门。

四、服务规范

12345服务规范。

1. 一证件：上门服务出示“星级服务资格证”。

2. 二公开：公开出示海尔“统一收费标准”；公开一票到底服务记录单，服务完毕后请用户签署意见。

3. 三到位：服务前进行“安全测电”并提醒讲解到位；服务中通电试机并向用户讲解使用知识到位；服务后清理现场到位。

4. 四不准：不喝用户的水；不抽用户的烟；不吃用户的饭；不要用户的礼品。

5. 五个一：递上一张名片；穿上一副鞋套；配备一块垫布；自带一块抹布；提供一站式产品通检服务。

五、增值服务

（一）“1+5”成套增值服务

1. “1”指“一次就好”的安装服务。

2. “5”项组合增值服务指：安全测电服务；讲解指导使用；产品维护保养；一站式服务营销；现场清理服务。

（二）“1+1”讲解服务

1. 第一个“1”是指：服务人员在向用户讲解产品使用知识时，将产品使用方法和维护保养常识向用户演示讲解一遍。

2. 第二个“1”是指：服务人员关机后请用户将产品操作方法现场演示一遍，对于用户不明白或者操作错误的地方及时给予讲解，确认用户会使用后，才视为讲解完成。

资料来源：根据《海尔集团顾客服务标准、服务规范与增值服务》《海尔创名牌——个性化零距离服务》《海尔的服务理念》《海尔服务规范》整理而成

案例思考：

1. 你如何评价和看待海尔的服务理念“顾客永远是对的”？

2. 在产品日益趋同的市场背景下，你认为海尔的服务理念、标准、体系、规范与提供的增值服务有何可取之处？

3. 海尔的服务体现了优质服务的哪些方面？

案例 11-2

名创优品没有秘密

传统实体零售业的发展在以京东、淘宝为代表的电商平台的巨大冲击下，面临着前所未有的挑战，百盛、沃尔玛等百货商场和超市纷纷出现了关店风潮。名创优品在不触网的前提下，抓住零售业核心（产品、模式和服务）成功实现零售业转型升级。

一、质优价廉的产品

质优价廉是零售业的根本。为打造优质产品，名创优品狠抓源头和监管，在全球范围内选择知名品牌，抓紧供应商的审核，把住品质关口。对供应商提出两条严格的约束条款：一旦产品出现质量问题，供应商将被永久性地纳入黑名单，而且名创优品有权利不结算所有货款，还要追究法律责任；同时，产品价格不得高于其他合作方，如果发现此类现象，立刻停止全部合作，取消所有的订单。不但如此，名创优品还设立了产品体验官机制，邀请员工、粉丝参与产

品开发进程，分享使用产品的感受以及意见建议，对产品质量进行监督。

为保证产品价廉，名创优品坚持短路径和大批量的思路。短路径是指，删减进货流程，从供应商直接采购，将中间流程压缩到两点一线的极致状态；同时缩短供应链，通过高效的信息系统和仓储物流系统，进一步压缩流通环节产生的成本。大批量是指，实行以量定价，在与供应商合作时，采取货品买断制度，一次性下达海量订单，既摊薄了平均生产成本，释放生产商的专业化能力，又解决了供应商的库存压力和后顾之忧。

名创优品能够做到质优价廉，除了上述措施以外，关键还在于强大的后台管理平台：建立了用户信息数据平台，能够进一步了解目标消费群体的偏好和购买习惯，提升产品开发的精准度；采取集约化管理，在后台完成市场调研、产品设计开发、商品库存管控、销售数据分析以及完善物流配送体系等。

二、双赢的加盟模式

名创优品构建了一套流程化、标准化、体系化的运行机制和管理制度，培育出独特的商业模式，实现了在全球市场的爆发式增长。主要表现在投资风险最小化和运营全面托管制。

为了最大限度降低投资风险，名创优品会严格筛选加盟商。加盟商的实力和经验，缺一不可。实力就是要求加盟商有雄厚的资金和广阔的人脉，能够拿下当地的黄金地段，处理好工商、税务等外部环境关系；经验则是要求加盟商有零售行业经验和加盟其他品牌的经验。名创优品实行运营全面托管制，从管理、库存和账目3个方面将加盟商从烦琐的管理事务中解脱出来。

三、人性化的服务体验

在服务方面，名创优品创造性地提出了3条原则，分别是不给顾客任何压力、引领顾客需求以及营造人性化购物环境，让客户在名创优品的店铺里享受到与众不同的购物体验。名创优品不设导购，不给顾客任何压力。如果有顾客想要咨询，店员会在必要的时候出现在顾客面前，解答一切关于产品的问题。从服务细节方面入手，对所有店员进行标准化培训，打造专业化的服务能力。通过换位思考，用自己的生活去引领顾客消费。购物环境的优劣，直接影响消费者的购物体验，更与店铺业绩息息相关。名创优品从细节出发，着力营造舒适的购物环境。

名创优品的成功没有什么秘密可言，只是抓住了商业的本质，在别人司空见惯的产品、模式和服务上做足了功夫而已。其实，无论以何种形式存在，零售业的本质就是提供给消费者质优价廉的产品，这是商业竞争的铁律，也是零售业未来发展的必然方向。

资料来源：《名创优品没有秘密》

案例思考：

1. 为什么说名创优品没有秘密？
2. 未来零售业的发展方向在哪里？

案例 11-3

新世界百货的奥特莱斯快闪店模式

2017年6月22日到25日，新世界百货在北京农展馆开创了一种零售新模式——为期4天的奥特莱斯快闪店，即把奥特莱斯、快闪店、打折季、商品展会这4种营销模式有机结合起来的一种模式。在业界以传统实体店运营销售模式知名的新世界百货竟然主动打破了传统打折促销模式，可谓新零售环境下实体店做出的一个有益尝试。

奥特莱斯是起源于美国的一种独特的商业模式，主要销售过季、下架、断码的大牌商品，近年来在中国发展迅猛，并逐步趋于成熟，成为追求产品质量、品牌和价格优惠的消费者的优先选择。但同时尺码、过季等特点亦可能成为制约销售额的客观因素，另一方面也制约消费者找到自己适合的产品。

快闪店，俗称Pop-up Shop或Temporary Store的品牌游击店（Guerrilla Store），指在商业发达的地区设置临时性的铺位，供零售商在比较短的时间内推销其品牌，抓住一些季节性的消费者。该业态的经营方式是事先往往不做任何大型宣传，到时店铺突然涌现在街头某处，快速吸引消费者，经营短暂时间，旋即又消失不见。

奥特莱斯快闪店就是将奥莱模式与快闪模式进行一个有机结合，对两种销售模式进行优势互补，比如，奥特莱斯的优势在于优质品牌的吸引力以及商品优惠力度吸引力，快闪店的优势在于时间短、定位精准的饥饿营销，两者的结合扩充了传统快闪店的品牌范围，让消费者有更多选择，同时也为相对传统的奥特莱斯模式披上了时尚外衣，增强了吸引力。

6月被称为年中打折季，不论电商还是实体店都在这一时段加大商品优惠力度，将奥莱快闪店安排在这个时间段显然是为了依托全民打折季大环境大背景，迎合消费者购物心理，并提出“折上折”、优惠叠加的口号，提高吸引力。

新世界百货将活动地点选在农业展览馆，一方面是考虑大型展馆较好的承载能力，另一方面是由于北京农展馆东三环的中心位置和便利的交通，为顾客的参与提供更多便利。

此外，在活动的宣传推广方面，新世界百货也做出了不同于以往的新尝试，比如，他们以微信公众号、新闻客户端等移动媒体为平台，在保持以往宣传活动优惠力度的同时，邀请专业团队专门针对年轻一代定制了以悬念、故事、动画为主要卖点的线上营销新模式，提出“新世界只向旧世界开放4天”的口号，力图吸引年轻一代的关注。同时专门开发了H5移动购物地图，只要在手机上轻轻一点，场馆位置、品牌专柜信息、商家优惠力度等一目了然，优化了顾客的购物体验。据统计，此次活动北京农展馆单日平均到店人数突破20万人次。

百货作为平台方发起的促销活动一直以来被业内诟病为粗暴的清库存和甩货行为，更多是吸引大量对价格敏感的消费者。而此次新世界百货成功打破了消费业态的边界——融合了欧米茄、天梭、浪琴、周大福、周生生、谢瑞麟等旗下高端大牌的奥特莱斯消费场景、高性价比的百货购物场景、快闪店的时尚消费场景，创造了国内百货业态的新历史。

资料来源：《一个只做 4 天的生意，缘何成为新零售的经典案例》

案例思考：

1. 你如何看待和评价新世界百货此次的奥特莱斯快闪店模式？
2. 在新零售的大环境下，作为传统业态的百货店该如何抓住机会发展自己？

案例 11-4

新零售与电商

2016年10月的阿里云栖大会上，阿里巴巴马云在演讲中第一次提出了新零售："未来的十年、二十年，没有电子商务这一说，只有新零售。"关于新零售，仁者见仁，智者见智。

1. 大卫·贝尔：新零售"真正的老板是顾客"

沃顿商学院营销学教授大卫·贝尔，是一位著名的消费行为学和市场营销学专家，提出了一个新零售领域的新理论：B-O-S-S模式，也可以叫作老板理论，因为零售业中"真正的老板是顾客"。

B-O-S-S模式的每个字母都代表一个要素：绑定（Bonding）、达人（Orators）、实体展厅（Showrooms）和科学（Science）。绑定（Bonding）和品牌（Branding）相比，品牌更像一个标志，而绑定则是一种关系，在新零售中要强调紧密的关系。

达人（Orators），不是传统意义上的顾客，而是指那些口才很好的人。如果想要在新经济中成功，顾客必须要为你的事业、你的产品发声。这些发声的"达人"可以是著名演员、意见领袖或者一位单纯想与人分享的普通消费者。

B-O-S-S模式中的第一个"S"，指的是实体展厅（Showrooms）。20年前，美国大汽车经销商可能会有1 000辆汽车的库存，需要的场地也很大，顾客买一辆时才取走一辆。但现在，特斯拉的汽车经销商场地很小，不能直接提车，只能体验品牌，实体展厅就是用来体验的。

最后一个S代表科学（Science），其背后的潜台词是"我了解你，不用问就能通过大数据推测你喜欢什么"。美国一家订购制时尚电商平台Stitch Fix，这家公司的理念就是利用大数据，刚开始时会给你邮寄一箱东西，里面可能有一些衣物，你喜欢就留下，不喜欢就退回去。数据会记录你收下的每一件东西，之后寄来的东西会越来越符合你的口味。这家公司成立6年，市值约为20亿美元。

2. 刘强东对零售业的终极判断：零售电子商务

京东集团CEO刘强东在《财经》杂志上发表了一篇文章，阐述了他对零售业未来的看法。刘强东之前提出了在百货商店、连锁商店和超级市场之后的"第四次零售"革命的概念。他说，第四次零售革命会把零售业带入"无界零售"的时代，而"无界零售"是刘强东和京东对零售的终极判断。

刘强东从3个方面解释了无界零售。首先，场景的无处不在。以往的零售，无论在线下还是线上，都有一个客流或流量的中心，场景无处不在，就意味着各种碎片化的零售场景会取代中心化的零售场景。

其次，货物形态的变化，"未来的商品将不拘泥于固有的形态，商品、内容、数据、服务等彼此渗透——商品即内容，内容即数据，数据即服务"。当然，这背后就是制造、零售、物流、内容等各个产业的互相渗透。

最后，人和企业之间的关系被重新定义。过去，生产者和消费者这两种角色泾渭分明，存在大量信息不对称。而在未来，一方面是消费者会参与到生产的各个环节中，比如产品设计；另一方面，数据和算法让企业能够通过学习消费者的行为，不断精准推荐，更懂消费者的需求。

刘强东说，在对未来的判断上，非常清晰的是："去中心化"几乎是大势所趋，客流和流量的巨无霸将不复存在。在这种情况下，有两种选择，一种是引流，把新流量不断吸引到自己的平台上；另一种是赋能，"将自身的能力开放，不以流量为目的，帮助新的流量端做大做好。"他说，显然后者才更符合商业发展趋势。

3. 卫哲：新零售打败电商的4个方法

在2017年中国企业家领袖年会新零售论坛上，嘉御基金创始人、前阿里巴巴B2B公司CEO卫哲分享了一个观点，他认为马云提出的新零售其实是变相承认了电商不完美、电商不是万能的。

卫哲认为，电商存在数个"软肋"。一是用户体验在部分品类上表现得非常不完美。卫哲说："吃就不用说了，如果电商很完美，阿里就不会做盒马鲜生了。衣，服装是电商起家的品类之一，但'衣'的体验不好，服装平均退货率在25%，而退货是最大的成本。"此外，电商的获客成本和物流成本越来越高，原来电商的显著优势现在反而成了新的硬伤。而传统零售的硬伤则体现在租金和人力成本的增长。因此，卫哲认为，新零售要打败电商，还要克服传统零售的缺陷。对此，他提出了4种方法来解决这个问题。

一是提升用户体验。卫哲说，在传统零售中，一位女士每试4次一定会买一件，证明了有4个体验就有一次成交，退货率方面，线上是25%，线下通常在1%以内。所以，新零售必须要提升用户体验，盒马鲜生的线下店让消费者现场"吃"，就是在做这样的事情。

二是把电子会员建起来，而不是发传统的会员卡。传统会员卡发了之后企业与客户还是失联的，在今天"人机合一"的情况下其实是有办法把电子会员做起来的。

三是把虚拟店搭起来。传统零售受面积的影响，产品陈列受限，所以可以搭建"虚拟店"。

四是供应链电商化。卫哲说，未来只有一个"仓"，"工厂到消费者之间只有一个仓，要么是离消费者最近的，要么是离消费者最远的，所有中间环节都可以去掉，这叫供应链的电商化共享。"

4. 盒马鲜生：线下流量会让盒马鲜生逆袭电商？

天猫投资的盒马鲜生无疑是2017年最引人关注的新零售公司。盒马从电子商务公司一直难以切入的生鲜入手，在线下开店，把餐饮和零售业态混合在一起，同时可以通过在手机App下单实现30分钟送达。

但是，盒马鲜生希望做的不仅仅是生鲜。2018年1月初，盒马鲜生创始人侯毅在新零售峰会的演讲中说，因为盒马有了线下低成本的流量，并且已经解决了生鲜电商的痛点，在这个品类中有了黏性和流量，所以，盒马的App"完全可以称为一个超级App，早晚有一天盒马的销售会超过很多电商"，"2018年的盒马不仅仅是生鲜电商，更是离消费者最近的、满足消费者即时服务的生活品类的电商"。

侯毅说，从2018年开始，盒马会做全品类，"做24小时急需服务电商，满足消费者不同场景下的需求。"他举例子说，现在盒马上卖的很好的包括创可贴和女性丝袜，因为这些都是突发性需求，而盒马覆盖的是3公里以内，用户可以快速下单，迅速拿到。“我们尽到邻居应该做的责任，让所有商品和服务贴近消费者的生活场景所需。今天我们已经在做服务类的商品，我们的理发、美容、修理、健身、亲子，这类老百姓需要的商品我们都在研究。”

总之，新零售公司盒马想要提供更多品类的商品销售和服务，并希望复制过去电商从一个品类如图书、化妆品、电器切入，逐渐扩大品类的路径，这是一条大胆但陡峭的路。

资料来源：根据《新零售：“真正的老板是顾客”》《刘强东：对零售业的终极判断》《新零售打败电商的4个方法》《线下流量会让盒马鲜生逆袭电商？》等整理而成

案例思考：

1．什么是新零售？新零售的未来发展趋势是什么？
2．新零售会打败电商吗？请给出你的理由。

第十二章 关系营销

学习目标

1. 理解关系营销的内涵和基本关系
2. 熟悉关系营销的基本策略
3. 掌握顾客关系建立、维护的程序和方法

人际关系的变化与发展取决于双方的社会需要获得满足的程度。作为商业服务企业，只有建立和维护与顾客之间亲密和持久的关系才能获取收益。衍生于“大市场营销”理念的关系营销取代了更为传统的交易定位的营销观点，更加强调通过完善和维持关系创造消费者价值。因此，对消费者这一企业的重要资产的管理成为营销管理的重要组成部分。

第一节 关系营销的内涵

一、关系营销的内涵

1985 年，美国著名学者、营销学专家巴巴拉·本德·杰克逊（Barbara B.Jackson）提出了关系营销（Relationship Marketing）的概念，使人们对市场营销理论的研究迈上了一个新的台阶。

巴巴拉·本德·杰克逊认为，“关系营销就是指获得、建立和维持与产业用户紧密的长期关系”。将这句话拓展开来，关系营销就是把营销活动看成一个企业与消费者、供应商、分销商、竞争者、政府机构及其他公众进行互动的过程，其核心是建立、发展、巩固企业与这些组织和个人的良好关系。可以说，关系营销强调的是营销活动中人的关系，即营销的人文性。科特勒评价说，“杰克逊的贡献在于，他使我们了解到关系营销将使公司获得较之其在交易营销中所得到的更多”。表 12-1 详细列举了交易营销和关系营销的区别。

从营销的本质概念—交换来说，关系营销的内涵就是要研究围绕交换活动而发生、变化的各种关系，其中既包括公司与顾客的关系，也包括公司与竞争者、供应商、政府的关系及公司内部的关系。这些关系的建立、维持与推进都会在很大程度上影响企业的营销能力，也会影响企业的营销效益。

表 12-1 交易营销和关系营销的区别

交易营销	关系营销
以产品为中心、4Ps 营销组合为手段，着眼于单次交易活动收益的最大化	以长期关系为中心，采取关系方法，注重新价值的创造和双方关系中的交互作用，以构建企业持久的竞争优势
关注一次性交易	关注长期交易
较少强调客户服务	高度重视客户服务
有限的客户承诺	高度的客户承诺
适度的客户联系	高度的客户联系
质量是生产部门的事	质量是所有部门的事

续表

交易营销	关系营销
强调市场占有率，在任何时刻，营销管理人员都必须以大量费用吸引潜在顾客	强调顾客忠诚度，保持老顾客比吸引新顾客更重要

营销链接 12-1

关系营销大行其道的三大主因

主因一：买方市场的真正来临

随着消费者权利的不断增强使买方势力越来越强大，再加上各种电子化手段使得消费者越来越容易屏蔽来自企业的商业信息，买方市场已真正来临。企业开始不得不将市场营销活动从单纯的产品销售转变为双向互动，通过与消费者构建长期稳定的良好关系，来赢得消费者对企业和产品的长期支持与关注。

主因二：网络时代的来临

关系营销理论是电子信息技术革命的产物。随着网络时代的来临和计算机等电子通信设备在营销管理中的广泛应用，数据库营销这一企业关系营销理论中的一个内容应运而生。通过数据库营销，企业可以敏锐地发现新市场，维持现有市场，并与顾客建立良好的合作关系，从而更好地促进关系营销的发展。

主因三："社会利益最大化"营销理念的出现

传统营销理论强调企业自身利润最大化，而现代营销理论则强调企业、顾客和整个社会利益最大化。关系营销正是实现社会利益最大化的有效手段。

资料来源：《营销造势》

二、关系营销的基本模式

（一）建立顾客忠诚

在关系营销中，怎样才能获得顾客忠诚呢？发现正当需求、满足需求并保证顾客满意、营造顾客忠诚构成了关系营销中的三部曲。

（1）顾客需求满足与否的衡量标准是顾客满意程度。满意的顾客会给企业带来有形的好处（如重复购买该企业的产品）和无形的好处（如宣传企业形象）。有营销学者提出了导致顾客全面满意的 7 个因素及其相互之间的关系：欲望、感知绩效、期望、欲望一致、期望一致、属性满意、信息满意。欲望和感知绩效生成欲望一致，期望和感知绩效生成期望一致，然后生成属性满意和信息满意，最后导致全面满意。

（2）期望和欲望与感知绩效的差异程度是满意感产生的来源。所以，企业可采取以下方法来获得顾客满意：提供满意的产品和服务；提供附加利益；提供信息通道。

（3）市场竞争的实质是争夺顾客资源，而维系原有顾客，即减少顾客叛离要比争取新顾客更为有效。维系顾客不仅必须维持顾客的满意程度，还必须分析顾客产生满意感的最终原因，从而有针对性地采取措施。

（二）梯度推进

贝瑞和帕拉苏拉曼归纳了 3 种建立顾客价值的方法。一级关系营销（频繁市场营销或频率营销）：维持关系的重要手段是利用价格刺激增加目标公众的财务利益；二级关系营销：在建立关系方面优于价格刺激，增加社会利益，同时附加财务利益，主要形式是建立顾客组织，包括顾客档案和正式的、非正式的俱乐部以及顾客协会等； 三级关系营销：增加结构纽带，同时附加财务利益和社会利益。与客户建立结构性关系的方法有：提高客户转向竞争者的机会成本以及增加客户脱离竞争者而转向本企业的收益。

（三）作用方程

企业不仅面临着同行业竞争对手的威胁，而且面临着外部环境中潜在进入者和替代品的威胁，以及供应商和顾客讨价还价的较量。企业营销的最终目标是使本企业在产业内部处于最佳状态，能够抗击或改变各种作用力。作用力是指决策的权力和行为的力量。双方的影响能力可用下列 3 个作用方程表示："营销方的作用力"小于"被营销方的作用力"；"营销方的作用力"等于"被营销方的作用力"；"营销方的作用力"大于"被营销方的作用力"。可以说，作用力不等的原因是市场结构状态的不同和占有信息量的不对称。在竞争中，营销作用力强的一方起着主导作用，但当双方势均力敌时，往往会采取谈判的方式来影响、改变关系双方作用力的大小，从而使交易得以顺利进行。

三、关系营销的基本关系

在关系营销中，虽然营销过程的焦点依然是顾客，但企业仍须将注意力集中在与顾客的关系上。由于现代市场营销系统中的主要元素更为复杂，因此企业必须拓展营销的视野，把营销关系扩大到与所有利益相关者之间发生的所有关系，具体包括与流通企业（供应商/中间商）、竞争者、顾客（消费者/客户）、影响者（公共机构/政府部门等），以及企业内部员工之间的五大关系，如图 12-1 所示。

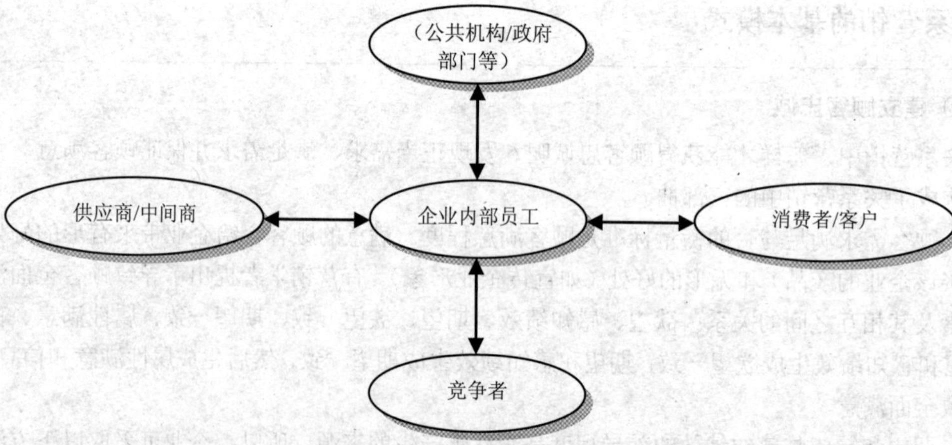

图 12-1　关系营销的基本关系

（一）企业内部员工

企业内部关系营销的最终目标是通过员工协作来实现资源价值的最大化。

（二）顾客（消费者/客户）

顾客关系即企业与企业产品或服务的购买者、消费者之间的关系。企业与顾客的关系不仅仅包括商品与货币的交换关系，还包括广泛的信息交流关系以及感情沟通关系。顾客关系营销是企业关系营销的立足之本，其实质是争取顾客资源。

（三）流通企业（供应商/中间商）

实施供应商关系营销，可帮助企业寻求物质、人力、信息等生产过程所需的各种资源并实现资源的合理配置。而在与中间商的关系营销中，零售商和批发商的支持对企业产品的成功至关重要。

（四）竞争者

竞争者关系营销的目的是寻求资源共享和优势互补。

（五）影响者（公共机构/政府部门等）

实施影响者关系营销，可帮助企业树立良好的企业形象，获得无形资源。

四、关系营销的实施策略

1. 树立关系营销理念

不可否认，传统营销仍将存在并具有很强的威力和作用，尤其是在市场经济还不够发达的国家和地区。企业领导人应从长远角度着想，尽早在企业内树立关系营销理念，制定和部署实施关系营销战略，提升企业的竞争力，实现可持续发展。尤其是我国的企业应充分利用后发优势，采用先进的技术和理念实现跨越式发展，缩小与发达国家的差距。在我国加入世贸组织之后，这一战略行动显得尤为迫切。

2. 运用 IT 技术建立顾客数据库

高效地收集、处理和传递信息对关系营销至关重要。信息技术和网络技术的发展为客户管理提供了良好的技术支持，而建立顾客数据库是信息技术革命为关系营销提供的强有力的手段之一。随着科技的发展和社会的进步，顾客对特别的产品和服务的需求会越来越强烈。企业可以通过建立数据库保存顾客对产品、服务的需求以及一些个人信息，以便更好地提供服务并与顾客建立情感纽带。

3. 优质顾客策略

优质顾客策略即优先确保核心或优质顾客的服务和关系。这就是说，并不能对所有的顾客都花费同等的精力，企业应该把有限的资源用于最有效益或者最有潜在效益的顾客，并针对不同顾客建立特定关系。例如，企业可根据顾客的规模大小、利润高低进行细分，对不同类型的顾客采取不同的营销策略。对于规模小、利润低的顾客，采取基本型营销策略；对于购买规模大、利润高的顾客，采取伙伴型营销策略，发展与顾客合作和利益关联的关系。研究表明，长期的顾客会随着时间的推移而提高对企业利润的贡献水平，因此，长期的顾客关系是企业极具价值的资产，企业应重视维系与他们的关系。

4. 提高消费者满意度策略

消费者对产品或服务的满意度是指消费者对一个产品可感知的效果与其期望值相比较后所形成的愉悦或失望的感觉状态。消费者满意度会直接波及顾客的承诺和顾客与企业之间的约束。研究表明，表示满意的顾客的重购率只有 30%，而宣称非常满意的顾客的重购率可高达 80%以上。顾客满意度越高，与企业之间的关系就越长久，顾客忠诚度就越高，为企业带来的效益也就越大。因此，提升消费者对产品或服务的满意度，是影响企业与消费者关系的重要环节，是关系营销的核心目标。

5. 会员制锁定顾客策略

会员制锁定顾客策略有两种具体策略：常客计划和俱乐部会员制。常客计划就是根据顾客的光顾程度或消费额度给予积分奖励；俱乐部计划就是要求顾客购买一定额度的产品或服务或直接交纳一定的费用后成为俱乐部会员，公司会给俱乐部会员以非会员不能享受的优惠或特定权益，并对不同购买量的顾客采用不同的销售折扣率等。

6. 补救关系策略

当消费者对产品或服务产生不满，或突发危及顾客和公司关系的事件时，公司要采取妥善措施来补救以留住顾客，消除不利或负面影响；即使必须中止关系也要妥善处理，以便为将来重新建立关系打好基础。为此，公司应建立顾客投诉处理中心，如建立免费服务热线、电子邮箱等，及时处理消费者投诉，专门负责补救顾客关系，通过退货、调换、免费维修等把消费者的损失降到最低，消除消费者的不良情绪。再者要建立危机预警机制，提前消除不良影响；或制定危机应对方案，把关系损失降到最低。当真正发生危机时，公司要积极应对，采取多种手段，如借助各种社会资源，甚至动用专业的公关公司，尽力挽回已经发生的损失，修复已破坏的关系和形象。

第二节 关系营销策略

一、内部关系营销策略

内部关系营销策略是企业关系营销策略的基础。企业内部关系是指企业与其内部成员之间的关系。内部关系营销的目的是协调和促进企业内部所有员工之间、部门之间及企业与股东之间的相互关系。企业内部关系营销管理主要包括部门关系管理、员工关系管理和股东关系管理。企业可以采取以下策略来建立良好的内部关系。

（一）提高员工对企业的满意度

（1）明确事业发展道路。

（2）引导员工树立积极向上的价值观念。

（3）重视双向沟通。

（4）关心员工利益，从物质、精神层面对员工进行激励。

（5）为员工参与管理提供机会。

（6）加大对员工的培训力度。

（7）承认和尊重员工的个体价值。

（二）加强股东关系管理

（1）稳定现有的股东构成。

（2）创造有利的投资环境和投资氛围。

（3）加强股东对企业的关心程度和支持程度。

二、顾客关系营销策略

顾客关系营销策略是企业关系营销策略的核心与归宿，其实质是通过互动和交流与顾客建立一种超越买卖关系的非交易关系。顾客关系营销的目的不仅是争取新顾客，更重要的是保持现有顾客，以便带来大量销售额。大量长期的忠实顾客，是企业兴旺发达的基础，是企业利润的源泉。没有良好的顾客关系，就没有顾客的忠诚，最终将导致企业衰亡。

实施顾客关系营销的主要策略包括以下几个方面。

（一）树立以顾客为中心的经营思想

在买方市场条件下，随着顾客选择的自由度越来越大和议价能力越来越强，企业只有赢得顾客的信任与好感，才可能完成各项目标。因此，从企业的政策和行为的基本导向来说，必须首先真正将顾客放在第一位。

（二）了解顾客需要，提高顾客满意度

企业在营销过程中，要深入细致地调查分析顾客需求，以扩大服务范围、提高服务质量，通过向顾客提供超过服务本身价值和超过顾客期望值的“超值服务”，增加顾客的让渡价值，以满足其消费需求，提高其满意度。

（三）科学进行顾客关系管理，培养顾客忠诚度

企业要“以顾客为中心”来管理其价值链以及整个价值让渡系统。为了赢得顾客和维系顾客，企业必须对不同的细分市场或不同的顾客采取不同的营销策略和营销投入。顾客关系营销策略的重点（也是难点）就在于发展一种与企业最佳顾客之间的特定关系，使顾客从中感受到良好的双向沟通，并认为自己得到了特别的关注和奖励。不断提升企业的顾客关系层次，由财务层次向关系层次、结构层次发展，是企业解决顾客关系营销策略难题、提高顾客忠诚度的最切实可行的手段和方法。企业选择的营销层次越高，其获得潜在收益和提高竞争力的可能性就越大。另外，增加顾客的转移成本是维系顾客的间接手段。

营销链接 12-2

咨询业的关系营销

咨询业关系营销的核心是建立与客户企业的良好关系，从而在双方的合作中获利。它不仅强调与客户建立良好关系，更强调维护这种关系。因为客户对管理咨询的需求是长年的，所以与客户的关系维系得越好、对客户了解得越深，就越能获得更多的机会和提供更好的咨询服务。上述事实表明，咨询业营销是一种关系营销，且这种关系是互动的。其互动性表现为：在咨询服务前期，双方互相了解，客户了解咨询公司的实力和业绩，咨询公司了解企业的具体需求；在咨询过程中，咨询公司对客户进行具体诊断；在方案执行过程中，咨询公司为咨询产品提供服务；在方案执行后，咨询公司对方案的执行效果进行监控。在这4个阶段，咨询公司和客户、企业都处于频繁的互动之中。至于如何与客户建立紧密的伙伴型关系，顾客服务是基本手段。通过充分利用现有资源，为客户提供一流的服务，努力留住老顾客。首先，咨询企业须根据客户的实际需要提供优质的咨询产品，这是与客户建立伙伴型关系最基本的条件。其次，咨询公司须为购买咨询产品的客户提供优质的配套服务，包括咨询前、咨询中及咨询后的系列服务，如相关管理及技术知识培训等。最后，咨询公司还须开展顾客教育，使顾客由盲目消费变为自觉消费，这样有助于留住客户，如经常对客户进行行业相关发展趋势的培训等。咨询公司还应为重要客户设立专门的关系经理，经常与客户进行深入交流，甚至可到客户公司工作一段时间，从而更深入地了解客户，建立更亲密的关系。

资料来源：高商投资管理有限公司网站

三、流通企业关系营销策略

企业与流通企业之间的关系应遵循互惠互利、讲求信用、相互理解、以诚相待的原则，并着眼于建立长远关系和发展前景。与流通企业保持良好关系，可以使企业获得某种综合优势和无形利益。

（一）供应商关系营销策略

企业可采取各种策略和措施，建立、维护与供应商之间的关系。具体包括以下几个方面。

（1）有组织、有计划地制定和推行供应商关系的政策。

（2）对采购部门进行升级。

（3）与供应商进行有效的沟通交流。

（二）中间商关系营销策略

企业在处理其与中间商之间的关系时，通常采取 3 种方式：合作、合伙与分销规划。要想有效协调和发展企业与中间商之间的关系，可采取以下策略。

（1）为经销商提供满意的产品。

（2）为经销商提供全面的服务。

（3）与经销商进行信息沟通。

四、竞争者关系营销策略

一般来说，竞争者会给企业带来威胁。但合适的竞争者能够加强而不是削弱企业的竞争地位，给企业带来 4 方面的好处：增加竞争优势；改善当前产业结构；协助市场开发；遏止其他企业的进入。因此，随着时代的发展，企业的竞争方式和竞争规则已转向更深层次的关系营销策略，即为竞争而合作、靠合作来竞争。企业能接受“协同”竞争的思维方式，与竞争对手寻求共同利益，实现双方“互惠互利”，谋求各自战略目标的实现，提高各自的竞争力。最常见的竞争者关系营销策略是建立合纵联盟。合纵联盟是指两个或两个以上的企业为了一定的目的，通过一定的方式组成的网络式联合体。组建联盟克服了完全独立的企业之间协调方面的困难，从而达到合作调研、合作开发、合作入市、合作促销、合作分销、价格同盟和优势互补的目的。联盟的实施步骤依次为：选择合作伙伴、建立合理关系和加强双向沟通。

五、影响者关系营销策略

影响者关系营销的主要策略包括以下几个方面。

（一）塑造企业形象

通过企业的精神特征、行为表现、外显识别等塑造企业的整体形象并把它推向社会，努力得到公众的认识、认可。

（二）加强对政府及政策信息的收集和了解

这是企业建立和发展与政府关系的主要方法，最终可实现企业与政府的双向沟通。具体内容包括：了解政府、熟悉政策、沟通信息和扩大影响。

（三）与社区建立良好关系

企业需要了解社区，积极参与社区的建设和活动。

影响者关系营销策略通常可借助 5 种公共关系活动模式来实施：宣传型公共关系活动模式、服务型公共关系活动模式、社会型公共关系活动模式、交际型公共关系活动模式、征询型公共关系活动模式。

第三节 客户关系建立

一、客户关系建立的步骤

一般来说，客户关系的建立需经历客户的选择、识别、寻找和转化 4 个步骤，如图 12-2 所示。

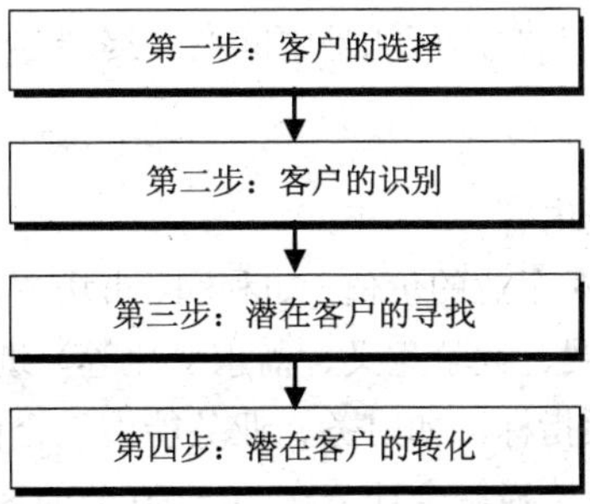

图 12-2　客户关系建立的步骤

二、客户的选择

客户的选择即提出一个适合本企业的客户标准及选择准则，为识别和寻找客户提供条件和基础。在进行客户选择时，不同类型客户的选择有不同要点。

（一）消费者

消费者的选择要点包括年龄、地点、职业、阶层、爱好等，实质是对企业消费目标群体的分析与确定。不管是直销还是分销，都必须考虑最终消费者。

（二）销售终端（零售企业）

销售终端的选择要点包括地点、实力、规模、行业等。直接面对消费者的销售终端，是很多企业的选择目标。

（三）中间商

中间商的选择要点包括市场范围、目标群体、经营规模、信誉、经营历史、合作态度、经销产品的情况、财务状况、区位优势、分销能力、服务能力、价格、社会公共关系等。

（四）产业客户

产业客户的选择要点包括地点、交易规模、信誉、财务状况、价格、稳定性、独特的增值机会、节约成本的机会、客户重要性在未来的变化趋势、对其他客户群体的影响等。

三、客户的识别

企业只有识别出自身的客户，客户管理工作才能做到有的放矢。

（一）客户群体的识别

企业可以站在自身角度，从以下 4 个方面对客户群体进行识别。

（1）企业的收入来源于哪里？对于制造企业来说，其收入可能直接来源于消费者，也可能来源于批发商或零售商。零售商是批发商收入的提供者，而购买商品的消费者则是零售商收入的提供者。

（2）购买产品或服务的决策者是谁？在客户购买企业产品或服务的过程中，对是否购买产生影响的决策者将起到至关重要的作用，他们往往左右着客户的购买行为，进而影响到企业的产品销售和服务提供。

（3）产品和服务的受益者是谁？一般情况下，产品和服务的受益者往往就是企业的直接客户，但有时却并不一定如此。无论如何，只有找出受益者，企业的产品或服务才能确定针对性的目标。

（4）客户在渠道中的位置如何？客户可能是中间商、终端零售，或是消费者。

（二）客户的初步评价

客户的初步评价主要包括以下内容。

（1）价值评价。价值评价包括对企业的价值（如利润、市场占有率等）、推销人员的个人价值（如销售业绩）、市场价值（如企业发展、竞争意义、需求变化等）进行评价。

（2）评价表。评价表是以各项指标，如财务、业务能力、合作态度、渠道能力等设立权重与分值，综合评分后进行评价。通常应选择综合评分在 70～80 分的客户，因为 70 分以下的客户太弱，而 85 分以上的客户太强，都难以管理，不适合企业。

（三）识别最佳客户的流程及方法

最佳客户是从推销人员或企业的角度来进行分析的。识别最佳客户的流程和方法如下。

第一步：确认本企业的盈利产品和服务，也包括那些以后将会盈利的。

第二步：尽可能多地找出购买那些产品和服务的人，并分析以下几点。

（1）他们是谁？

（2）他们的购买模式如何？

（3）他们多久才会购买一次？

（4）他们购买的数量是多少？

（5）他们会对什么样的产品和怎样的服务产生反应或兴趣？

第三步：找出最有可能成为潜在客户的那一类人。在第二步分析结果的基础上，如果能找到具有类似特征的其他客户群体，且有足够数量，那么这些客户群体就会成为可能性最大的新的潜在客户。经过一番努力，他们将极有可能成为最佳客户，这是一个不间断的周期性过程。

四、潜在客户的寻找

（一）寻找步骤

寻找潜在客户一般应遵循“由里到外”的原则。

1. 内部检索

内部检索是寻找客户的首要步骤，也是最直接、最有效的方法。通过内部检索能减轻推销的盲目性，保证寻找到的客户的准确性和针对性，从而为顺利开展业务起到增强信心、提高效能的作用。内部检索主要可采取发放员工调查表、查询客户名册等方式进行。

2. 外部调查

外部调查主要包括产品调查、客户调查、价格调查、竞争对手调查、环境调查等内容，其中最主要的是客户调查。

营销链接 12-3

星巴克，中信银行 9 分享兑

星巴克成功地通过创意策划了中秋节节日公共关系营销。以北京星巴克为例：咖啡豆1.6元+牛奶2元+一次性用品1元=4.6元，每杯354毫升的星巴克拿铁物料成本不足5元，国内售价27元。相比之下，同样的一杯咖啡，伦敦售价是24.25元、芝加哥售价是19.98元，孟买售价则只有14.6元。

尽管时不时地被推到风口浪尖，但星巴克始终以一种安静不失淡定的姿态出现在公众的视线中。在这种淡定姿态的背后，有着与各大“土豪”的稳固合作，中信的9分享兑就是一个很好的例子。9个积分就能免费喝一杯星巴克，这无疑让星巴克面对“暴利”的指控底气十足。

点评：这个案例在线上并不算出名，但其线下参与人数已高达数百万人次，累计兑换权益超过300万个。自2012年起，中信就开始积累客户，在与高端商户合作方面不断发力，在稳住老客户的同时也吸引了不少新客户，并且在一定程度上让合作双方的活动品牌都得以沉淀，让星巴克即使在风口浪尖也能以一个优雅的姿态出现。

（二）寻找途径

（1）朋友和熟人。朋友和熟人中蕴含着丰富的潜在客户资源，销售人员可以从同学、同事等各类亲朋好友中列出潜在顾客的名单。

（2）利用关系链。每次访问客户之后，都可以向客户询问有无其他可能对该产品或服务感兴趣的人。这样，不必花很多时间就可以开发出新的潜在客户。

（3）有影响的人物。例如，一些因其地位、职务、成就、人格而对周围的人产生影响的人。

（4）无竞争关系的其他销售人员。主动接触销售与本企业无竞争性产品的其他销售人员，是获取潜在客户的绝佳途径。

（5）上门推销。首先确定可能有潜在客户的区域，然后开始挨家挨户地上门推销。

（6）观察。通过个人观察，注意周围人群，以发现潜在客户。

（7）客户名单和电话簿及纸质媒介。除公司提供的客户名单或电话簿外，还应注意其他信息来源，如报纸、贸易出版物、企业名录和企业电话簿等。

（8）直接邮寄信件。通过直接邮寄信件寻找潜在客户，也是一种很有效的方法，尤其是那些昂贵的商品或服务。

（9）广告。许多大公司利用广告帮助销售人员发展潜在客户。

（10）讨论会。召开讨论会正被越来越多的公司用来寻找潜在客户，尤其是在无形产品（如保险和证券）的推销中。

（11）电话推销。

（12）“休眠”的客户。“休眠”的客户仍是很好的潜在客户。

（13）商业展览会。许多公司依靠展览会上的展示发现潜在客户。

五、潜在客户的转化

寻找到潜在客户之后，还需通过各种努力将其转化为现实客户。

（一）与潜在客户进行沟通

企业可根据对建立的潜在客户数据库和接触通道的分析来确定适当的潜在客户，并采取适当的方式和选择最佳的时间，不断地与潜在客户进行双向沟通。利用各种沟通工具，在不同媒体上传播相互关联的信息，以达到对潜在客户产生最大影响的目的。

（二）吸引潜在客户的注意力

要实现潜在客户的转化，必须有效吸引其注意力。首先，要让潜在客户有兴趣并感觉到可以获得某些价值或服务，从而加深其对企业产品的印象和注意力，使其认为值得按照营销人员的期望，自愿加入许可的行列中。当潜在客户投入注意力之后，企业就应该对其施加进一步的吸引，如可以为潜在客户提供一套演示资料或教程，让其充分了解公司的产品或服务。同时，还应该加强与客户的互动，不断采取激励措施，以保证潜在客户始终能在许可名单中。

（三）实现转化

经过一段时间之后，营销人员就可以利用获得的许可为客户提供最需要的产品，以改变其消费态度，继而采取购买行动，也就是让潜在客户说“好的，我愿意购买你们的产品”。这样，潜在客户就被成功转化为现实客户。

第四节 客户关系保持

对于关系营销来说，与客户之间完成第一笔交易才仅仅是将潜在客户变为真正客户的开始。接下来，如何将客户变成忠诚客户甚至终身客户，即如何保持客户关系，对企业和营销人员来说显得尤为重要。

客户保持是指企业通过努力来巩固及进一步发展与客户的长期、稳定关系的动态过程和策略。客户保持需要企业与客户相互了解、相互适应、相互沟通、相互满意、相互忠诚，因而必须在建立客户关系的基础上，与客户进行良好的沟通，让客户产生满意感，最终实现客户忠诚。客户关系保持不仅能维持企业的销售和利润，降低客户开发的成本，还能产生良好的口碑效应。

一、客户关系保持的方法

（一）注重质量

长期稳定的产品质量是保持客户的根本，而高质量的产品本身就是优秀的“推销员”和维护客户的强力凝固剂。这里的质量不仅应该是产品符合标准的程度，还应该是企业不断根据客户的意见和建议开发出真正满足客户喜好的产品。

（二）优质服务

尽管再好的服务也不能使劣质产品成为优质产品，但优质产品会因劣质的服务而失去客户。大多数客户的不满并不是源于产品质量本身，而是源于企业的服务。客户能够用双眼观察到的质量往往比产品或服务的质量重要得多。

（三）品牌形象

随着市场的发展，客户的需求层次有了很大的提高，开始建立起品牌忠诚。客户品牌忠诚的建立，取决于企业的产品在客户心目中的形象。因此，只有让客户对企业产生深刻的印象和强烈的好感，他们才会成为企业品牌的忠诚者。

（四）价格优惠

价格优惠不仅仅体现在低价格上，更重要的是能向客户提供他们所认同的价值，如增加客户的知识含量，改善品质、增加功能，提供灵活的付款方式和资金融通方式等。例如，客户是中间商，生产企业通过为其承担经营风险而确保其利润，也不失为一种具有吸引力的留住客户的方法。

（五）感情投资

一旦与客户建立起业务关系，就要积极寻找商品之外的关系，用来强化商品交易关系。如记住个人客户的生日、企业客户的厂庆纪念日等重要的日子，并采取适当的方式进行祝贺。对于重要的客户，相关负责人要亲自接待和走访，并邀请他们参加本企业的重要活动，使其感受到企业所取得的成就离不开他们的全力支持。对于一般的客户，企业的相关负责人可以通过建立俱乐部、联谊会等固定沟通渠道来保持并加深双方的关系。

二、客户关系保持管理的内容

（一）建立、管理并充分利用客户数据库

企业必须重视客户数据库的建立、管理工作，注意利用数据库来开展客户关系管理、应用数据库来分析现有客户情况，找出客户数据与购买模式之间的联系，为客户提供符合他们特定需要的定制产品和相应服务，并通过各种现代通信手段与客户保持自然、密切的联系，从而建立起持久的合作伙伴关系。

（二）通过客户关怀提高客户的满意度与忠诚度

客户关怀应该包含在客户从购买前、购买中到购买后的客户体验的整个过程中。购买前的客户关怀活动主要是在提供有关信息的过程中进行沟通和交流，以便为将来企业与客户建立关系打下基

础。购买中的客户关怀活动与企业提供的产品或服务紧密地联系在一起，包括订单的处理以及各个相关的细节都要与客户的期望吻合，以满足客户的需求。购买后的客户关怀活动主要集中于高效地跟进和圆满地完成产品的维护和修理的相关步骤。售后的跟进和提供有效的关怀，其目的是促使客户做出重复购买行为，并向其周围的人多做对产品有利的宣传，以形成口碑效应。

（三）利用客户投诉或抱怨，分析客户流失的原因

为了留住客户，企业必须分析客户流失的原因，尤其是分析客户的投诉和抱怨。客户对某种产品或服务不满意时，有的是进行投诉，有的是拂袖而去。如果客户拂袖而去，企业连消除他们不满的机会都没有。如果客户进行投诉，则仍给了企业弥补的机会，且他们极有可能再次光临。因此，企业应该充分利用客户投诉和抱怨这一宝贵资源，及时解决客户的不满，并鼓励客户提出自己不满意的地方，以改进企业产品的质量和重新修订服务计划。

营销链接 12-4

保险公司孤儿保单客户的维护

孤儿保单是指因原保险营销人员离职而需重新安排人员跟进服务的保单。众所周知，保险公司的保险是通过员工来进行销售的。由于保险业员工的流失率非常高，因此孤儿保单会经常出现。保险提倡一对一服务，即每一位客户都由一位专门的业务员来负责，因此一旦办了保险而业务员却离职，就会导致孤儿保单的出现，客户没人理了，该交费时没有人来收，客户打电话也不知道该找谁。对于孤儿保单的客户，如不及时进行维护，就会招致客户的不满和投诉，导致客户满意度下降和公司形象严重受损。

现在，各保险公司都已充分认识到对于孤儿保单及时处理和孤儿保单客户维护的重要性，因而对孤儿保单的处理都已形成了一整套比较完善的业务流程。一旦孤儿保单出现，就会立即启动对该保单的托管工作。具体来说就是每当有业务员离职时，公司计算机管理系统就会立刻发出信息，一方面通知该部门立即派人处理，另一方面通知客户业务员变更，并告知客户今后的一切保险事宜都将由一位新工作人员来接手。同时，尽量安排固定人员负责每份保单，以免造成客户的混乱和不便。只有做好孤儿保单客户的维护，保险公司才能留住客户，为客户提供满意的服务。

第五节 CRM机理与流程

企业开展关系营销，必定会涉及怎样去开发客户资源、怎样去建立和维护与客户之间的关系、怎样去更好地满足客户的需求。因此，美国学者 Gartner Group 于 20 世纪 80 年代末至 90 年代初首先提出了客户关系管理（Customer Relationship Management，CRM）的概念。20 世纪 90 年代以后，CRM 伴随着互联网和电子商务的大潮得到了迅速发展。

一、CRM的机理

CRM 是一种旨在改善企业与客户之间关系的新型管理体制，被实施于企业市场营销中与客户相关的领域。其目标包括：一方面，通过提供更快速及更周到的优质服务来吸引和保持更多的客户；

另一方面，通过对业务流程的全面管理来降低企业成本。

关于 CRM 的概念，世界上的营销学者从不同的角度给予过不同的解释。

这个概念的原创者 Gartner Group 认为，CRM 是一种商业策略，它按照客户的分类情况有效地组织企业资源，培养以客户为中心的经营行为及实施以客户为中心的业务流程，并以此为手段来提高企业的盈利能力、利润及顾客满意度。

IBM 公司认为，CRM 通过增强产品性能，增加顾客服务，提高顾客交付价值和顾客满意度，与客户建立起长期、稳定、相互信任的密切关系，从而帮助企业吸引新客户、维系老客户，提高效益和竞争优势。

SAP 公司认为，CRM 系统的核心是对客户数据的管理。客户数据库是企业重要的数据中心，记录着企业在市场营销与销售过程中和客户发生的各种交互行为以及各类有关活动的状态，并提供各类数据模型，为后期的分析和决策提供支持。

在总结以上经典 CRM 概念的基础上，可从销售理念、业务流程和技术支持 3 个层次将 CRM 定义为：CRM 是现代信息技术、经营思想的结合体，以信息技术为手段，通过对“以客户为中心”的业务流程的重新组合和设计，形成一个自动化的解决方案，以提高客户忠诚度，最终实现业务操作效率的提高和利润的增长。

无论如何定义 CRM，“以客户为中心”都是 CRM 的核心所在。CRM 通过满足客户个性化的需求、提高客户忠诚度，实现缩短销售周期、降低销售成本、增加收入、拓展市场、全面提升企业盈利能力和竞争能力的目的。任何企业实施客户关系管理的初衷都是想为顾客创造更多的价值，即实现顾客与企业的“双赢”。

营销链接 12-5

客户关系管理过程中经常出现的 17 个问题

- 信息滞后，客户档案同质化严重；
- 客户经理的专业度和客户不匹配，沟通不在一个频道上，且与服务对象之间存在配对矛盾；
- 总是在猜客户想要什么，却没有主动去询问，不给客户说话的机会；
- 缺乏对客户需求与状态的定性与定量分析；
- 标准化的服务与个性化及人性化需求之间的矛盾，不清楚如何满足不同类型的客户，仅能提供常规服务，而缺乏应变能力；
- 缺乏从细节和小变化中及时发现问题的能力；
- 当个别大客户的个性化需求与公司政策之间发生冲突时不知如何处理；
- 往往是失去了才懂得珍惜，客户在时关怀不够，离开后却花更大的成本“策反”，造成后期维护成本增加；
- 总是说老客户重要，但每年落实到预算时，用于发展新客户的预算总是超过老客户，以致形成“发展新客户，伤害老客户”；
- 嘴上总说“客户需求是第一位的”，但落实到实际行动时，却多了很多应付检查式的服务和关怀，“形象工程”和“面子工程”太多，关注领导评价和绩效考核多于关注客户；
- “杀鸡取卵”式的客户关系行为太多，关注短期行为，忽略长远规划，导致客户关系维系难度加大；

- 存在客户管理盲区和服务盲区（如经常出差的客户）；
- 仅停留在低层次的问候上，未体现平台的价值与作用；
- 未摆平心态，导致姿态和地位不对等，一味迁就和讨好而惯坏了客户；
- 缺少计划性，总是把重要的事变成紧急的事；
- 奖励不忠诚——“爱哭的孩子有奶吃，老实的孩子旁边看”；
- 个别主管和员工存在私下操作，给客户留下不好的印象，对公司造成不良影响。

二、CRM的流程

企业开展CRM，首先应从确立以客户为中心的理念开始，把客户经营提升到战略层面；然后搜集客户信息并整合客户资源，为CRM战略的实施打下基础。实施CRM，硬件和软件的选择尤为重要。在日常管理中，企业还要及时处理与客户之间的冲突，不断提高客户满意度和忠诚度，从源头上遏止客户流失，并建立长效机制。CRM的流程如图12-3所示。

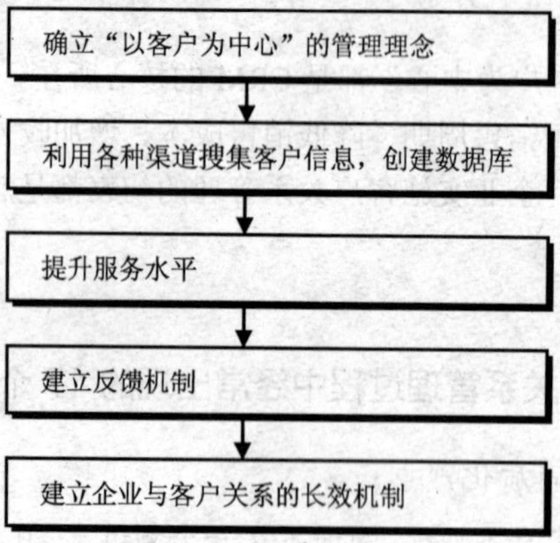

图12-3　CRM的流程图

（一）确立“以客户为中心”的管理理念

客户是企业生存的基础，客户保留得越多，企业长期利润就越多。为了实现“以客户为中心”的管理决策，企业需要整合各部门的客户资料并进行统一管理，包括客户基本信息、联系人信息、销售人员跟踪记录、客户状态、竞争信息、合同信息、交易信息、服务信息、反馈信息等。通过对以上信息的挖掘、分析，得出客户的购买倾向、价值情况等多种结果。在市场活动过程中搜集到的客户信息，应当于第一时间内在系统中有所记录和反映，然后由管理人员统一分配到销售人员，这样不仅可以有效地避免“内部抢单”的发生，而且可以确保每个和公司有初期接触的客户都能获得相应的跟踪，从而扩大销售漏斗的顶端，争取更高的销售业绩。

（二）利用各种渠道搜集客户信息，创建数据库

客户信息是客户关系管理的基础。数据仓库、商业智能、知识发现等技术的发展，使得搜集、整理、加工和利用客户信息的质量大大提高。企业对客户信息的搜集可以通过广泛的渠道来实现。这些渠道虽然不同却相互关联，如广告、销售、拜访、接待、网站、直邮、服务等。很显然，企业任何一个部门都无法控制全部的接触点。通过记录客户接触点的信息，形成企业精确、广泛的客户数据库，包括销售、订单、履行和客户服务的历史记录。这样就使企业对每一名客户的历史资料有

一个详细的了解和把握，从而根据客户的不同情况选择参数量体裁衣，为客户提供他们所喜好的渠道交互方式。

（三）提升服务水平

营销实践表明，客户满意度受企业服务水平影响。企业可从 3 方面着手提高服务水平：①重视抱怨，提高自身。麦当劳和 IBM 的最高主管都会亲自参与顾客服务，阅读顾客的抱怨信，接听并处理顾客的抱怨电话。②找出自身不足，修正自身行为。企业在认真分析自身长处与不足的基础上，采取积极有效的措施修正自己的行为，能取得经济意义较高的服务水平，降低企业相对于竞争对手的营销成本，增加企业销售收入和顾客购买的市场份额。③让员工尊重客户的购买行为。客户的购买行为是一个在消费中寻求尊重的过程，而高素质的、充满活力和竞争力的员工队伍比任何好的硬件设施都更能提供客户所寻求的尊重，使顾客产生满意感，进而创造优异的业绩。

（四）建立反馈机制

在关系营销中，由于企业面临的不是客户的一次性交易，而是长期性的合作，因此建立有效的反馈机制非常重要。可以说，一次交易的结束正是下一次合作的开始。事实上，客户非常希望能够把自己的感受告诉企业，因此友善而耐心地倾听能够极大地拉近企业和客户之间的距离。企业如果重视建立反馈机制，善于倾听客户意见，并善于挖掘这些意见中有用的市场信息和用户需求，就能将其转化为新的商机。建立客户反馈机制的方式有很多，如开展客户满意度调查，向客户公开自己的服务电话，并在企业内部设立独立的机构处理客户的反馈意见，形成定期派人主动接触客户、获取他们的反馈信息的制度。在倾听完客户的意见并对其满意度进行调查之后，就应当及时妥善地处理客户的抱怨和投诉，这也是赢得客户信任和忠诚的有效方法。因此，企业有必要设置专门的机构来处理反馈问题。

（五）建立企业与客户关系的长效机制

随着时间的推移，建立企业与客户的长效机制便成了企业的首要任务。建立长效机制的根本目的是，运用最低的成本和最有效的方式，尽可能多地让客户升级。对于高价值客户，企业要强化客户关怀，最大限度地保留客户；对于一般客户，企业要通过努力促使其转化为价值客户；对于占据公司大量资源而又不能给公司创造效益的客户，企业要及时进行淘汰。

思考题

1. 什么是客户？客户与消费者的区别是什么？
2. 客户关系管理系统的作用主要体现在哪些方面？
3. 顾客满意度与顾客忠诚度的关系是什么？

案例分析

光大银行的客户关系管理

光大银行始终把客户发展工作摆在重要位置。2010年，光大银行专门成立了客户发展委员会，全面负责客户关系管理和推进客户战略的实施。

一、潜在客户开发

潜在客户可分为从未与光大银行有过业务往来的客户以及虽有业务往来但仍可通过进一步的开发实现增值的客户两大类。

光大开发潜在客户的方法有两种：一是举办各种讲座，包括理财知识普及、经济形势分析和书画鉴赏等，让人们了解光大的文化和理念，从而达到对潜在客户的开发。二是通过在现实客户中树立良好口碑来为光大带来新客户。例如，2009年6月，在各银行信贷额度大幅收缩的情况下，光大银行深圳分行以经营性物业抵押贷款的方式，给予深圳地产企业益田集团旗下新近开张的购物广场19亿元的贷款，填补了其工程装修款项的支付缺口。这一举措吸引了很多地产企业慕名而来。

二、潜在客户管理

（1）全面清理、分析现有客户情况，建立客户分类管理体系。对现有客户的收入状况、财务状况、家庭情况等具体情况进行全面了解和分析，为其提供针对性的服务，提高客户对光大银行的信任及对光大服务的价值感知，进而实现对现有客户潜在价值的进一步开发。

（2）交叉销售，最大限度地挖掘客户潜力。例如，向在光大有存款的消费信贷客户推荐理财产品等。

（3）差异化和个性化服务。在向客户提供能满足其消费偏好、风险偏好和其他行为特征的信用卡服务时，光大银行推出了针对引入期客户的激活活动、针对成长期客户的用卡促销活动，以及针对成熟期客户的分层交易活动。通过这些增值服务提高了客户信用卡的激活率和交易额，使光大信用卡的卡均贡献超过了同行业平均水平。

三、客户忠诚度管理

（1）全面调查客户需求。聘请专业调查公司，定期对各类客户进行形式不一的服务评价和需求调查，并通过专业分析找出服务的薄弱环节和客户现实或潜在的需求，逐项进行解决、改善，以提高客户满意度，提升客户价值，把客户发展为忠诚客户。

（2）努力为客户提供综合金融服务。积极和集团内部的证券、保险、基金、期货、资产管理等企业开展联动，为客户提供银行、证券、保险、期货等综合金融服务，强化银行内部公私交叉营销。

（3）实行客户经理制。建设完备而成熟的客户经理队伍，实行客户经理制，提高客户关系管理的实效。这就要求大堂经理扮演好管理员、迎宾员、咨询员、引导员、推销员、服务员、信息员、调解员和安全员9种角色。

（4）建立客服体系。在柜台服务、自助服务和网上服务等方面，通过优化业务流程、客户倾听计划、客户满意度调查等活动，进一步提高服务效率，提升服务质量，以服务创造价值。

为了深入了解和改进服务，光大银行全面开展了客户满意度调研。内部主要是通过回访、电话外呼、问卷调查等形式，及时了解顾客的期望及影响顾客满意度的因素；外部则主要是聘请独立的第三方机构进行顾客满意度调研，每季度一次对全国所有光大银行网点进行“神秘顾客”检查，覆盖面达到100%。

资料来源：百度文库

案例思考：

请分析光大银行客户关系管理的主要方式。

第十三章 互联网与新营销理论

学习目标

1. 理解互联网营销、互联网思维、互联网金融的含义
2. 掌握互联网营销模式及表现形式
3. 了解营销理论的新发展

随着互联网影响的进一步扩大，人们对网络营销的认识进一步加深，以及越来越多的网络营销推广的成功案例，使企业意识到网络营销的诸多优点并越来越多地通过网络进行营销推广。网络营销不仅仅是一种营销手段，更是一种文化，引导营销进入一个新的模式。网络营销是以现代营销理论为基础，借助网络、通信和数字媒体技术实现营销目标的商务活动；是科技进步、顾客价值变革、市场竞争等综合因素共同促成的；是信息化社会的必然产物。

第一节 互联网营销环境

营销链接 13-1

世界互联网大会（World Internet Conference），是由中国倡导并每年在浙江省嘉兴市桐乡乌镇举办的世界性互联网盛会，旨在搭建中国与世界互联互通的国际平台和国际互联网共享共治的中国平台，让各国在争议中求共识、在共识中谋合作、在合作中创共赢。会议主要邀请国家和地区政要、国际组织的负责人、互联网企业领军人物、互联网名人、专家学者参加，涉及网络空间各个领域，体现多方参与。首届世界互联网大会于2014年11月19日举办，截至2017年已成功举办四届盛会。大会的主题从“互联互通共享共治”“创新驱动，造福人类”到“发展数字经济，促进开放共享”，从不同层面讨论世界互联网的相关重要议题。利用好、发展好、治理好互联网，必须携手构建网络空间命运共同体。互联网的快速发展给人类生产生活带来深刻变化，也给人类社会带来一系列新挑战。在问题面前没有谁能够独善其身，只有合力推动、谋求共治，才能找到出路。

资料来源：2017 年世界互联网大会官方网站

当马云携着阿里巴巴于 2014 年 9 月 19 日在美国纽约证交所上市的时候，当雷军带领小米在手机红海行业里高歌猛进的时候，当褚时健凭借褚橙成就生鲜电商产业新模式的时候，所有企业——无论是传统企业还是互联网企业都在重新思考互联网的价值。

互联网从以信息展示、单向传播为特点的 Web1.0 门户时代，跨越以 UGC（用户生产内容）、双向互动为特点的 Web2.0 搜索/社交时代，进入以物联网、大数据和云计算为基础、多对多交互为特点的 Web3.0 大互联时代。互联网已然成为面向大众的普及性网络，它重塑了资本及要素联结的方式，进而改变着营销活动环境，创造了新的价值关系网络及新的营销策略空间。可以说，以互联网为基础的第三次工业革命改变了产业结构、市场结构、环境结构和社会结构。数据、信息和高速增长的用户使互联网络成为市场营销者日益青睐的新资源，互联网营销活动也从产品宣传及信息服务扩展到市场营销的全过程。

一、互联网营销环境要素

互联网营销环境是指对企业的生存和发展产生影响的各种外部条件，即与企业网络营销活动有关联因素的集合。营销环境是一个综合的概念，由多方面的因素组成。环境的变化是绝对的、永恒的，随着社会的发展，特别是网络技术在营销中的运用，使营销环境变化多样。虽然对营销主体而言，环境及环境因素是不可控制的，但它也有一定的规律性，我们可通过营销环境的分析对其发展趋势和变化进行预测和事先判断。企业的营销观念、消费者需求和购买行为，都是在一定的经济社会环境中形成并发生变化的。因此，对网络营销环境进行分析是十分必要的。要进行网络营销环境的分析，首先必须掌握构成网络营销环境的5个要素。

要素一：提供资源。信息是市场营销过程的关键资源，是互联网的血液，通过互联网可以为企业提供各种信息，指导企业的网络营销活动。

要素二：全面影响力。环境要与体系内的所有参与者发生作用，而非个体之间的互相作用。每一个上网者都是互联网的一分子，他可以与互联网全面接触，并在这一过程中受到互联网的影响。

要素三：动态变化。整体环境在不断变化中发挥其作用和影响，不断更新和变化正是互联网的优势所在。

要素四：多因素互相作用。整体环境是由互相联系的多种因素有机组合而成的，涉及企业活动的各种因素。

要素五：反应机制。环境可以对其主体产生影响，同时，主体的行为也会改造环境。因此，互联网已经不再是传统意义上的电子商务工具，而是独立成为新的市场营销环境。而且它以其范围广、可视性强、公平性好、交互性强、能动性强、灵敏度高、易运作等优势给企业市场营销创造了新的发展机遇与挑战。

二、互联网营销的宏观和微观环境

根据营销环境对企业网络营销活动影响的直接程度，互联网营销环境可以分为互联网营销宏观环境与互联网营销微观环境两部分。互联网营销宏观环境是指对企业网络营销活动影响较为间接的各种因素的总称，主要包括政治法律、人口、经济、社会文化、科学技术、自然地理等环境因素。互联网营销宏观环境对企业短期的利益可能影响不大，但对企业长期的发展具有很大的影响。因此，企业一定要重视宏观环境的分析研究。互联网营销微观环境是指与企业网络营销活动联系较为密切、作用比较直接的各种因素的总称，主要包括企业内部条件、供应商、营销中介、顾客、竞争者、合作者及公众等企业开展电子商务、网络营销的上下游组织。不同行业企业的微观营销环境是不同的，因此，互联网营销微观营销环境又称行业环境因素。

例如，网络技术的运用给传统的经济体系带来巨大的冲击，流通领域的经济行为产生了分化和重构。顾客可以通过网上购物自由地选购自己需要的商品，生产者、批发商、零售商和网上销售商都可以建立自己的网站并营销商品，所以，一部分商品不再按原来的产业和行业分工进行，也不再遵循传统的商品购进、储存、运销业务的流程运转。网上销售，一方面使企业间、行业间的分工模糊化，形成“产销合一”“批零合一”的销售模式；另一方面，随着“凭订单采购”“零库存运营”“直接委托送货”等新业务方式的出现，服务于网络销售的各种中介机构也应运而生。一般情况下，除了拥有完整分销体系的少数大公司外，营销企业与营销中介组织还是有密切的合作与联系的。因为若中介服务能力强，业务分布广泛合理，营销企业对微观环境的适应性和利用能力就强。另外，网络技术的发展极大地消除了企业与顾客之间的地理位置的限制，创造了一个让双方更容易接近和交流信息的机制。互联网真正实现了经济全球化、市场一体化。它不仅给企业提供了广阔的市场营销空间，同时也增强了消费者选择商品的广泛性和可比性。顾客可以通过网络，得到更多的需求信息，使其购买行为更加理性化。虽然在营销活动中企业不能控制顾客的购买行为，但它可以通过有效的营销活动，给顾客留下良好的印象，处理好与顾客的关系，促进产品的销售。

在虚拟空间中研究竞争对手，既可借鉴传统市场中的一些做法，但更应有自己的独特之处。首先要利用互联网查询竞争对手，研究网上的竞争对手主要从其主页入手。一般来说，竞争对手会将自己的服务、业务和方法等方面的信息展示在网页上。从竞争的角度考虑，应重点考察以下8个方面。

（1）站在顾客的角度浏览竞争对手网站的所有信息，研究其能否抓住顾客的心理，给顾客留下好感。

（2）研究其网站的设计方式，体会它如何运用屏幕的有限空间展示企业的形象和业务信息。

（3）注意网站设计的细节。

（4）了解其开展业务的地理区域，以便能从客户清单中判断其实力和业务状况。

（5）记录其传输速度特别是图像下载的时间，因为速度是网站能否留住顾客的关键因素。

（6）查看在其网站上是否有其他企业的广告，以此来判断该企业在行业中与其他企业的合作关系。

（7）对竞争对手的整体实力进行考察，全面考察竞争对手宣传的力度，研究其选择的类别、使用的介绍文字，特别是图标广告的投放量等。

（8）考察竞争对手是开展网上营销需要做的工作，而定期监测对手的动态变化则是一个长期性的任务，只有时时把握竞争对手的新动向，才能在竞争中保持主动地位。

三、互联网营销环境与传统营销环境的比较

互联网营销环境与传统营销环境之间既有相似性，又在某些方面存在差异性。两者的相同点表现在：其一，都是企业的一种经营活动；其二，都需要通过营销组合发挥功能，无论是经典的4P、5C还是6C，都强调营销策略组合的效果；其三，都把满足消费者需求作为一切活动的出发点；其四，对消费者需求的满足，不仅停留在现实需求上，而且包括潜在需求。两者的不同点表现在：其一，产品和消费者；其二，价格和成本；其三，营销渠道和沟通；其四，营销策略的展示；其五，客户关系。

四、互联网营销环境评估

企业在互联网营销的过程中要针对以下 14 个方面的问题对企业的营销环境进行重点考察和分析。

(1) 宏观经济。在个人收入、物价水平、储蓄和信贷等方面有哪些主要发展变化将会影响公司？对此，公司应采取哪些行动？

（2）人口统计。人口环境的变化和发展趋势会给公司带来什么样的机会和威胁？为适应这些变化和趋势，公司应采取哪些行动？

（3）生态环境。公司所需的哪些自然资源或能源的成本和前景如何？来自防止污染和环境保护方面的压力是否会对公司造成影响？会产生怎样的影响？公司如何应对这些问题？

（4）技术。在产品技术方面存在哪些主要变化？在加工技术方面又如何？公司在这些领域里的地位如何？是否有新技术出现？

（5）法律法规。有哪些法律和法规会对公司营销战略和营销策略的执行造成影响？公司应如何调整自身的战略和战术以适应这些法律和法规？

（6）文化背景。公众对公司生产的产品持何态度？公众的生活方式和价值观念发生了哪些与公司有关的变化？

（7）市场。在市场规模、成本率、区域分销和盈利方面有哪些变化？有哪些主要的细分市场？

（8）客户。当前客户和潜在客户是谁？他们购买的理由是什么？他们的购买方式和习惯是怎样的？他们是如何做出购买决定的？在公司声誉、产品质量、服务和价格等方面，当前客户和潜在客户是如何评价公司及其竞争者的？

（9）行业。行业主要的经济特性是怎样的？行业中的变革驱动因素是什么？它们的影响如何？决定在行业环境中取得竞争成功的关键因素是什么？行业是否具有吸引力？取得超过年平均水平的盈利前景如何？行业中发挥作用的竞争力量有哪些？它们有多强大？

（10）竞争者。有哪些主要的竞争者？他们的目标和战略是什么？他们的优势和劣势何在？他们的规模和市场份额是多少？

（11）分销渠道和经销商。公司的产品主要通过哪些渠道传送给客户？各种渠道的效率和成长潜力如何？

（12）供应商。生产所需的关键物料的前景怎样？各供应商的实力如何？公司与各供应商的关系如何？公司如何评价供应商的表现？供应商的营销策略有什么变化？

（13）物流。运输服务的成本及前景如何？仓储设备的成本及前景如何？

（14）公众。对于公司来说，哪些公众代表了某种机会，哪些公众会带来问题？公司应采取什么样的措施，以便有效应对他们？

第二节 互联网思维与理念

营销链接 13-2

2016年10月的阿里云栖大会上，阿里巴巴马云在演讲中第一次提出了新零售，"未来的十年、二十年，没有电子商务这一说，只有新零售。"此后，代表着未来消费趋势的生鲜超市、无人值守商店、门店科技等零售新业态不断涌现，商家纷纷加大布局。2017年被不少业内人士称为"新零售元年"。所谓新零售，即企业以互联网为依托，通过运用大数据、人工智能等先进技术手段，对商品的生产、流通与销售过程进行升级改造，进而重塑业态结构与生态圈，并对线上服务、线下体验以及现代物流进行深度融合的零售新模式。

以新零售中的翘楚——盒马鲜生为例，其是阿里巴巴对线下超市完全重构的新零售业态，盒马是超市，是餐饮店，也是菜市场，消费者可到店购买，也可以在盒马App下单。而盒马最大的特点之一就是快速配送，门店附近3公里范围内，30分钟送货上门。盒马鲜生多开在居民聚集区，下单购物需要下载盒马App，只支持支付宝付款，不接受现金、银行卡等任何其他支付方式。实际上，在强推支付宝支付背后，是盒马鲜生未来将对用户消费行为大数据挖掘的野心。阿里巴巴为盒马鲜生的消费者提供会员服务，消费者可以使用淘宝或支付宝账户注册，以便消费者从最近的商店查看和购买商品。盒马鲜生未来可以跟踪消费者购买行为，借助大数据做出个性化的建议。

资料来源：百度百科

人类社会每次经历的大飞跃，最关键的并不是物质催化，甚至不是技术催化，而本质是思维工具的迭代。一种技术从工具属性到社会生活，再到群体价值观的变化，往往需要经历很长的过程。珍妮纺纱机从一项新技术到改变纺织行业，再到后来被定义为工业革命的肇始，影响东、西方经济格局，其跨度至少需要几十年，互联网也同样如此。

这场互联网革命和其背后的互联网思维，由“产品经理”的思辨引发。最典型的产品经理，就是 Apple 的创始人乔布斯。他并非拥有真正伟大的物质发明，个人计算机和智能手机都不是他原创，他的伟大是在于定义了“产品经理”这个角色，并把“互联网思维”运用到了极致。如今，这个思维已经不再局限于互联网，与当初人类历史上的“文艺复兴”一样，这种思维在逐渐扩散，开始对整个时代带来深远的影响。不只产品经理或程序员，所有行业都会被这场互联网思维浪潮所影响、重塑乃至颠覆，这笔宝贵的思想财富将会造福人类熟知的各个行业。当今时代正处于第三次工业革命的“后工业化时代”，意味着工业时代正在过渡为互联网时代。工业化时代的标准思维模式是大规模生产、大规模销售和大规模传播，这 3 个“大”可以称为工业化时代企业经营的“三位一体”。工业化时代稀缺的是资源和产品，资源和生产能力被当作企业的竞争力。但是互联网时代，这 3 个基础被解构了。

在 2013 年全球信息与通信技术论坛上，时任华为公司轮值 CEO 的胡厚昆说道：“在互联网的时代，传统企业遇到的最大挑战是基于互联网的颠覆性挑战。为了应对这种挑战，传统企业首先要做的是改变思想观念和商业理念。要敢于以终为始地站在未来看现在，发现更多的机会，而不是用今天的思维想象未来，仅仅看到威胁。”“互联网正在成为现代社会真正的基础设施之一，就像电力和道路一样。互联网不仅仅是可以用来提高效率的工具，它是构建未来生产方式和生活方式的基础设施，更重要的是，互联网思维应该成为我们一切商业思维的起点。”今天看一个产业有没有潜力，就看它离互联网有多远。复星集团 CEO 梁信军指出：“互联网在过去一年中出现根本性拐点，开始第一次正式影响实体经济，这是一个重要转变。投资人应快速拥抱高成长的互联网行业，同时复星集团也会选择性退出那些可能会被互联网颠覆的行业，也会在可能受益于互联网的发展的行业加大投资，比如说物流、数据这些行业”。

中国互联网元老、宽带资本田溯宁说：“未来的企业要互联网化，每家企业都要有互联网的思维。在未来不用互联网方式来思考问题，就没办法在社会展开竞争。”互联网的发展过程，本质是让互动变得更加高效，包括人与人之间的互动，也包括人机交互。互联网已经渗透到企业运营的整个链条中，从基础应用（如通过 E-mail 发邮件、微信发通知、百度查信息）到商务应用（如在线协同办公、在线销售、在线客服），乃至用互联网思维去优化整个企业经营的价值链条。互联网思维成为最根本的商业思维。

一、互联网思维的含义

最早提出互联网思维的是百度公司创始人李彦宏。在 2011 年“中国互联网创业的三个机会”演讲中，李彦宏与传统产业的企业家探讨发展问题时，首次提到“互联网思维”这个词。他说：“我们这些企业家们今后要有互联网思维，可能你做的事情不是互联网，但你的思维方式要逐渐像互联网的方式去想问题”。后来，雷军多次在演讲中试图用互联网思想总结互联网企业的不同，并进行结构性分析。随着小米曝光度的提高，以及罗振宇等自媒体人士的频繁提及。如今，这种观念已经逐步被越来越多的企业家甚至各行各业、各个领域的人所认可。

所谓互联网思维，就是在（移动）互联网、大数据、云计算等科技不断发展的背景下，对市场、用户、产品、企业价值链乃至对整个商业生态的进行重新审视的思考方式。对于互联网思维，有 3 个误区和 4 个基本问题需要厘清。

对于互联网思维的 3 个误区具体如下。

首先，互联网思维不是社会化营销。很多人一想到互联网思维，就想到社会化营销，想到网站、视频、微博、微信、App 和论坛，好像企业只要用了这些社会化传播工具，就自然拥有了互联网思维。但社会化营销只是互联网思维的一种呈现方式，绝对不是互联网思维的全部，它让生产者和消费者之间的距离大大减少，让消费者也参与到品牌传播中来。

其次，互联网思维不是电子商务。很多人以为互联网思维就是做电子商务，从传统的电子商务模式（B2C），到后来的团购模式，甚至到最近流行的消费者定制（C2B）模式。应该说，电子商务已经比社会化营销往前迈进了一大步，但 B2C 和团购业务只是涉及企业的销售或者业务层面，消费者定制生产（C2B）模式已经进入产品层面了，但从整个公司的运作层面来看，它还不够涵盖互联网思维的本质。

最后，互联网思维不只适用于互联网企业。很多企业以为互联网思维只和互联网企业相关，和自己的企业没什么关系。这种观点是错误的。互联网思维适用于所有企业，包括一些传统行业的企业，无论是海尔还是海底捞，都可以用互联网思维去改造自己的企业。

对于互联网思维需要厘清以下 4 个问题。

第一，不是因为有了互联网，才有了互联网思维。而是因为互联网科技的发展，以及对传统商业形态的不断冲击，导致了这种思维得以集中式的爆发。这个道理很简单，生产力决定生产关系，互联网在技术和商业层面的变化必然会带来上层思考方式的变化。

第二，互联网思维不是互联网人的专利。不是因为你在互联网公司，你就具备这种互联网思维，也不是传统企业就没有互联网思维。互联网思维就是一种思考方式，它不属于哪一类人。

第三，互联网思维不是包治百病的灵丹妙药，但也不是境界虚高。在互联网思维的指导下我们可以重新审视我们原有的一些商业习惯。

第四，很多人都在用互联网思维做营销，而少有人去完成互联网思维的系统思考。运用互联网卖牛腩、卖煎饼果子的案例引发广泛关注之后，又有不少的人用互联网思维来包装卖电视、卖包子、卖卫浴、卖家居等。实际上，用互联网思维做营销，本身也是去博取眼球、获得关注和流量，流量思维本身也是互联网思维的一种。

总之，互联网时代的商业思维是一种民主化的思维。消费者同时成为媒介信息和内容的生产者和传播者，通过买通媒体单向广播、制造热门商品诱导消费行为的模式不成立了，生产者和消费者的权力发生了转变，消费者主权时代真正到来。互联网时代的思考方式，不局限在互联网产品、互联网企业。这里所说的互联网，不单指桌面互联网或者移动互联网，而是泛互联网，因为未来的网络形态一定是跨越各种终端设备的，包括台式计算机、笔记本电脑、平板电脑、手机、手表、眼镜、汽车等。

二、互联网思维的构成要素

很多人都对互联网思维构成要素提出过自己的观点，如雷军的“七字诀”、周鸿祎的“免费”、乔布斯的“少即是多”等，他们的互联网思维都包含几个最基本的构成要素。

（一）快速、便捷

互联网的信息传递和获取比传统方式快了很多，也更加丰富了。在互联网时代，“快”本身成为一种竞争力，如何快速获取信息，如何快速将企业的产品和服务及相关信息迭代给消费者，以及如何为消费者带来便捷则成为企业成功的关键。

（二）表达（参与）

让一个人付出比给予他更能让他有参与感。互联网让人们表达、表现自己成为可能。每个人都有表达自己的愿望，都有参与到一件事情的创建过程中的愿望。企业要弄清楚消费者为什么会参与，它能为消费者带来什么，只有这样才能帮助企业引导消费者更积极地参与。

（三）免费

淘宝网用免费打败了易趣网，奇虎 360 用免费打败了众多杀毒软件企业，从来没有哪个时代能让消费者享受如此之多的免费服务。从逻辑思考上，免费不可能成为互联网思维的核心概念，但是它将竞争的门槛推向极致，因此，企业需要构建合适的商业模式。

（四）大数据

大数据是当今最热门的概念之一，互联网让数据的搜集和获取更加便捷，同时随着大数据时代的到来，数据分析预测对于提升用户体验有非常重要的价值。

（五）用户体验

计算机技术和互联网的发展，使技术创新形态正在发生转变，以用户为中心、以人为本越来越得到重视，用户体验也因此被称作创新 2.0 模式的精髓。

三、互联网思维模式

思维模式，是思维借以实现的形式，而互联网思维模式就是互联网思维借以实现的各种形式。对于企业而言，思考互联网思维实现形式时需要思考的关键有 3 点：一是对平台的理解；二是对草根的尊重；三是社区化。互联网思维是对传统企业价值链的重新审视，体现在战略、业务和组织 3 个层面，以及供研产销的各个价值链条环节中，并且将传统商业的“价值链”（见图 13-1），改造成了互联网时代的“价值环”（见图 13-2）。“价值环”以用户为中心，战略制定和商业模式设计要以用户为中心，业务开展要以用户为中心，组织设计和企业文化建设都要以用户为中心。战略层、业务层和组织层都围绕着终端用户需求和用户体验进行设计。这就是互联网时代的“价值环”模式。其中，在业务层面，用户端和供应链端联结起来，形成了一个闭环，将不断地实现价值动态地传递。用户将需求反馈至研发生产，研发生产形成产品或服务再传递到销售端，销售端通过接触用户又形成了二次循环。这种经过互联网思维改造的“价值环”模式，将对传统商业生态和商业理论带来深刻的影响。“价值环”要求我们必须持续不断地关注用户需求、聆听用户反馈并且能够实时做出回应，这是未来企业建立商业模式的基础。

为了帮助企业实现互联网时代的价值环，赵大伟总结了互联网的九大思维模式，包括：用户思维、简约思维、极致思维、迭代思维、流量思维、社会化思维、大数据思维、平台思维、跨界思维。

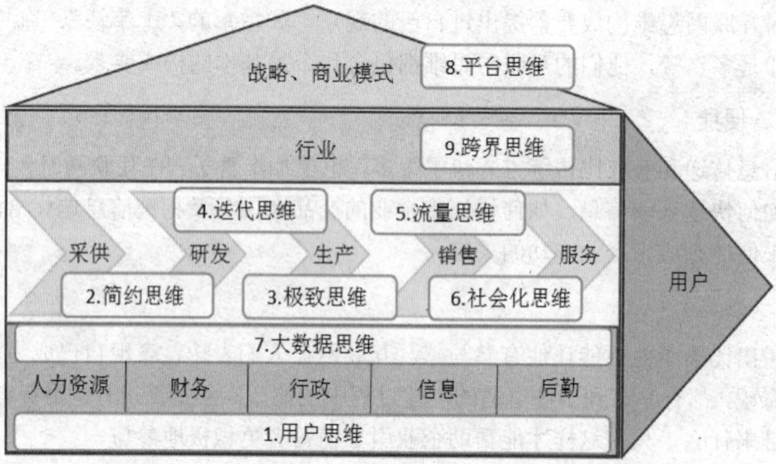

图 13-1　传统商业的价值链

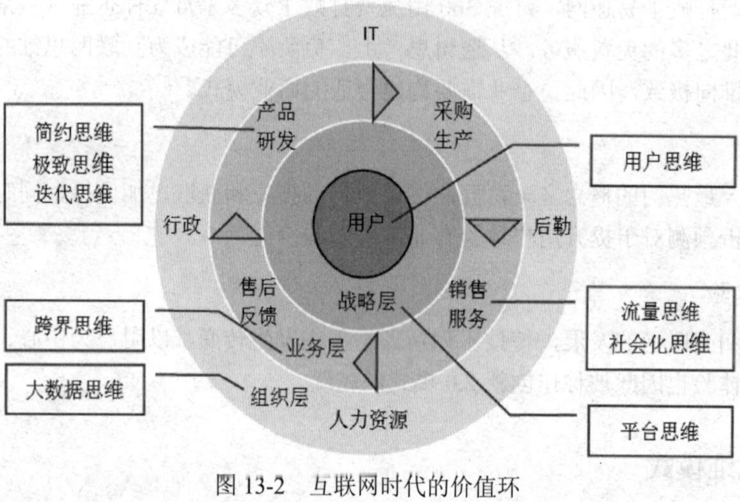

图 13-2　互联网时代的价值环

第三节　互联网营销模式

营销链接 13-3

UGC（User Generated Content）指用户原创内容，即用户将自己原创的内容通过互联网平台进行展示或者提供给其他用户，是伴随着以提倡个性化为主要特点的Web2.0概念而兴起的。它并不是某一种具体的业务，而是一种用户使用互联网的新方式，即由原来的以下载为主变成下载和上传并重。在UGC模式下，用户不再只是观众，而是成为互联网内容的生产者和供应者，体验式互联网服务得以更深入的进行。YouTube、Facebook、百度百科等网站都可以看作是UGC

的成功案例，社区网络、视频（播客）和图片分享网络、知识分享网络、微博等都是UGC的主要应用形式。UGC正在成为互联网领域中被十分看好的新的应用和商业模式，甚至形成了一种新的媒体形式，其潜在商机巨大。UGC的出现，正在开启一个新的媒体时代。

一、互联网商业模式

互联网商业模式，就是指在网络环境中基于一定技术基础的商务运作方式和盈利模式。研究和分析互联网商业模式的分类体系，有助于挖掘新的互联网商业模式，为企业的互联网营销创新提供途径，也有助于企业制定特定的互联网营销策略和实施步骤。互联网商业模式可以从多个角度建立不同的分类框架，最简单的分类是 B2B、B2C、C2C、C2B、O2O 等，但各模式还可以再次细分。

（一）B2B 模式

B2B（Business to Business）是指以企业为主体，在企业之间进行的电子商务活动，即企业与企业之间的电子商务。其代表是马云的阿里巴巴电子商务模式。B2B 主要是针对企业内部以及企业（B）与上下游协力厂商（B）之间的资讯整合，并在互联网上进行的企业与企业间交易。借由企业内部网（Intranet）建构资讯流通的基础，以及外部网络（Extranet）结合产业的上中下游厂商，达到供应链（SCM）的整合。因此，通过 B2B 的商业模式，不仅可以简化企业内部资讯流通的成本，更可使企业与企业之间的交易流程更快速、更减少成本的耗损。

B2B 电子商务是电子商务的主流，是电子商务应用最多和最受企业重视的形式，也是企业面临激烈的市场竞争、改善竞争条件、建立竞争优势的主要方法。企业可以使用 Internet 或其他网络对每笔交易寻找最佳合作伙伴，完成从订购到结算的全部交易行为。

开展电子商务将使企业拥有一个商机无限的发展空间，这也是企业谋生存、求发展的必由之路，它可以使企业在竞争中处于更加有利的地位。B2B 电子商务将会为企业带来更低的价格、更高的生产率和更低的劳动成本及更多的商业机会。

（二）B2C 模式

B2C（Business to Customer）是指企业通过网络销售产品或服务给个人消费者，企业厂商直接将产品或服务推上网络，并提供充足资讯与便利的接口吸引消费者选购，即企业与消费者之间的电子商务。其代表是戴尔（Dell）网络直销平台、凡客诚品等。这是消费者利用互联网直接参与经济活动的形式，类同于商业电子化的零售商务。随着互联网的出现，网上销售迅速地发展起来。这也是目前一般最常见的作业方式，例如，网络购物、证券公司网络下单作业、一般网站的资料查询作业等，都是属于企业直接接触顾客的作业方式，可形成以下 4 种经营的模式。

（1）虚拟社群（Virtual Communities）。

（2）交易聚合（Transaction Aggregators）。

（3）广告网络（Advertising Network）。

（4）线上与线下结合的模式（O2O 模式）。

（三）C2C 模式

C2C（Consumer to Consumer）是指通过为买卖双方提供一个在线交易平台，使卖方可以主动提供商品上网拍卖，而买方可以自行选择商品进行竞价，即消费者与消费者之间的电子商务。C2C 商务平台代表是亚马逊、淘宝网。

（四）C2B 模式

C2B（Consumer to Business）通常情况为消费者根据自身需求定制产品和价格，或主动参与产品设计、生产和定价，产品、价格等彰显消费者的个性化需求，生产企业进行定制化生产，即消费者与企业之间的电子商务。

长期以来由于定制生产成本很高，产销双方在交易过程中存在空间障碍、时间障碍、金融支付障碍和沟通障碍等导致交易成本很高，因此，消费者和生产企业退而求其次，以牺牲个性化交换工业化生产的低成本，这就是以生产企业为中心、少品种大批量的 B2C 模式。进入 21 世纪，互联网技术为产销双方提供了低成本、快捷、双向的沟通手段，现代物流畅达，金融支付手段便捷，以模块化、延迟生产技术为代表的柔性生产技术日益成熟，使交易成本和柔性生产成本大幅下降，为发展 C2B 创造了条件。

真正的 C2B 应该先有消费者需求产生而后有企业生产，即先有消费者提出需求，后有生产企业按需求组织生产。通常情况为消费者根据自身需求定制产品和价格，或主动参与产品设计、生产和定价，产品、价格等彰显消费者的个性化需求，生产企业进行定制化生产。C2B 的核心是以消费者为中心，C2B 产品应该具有以下特征：第一，相同生产厂家的相同型号的产品无论通过什么终端渠道购买价格都一样，也就是全市场一个价，渠道不掌握定价权（消费者平等）；第二，C2B 产品价格组成结构合理（拒绝暴利）；第三，渠道透明（拒绝假货）；第四，供应链透明（品牌共享）。

按定制主体和定制内容两个维度可将 C2B 分为 5 类，分别是群体定制价格、个体定制价格、群体定制产品、个体定制产品和混合型。

（五）O2O 模式

O2O 是指在移动互联网时代，将线下的商务机会与互联网结合，让互联网成为线下交易的前台，同时起到推广和成交的作用，即生活消费领域通过线上（虚拟世界）和线下（现实世界）互动的一种新型商业模式。O2O 这个概念最早来源于美国，其外延非常广泛，只要产业链中既可涉及线上，又可涉及线下，就可通称为 O2O。

随着互联网上本地化电子商务的发展，信息和实物之间、线上和线下之间的联系变得愈加紧密，O2O 被看好会成为电子商务网站的下一个掘金点。营销、交易和消费体验是商业模式中最活跃的基本商务行为。因此，用这 3 个坐标来细化 O2O 概念，可延伸出以下 4 种基本商业模式。

1. Online to Offline

消费者线上交易然后到线下体验，这是目前 O2O 商业模式中最基本、最常见的一种商业模式。目前许多服务型企业，如餐饮、娱乐、美容美发等都引入这种商业模式。此种商业模式的关键是，在网上寻找消费者，然后将他们带到现实的商店中。它是支付模式和为店主创造客流量的一种结合（对消费者来说，也是一种“发现”机制），实现了线下的购买。它本质上是可计量的，因为每一笔交易（或者是预约）都发生在网上。这种模式应该说更偏向于线下，更利于消费者，让消费者感觉消费得较踏实。

2. Offline to Online

企业在线下营销然后将消费者吸引到网上进行交易。1 号店曾在地铁站张贴带有二维码电子标签的商品海报，乘客用手机扫描二维码后下单线上支付，就是这种模式在中国最早的应用。现在，许多传统的线下商家如优衣库、苏宁也开始引入此种商业模式，将地面实体店转变成体验店，然后引导消费者在体验后回到网上进行消费。

3. Offline to Online to Offline

企业首先进行线下营销进而吸引消费者进行线上交易，然后再将消费者带入线下进行消费体验。每年年初，三大电信运营商都会开展“预存话费××元送××”活动，此模式就是在线下营销，在线上完成交易，然后手机客户再到线下完成消费体验。

4. Online to Offline to Online

消费者首先在线上交易，随后到线下进行消费体验，然后再回到网上进行进一步的消费体验。例如，某款游戏的道具中有虚拟的麦当劳套餐，玩家购买后，需要到线下的麦当劳店中吃完该套餐，然后再回到线上玩游戏。此时，游戏中的虚拟麦当劳套餐已经被使用，并发挥效果。相对前 3 种模式，这是目前较少被运用的一种，但是此种模式最大的优势是将线下与线上的互动紧密结合起来，无疑在未来具有非常大的市场潜力和应用前景。

O2O 模式成功的关键不是简单的线上、线下，而是中间的“to”，即连接，用户怎样从企业的线上端连接到线下并为此埋单。如果空有线上网站、App、线下实体商店等形式，而没有促成这种连接的实际内容，是无法成功的。

其一，实现 O2O 模式的基础是线上线下一体化的会员营销系统。在美国，企业 80%的营业收入，都来自企业俱乐部会员，其中大部分会员都是终身顾客。吸引一个新客户所耗费的成本大约相当于保持一个现有客户的 5 倍。对于消费者来说，他们只会想的是线上线下同款是否同价，线上和线下的会员权益是否打通，商家的售后如何，无论是门店还是网店，他们可以实现 A 店购买，B 店换货，C 店退货，会员营销系统给企业带来的价值，远远超过任何一种营销方式，是 O2O 营销模式的基础。

其二，实现 O2O 模式的核心是在线支付。在线支付不仅是支付本身的完成，而且是某次消费得以最终形成的唯一标志，更是消费数据唯一可靠的考核标准。尤其是对提供 Online 服务的互联网专业公司而言，只有用户在线上完成支付，自身才可能从中获得效益，从而把准确的消费需求信息传递给 Offline 的商业伙伴。无论 B2C，还是 C2C，均是在实现消费者能够在线支付后，才形成了完整的商业形态。而在以提供服务性消费为主，且不以广告收入为盈利模式的 O2O 中，在线支付更是举足轻重。

此外，传统企业在转型做 O2O 时最常面临的一个问题就是线上线下冲突的问题。对此，在企业营销实践中常采用以下 4 种创新的营销策略避免线上与线下的冲突问题。

策略一：互补型。线上与线下是同一利益体，线下的体验促进了线上的销售，线下实体店成为沟通、展示、体验的平台。

策略二：价差型。线下的价格和线上的价格只相差顾客额外交易成本，即线上虽然便宜，但顾客需要花费额外的成本与费用（如时间、运费、交易风险），无论线上线下都是一种选择，有的顾客看重体验，有的顾客看重便宜与便利。

策略三：缓冲型。线下是实物产品的缓冲池，线上是市场信息、订单的蓄水池。

策略四：差异型。线上与线下有不同的品牌、款式及不同的定位。

二、互联网营销模式

营销模式是营销中可以参照的标准样式与方法，是根据营销活动的特点及对顾客购买活动各阶段的心理演变而来，采取策略并归纳出来一套程序化的标准营销形式。每一种营销模式应具有自身的独特性，具备成熟的理念和方式方法。因此，营销模式又可以定义为营销理念、营销方式、营销方法等融合而形成的一种范式。

互联网营销模式是指企业借助于互联网进行各项营销活动从而实现企业营销目标的营销模式。互联网发展的不同阶段，网络营销的手段、方法和工具也有所不同，网络营销模式也从单纯的网站建设模式向多元化模式转变。目前，常见的互联网营销模式主要有15种类型，即搜索引擎营销、即时通信营销、网络病毒式营销、BBS营销、网络博客营销、聊天群组营销、网络知识性营销、网络事件营销、网络口碑营销、网络直复营销、网络视频营销、网络图片营销、网络软文营销、RSS营销、SNS营销。

（一）搜索引擎营销

搜索引擎营销是目前最主要的网站推广营销手段之一，尤其基于自然搜索结果的搜索引擎推广，因为是免费的，因此受到众多中小网站的重视，搜索引擎营销方法也成为网络营销方法体系的主要组成部分。搜索引擎营销主要方法包括：竞价排名、分类目录登录、搜索引擎登录、付费搜索引擎广告、关键词广告、搜索引擎优化（搜索引擎自然排名）、地址栏搜索、网站链接策略等。

（二）即时通信营销

即时通信营销又称IM营销，是企业通过即时工具IM帮助企业推广产品和品牌的一种手段，常用的主要有两种情况：第一种，网络在线交流，中小企业建立了网店或者企业网站时一般会有即时通信在线，这样潜在的客户如果对产品或者服务感兴趣自然会主动和在线的商家联系；第二种，广告，中小企业可以通过IM营销通信工具，发布一些产品信息、促销信息，或者可以通过图片发布一些网友喜闻乐见的表情，同时加上企业要宣传的标志。

（三）病毒式营销

病毒式营销是一种常用的网络营销方法，常用于进行网站推广、品牌推广等，病毒式营销利用的是用户口碑传播的原理，在互联网上，这种“口碑传播”更为方便，可以像病毒一样迅速蔓延，因此，病毒式营销成为一种高效的信息传播方式，而且，由于这种传播是用户之间自发进行的，因此几乎是不需要费用的网络营销手段。病毒营销的巨大威力就像一颗小小的石子投入了平静的湖面，一瞬间似乎只是激起了小小的波纹，转眼湖面又恢复了宁静，但是稍候一下，就会看到波纹在不断进行着层层叠叠的延展，短短几分钟，整个湖面都起了震荡。这就是病毒营销的魅力。2008年3月24日，可口可乐公司推出了火炬在线传递，而这个活动堪称经典的病毒性营销案例。如果你争取到了火炬在线传递的资格，将获得“火炬大使”的称号，头像处将出现一枚未点亮的图标，之后就可以向你的一个好友发送邀请。

（四）BBS营销

BBS营销又称论坛营销，就是利用论坛这种网络交流平台，通过文字、图片、视频等方式传播企业品牌、产品和服务的信息，从而让目标客户更加深刻地了解企业的产品和服务，最终达到宣传企业品牌、产品和服务的效果、加深市场认知度的网络营销活动。BBS营销就是利用论坛的人气，通过专业的论坛帖子策划、撰写、发放、监测、汇报流程，在论坛空间提供高效传播。包括各种置顶帖、普通帖、连环帖、论战帖、多图帖、视频帖等。再利用论坛强大的聚众能力，利用论坛作为平台举办各类顶楼、灌水、贴图、视频等活动，调动网友与品牌之间的互动，从而达到企业品牌传播和产品销售的目的。

（五）博客营销

博客营销是通过博客网站或博客论坛接触博客作者和浏览者，利用博客作者个人的知识、兴趣和生活体验等传播商品信息的营销活动。博客营销本质在于通过原创专业化内容进行知识分享争夺话语权，建立起个人品牌，树立自己“意见领袖”的身份，进而影响读者和消费者的思维和购买行为。

（六）网络知识性营销

网络知识性营销是利用百度的“知道”“百科”，新浪的“爱问”或企业网站自建的疑问解答板块等平台，通过与用户之间提问与解答的方式来传播企业品牌、产品和服务的信息。网络知识性营销主要是因为扩展了用户的知识层面，让用户体验企业和个人的专业技术水平和高质服务，从而对企业和个人产生信赖和认可，最终达到了传播企业品牌、产品和服务的信息。

（七）聊天群组营销

聊天群组营销是即时通信工具的延伸，具体是利用各种即时聊天软件中的群功能展开的营销，目前的群有 QQ 群、微信群、MSN 群、旺旺群、有啊群等。聊天群组营销时借用即时通信工具具有成本低、即时效果和互动效果强的特点，广为企业采用。

（八）网络事件营销

网络事件营销是企业、组织主要以网络为传播平台，通过精心策划、实施可以让公众直接参与并享受乐趣的事件，并通过这样的事件达到吸引或转移公众注意力，改善、增进与公众的关系，塑造企业、组织良好的形象，以谋求企业的更大效果的营销传播活动。目前社会出现的网络红人和汶川地震时的“封杀王老吉”都属于成功的网络事件营销典型案例。

（九）网络直复营销

网络直复营销是指生产厂家通过网络，直接发展分销渠道或直接面对终端消费者销售产品的营销方式，如 B2C、B2B 等。网络直复营销是通过把传统的直销行为和网络有机结合，从而演变成了一种全新的、颠覆性的营销模式。很多中小企业因为分销成本过大和自身实力太小等原因，纷纷采用网络直复营销，想通过其成本小，收入大等特点，达到以小博大的目的。

（十）网络口碑营销

网络口碑营销是把传统的口碑营销与网络技术有机结合起来的新的营销方式，是在应用互联网互动和便利的特点，在互联网上，通过消费者或企业销售人员以文字、图片、视频等口碑信息与目标客户之间而进行的互动沟通，两者对企业的品牌、产品、服务等相关信息进行讨论，从而加深目标客户的影响和印象，最终达到网络营销的目的。

（十一）网络视频营销

网络视频营销指的是企业将各种视频短片以各种形式放到互联网上，达到宣传企业品牌、产品及服务信息的目的的营销手段。网络视频广告的形式类似于电视视频短片，它具有电视短片的种种特征，如感染力强、形式内容多样、肆意创意等，又具有互联网营销的优势，如互动性、主动传播性、传播速度快、成本低廉等。可以说，网络视频营销是将电视广告与互联网营销两者“宠爱”集于一身。

（十二）网络图片营销

网络图片营销就是企业把设计好的有创意的图片，在各大论坛、空间、博客和即时聊天等工具上进行传播或通过搜索引擎的自动抓取，最终达到传播企业品牌、产品、服务等信息，来达到营销的目的。

（十三）网络软文营销

网络软文营销，又称网络新闻营销，通过网络上门户网站、地方或行业网站等平台传播一些具有阐述性、新闻性和宣传性的文章，包括一些网络新闻通稿、深度报道、案例分析等，把企业、品牌、人物、产品、服务、活动项目等相关信息以新闻报道的方式，及时、全面、有效、经济地向社会公众广泛传播的新型营销方式。

（十四）RSS 营销

RSS（Really Simple Syndication）营销，又称网络电子订阅杂志营销，是指利用 RSS 这一互联网工具传递营销信息的网络营销模式。RSS 营销的特点决定了它比其他邮件列表营销具有更多的优势，是对邮件列表的替代和补充。使用 RSS 的以行业业内人士居多，比如研发人员、财经人员、企业管理人员他们会在一些专业性很强的科技型、财经型、管理型等专业性的网站，用邮件形式订阅他们的杂志和日志信息，而达到了解行业新的信息需求。

（十五）SNS 营销

SNS（Social Networking Services）营销，又称社会性网络服务营销，如中国人人网、开心网等都是 SNS 型网站。这些网站旨在帮助人们建立社会性网络的互联网应用服务。SNS 营销是随着网络社区化而兴起的营销方式。SNS 社区在我国发展时间并不长，但是 SNS 现在已经成为备受广大用户欢迎的一种网络交际模式。SNS 营销就是利用 SNS 网站的分享和共享功能，在六维理论的基础上实现的一种营销。通过病毒式传播的手段，让企业的产品、品牌、服务等信息被更多的人知道。

以上便是企业常用的网络营销的 15 大形式。未来时代谁能营销网络，谁就能营销市场。如果企业现在还没有开始做网络营销，那么真的会像网络上说的那样：“将错过的不是一个机会，而是错过一个时代。”

第四节 互联网金融营销

一、互联网金融概念及演化历程

一般来说，只要以互联网为平台进行的金融活动都可以被称作互联网金融。进一步可以分为两大类型。一类是金融互联网化，即传统的金融机构通过互联网平台这一渠道，把传统的线下金融活动搬到线上来做。金融互联网化其实并不陌生，从 2002 年互联网爆发式发展开始，随着技术的不断革新进步，我们可以通过网上炒股软件在线交易买卖股票、基金、国债等；我们可以通过手机银行或者网上银行进行汇款、转账甚至购汇、缴费等业务，诸如此类。我们可以不用再去银行、券商排队柜台交易。

另一类是互联网金融化，即随着互联网的创新发展，深入改变人们的生活方式和思维理念，从量变到质变引发的全新金融活动形式，也称为“互联网思想下的金融创新”。互联网思想最核心的内容是：高效、共享、平等、自由。在这个基础上信息互换、资源重新分配。只要符合这一定义的线上金融创新活动，原则上都可以被归纳为“互联网思想下的金融创新”。这种创新一般都由互联网企业牵头，逐步向传统金融业渗透。

基于上述互联网金融概念，互联网金融外延主要有 3 种模式：第一种是传统金融服务的互联网延伸模式，即金融互联网化，包括电子银行、网上银行、手机银行以及保险销售等；第二种是互联网金融服务，包括互联网基金、P2P 借贷及众筹等；第三种是金融的互联网居间服务模式，包括第三方支付平台、智能 App 应用等，如图 13-3 所示。

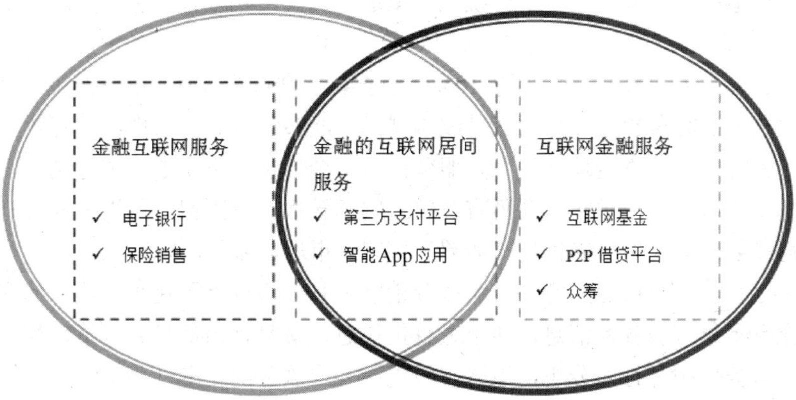

图 13-3 互联网金融模式

二、金融互联网化

（一）电子银行

进入 21 世纪以来，随着移动技术的广泛应用，网络已日渐成为人们生活中不可或缺的一部分。银行在开展传统银行柜台业务的同时，与时俱进地将银行业务与网络应用相融合，开展业务创新，建立起电子银行这种业务模式，并且以电子银行业务逐步替代银行传统业务，改变了银行传统柜台业务的模式。电子银行业务简单来说就是一种运行在互联网上的虚拟银行，它可以满足广大客户的不同需求，具有效率高、使用便捷、成本低的特点，并且可以真正做到“随时随地随心”的使用。

根据中国银行业监督管理委员会 2006 年 3 月 1 日实施的《电子银行业务管理办法》中的有关定义:“电子银行业务是指商业银行等银行业金融机构利用面向社会公众开放的通信通道或开放型公众网络，以及银行为特定自助服务设施或客户建立的专用网络，向客户提供的银行服务。电子银行业务包括利用计算机和互联网开展的银行业务（以下简称网上银行业务），利用电话等声讯设备和电信网络开展的银行业务（以下简称电话银行业务），利用移动电话和无线网络开展的银行业务（以下简称手机银行业务），以及其他利用电子服务设备和网络，由客户通过自助服务方式完成金融交易的银行业务。”电子银行不仅包括网上银行、手机银行和电话银行，还包括自助银行、家居银行、电子商务、短信金融等。

目前，电子银行的主要功能类型包括基本交易、账户管理、拓展业务、信息服务等，服务对象包括个人、企业和第三方。基本交易类型主要包括转账汇款、定期存款、贷款还款、外汇买卖、信用卡还款、代收代付等。账户管理类主要包括账户信息查询、交易明细查询、账户自助关联、贷款查询、电子现金账户管理、虚拟银行卡服务、跨行现金管理等。拓展业务类主要包括银证转账、银行理财、基金国债、贵金属、外汇交易、信用卡申请、民生服务、电子支付等。信息服务类主要包括金融信息发布、银行基本信息发布等。

电子银行是社会信息化高度发展的产物，也是金融创新与科技创新的产物，其主要特征在于网络化和虚拟化。作为一项金融产品和服务，电子银行具有传统银行服务不可比拟的特点和优势。

第一，银行提供自助性服务，超越时空限制，可以为客户提供全天候 3A 金融服务（Anytime、Anywhere、Anyhow），真正实现 7×24 小时不间断服务。电子银行服务高度程序化、标准化、规范化，准确高效、综合全面，可以实现一站式金融服务。

第二，电子渠道的运营成本远低于传统柜台渠道。例如，就银行一笔业务的成本来看，手工交易的成本约为 1.1 美元，自助银行交易约为 25 美分，电话交易约为 54 美分，而网上银行交易成本更可低至 10 美分以内，为手工交易的 10%。电子渠道的低成本为通过价格策略吸引大量客户创造了条件，客户越多交易量越大，平均交易成本越低，能够创造显著的规模经济效益。

第三，电子银行能够提供全球化的金融服务，参与全球性竞争。电子银行利用互联网、通信网络等各种低成本渠道，快捷地进行不同语言文字之间的转换，各国银行可以将业务延伸到全世界每个角落，而不再需要设立大量分支机构就能够开拓国际市场、参与国际竞争。

第四，电子银行客户分析更加完善，精准营销能力强。通过电子化平台建立的客户数据库和客户信息系统，充分采集客户各种信息，如个人身份信息、交易行为信息、浏览习惯信息等，采用数据模型进行客户数据挖掘和行为分析，能够有效提高客户服务的精准性和成功率，提高客户体验和忠诚度。

电子银行的这些特点和优势使银行业满足了客户需求、提高服务效率、提升服务质量和降低操作风险，而且提高了客户服务满意度和忠诚度。在我国电子化水平全面提高，网络科技迅猛发展的趋势下，电子银行业务对我国银行业的战略意义更加突出。电子银行已经从成本单元转变为利润中心之一。同时，各家银行全面推进境外电子银行渠道建设，借助互联网参与全球性竞争。电子银行是目前银行业发展的大趋势，无纸化交易，无线支付已经成为潮流趋势，在电子化、信息化、自由化的条件下，谁都可以做银行。而乘上信息化、电子化、网络化的快车，银行业可以延伸至任何领域。

（二）线上保险销售

国内第一家互联网在线保险销售平台是泰康人寿在2000年9月开启的网络营销渠道——泰康在线。泰康人寿通过引进外国先进保险数据、网络技术，在国内首次实现了保单设计、客户投保、核保、缴费、后续服务的全程网络化，是真正意义上的“在线保险”，也是首次使用电子保单的保险公司。泰康在线又开发了“e 站到家”电子化自助服务平台，功能涵盖了保单的查询、账户价值的查询、账户的转换、退保操作、撤单退出、投保进度线上查询、已有保单的续期缴费、客户的网上理赔报案、电子对账单申请等。泰康是保险业互联网化的代表性公司。

近年来，中国人寿保险、中国平安保险等保险业巨头也开始进军互联网保险业务，而众多互联网企业也纷纷加入竞争中。传统保险定价模式是基于历史数据的静态精算模型，而互联网保险公司会更多基于大数据的动态精算模型，满足客户差异化的需求。传统的精算很难获得，只有通过行为数据，动态的精算，可以最低的价格服务于消费者。传统保险公司在用户行为数据上没有办法像互联网公司那么快掌握。这对整个保险行业来说其实是好事，保险市场空间非常大，有利于促进保险行业的互联网化。

三、互联网金融创新

互联网金融概念的兴起，起因便是 2013 年 6 月，家喻户晓的阿里巴巴集团推出支付宝的“余额宝”业务。把支付宝内的资金“转化”为“余额宝”，不但可以余额增值且收益稳定，还可以直接用于购物支付和转账。这一业务颠覆了人们对与金融理财的传统认识。摒弃了传统理财开户、申购、赎回、资金到账延迟、起点太高等弊端，让理财产品变得简单、直观、易行。这一业务也得到了迅猛的爆发式增长。由此为契机，各大互联网企业快马加鞭，京东商城、苏宁紧随其后。新浪、腾讯、百度这些我们每天接触依赖的互联网企业也开始涉足金融产业，进行金融产品的创新。

（一）互联网基金

随着互联网金融的兴起，打破了银行存款利率单一的垄断局面。2013 年负责运营余额宝的天弘基金，仅仅用了 7 个月时间余额规模就突破了 2 500 亿元，截至 2017 年 3 月，余额宝资产净值突破万亿规模，达 1.14 万亿元，用户数量已超 3 亿，其中农村用户超过 1 亿，传统的现金管理格局正在被打破。随着余额宝产生的“鲶鱼效应”，越来越多的机构开始追随，传统的基金公司、互联网巨头企业开始纷纷推出属于自己的在线现金管理产品，紧锁客户闲置资金、零散资金，化零为整，各类创新性互联网基金不断推出，使得现金管理市场也开始变得异彩纷呈。

1. 移动支付型产品

代表产品：阿里巴巴余额宝、苏宁零钱宝。阿里巴巴余额宝作为一款开创性产品，不但引发了互联网金融的火爆，还实现客户储备资金增值，同时也帮助天弘基金完成管理规模的突变。集余额增值、资金周转以及支付功能于一体，余额宝已经成为互联网金融的标志性产品。苏宁紧随其后推出零钱宝，同样可以用于网上购物、生活缴费、信用卡还款，并且依托自身全国 1 600 余家实体店面，提供客户答疑、线下产品推介以及操作指南等客户服务，成功地将互联网金融产品带到线下进行推广、销售和服务。

2. 自主更新型产品

代表产品：汇添富基金现金宝、全额宝等。传统的基金公司一部分对接互联网巨头，包装自身现金管理工具通过互联网平台线上销售，还有一部分通过自身直销平台推广销售自主创新产品。比如近两年一直致力于现金管理工具创新的汇添富基金，先是开发了可以实现 T+0 交易的场内货币式基金添富快线，随着互联网金融浪潮的兴起，又与苏宁合作推广现金宝，最后通过自身直销平台，开发推广了全额宝，一经推出用了 30 小时创下了 6 亿元的天量销售额。不但提升了自身知名度，还让更多人开始关注其旗下其他金融理财产品，可谓一举多得。

3. 互联网公司自主品牌产品

代表产品：百度百发、微信理财通。这类产品的特点是互联网公司以自身客户平台为基础，通过与基金公司合作，以资产管理模式挂钩多家基金公司旗下现金管理工具，推广自身品牌的产品。如我国搜索引擎百度平台，通过自身的客户基础，成立百度理财中心，发行了预期收益达到年化 8% 的“百发”团购产品，其宣传手段和宣传攻势，引发互联网和金融业巨震，产品也在发售后被迅速抢购一空。其后再接再厉推出“百赚”和“百赚利滚利”等，也受到投资者热捧。

4. 银行系产品

代表产品：平安银行的“平安盈”、工商银行的“天天益”等。互联网金融产品的热销，使得银行自身的人民币理财产品业务受到极大冲击。银行也做出正面迎击，改革自身人民币理财产品，增加取现的灵活性，推出了新一代的现金管理工具。但是银行受制于监管影响，在创新性方面，发展仍然比较缓慢。

（二）P2P 网贷

所谓 P2P（Peer to Peer）网贷，简单地说，就是有资金并且有理财投资想法的个人，通过中介机构牵线搭桥，使用信用贷款的方式将资金贷给其他有借款需求的人。其中，中介机构负责对借款方的经济效益、经营管理水平、发展前景等情况进行详细的考察，并收取账户管理费和服务费等。

这种操作模式依据的是《中华人民共和国合同法》，其实就是一种民间借贷方式，只要贷款利率不超过银行同期贷款利率的 4 倍，就是合法的。

P2P 网贷脱离了传统金融机构媒介的信贷模式。客户分为投资方和借贷方。投资方出借资金，可以获得比传统理财产品更高的资金回报。借贷方可以更方便和低成本地获得资金。双方在 P2P 网络平台注册，借贷方发布信息，包括借款金额、年化利率、保障方式、还款来源、还款期限以及详细的借款说明，俗称发标。投资方根据自己的投资周期、投资金额、风险偏好、投资经验选择借款方投资，俗称投标。一旦投标金额达到借款方金额，交易即达成。投资方开始计息，借贷方进入还款周期。

（三）众筹

大众筹资是指用团购+预购的形式，向网友募集项目资金的模式。众筹利用互联网和 SNS 传播的特性，让小企业、艺术家或个人对公众展示他们的创意，争取大家的关注和支持，进而获得所需要的资金援助。众筹具有以下 4 个特点。

（1）低门槛：无论身份、地位、职业、年龄、性别，只要有想法有创造能力都可以发起项目。

（2）多样性：众筹的方向具有多样性，在国内的众筹网站上的项目类别包括设计、科技、音乐、影视、食品、漫画、出版、游戏、摄影等。

（3）依靠大众力量：支持者通常是普通的草根民众，而非公司、企业或是风险投资人。

（4）注重创意：发起人必须先将自己的创意（设计图、成品、策划等）达到可展示的程度，才能通过平台的审核，而不单单是一个概念或者一个点子，要有可操作性。

我国由于法律和监管原因，为了防范非法集资以及金融诈骗，暂时不认可美国式的众筹模式。但是我国的互联网企业，改良创新发展了众筹模式，把其发展成为一种类似于团购的新形式。不允许以股权或者资金作为资本回报，更不能向支持者承诺资金收益，而以实物、服务或者媒体内容等作为回报。同时我国的互联网众筹网站也规定，不做公益、化妆品、酒类、房地产项目，以符合国家宏观政策和规定。

（四）第三方支付平台

所谓第三方支付，就是一些和产品所在国家以及国内外各大银行签约，并具备一定实力和信誉保障的第三方独立机构提供的交易支持平台。在通过第三方支付平台的交易中，买方选购商品后，使用第三方平台提供的账户进行货款支付，由第三方通知卖家货款到达、进行发货；买方检验物品后，就可以通知付款给卖家，第三方再将款项转至卖家账户。第三方支付具有以下 3 个显著的特点。

第一，第三方支付平台提供一系列的应用接口程序，将多种银行卡支付方式整合到一个界面上，负责交易结算中与银行的对接，使网上购物更加快捷、便利。消费者和商家不需要在不同的银行开设不同的账户，可以帮助消费者降低网上购物的成本，帮助商家降低运营成本；同时，还可以帮助银行节省网关开发费用，并为银行带来一定的潜在利润。

第二，较之 SSL、SET 等支付协议，利用第三方支付平台进行支付操作更加简单而易于接受。SSL（Secure Socket Layer）是应用比较广泛的安全协议，在 SSL 中只需要验证商家的身份。SET（Secure Electronic Transcation）协议是基于信用卡支付系统的比较成熟的技术。但在 SET 中，各方的身份都需要通过电子商务认证授权机构（Certificate Authority，CA）进行认证，程序复杂，手续繁多，速度慢且实现成本高。有了第三方支付平台，商家和客户之间的交涉由第三方来完成，使网上交易变得更加简单。

第三，第三方支付平台本身依附于大型的门户网站，且以与其合作的银行的信用作为信用依托，因此第三方支付平台能够较好地突破网上交易中的信用问题，有利于推动电子商务的快速发展。

目前，第三方支付平台主要有 3 种类型：一种是互联网型支付企业，以支付宝、财付通为首的互联网型支付企业，它们以在线支付为主，捆绑大型电子商务网站，迅速做大做强；一种是金融型支付企业，以银联商务、快钱、汇付天下、易宝、拉卡拉等为首的金融型支付企业，侧重行业需求和开拓行业应用；一种是以非金融机构的第三方支付公司为信用中介，类似银联商务、拉卡拉、嘉联支付这类手机刷卡器产品。

互联网金融创新正方兴未艾，互联网金融营销新方式给更多客户、用户、公众带来便利和理财新方式，改变了金融服务"嫌贫爱富"的"二八"定律，激活了金融服务本质的跃升，升级了金融服务理财的"大数"原理。同样互联网金融市场也会充斥着利欲熏心的不法行径，如打着互联网金融旗号的非法集资与跑路、互联网金融诈骗等现象，创新金融产品的背后操控者面对充满诱惑与风险的资本市场，游走在法律与欲望、道德与魔鬼的边缘；与此同时，一些创新金融产品本身就存在着巨大的风险，如比特币、区块链金融模式、分销+金融+网上商城等三级分销模式等。尽管互联网金融创新发展的未来充满风险，但其初衷是光明的，发展是方兴未艾的，未来的智能化金融及其营销一定会更多地成为普惠金融。

第五节 营销理论新发展

营销链接 13-4

从农耕时代到工业时代到信息时代，技术力量不断推动人类创造新的世界。互联网，正以改变一切的力量，在全球范围掀起一场影响人类所有层面的深刻变革，人类正站在一个新的时代到来的前沿。央视大型电视纪录片《互联网时代》开播仪式于2014年8月20日在北京举行。这是中国第一部也是全球电视机构第一次全面、系统、深入、客观解析互联网的大型纪录片，全片共10集，每集50分钟，是中央电视台继《大国崛起》《公司的力量》《华尔街》等之后的又一部力作。

管理学家德鲁克在管理的实践中曾说过，企业的职能只有两个：创新和营销。他当然不会忽略其他管理职能。他强调的是"营销"在企业管理中区别于其他管理职能，是独一无二的职能（Unique and Distinctive Functions），特别是在企业家经济时代，既需要创新，探索新的增长空间，更需要将这类创新转化为市场价值，从而形成新的持续发展和经济增长点。

新产业革命下的科技发展，特别是互联网技术的发展，导致产业和市场关系的深刻变化，为产业和市场结构带来革命性变化，从根本上改变了竞争的情景和营销的内涵，迫使营销思想和模式发生改变。例如，社交网站和社交通信，其市场收益并不直接来自其服务对象（即直接顾客）；电商的市场作用并不仅作为交易平台，市场价值也并不仅限于商品和服务（内容）。营销环境的变化挑战着传统的营销理论，从20世纪末开始，一些新的营销理论和观点不断地被提出，其中具有典型代表意义的有关系营销理论、整合营销理论、网络营销理论、信息营销理论及知识营销理论等。

一、关系营销

关系营销（Relationship Marketing）是把营销活动看成是一个企业与消费者、供应商、分销商、竞争者、政府机构及其他公众发生互动作用的过程，其核心是建立和发展与这些公众的良好关系。

关系营销与传统营销的不同表现在以下几个方面：首先，营销核心。传统营销的核心是交易，关心如何实现交易和吸引新顾客；关系营销的核心是关系，强调如何保持与客户的友好关系，获取忠诚客户。其次，营销对象。传统营销的营销对象只是顾客；而关系营销的营销对象则包括顾客、供应商、员工、分销商等与企业利益相关的多重市场。最后，营销部门。传统的营销部门职责就是完成企业的营销任务，其他的部门很少直接参与企业营销活动；奉行关系营销思想的企业，其营销任务不仅仅由营销部门完成，许多部门都积极参与和各方建立良好关系，营销部门成了关系营销的协调中心。

二、整合营销

整合营销（Integrated Marketing Communication，IMC）由美国西北大学教授舒尔兹等人最先提出，是“根据企业的目标设计战略，并支配企业各种资源以达到战略目标”。传媒整合营销作为“整合营销”的分支应用理论，简言之，就是从“以传者为中心”到“以受众为中心”的传播模式的战略转移。整合营销是以消费者为核心重组企业行为和市场行为，综合协调地使用各种形式的传播方式，以统一的目标和统一的传播形象，传递一致的产品信息，实现与消费者的双向沟通，迅速树立产品品牌在消费者心目中的地位，建立产品品牌与消费者长期密切的关系，更有效地达到广告传播和产品行销的目的。

整合营销具有以下六大特征：第一，在整合营销传播中，消费者处于核心地位；第二，对消费者深刻全面的了解是以建立资料库为基础的；第三，整合营销传播的核心工作是培养真正的“消费者价值”观，与那些最有价值的消费者保持长期的紧密联系；第四，以本质上一致的信息为支撑点进行传播，企业不管利用什么媒体，其产品或服务的信息一定得清楚一致；第五，以各种传播媒介的整合运用作手段进行传播；第六，紧跟移动互联网发展的趋势，尤其是互联网向移动互联网延伸、手机终端智能化以后，新技术对原有 PC 互联带来了前所未有的颠覆和冲击，在这个过程当中应当紧盯市场需求，整合现有的资源，包括横向和纵向的资源，成为一个移动营销价值的整合者和传播者。例如，优秀移动营销整合服务商百分通联已覆盖金融、汽车、IT 数码、房地产等行业，拥有一些典型案例和成功用户。

三、网络营销

网络营销，通俗地说就是利用网络资源展开营销活动。它利用网络渠道进行直接的网上交易，使用电子货币作为新的支付手段，或配合传统的送货上门、结算完成交易过程。网络营销使传播具有更高的效率，通过与顾客的全方位互动，向顾客提供个性化的超级服务，做到真正的直面营销，实现客户关系的单户管理以留住客户。

在互联网条件下，资本、要素、资源等概念范畴在悄悄发生变化，靠土地、矿产等垄断性资源独霸天下的时代将过去，大数据、客户流量、社交群体等在智力资本联结下成为创造价值的资源。企业组织的关系更趋于平等，在互联网中小微企业同大企业一样是平等、自由的，甚至比“恐龙型企业”更有生存空间，更具生存能力，大中小微企业也更趋于平等，大鱼吃小鱼不再是唯一生存法则；消费者需求超越了工业文明的局限，有物质与精神的，有实在与虚拟的；而价值标准也被颠覆，与此相对称的，企业的价值创造的空间也趋于无限；价值创造传递和实现的价值流不再是链式线性的，而个人与组织在价值网中扮演的角色可能是多重的。简而言之，互联网时代营销价值的内容和测度发生了改变，从而改变了营销的策略空间。

四、信息营销

信息营销是研究信息技术革命对营销活动的影响，探讨这一影响的规律性及其应用的一个现代营销系的分支（从营销学角度出发），或为应用信息和信息技术开展的营销活动（从企业或组织的经营活动角度出发）。信息营销是当代信息革命浪潮的必然产物，包括营销管理信息系统、商业自动化、信息产品营销和信息技术对传统营销组合的影响等内容。

信息营销可分为 3 个层次：第一层次是通过搜集和处理市场的大量信息，来预测市场的发展趋势，寻找市场机会；第二层次是利用信息分析消费者行为，来掌握消费者的个体需求，对消费者精确地进行一对一营销；第三层次是将企业外部信息与内部信息进行整合，在消费者的个性化需求与企业的规模效益间找到最佳契合点。

五、知识营销

知识营销是指向大众传播新的科学技术以及它们对人们生活的影响，通过科普宣传，让消费者不仅知其然，而且知其所以然，重新建立新的产品概念，进而使消费者萌发对新产品的需要，达到拓宽市场的目的。知识营销需要一定的信息传播途径，否则就成为空洞的概念。随着知识经济时代的到来，知识成为发展经济的资本，知识的积累和创新，成为促进经济增长的主要动力源，因此，作为一个企业，在搞科研开发的同时，就要想到知识的推广，使一项新产品研制成功的市场风险降到最小，而要做到这一点，就必须运作知识营销。

六、国际营销

随着跨国贸易的发展，市场营销活动不仅局限于本国境内，还延伸至境外，出现了国际营销（也称之为国际市场营销）。与国内营销相比，国际营销新增了国际市场进入方式的选择、产品策略的标准化与当地化问题、定价货币的选择等因素，使企业面临更为复杂的环境。而且，新经济时代冲击着旧时代传统的市场营销模式，对国际营销提出了新的要求。如要求企业更加注重战略、重视不同国家企业之间的合作．招揽需要更多的营销精英，探索新的营销方式，如充分发挥网络营销在国际营销中的作用；加强绿色营销的力度，将绿色营销理念参透到生产过程、促销过程等各个方面；重视道德营销等。

总之，营销理念的变革和创新、科技变革和创新、政策变革和创新的层出不穷，企业既要迎合国际营销发展的新趋势，更要发展新趋势。

思考题

1. 如何用互联网思维去重塑传统超市业？
2. 互联网时代的 O2O 餐饮营销模式有哪些创新点？
3. 传统银行应如何应对互联网企业对金融的营销颠覆？

案例分析

案例 13-1

腾讯微信的“互联网式”创新

一、案例简介

微信（WeChat）是腾讯公司于2011年1月21日推出的一个为智能终端提供即时通信服务的免费应用程序，微信支持跨通信运营商、跨操作系统平台通过网络快速发送免费（需消耗少量网络流量）语音短信、视频、图片和文字，同时，也可以使用共享流媒体内容的资料和基于位置的社交插件“摇一摇”“漂流瓶”“朋友圈”“公众平台”“语音记事本”等服务插件。在微信投入市场之前，国内外已经有多款基于移动互联网的语音聊天软件，以米聊、Talkbox、Kik、WhatsApp等为代表的应用瓜分了大部分市场份额。可是仅仅只经历了一年时间，微信就远远超越了该领域几乎所有对手。2014年年底，微信用户数量同比增长41%，至5亿人，是亚洲地区最大用户群体的移动即时通信软件。

二、微信如何一步步运用互联网思维进行微创新

在微信推出市场之前，中国最早同类产品主要是互动科技在2010年11月推出的“个信”、小米科技于一个月后正式推出“米聊”。面对这些竞争对手对腾讯QQ市场份额的冲击，腾讯以加拿大移动IM服务提供商Kik Interactive公司的移动语言聊天产品Kik为雏形，开发出以微信语音为核心功能的第一个微信版本。

随后，微信在语音服务上叠加LBS（基于地理定位技术）实现的距离社交功能。这一功能使微信突破了以往的熟人社交模式，开启陌生人互动交友的新应用区间。而这一转变源于微信对用户群体的观察。互联网不仅连接了以各种强关系构成的熟人圈层，更连接起由各种弱关系构成的陌生人圈层，如拼车上下班、二手买卖、相亲等，微信功能更加趋近于生活化社交。而这一目标用户群体的转变也给微信带来了用户规模爆发式上涨。

然而，微信没有止步于此，很快微信又推出了摇一摇、二维码两大功能，而二维码功能虽然也是复制国外的技术，但是二维码这一功能却成为互联网行业最为成功、商业前景最为广阔的颠覆式移动创新。而针对如何使移动端与传统PC端更好地融合，微信随后推出的公众号使微信以创新的方式将工具变成了平台，这对新浪微博平台上的口碑营销价值链形成了巨大冲击，大批营销账号开始迁徙至微信，连新浪自己的门户（Portal）频道也开始在微信上建立推广账号。而朋友圈功能的上线则挑战并打败了腾讯的两大竞争对手——米聊的“熟人社区”和新浪微博。当然，微信的互联网式微创新模式没有停止，微信先后推出了语音/视频通话功能挑战我国传统的三大通信运营商，微店挑战淘宝网的领航地位。而2015年微信与阿里巴巴的红包大战更是两大互联网巨头在移动支付领域的较量。

三、微信的“整合”与“迭代”微创新战略

腾讯微信成功的关键是将微创新上升到战略高度，实施了“整合”与“迭代”微创新战略。

所谓“整合”微创新战略是指微信不是只使用某种单独模式开展微创新活动，而是将微创新活动建立在基于功能、技术、定位、模式、外观、服务、渠道等多个层面，兼顾各方面的用户体验的持续改善，并整合使用各种微创新模式以保证“整合”战略的实施；所谓“迭代”微创新战略是对微创新活动反复按照一定的步骤进行重复执行、开放操作、迭代升级，在每次展开这些步骤时，并不是简单的循环复制、功能叠加，而是将创新活动始终置于一种开放的、协同的状态，充分利用已有的创新成果、紧紧追踪潜在的适用技术、细致分析所感受的用户需求，要求在每一次重复中实现哪怕是某一微小功能或技术的迭代升级，以保障实现持续创新，并通过规范化的步骤来加速微创新过程。这一“整合”与“迭代”微创新战略具有开放性、协同性、加速性、持续性的特征，保证了腾讯微信能够敏捷地吸附、集纳市场上出现的几乎所有大大小小的相关技术和模式，并在自身平台上反复予以“整合”与“迭代”，从而迅速地超越同类产品，使其由最初一个看似偶然的、并不起眼的垂直类应用项目最终演变成囊括多种功能的移动社交平台，而且跨界颠覆了其他移动产品。

案例思考：

1. 请分析腾讯的微创新有何独特之处。
2. 请思考腾讯的微创新模式是否可以复制。

案例 13-2

海尔集团的国际化营销分析

海尔集团起源于1984年成立的青岛冰箱总厂。20世纪90年代末，很多中国企业响应中央号召，实施“走出去”战略。1998年，海尔集团开始全面实施国际化战略，从一家国内企业发展成国际知名企业，成为跨国公司，进入全球500强。海尔集团走向世界的第一步是扩大产品出口。海尔集团先后取得了美国、欧盟、日本等国家（地区）的共18类产品认证，产品可畅通无阻地出口到世界87个国家（地区），顺利成为中国家电行业中出口产品类别最多、出口量最大的企业。海尔集团走向世界的第二步是建立海外营销网络。利用该营销网络，海尔集团可以更快地向消费者提供产品和服务，更好地满足其需求。海尔集团走向世界的第三步是在海外投资建厂，实现产品的当地生产和销售，为建成跨国公司创造条件。2000年，海尔集团在美国工业园的冰箱项目正式投产，产品直接向美国市场供应。然后，按照“先难后易”的策略，海尔集团又在巴基斯坦、孟加拉国等发展中国家先后建立了工业园和工厂，还在意大利收购了当地一家大型冰箱制造厂。2005年年底，海尔集团进入全球化品牌战略阶段，利用全球资源创造本土化主流品牌。自此，海尔集团开始整合全球的研发、制造和营销资源，开创全球化品牌。2005年，英国《金融时报》将海尔评为“中国十大世界级品牌”之首。2006年，品牌价值高达749亿元，成功跻身世界级品牌行列。2013年，海尔集团抓住第三次工业革命的机遇，按照“没有成功的企业，只有时代的企业”的观点，适应个性化生产的需要，开始实施网络化战略。目前，海尔集团在全球拥有5大研发中心、19个海外贸易公司、21个工业园和8万多名员工，产品销往100多个国家（地区）。

案例思考：

运用跨国公司理论分析海尔集团的国际化经营。

案例 13-3

宜家中国的本土化经营

宜家公司创建于1934年，起初主要经营文具邮购和杂货等业务。1951年，公司集中生产低价格的家具，即为人们现在所熟知的宜家。2013财政年度，宜家在4个国家新开了5家商场，至此，宜家在全球26个国家（地区）分布了303家商场，在52个国家（地区）拥有1 046个家居产品供应商，生产约9 500种系列产品，员工数量超过13万人，销售总额达279亿欧元。中国是宜家进军欧洲以外市场的第一站，也被宜家看作是其一个新时代的开端。早在1998年，宜家率先在上海开设了其在中国的第一家门店，由于设计清新自由，产品种类繁多，该门店一开张就吸引了众多消费者的眼球，更是受到许多追求时尚和生活品位的白领阶层的青睐。很快，宜家家居成为反映时尚、体现生活品位的一种象征。仅2001财政年度，宜家家居便在中国市场斩获5亿元人民币。经过近20年的发展，中国在宜家的全球市场中是增长最快的，已成为宜家地理上和经济上的重心，可能将取代瑞典，成为其最大的采购国。

案例思考：

请从价格本土化、采购本土化、选址与服务本土化、促销本土化方面分析宜家中国的本土化营销策略。

第五篇

营销计划执行

第十四章 营销管理与计划执行

学习目标

1. 熟悉营销管理的任务和职能
2. 掌握营销计划编制的方法和步骤
3. 掌握营销控制的方法

营销计划是企业的战术计划。对企业而言，营销战略是“做正确的事”，而营销计划则是“正确地做事”。营销计划能充分发挥作用的基础是拥有正确的战略，一个完美的战略可以不必依靠完美的战术，而完美的战术则可以弥补战略的欠缺，还能在一定程度上转化为战略。所有计划的核心都在于执行，否则再好的营销计划也会前功尽弃。

第一节 营销管理的任务和决策

一、营销管理的任务

市场营销管理可以分解成许多工作，各自都有明确的任务和责任，并要求企业内部每个人都不同程度地参与其中。营销管理的任务是以有助于企业达到既定目标的方式去影响市场有效需求的水平、时间选择和构成。因此可以说，营销管理基本上是需求管理。

对于目标市场，企业一般都会事先假定某种期望的交易水平，但实际的需求水平往往低于、等于或高于它。这就是说，相对于假定的期望的交易水平，目标市场可能会出现无需求、弱需求、合理需求、过量需求或不健康需求等。营销管理者应注意区别各种不同的需求情况，并相应地做出反应。从这个意义上说，营销管理实际上就是需求管理，其任务在于影响需求的水平、时间选择和构成，从而达到自己的目标。各种需求状况和相应的营销任务具体说明如下。

（一）负需求

负需求是指企业的产品或服务不受目标市场欢迎，甚至遭到拒绝，即市场处于负需求状况。例如，虽然猪肝、猪腰、猪肚等动物内脏产品在中国已经被消费者广为接受，但是却遭到欧美消费者的反感及拒绝。此时，市场营销的任务是分析市场不喜欢本企业产品的原因，以改变市场营销策略，将负需求转变为正需求。

（二）无需求

无需求是指目标市场的消费者对产品不感兴趣或反应冷淡的一种需求状况，即市场处于零需求状态。例如，由于数码相机和手机拍照的便捷性，人们普遍不再使用带有胶卷的相机，对相机胶卷也就失去了购买需求。类似的，BP 机和大哥大的消失也主要是因为手机普及后，人们对它不感兴趣而失去了需求。此时，市场营销的任务是寻找某种方式刺激市场，使产品优点与人们的需求和兴趣联系起来。

（三）潜在需求

潜在需求是指现有产品无法满足消费者某种强烈的需求，即市场存在着潜在需求。例如，虽然现在汽车品牌众多且功能多样，它基本能够满足人们的购买需要，但是很多消费者仍期待汽车公司能够研发和生产无人驾驶汽车，以进一步提高行驶的安全稳定性，并实现自动泊车。此时，市场营销的任务是开发潜在市场的需求，发展可能满足这些需求的产品和服务，将潜在需求变成现实需求。

（四）下降需求

下降需求是指目标市场对本企业产品的需求呈下降趋势的一种需求状况。例如，一家餐馆如果不追求菜式的创新，不推出新产品，消费者在多次食用后就会感到厌倦，从而转向其他餐馆去寻求不同的菜肴，即降低了对原餐馆的需求。此外，由于智能手机和平板电脑已经能够满足人们日常基本上网的需要，所以传统电脑特别是台式电脑需求下降，销量呈现不断下滑趋势。此时，市场营销的任务是分析需求下降的原因，分析是否可以通过发现新的目标市场来改变产品特性或加强与用户的交流，通过创造性的产品再营销来扭转市场需求下降的趋势。

（五）不规则需求

不规则需求是指某些产品或服务的市场需求按季节性发生变化，甚至按日、按小时波动变化，造成企业生产能力有时闲置，有时又超负荷，即需求呈不规则状态。例如，一般而言，板蓝根的市场需求基本保持稳定，不会发生大的波动。但是在“非典”时期，人们却疯狂购买，大量囤货。此时，市场营销的任务是通过弹性定价、促销或其他刺激方法，寻求与需求在时间上的协调一致。

（六）充足需求

充足需求是指产品或服务的市场需求等于企业预期需求水平的一种需求状况。例如，某公司生产的饮料非常受市场欢迎，虽然公司没有库存，但是消费者在有需求时就可以买到。这是企业最理想的一种需求状况，但是一般不存在。此时，市场营销的任务是保持市场份额及占有率。

（七）过量需求

过量需求是指某种产品或服务的市场需求超过了企业供给能力的一种需求状况。例如，由于中国消费者对苹果手机的疯狂追捧和大肆购买，苹果手机的供应曾经出现严重缺货，导致许多经销商加价销售。此时，市场营销的任务是减少市场营销活动。

（八）不健康需求

不健康需求是指目标市场对某些不健康产品或服务的需求，这些需求会对客户或者社会造成不利的影响。例如，部分消费者对香烟、毒品的需求。此时，市场营销的任务在于传递和宣传不健康产品或服务的害处，劝说消费者放弃对不健康东西的偏爱；同时提高价格，减少甚至停止产品的供应。

二、营销管理的决策

从某种意义上说，市场营销实质上就是需求管理的营销决策。营销决策是指企业为了达成目标，在两个或两个以上的方案中选择一个最佳方案并加以实施的过程。

（一）营销决策的要求

（1）营销决策必须有明确的目标。这是因为决策要解决一定的有关营销的问题，达到一定的营销目的。同时，目标还是评价决策执行结果的标准。

（2）营销决策必须有两个或两个以上的方案，即备择方案。每个可行的营销方案都应具备一定的条件：①能够实现预期目标；②对各种影响因素都能进行定性与定量分析；③无法控制的因素大体能预测出其发生概率和概率分布。

（3）营销决策必须择优。每个可行的营销方案都会对目标的实现发挥某种积极的作用和影响，也会产生某种消极的作用和影响；同时，各种营销方案达到目标的速度也不同。企业要通过综合分析和评价，比较各种方案的优劣，从中选择合理的方案。

（4）营销决策应是一个提出问题、分析问题、解决问题的系统分析过程。

营销决策也要回答以下问题：①所要解决的问题属于什么性质，要解决到什么程度？②解决这个问题有哪些途径和方法？③哪一种途径和方法最好？

（二）营销决策的步骤

（1）确定问题性质，提出决策目标。发现问题是确定决策目标的前提，目标一旦被提出，解决问题就有了方向。因此，问题的性质必须明确，否则就无从决策。

（2）发现、探索和拟定各种可行的方案。根据目标确定可行的方案，是一个探索过程。方案过少，决策选择余地就小；方案过多，良莠混杂，决策也将无所适从。因此，要在广泛调查、预测和研究的基础上，发现和探索各种方案，并逐一进行可行性论证，合并雷同的方案，淘汰可行性较差的方案，拟定一组能实现决策目标的排他性的营销决策方案。

（3）从各种可行的方案中选择最合理的方案。择优决策是对一组可行方案进行综合比较和分析，从中选取一个相对最合理的方案。选择出最合理的方案后，企业要注意决策带来的影响，特别是要研究这种决策是否会带来不良后果；尽早采取预防性措施以消除影响，或制订应变计划以保证决策方案按计划组织实施。

（4）实施决策。实施活动，一方面，强调了实践的意义，明确了决策的目的在于执行，而执行又反过来检验决策是否正确；另一方面，肯定了决策是“决定—执行—再决定—再执行”的一个周而复始的动态过程。

三、营销管理的职能

市场营销管理应充分发挥计划、组织、领导和控制的职能，以实现企业的目标。

（一）营销管理的计划

在现代市场竞争十分激烈的环境中，许多公司将常规计划改变成以市场为导向的战略计划，强调在组织目标、技能、资源与各种变化的市场机会之间建立和保持适应性的平衡。可以说，营销计划在公司的战略计划过程中起着关键作用。营销计划是在对市场环境进行预测、分析的基础上，对进入市场的各种方式和营销组合进行的事先规划，是战略计划的重要组成部分。由于计划是对未来的规划，而未来又是不确定的，因此营销计划本身就存在着一定的风险。要想消除计划本身存在的风险，就应提高预测的正确性。而预测的正确性依赖于及时正确的信息、有效的预测模型和正确的理论指导。营销计划的制订包括战略营销计划和战术营销计划两个层次。战略营销计划是在分析市场环境和机会的基础上，描绘较为广泛的市场营销目标和战略。战术营销计划则是具体描述在一个特定时期的营销战略，包括产品、价格、促销、渠道等。

（二）营销管理的组织

企业内部的组织结构因企业规模、类型以及进入市场的方式而有所不同，一般包括职能型组织、地域型组织、市场型组织、产品型组织和复合型组织，但通常都面临着对营销活动是实行集权还是分权以及如何协调各部门之间的矛盾等问题。此外，企业还要动员与组织所有部门和员工各司其职，做好内部和外部的营销工作。营销管理的组织应该包含两方面内容：其一是组织机构，包括营销部门机构的设置与发展；其二是对营销管理过程的组织，只有将企业内外的相关人员和机构有效组织起来，才能实现战略营销计划的目标。

（三）营销管理的领导

领导职能是指各级管理人员，特别是营销经理要动员和激励下属每个成员自觉履行营销管理中应负的职责，实施营销计划。管理人员应及时调动企业内部各种资源，合理配置以最大限度地使顾客满意；同时，还要协调企业内、外的各种关系，组织各种营销活动。

（四）营销管理的控制

控制是为了保证营销活动能按既定方向运行。在管理过程中，偏离目标的现象时有出现，因此需要经常纠偏加以控制。为此，要建立营销管理的反馈机制，通过信息反馈及时把握实际运行与目标的偏差。营销控制的类型有：年度计划控制、盈利能力控制、效率控制和战略控制等。年度计划控制在于检查计划目标是否实现；盈利能力控制在于检查企业在什么地方盈利、什么地方亏损；效率控制在于评价和提高经费开支（包括营销开支）的效果；战略控制在于检查企业是否在市场、产品和渠道等方面正在寻找或已经找到了最佳机会。

第二节 营销计划与控制

市场营销是一个管理过程，营销管理主要是企业的营销部门实施的营销计划与控制管理。关于营销管理的组织结构与组织运行模式，即市场型或营销型组织的管理问题，在管理学中或企业管理中已经涉及，且不是市场营销学原理研究的重点，故本书不作具体研究。

一、营销计划的类型与内容

营销计划就是根据企业在一定时期内要实现的目标，对营销的各项任务和企业的有限资源进行的综合安排与部署。营销计划是企业总体经营计划的重要组成部分，是企业营销管理的依据，也是协调企业内部各职能部门营销工作、确保营销目标实施的重要方式。

（一）营销计划的类型

依据不同的标准，营销计划有着不同的划分方法。下面介绍几种常用的划分方法。

1. 按计划的期限和重要性划分

按计划的期限和重要性划分，有战略计划或长期计划、战术计划或中期计划、具体计划或短期计划。需要说明的是，战略计划是长期计划，但长期计划不一定是战略计划。

（1）战略计划或长期计划。这是一种目标性、指导性很强的反映企业重大战略的计划或规划。

一般计划期在3年以上，有3年、5年、10年等。

（2）战术计划或中期计划。这是一种指导性与可操作性相结合的计划。一般计划期在1～3年。

（3）具体计划或短期计划。这是一种可操作执行的计划。一般计划期在年度内。

2. 按计划的范围划分

按计划的范围划分，有专（单）项营销计划和综合营销计划，综合营销计划可以从业务、渠道、促销、风险控制、市场调研、产品开发、人员培训、费用预算、整合营销传播、品牌战略等方面制订。

（1）单项营销计划。单项营销计划是一种针对某一专项问题或销售某一特定产品的计划。例如，某糖果企业根据过年前消费者热衷购买礼盒馈赠亲友的特点，针对礼盒装的销售制订专项的促销计划。单项营销计划一般具有灵活性大、针对性强等特点，因此在某一特定时期是营销活动的重要任务。单项计划是典型的短期计划，完成之后就不再继续了，可以作为综合计划的一种补充形式。但是不能因为单项计划是短期计划而不予重视，综合计划和战略计划往往是通过一系列的单项计划来实现的。

（2）综合营销计划。综合营销计划是一种对企业所有产品的营销和各营销职能部门的任务所做的整体安排，是为了满足目标市场的需求，综合运用各种可以控制的营销手段制订的营销计划。常见的综合营销计划包括业务营销计划、渠道营销计划、促销计划、风险控制计划、市场调研计划、产品开发计划、人员培训计划、费用预算计划、整合营销计划、品牌营销计划等。例如，某糖果企业在圣诞节来临之前，针对公司生产销售的所有产品制订完整的促销计划，以推动旗下所有产品的销售。

3. 按计划的职能划分

按计划的职能划分，有企业整体营销计划和营销职能部门计划。

（1）企业整体营销计划。企业整体营销计划是从企业的整体出发制订的年度的或中长期的营销计划，规定了企业在一定时期内的总体目标、任务、战略或策略等内容。

（2）营销职能部门计划。营销职能部门计划是由企业内各营销职能部门制订的计划，是整个企业营销计划的具体化。例如，营销职能的广告部门、销售部门、客户部门、企划部门等的营销计划。

4. 按计划的对象划分

按计划的对象划分，有产品计划、盈利计划、市场计划等。

（1）产品计划。产品计划是一种具体产品或产品组合的营销计划。例如，苹果公司专门针对新推出的iPhone X专门制订的营销计划。

（2）盈利计划。盈利计划是一种由各个职能部门制订的以利润为中心的营销计划。例如，某手机企业针对其市场占有率提高但是利润却出现下滑的局面，制订专门的营销计划，包括调整定价方案等，采用多种营销方法提高利润。

（3）市场计划。市场计划是针对某一细分市场制订的营销计划。例如，宝洁公司专门针对广东市场制订的营销计划，包括专门推出粤语版广告，并加大在广东地方电视台的广告投放力度。

（二）营销计划的内容

营销计划的内容主要包括：计划期限内所应达到的量化的目标；为实现目标的资源分配方案；各相关部门的营销安排；对实现计划目标的管理办法；费用预算与控制方法。

二、营销计划的编制与执行

（一）营销计划的编制

可以把营销计划的内容分解为计划编制的程序，一般有以下 6 个步骤。

1. 总体目标与任务

总体目标与任务主要是确定企业的活动领域及其发展的总体方向，是企业制订营销战略计划必须考虑的首要问题。总体目标与任务在战略上属于企业的使命，指引和规定着企业营销活动的方向。它要体现以市场为导向，全面及时反映市场需求；切实可行，符合企业自身实力；激励员工，使员工有动力并产生效能。

2. 市场分析与预测

市场分析是计划的基础，主要包括：市场现状分析；产品分析；渠道分析；竞争优势与劣势分析；环境机会与威胁分析等。市场预测是在市场分析的基础上，依据科学的预测方法，对市场需求和本企业营销的目标与机会进行预测。

3. 确定目标

在总目标与任务、市场分析与预测的基础上，企业可以确定计划期内的营销目标。目标的确定要遵循以下 6 个原则：①现实性原则，即每个目标都应该是可以实现的；②可测量原则，即每个目标都应该有一个明确的可以直接测量的形式和时间期限；③层次性原则，即具体目标应根据重要性大小从高到低依次排列；④协调原则，即各个目标之间应该相互协调运行；⑤激励原则，即对目标的实现要有激励安排，确保员工动力；⑥效益原则，即营销目标能够降低成本、增加盈利。

4. 制定策略与实施方案

营销策略是保证营销目标实现的方法选择，不能脱离企业营销的实际，而应依据企业的现实条件进行资源的配置。行动实施方案则是在具体目标与营销策略的指导下，针对具体的营销任务制定出详细的任务落实方案，规定什么时间做、在什么地点做、由谁来做、怎么样做、做到什么程度等几方面的内容，并且制定出一个详细的时间表。

5. 编制营销预算

在营销计划中，企业应对营销活动的预计损益进行估算，包括各项成本、销售数量、销售额度、平均实现价格、预计利润等，并编制出清晰的预算表。

6. 控制计划

制订计划时还要考虑计划的控制问题，即计划里要反映计划实施过程中的控制措施，包括监控主体、责任、标准、检查、信息反馈等。

（二）营销计划的执行

营销计划的执行是计划的动态运行过程，即计划付诸实施的过程。营销计划能否顺利实施，主要取决于两方面的工作：一方面是目标管理，即正确处理权、责、利的关系，调动全体员工的积极性、能动性，努力实施营销计划；另一方面是实施动态最优化管理，即通过滚动式计划方法，逐期修正和落实、不断完善和优化营销计划。

三、营销控制

营销控制是营销部门在实施营销计划的过程中，接收内部与外部有关信息，对计划执行的情况进行监督和检查，将原定的计划目标、操作过程与营销部门的实际情况加以对比找出偏差，分析原因并采取有关措施纠正偏差，保证营销目标的实现。营销控制的方法有很多，一般常用的有预算控制法、年度计划控制法、盈利控制法和审计法。

（一）预算控制法

预算控制法是在营销计划执行之前，对计划实施所需成本和费用进行估算，并进行一定的计划限制的方法，如推销费、广告费等。预算控制法具有可比性、整体性和通用性，可以把营销活动与节约成本、取得经济效益有机结合起来，实现控制目标。

（二）年度计划控制法

年度计划控制法是对营销计划的执行在本年度内进行控制，检查实际绩效与计划之间是否有偏差，并采取改进措施，确保营销计划的有效实施和营销目标的实现。年度营销计划控制过程主要是：把年度计划控制分解为时间单元的控制，如按月或按季度控制；跟踪了解掌握营销情况；对偏差做出判断；采取措施解决偏差，实现控制目的。

（三）盈利控制法

盈利控制法是通过对照营销目标检查与评估盈亏情况分析其偏离目标的程度，以便采取有效措施来保证营销目标的顺利实现。盈亏分析可以采取的主要方法有：销售额分析、营销费用分析、市场占有率分析、客户态度分析。

（四）审计法

审计法是对营销部门在特定的营销环境中实施营销计划的审计，包括对战略能力、执行情况、营销组织机构、报告制度、营销理念、营销关系等进行全面的评估。具体的审计范围包括：营销环境审计、营销战略审计、营销组织审计、营销系统审计、营销效率审计、营销职能审计。

思考题

1．营销管理包括哪些主要职能？
2．营销计划包括哪些主要内容？
3．市场营销控制有哪些主要方法？

案例分析

美的空调的订单营销管理系统

一、客户简介

广东美的集团制冷事业部是集家用、商用空调和冰箱产品开发、生产、营销、服务于一体的大型企业，营销网络遍布全球，产品远销100多个国家和地区，已经成为中国国内规模最大、科研实力最雄厚、产品系列最齐全的著名空调制造企业之一，销售业绩连续多年稳居国内同行业前茅。

二、项目产生背景

随着市场竞争的加剧，家电企业间的竞争已经逐步演变为供应链网络的竞争，“市场竞争、渠道为王”更说明了整合供应商、代理商、分销商、终端客户、客户资源形成协同营销对企业的重要意义。如何在营销渠道设计、营销渠道激励、生产销售一体化、分销商、代理商等各方面做得更好，把控好信息流、商流、资金流和物流，是美的空调发展面临的重要问题。2004年年末，美的制冷资产结构重组，美的空调花大力气重新整合营销渠道，建立生产销售一体化运作体系，把原来完全依靠代理商的销售体系改革为深度营销战略。为配合深度营销战略，美的制冷事业部决定上马面向订单的营销系统，建立支撑改革的业务信息化平台，整合信息流、商流、资金流和物流，实现一体化运作。

三、系统解决方案思想

系统解决方案从业务层面分为市场、计划、销售、物流、服务5大部分。

市场管理是一套完整的市场管理解决方案，它将帮助企业实现市场活动费用的控制以及收集或发布市场信息的及时准确，真正达到企业与市场互动，并进一步为各类决策、计划提供信息参考依据。

计划管理是一套智能化的计划管理体系。它帮助企业综合分析历史经营情况，并对未来经营趋势作出判断，进而形成计划。通过计划的上传下达、联动调整等加强协调与考核，主要负责销售计划、货源分配、生产要货、安全库存、主动补货等计划管理。

销售管理是一套全面而灵活的业务管理解决方案。它通过销售政策与日常经营业务管理两大部分功能的有机结合帮助企业实现日常业务的高效开展，主要负责计划、合同、订单、价格、退换、信用等销售业务的相关管理。

物流管理是IMS系统的另一主线流程，是三流合一（商流、物流、资金流）中最基本的业务流程，主要负责对产品进行发送、车辆跟踪、分拣、接收、存储、提货及包装，还有物流运输费用的结算等。IMS系统的物流模块通过对物流全过程的管理，结合IMS多组织的特点、区域整合的概念，可以极大地提高物流配送的效率，降低物流配送的成本。

服务管理是一套互动的服务管理解决方案。通过服务配件、服务结算等资源管理协助企业提高自身的服务管理水平，降低服务成本，主要负责对中心、网点领用、零售、调拨、库存进出、计划管理等业务的相关管理。

另外，为方便领导查阅、分析和决策，系统提供了从多角度进行业务综合分析的功能：销售分析，从片区、中心、系列、功率、时间等多方面分析销售业务情况；财务分析，从多方面对收款、付款、赊账情况进行分析决策；库存分析，对库存计划、库龄、主动补货等从多方面进行分析决策。

四、系统实施效果

利用现代化的计算机和通信技术，结合公司的经营业务，建立企业信息化管理系统，增强企业信息的获取和处理能力，把信息流、商流、资金流和物流相结合，为公司的决策和控制提供更及时、更科学的信息管理；提高对各分销网点、供应商及运输商车辆的信息收集能力、处理分析能力和控制能力；提高公司对各中心网点费用管理的监督能力和控制能力；提高公司运营的规范性，防止手工操作环境下业务处理的随意性，加强业务处理的连续性、一贯性、可比性、合理性；为公司制定市场费用的预算与控制，提供及时的参考数据，并进行统计分析；完善经营体系、加强市场开拓，通过对信息更全面、更及时、更有效的运用，来提高企业活动的有效性；实现应收账款、应付账款跟ERP承接的关系，提高财务处理的及时性和准确性，提高财务部门制作各种财务报表的效率，以及发票的打印；提高库存管理控制的合理性；提高计划管理与生产销售一体化的准确性；实现全公司网络信息资源最大限度的综合利用和共享；真正使公司管理水平、劳动生产率、企业市场竞争能力均得到提高。

资料来源：赛意官方网站